E-Z

FRENCH

A BEGINNER'S COURSE

By Pascale Rousseau

English translation by Eric A. Bye, M.A.

D1299512

BARRON'S

All inquiries should be addressed to:
Barron's Educational Series, Inc.
250 Wireless Boulevard
Hauppauge, NY 11788
http://www.barronseduc.com

Library of Congress Catalog-Card No. 00-108585

International Standard Book No. 0-7641-7426-6 (package)
0-7641-1738-6 (book)

Printed in Hong Kong

Welcome to the French-Speaking World!

You want to learn French and enjoy yourself. You would like to understand the French and master simple situations of everyday life any time you travel in a French-speaking environment. The *Complete Beginner's Course* will guide you on this path and give you increasing linguistic security in ways that will keep you motivated.

How is the course structured?

The course consists of eight study units with five lessons each and a review unit, the **Interlude**. Each lesson is composed of a two-page A-Part and a two-page B-Part. The dialogues at the start of each A-Part form a continuing story. The B-Part uses a new text to build either a collage or a dialogue on the theme contained in the serialized story.

Vocabulary and Grammar: Right after every dialogue or text all the new words are listed in a box. Simple explanations help you learn the grammar step by step.

Exercises: You can solidify your knowledge of vocabulary and grammar by doing the oral and written exercises on the tapes and in the book. Exercises designated with 🎧 are on the tapes. Written exercises are indicated with a ✏️ , and exercises identified with a 📓 are to be done on a separate piece of paper. It's a good idea to use a notebook to keep your exercises together so you can review them later.

Learning Tips: In the ⟨Learning Tips⟩ you discover practical methods to learn the new vocabulary more quickly and organize your learning in meaningful ways.

Good to Know and **Real French!** 🎙️ : Under both labels you will find useful colloquial expressions and cultural information.

Interlude: You can use this to take stock at the end of a unit. You repeat the material of each unit in additional texts and exercises, deepen your familiarity with the language, and fill any gaps that remain in your understanding.

Appendix: At the end of the book you will find the text of all the dialogues and exercises on the tapes, plus the **answers** to all exercises. In the **Grammatical Supplement** the grammar is presented once again in coherent fashion and some more noteworthy matters are clarified. The entire vocabulary that you learn in this course is collected in the **Glossary.** You can check this section any time you're not sure about a word.

A few more important notes about learning with this course

Start by listening to each dialogue several times. Speak along with the tape as you listen to it, even if you don't understand everything right away. If it's easier for you to learn by reading, first read the text and then listen to the tape. Learn in short but regular sessions. Don't spend too much time on one lesson, since the **Interlude** will give you another opportunity to repeat what you have learned.

Now let yourself be captivated by the music world. Start with the **Prélude!** You'll see how much you already know!

Best wishes for lots of fun and success as you learn French!

Table of Contents

Appendix

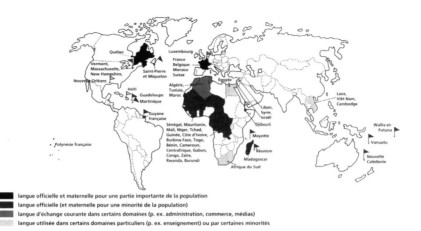

langue officielle et maternelle pour une partie importante de la population
langue officielle (et maternelle pour une minorité de la population)
langue d'échange courante dans certains domaines (p. ex. administration, commerce, médias)
langue utilisée dans certains domaines particuliers (p. ex. enseignement) ou par certaines minorités

1   Here are a few French words that you probably know and that have the same meaning in English. Do you recognize them?

1. la nature

8. la girafe

15. le chocolat

2. la bière

9. la musique

16. le transport

3. la première

10. le judo

17. le manuscrit

4. le balcon

11. la guitare

18. la qualité

5. le parfum

12. la lampe

19. le thé

6. le ski

13. le concert

20. la pantomime

7. la cassette

14. la technique

21. le calendrier

The singular definite article is **la** for feminine nouns and **le** for masculine nouns. These are the only two grammatical genders in French.

What differences with respect to English have you found? Underline them.

Now listen to the pronunciation and imitate it. ∩ CD 1, Track 1

Group the words from Exercise 1 by categories on a separate piece of paper. Listen carefully and then find the correct pronunciation. ∩ CD 1, Track 2

U [y]   GI [ʒi]   ON [ɔ̃]   GUI [gi]   QUA [ka]   CH [ʃ]   CA [ka]   UM [ɛ̃]
IER [ije]   É [e]   TECH [tɛk]   È [ɛ]   SK [sk]   JU [ʒy]   EN / AN / AM [ɑ̃]

Listen to the following words and pay particular attention to the endings. ∩ CD 1, Track 3

1. le transport   3. le chocolat   5. le manuscrit   7. le balcon   9. le calendrier
2. la mode   4. la clarinette   6. la tomate   8. la banane   10. le tigre

What did you notice?

Are you now ready to travel to the French-speaking world with our friends? Let's meet them first!

Bonjour !   Salut !   Enchanté !

Fiona Petit   Mario Miller   Claire Dubois   Christian Aribel

There's a music festival every June in France. Claire, a French woman and a music instructor, and her German friend Mario, a clarinetist, live in Strasbourg. They decide to go to town, where there are lots of bands playing on the streets and in the cafés. Fiona sings in a band; she is the secretary in Claire's school. Listen to the dialogue. ∩ CD 1, Track 4

Claire : Quelle ambiance !

Mario : Oui, c'est chouette !

Claire : Oh, mais c'est Fiona !

Mario : Où ?

Claire : Là, dans l'orchestre.

Mario : Mais elle est secrétaire, non ?

Quelle ambiance !	What atmosphere!	**mais**	but
une ambiance	an atmosphere	**Où ?**	Where?
Oui	Yes	**Là,**	There
c'est *(from* ce/c', *that and* être, *to be)*	that is	**dans**	in *(position, in answer to the question, "Where?")*
ce / c'	that	**l'orchestre** *(m.)*	the orchestra
être	to be	**elle est** *(from* être*)*	she is
chouette !	neat!	**secrétaire** *(m.,f.)*	secretary
		Non ?	(here) isn't she

(1) **a** Compare the use of **c'est** in the dialogue:
C'est is used to designate something or to introduce somebody
Note:
c'est + adjective: *c'est chouette*;
c'est + name: *c'est Fiona*.

b To speak of a person's profession, you say:
elle est or **il est** (masculine form) + the name of the profession
No article is used when mentioning the profession:
Read aloud: *C'est Fiona, elle est secrétaire. Là, c'est Mario, il est clarinettiste.*

(2) Now let's learn all the forms of the verb **être** (to be). Using the dialogue, fill in the conjugation chart.

As you do so, pay attention to the personal pronouns:
je (I), *tu* (you, singular and familiar), *il* (he), *elle* (she), *on* (one/people), *nous* (we), *vous* (you, plural or formal), *ils* (they, masculine plural), *elles* (they, feminine plural)

être

je *suis*
tu *es*
il *est*

nous *sommes*
vous *êtes*
ils *sont*
elles *sont*

elle .... secrétaire

c' .... chouette !

According to the degree of familiarity with the person being addressed, *tu* or **vous** can be used for **you**. **Vous** can refer to just one person to show formality or respect, and it is also used to address more than one person (you, plural). **Tu** is used to address one person who is well known to the speaker.
Ils refers to a group that's exclusively masculine, or that includes both males and females.
♂♂♂ = ♂   or   ♀♀♂ = ♂
Elles refers exclusively to a *feminine group.*   ♀♀♀ = ♀

3 a Complete using forms of the verb **être**:

1. Bonjour Fiona, tu .... secrétaire ?

2. Oui, je .... secrétaire.

3. Ils .... dans l'orchestre.

4. Mario .... clarinettiste.

5. Nous .... là.

6. Elles .... où ?

7. Vous .... journaliste ?

8. C' .... chouette !

b Now listen to the sentences and check them over. ⌒ CD 1, Track 5

4 Do you remember? You already know the French words for these objects. Can you find the words again? If not, look in the **Prélude**. Say them aloud and use the word **ça**.
Example: 1. *Ça, c'est la tomate.*

1.   2.   3.   4.   5.   6.

You already know the rule:
The definite article designates a particular thing or person and is said in the singular as **la** for feminine nouns and **le** for masculine ones.

5 Now find three examples for each article

le ....

la ....

Bravo! You've made it through the first half of the lesson.
Have fun on the second part!

(1) Read the passports of Fiona, Claire, and Mario. Listen. CD 1, Track 6

Nom	Petit
Prénom	Fiona
Date et lieu de naissance	11.02.1968, Cork
Profession	secrétaire
Nom	Dubois
Prénom	Claire Anne
Date et lieu de naissance	11.10.1971, Strasbourg
Profession	professeur de musique
Nom	Miller
Prénom	Mario
Date et lieu de naissance	01.06.1966, Trèves
Profession	musicien

Et vous ?	How about you?
un passeport	a passport
une carte d'identité	an ID card
un nom	a name
un prénom	a first name
une date de naissance	a birth date

un lieu de naissance	a place of birth
une profession	a profession
un musicien	a musician
un professeur de musique	a music teacher

(2) Fill in the balloon and say the sentence out loud. You can look up your profession in a dictionary.

Bonjour, moi, c'est .... *(Name)*

et je suis .... *(Profession)*.

(3) **You know more than you realize!**
Match up the names of professions with the illustrations.

1. l'ingénieur *(m., f.)*
2. le président
3. le coiffeur
4. le journaliste
5. le mécanicien
6. le photographe

There are other professions, like **le professeur**, that have no feminine form: *le médecin, le ministre, l'ingénieur…* However, in the spoken language, *le professeur* becomes *le prof* or *la prof!*

4 Listen to the names of the professions. How are these letters pronounced? Write the words in each category. Phonetic writing may be helpful: CD 1, Track 7

[u]
OU ....

[wa]
OI ....

[sjɛ̃]
CIEN ....

[ɔ]
O ....

[œR]
EUR ....

[e]
É ....

Note the pronunciation of **C**:
C followed by A, O, or U is pronounced like K; C followed by E, I, È, or É is pronounced like S.

5 Practice the pronunciation of the words in Exercise 4. CD 1, Track 8

6 On a separate piece of paper write all the words that end in *-on* and *-om* that you have learned.

(**The French Music Festival**)

The **Fête de la musique** was brought to life in 1982 by Jack Lang, the French Cultural Minister at that time. It has become very popular. Every year at the start of summer on June 21 music is played throughout France. There are free concerts and jazz sessions in the streets, in cafés, and in concert halls. All genres are represented: classical music, reggae, pop, techno, jazz, rock… And of course familiar songs are sung as well.

Claire greets Fiona and introduces her to Mario. 🎧 CD 1, Track 9

Claire : Salut Fiona, quelle surprise ! Tu chantes vraiment bien !

Fiona : Merci...

Claire : Fiona, c'est Mario.

Fiona : Bonjour Mario.

Mario : Bonjour Fiona ! Comment ça va ?

Fiona : Bien, merci. Tu es musicien, toi aussi ?

Claire : Oui, Mario est clarinettiste, et il chante aussi !

Mario : Non, non, j'adore chanter, mais je chante très mal !

Vous chantez *(from* chanter, *to sing)*	Do you sing?	**va** *(from* aller, *to go)*	goes
		Tu es musicien?	Are you a musician?
Salut !	Hi!	**Toi aussi ?**	You *(emphatic)* too?
quelle surprise !	What a surprise!	**et**	and
Tu chantes *(from* chanter*)*	You sing	**il chante** *(from* chanter*)*	he sings
vraiment	really	**Non**	no
bien	well	**j'adore** *(from* adorer, *to love)*	I love
Merci...	Thanks	**je chante** *(from* chanter, *to sing)*	I sing
Comment ça va ? *(from* aller, *to go)*	How's it going?		
Comment	How	**très**	very
ça	that	**mal**	badly, poorly

(1) **a** Now let's learn the verb ***chanter***. You have already heard and read three forms in the dialogue. Now fill in the conjugation chart.

chanter

Je .... très mal.

Tu .... vraiment bien.

Il .... aussi.

Elle *chante*.
Nous *chantons*.

Vous .... ?
Ils *chantent*.
Elles *chantent*.

Ninety percent of French verbs are conjugated according to this pattern. Carefully memorize the endings of the verbs that end in **-er**!

b Listen to the conjugation of ***chanter*** so you can learn the correct pronunciation. What do you notice? 🎧 CD 1, Track 10

Practice the **-er** conjugation with the verbs **adorer**, **chanter**, and **danser** (to dance) by completing the sentences.

Note:
With **adorer** and all verbs that start with a vowel, **je** changes to **j'**.
If **adorer** is followed by another verb, the latter must be in the infinitive form: *j'adore danser*.

1. Claire et Fiona .... (*adorer*) la musique classique et le jazz.

2. Fiona .... (*chanter*) très bien et Claire .... (*danser*) très bien le tango.

3. Mario et Claire .... (*chanter*) très mal.

4. Claire .... (*adorer*) Mario.

5. Nous .... (*chanter*) dans une chorale.

6. Ils .... (*danser*) le rock et le slow.

7. Vous .... (*adorer*) le jazz ?

8. Tu .... (*danser*) le rap ?

a Complete the sentences with the appropriate form of **adorer**.
Example: *Elle / le chocolat* → *Elle adore le chocolat.*

1. Je / la musique

2. Ils / la bière

3. Nous / le café

4. Claire / la pantomime

5. Vous / la nature

6. Il / le judo

b Listen to the correct answers and pay particular attention to the **liaison**: ⌒ CD 1, Track 11
Example: *Nous adorons...*

a Questions can be answered using **oui** or **non**. So far you have learned one way to ask questions: you can raise your voice at the end of a sentence. That's how **intonation** turns a declarative sentence into a question: *Tu es musicien, toi aussi?*

toi aussi / moi aussi   You (emphatic) too / I (emphatic) too
toi non / moi non or **moi pas**   not you (emphatic)/ not (emphatic) I

b How about you? What would you say in response to these sentences?
Use **moi aussi** or **moi non / moi pas**.

1. J'adore le chocolat. ....

2. J'adore danser. ....

3. Je chante très mal. ....

4. Je danse le tango. ....

(**Learning Tip**)

To help you check your pronunciation, record your voice on a cassette tape recorder!

1 Lots of old friends meet at a party. They greet each other. Listen and read along. ○ CD 1, Track 12

> ▶ Bonjour Sylvie, comment ça va ?
> ▶ Ah très bien, merci, et toi, la santé, ça va ?
> ▶ Ça va.

1

> ▶ Bonjour Marie-Françoise, comment allez-vous ?
> ▶ Bonjour Monsieur Prévôt, ça va bien, et vous ?

3

> ▶ Salut Dominique ! ça va ?
> ▶ Non, pas très bien...
> ▶ Et le travail ?
> ▶ Ça va vraiment mal.
> ▶ Et Jean-Marie ?
> ▶ Ça va très bien, merci.

2

très bien	Very well
et toi ?	and you?
la santé	(the) health
pas très bien...	not very well...
Et le travail ?	How's work?

comment allez-vous ?	How are you?
(from aller, to go)	
Monsieur Prévôt	Mr. Prévôt
ça va bien	fine

Good to know!

It's not always easy to tell which French names are masculine and which are feminine. Here are a couple of tips: **Dominique, Bénédicte,** and **Claude** can be either masculine or feminine.
But note the two forms of **Frédéric/Frédérique**.
Pascal, Michel, Joël, Raphaël, Daniel, Paul, and **André** are masculine first names. But they also have a feminine form: **Pascale, Michèle, Joëlle, Raphaëlle, Danielle, Paule,** and **Andrée**, which are pronounced exactly the same as the masculine counterparts.
Jean-Marie, Marie-France, and **Marie-Sophie**... Compound names using **Marie** are sometimes misleading. When **Marie** is the first given name, it's feminine; when it's the second, it's masculine: **Jean-Marie** is therefore a man.

2 How do you ask how someone is? Can you find the sentences in the dialogue? Write the *tu* form and the *vous* form.

.... ? .... ?

> ▍ **Real French:** With friends, you can simply use **Ça va?**
> The simplest response is **Ça va.**

3) Match the answers to the faces

1

2

3

4

5

☐ très bien   ☐ bien   ☐ mal   ☐ vraiment mal   ☐ pas très bien

4) Listen and answer using the expressions from Exercise 3 and the correct intonation. 🎧 CD 1, Track 13

5) Place an **x** in the appropriate boxes and introduce yourself.
Example: *Je suis une femme, j'adore le jazz et je danse très mal...*

Vous êtes	☐ un homme	☐ une femme		
Vous adorez	☐ la musique classique	☐ le jazz	☐ le rap	☐ la techno
Vous chantez	☐ très bien	☐ bien	☐ mal	☐ très mal
En ce moment (currently) *ça va*	☐ ça va	☐ très bien	☐ bien	☐ pas très bien
Vous dansez	☐ mal	☐ très mal	☐ bien	☐ très bien

Greetings

To greet one another people in France say **Bonjour** or **Salut. Salut** is used only between good friends, though. In the evening people say **Bonsoir**, and **Bonne nuit** before going to bed.
French people commonly greet each other with a kiss (**une bise**), or even two or four kisses (!) on the cheeks if they know each other. A kiss is even used between women in a family and when a man comes into a group. So no inhibitions; there's no hidden meaning, including between men and women. But between men (and among young men) it's more usual to shake hands.

Fiona, Claire, and Mario decide to spend the evening in a café. Mario is hungry and orders something to eat. ⌒ CD 1, Track 14

Fiona   : J'ai soif. On va au café Saint-Jean ?
Claire : Bonne idée !
Mario   : J'ai faim ! Toi aussi, Claire, tu as faim ?
Serveur : Bonjour messieurs-dames, vous désirez ?
Mario   : Bonjour. Est-ce que vous avez des croque-monsieur ?
Serveur : Oui, bien sûr.
Mario   : Alors je voudrais un croque-monsieur et une bière pression, s'il vous plaît.
Claire : Pour moi aussi, un croque-monsieur et une bière.
Fiona   : Un jus d'orange, s'il vous plaît.

On va *(from aller, to go)*	(here) Shall we go?	**Est-ce que vous avez** *(from avoir)*	Do you have…?
au café Saint-Jean ?	to the Café Saint-Jean?	**des croque-monsieur**	grilled cheese sandwiches
J'ai *(from avoir, to have)*	I have	**bien sûr**	of course
avoir soif *(f.)*	to be thirsty	**Alors**	Then
Bonne idée !	Good idea!	**je voudrais**	I would like
J'ai faim !	I'm hungry!	*(from vouloir, to wish)*	
avoir faim *(f.)*	to be hungry		
un serveur	a waiter	**une bière pression**	a draft beer
messieurs-dames *(m.,pl.,f.,pl.)*	ladies and gentlemen	**s'il vous plaît**	please *(formal)*
		Pour moi	For me
vous désirez ? *(from désirer, to want)*	What would you like?	**Un jus d'orange**	An orange juice

Note:
On can be used to stand for *we, people, one,* and other non-specific subjects: *on va* means *we go/one goes/people go,* and so forth. **On** is frequently used to statnd for *we* in the spoken language.

> **Good to know!**
>
> *Un croque-monsieur* – what is it? Spread butter onto two pieces of toast, add some ham and lot of cheese, and put it into a frying pan with some butter!
> What about **un croque-madame?** Add a fried egg to a *croque-monsieur*!
> *Croque-monsieur* doesn't change in the plural; in other words, don't add an **-s**!

(1) In the dialogue you encountered two ways to ask questions in French. Jot down one question for each way.

.... ?

.... ?

In French there is yet a third way to form a question, just as in English: **Inversion**.

> 1. Vous avez des croque-monsieur ?
> 2. Est-ce que vous avez des croque-monsieur ?
> 3. Avez-vous des croque-monsieur ?

1. : The simplest way to ask a question is to use the melody of the sentence. At the end of the sentence the voice rises (**an intonation question**).

2. : You can use **est-ce que + subject + verb**. The word order and intonation remain the same as with an intonation question. Before a vowel **est-ce que** is shortened to **est-ce qu'**.

3. : An **inversion question** is formed by placing the subject after the verb. The pronoun is joined to the verb by a hyphen. Inversion questions are used mostly in writing or in sophisticated speech.

Listen and write either a period or a question mark, as appropriate. CD 1, Track 15

1. Il est prof
2. C'est Marie-Claire
3. Vous avez faim

4. Vous êtes musicien, Monsieur Dupuis
5. Elle chante aussi
6. Ils ont des croque-monsieur

a Form three sentences using the following words:

vous   vraiment bien   avez   danses   elle   chante   le tango   faim   tu

b Then make questions out of these sentences. Use all three types of questions.

Find the correct question.

1. ▶ Oui, j'ai très soif. Une limonade s'il vous plaît.
2. ▶ Oui, moi aussi j'ai faim.
3. ▶ Non, c'est Jacqueline.
4. ▶ Un coca-cola et un jus d'orange.

You already know some forms of the verb **avoir** (to have). Complete the chart with the help of the dialogue and memorize the conjugation.

avoir

J' .... soif.

Tu .... faim ?

Il / Elle *a*.

Nous *avons*.

Vous .... des croque-monsieur ?

Ils / Elles *ont*.

Fill in the appropriate personal pronouns.

1. .... avons des tomates.
2. .... ai un balcon.
3. .... avez des sandwiches ?

4. .... as soif ?
5. .... ont un professeur de musique très chouette.
6. .... a faim.

1 Look at the collage. Try to translate the drinks and the sandwich offerings. Then listen to the correct answers. ∩ CD 1, Track 16

1. un café	4. un digestif	7. un chocolat chaud	10. un thé
2. un café au lait	5. une eau minérale	8. une limonade	11. un coca
3. un jus de pomme	6. un cognac	9. une infusion	12. une bière pression

un digestif	after-dinner liqueur	un pâté de	a pâte made in the
un chocolat chaud	a hot chocolate	campagne	restaurant's kitchen
un thé	a cup of (black) tea	un jambon	a ham
un café au lait	a coffee with milk	le beurre	the butter
une eau minérale	a mineral water	le thon	tuna fish
un coca	a cola	le maïs	corn
un jus de pomme	a glass of apple juice	un jambon de pays	a cured ham
une infusion	an herbal tea		

2 You are already familiar with **le** and **la**, the definite articles. In the dialogue of the A-Part you saw the indefinite articles.
Use the collage to help you fill the missing forms.

	Definite Article		Indefinite Article	
	Singular	**Plural**	**Singular**	**Plural**
masculine	le ski	les skis	.... thé	.... thés
feminine	la tomate	les tomates	.... bière	des bières

Note:

le	l′	la
	les	

un		une
	des	

3 How is the plural formed? Compare the following:

la tomate / les tomate*s*   une bière / des bière*s*   un gâteau / des gâteau*x* *(cakes)*

The plural is designated by adding an .... or an **-x**, neither of which is pronounced.

4 Can you now summarize what you know about Mario, Fiona, and Claire?
Use the verbs **être, chanter, avoir,** and **désirer**. Write down sentences such as *Mario est clarinettiste. Fiona…*

5 a Put the sentences into the correct order for a dialogue and write them down.

1. ▶ Oui, bonne idée, deux croque-monsieur et deux bières s'il vous plaît.
2. ▶ Bonjour, vous désirez mesdames ?
3. ▶ Oui, et j'ai faim aussi.
4. ▶ Non, mais nous avons des croque-monsieur.

5. ▶ Tu as soif, Pauline ?
6. ▶ Bonjour monsieur, vous avez des sandwiches ?
7. ▶ Alors on va au bar de l'orchestre ?

b Listen to the correct dialogue. ∩ CD 1, Track 17

6 Which dialogue goes with which picture? Listen and number them. CD 1, Track 18

7 Look at the collage again and order something. Say your order out loud and write it down.

Je voudrais .... s'il vous plaît.

Courtesy

Monsieur, Madame, and **Mademoiselle** (or the plural forms *Messieurs, Mesdames*, and *Mesdemoiselles*) are used very frequently in French. For example, it's usual to say, *Bonjour, madame. Au revoir, monsieur. Bonjour, Madame Dubois. S'il vous plaît, monsieur. Merci beaucoup, mademoiselle…*
Mademoiselle is widely used and accepted. It refers to an unmarried girl or woman.
Mesdames et messieurs (ladies and gentlemen) is said informally as **Messieurs-dames**.
What's the proper way to tip? You pay the bill to the server and leave a few coins on the table.
When you call the waiter, it's more polite to say **s'il vous plaît** or **monsieur**, rather than **garçon**!

In the café Fiona and Mario talk about their names and where they are from.   ∩ CD 1, Track 19

Mario :   Fiona, c'est irlandais comme prénom, n'est-ce pas ? Tu es Irlandaise ?

Fiona :   Non, je suis Franco-irlandaise. Mais, toi Mario, tu es Italien ?

Mario :   Non, je ne suis pas Italien, je suis Allemand.

Fiona :   Alors tu as peut-être des parents italiens ?

Mario :   Non, pas du tout... Je suis de Trèves.

Fiona :   Trèves ? Ce n'est pas une ville italienne ?

Mario :   Non, c'est une ville allemande,

        c'est *Trier* en allemand.

Trèves	Trier	**peut-être**	maybe, perhaps
c'est irlandais comme prénom	That's an Irish (first) name	**des parents italiens** (m.,pl.)	iitalian parents / relatives
un prénom	a first name	**pas du tout**	not at all
n'est-ce pas ?	(here) isn't it?	**Ce n'est pas**	(nere) Isn't that?
Irlandais / Irlandaise	Irish man / - woman	**une ville**	a city
Franco-irlandaise	French-Irish	**une ville italienne**	an Italian city
Italien / Italienne	Italian man / - woman	**une ville allemande**	a German city
ne ... pas	not	**en allemand**	in German
Allemand / Allemande	German man / - woman		

(1)   Mario speaks about the city where he was born. Underline the sentence in the dialogue.

(2)   Listen to the dialogue. Where do these people come from? Match up the cities with the people.
CD 1, Track 20

1. Helmut ☐   2. Janine ☐   3. Marc ☐   4. Catherine ☐

a. Mayence   c. Montréal   e. Québec   g. Brême

b. Bruxelles *(Brussels)*   d. Nice   f. Genève *(Geneva)*

(**Learning Tip**)

If you have satellite TV you may be able to get some French or Canadian channels. Try it!

(3)   In the dialogue you have seen how to make sentences negative. How does Mario answer
Fiona's question?

Fiona :   Tu es Italien ?   Mario : ....

Now use the dialogue to help you as you find the negative of ***c'est:*** ....

Complete the following rule:
In French, you use two elements to make a statement negative:

.... **n'** comes *before* the verb, and .... comes *after* the verb.

4 a Answer the following questions in the negative.
Example: ❱ *Tu chantes en français ?* → ❱ *Non, je ne chante pas en français.*

1. ❱ Il danse bien ?   ❱ Non, il...
2. ❱ Ils sont de Paris ?   ❱ Non, ils...
3. ❱ Ça va ?   ❱ Non, ça... .

4. ❱ Vous êtes Français/e ?   ❱ Non, je...
5. ❱ Tu as faim ?   ❱ Non, je...
6. ❱ Elle est professeur ?   ❱ Non, elle...

b Listen to the questions from Part A and then read the answers aloud.   ∩ CD 1, Track 21

> **Real French:** In combination with **je, tu, nous,** and **vous, ne** is often shortened to **n'** in the spoken language.
> **Je ne suis pas** becomes **Je n'suis pas.**
> **Ça ne va pas** becomes **Ça n'va pas.**

5 Write in the appropriate adjectives with the help of the dialogue at the beginning of this lesson.

Ireland: C'est .... comme prénom ?   Tu es .... ?

Italy: Je ne suis pas .... ;   des parents .... ;

une ville ....   *(Germany)*: Je suis ....

C'est une ville ....   Trèves, c'est *Trier* en ....

Note
The **designation of nationality** is written with a **capital** letter: *Tu es Italien.*
The **adjective of country** is written with a small letter: *C'est une ville italienne.*

6 a Note the position of the adjective: *une ville italienne, des parents italiens*

The adjective usually is placed .... the noun that it refers to.

b Compare: *allemand / allemande*   *irlandais / irlandaise*   *français / française*

The feminine form is made by adding .... With some adjectives the **masculine and feminine forms are the same,** such as *belge / belge* (Belgian), *russe / russe* (Russian), *corse / corse* (Corsican).

7 Which form of the adjective did you hear? Mark an *x* in the appropriate boxes. CD 1, Track 22

1. Allemand ☐   Allemande ☐   3. italien ☐   italienne ☐

2. Français ☐   Française ☐   4. irlandais ☐   irlandaise ☐

(1) **a** What do people drink in different places? Match at least one drink with each country. As you do so, pay attention to the article used with each country. Feminine is represented by *(f.)*, and masculine plural by *(m., pl.)*. If there is a country whose name you don't know, check in the box below.

Les pays : 1. la France ☐   3. l'Allemagne *(f.)* ☐   5. l'Irlande *(f.)* ☐
2. la Russie ☐   4. les Etats-Unis *(m.,pl.)* ☐   6. l'Italie *(f.)* ☐

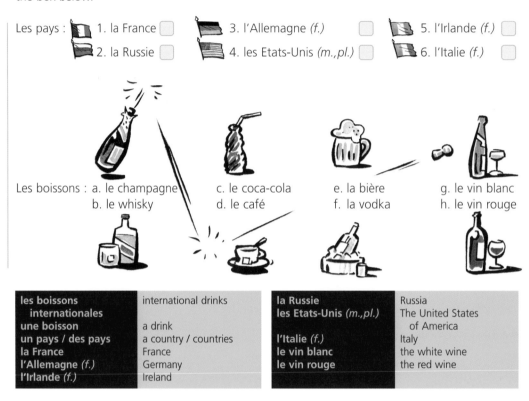

Les boissons : a. le champagne   c. le coca-cola   e. la bière   g. le vin blanc
b. le whisky   d. le café   f. la vodka   h. le vin rouge

les boissons internationales	international drinks	la Russie	Russia
une boisson	a drink	les Etats-Unis *(m.,pl.)*	The United States of America
un pays / des pays	a country / countries	l'Italie *(f.)*	Italy
la France	France	le vin blanc	the white wine
l'Allemagne *(f.)*	Germany	le vin rouge	the red wine
l'Irlande *(f.)*	Ireland		

b Which drinks do you like? Choose the drinks from Exercise A and construct sentences such as the following:

J'	adore	le thé	et	le vin blanc.

(2) **a** You already know that the plural is formed by adding **-s**, such as in *des parents italiens* or *les boissons internationales*.

The adjective agrees in number and gender with the noun it modifies. In most cases the adjective can take on four forms:

Masc. sing. *italien*	Fem. sing. *italienne*	Masc. sing. *français*	Fem. sing. *française*
Masc. pl. *italiens*	Fem. pl. *italiennes*	Masc. pl. *français*	Fem. pl. *françaises*

If an adjective refers to **several nouns of different gender**, the adjective takes the **masculine plural** form: *Alan et Patricia sont des musiciens américains.*

b Change the sentences to the plural.
Example: *C'est un café italien. / Ce sont des cafés italiens. Il est... / Ils sont... . Elle est / Elles sont...*

1. C'est un jambon français.   3. C'est une boisson russe.   5. Il est Allemand.
2. Elle est Irlandaise.   4. C'est un chocolat belge.   6. C'est une chanson italienne.

You know more than you realize!
Match up the countries and the culinary specialties to the pictures. These are countries where French is spoken.

1. La Belgique – les pralinés belges   3. la Suisse – la fondue suisse
2. le Maroc – le couscous marocain   4. le Canada – le sirop d'érable canadien

Listen to the various accents of French speakers around the world. ∩ CD 1, Track 23

Practice pronouncing the nasal sounds. ∩ CD 1, Track 24

1. Mario n'est pas Italien ?   4. Les parents de Mario sont allemands.
2. Il y a des vins canadiens ?   5. Jean aime l'Irlande.
3. J'aime le vin blanc allemand.   6. Bertrand adore le couscous marocain.

The French-Speaking World

French is the official language in more than 44 countries. In Europe, the countries are France, Switzerland, Belgium, Luxembourg, and Monaco. In Africa, French is the official national language in more than 25 countries and is one of several native languages in such places as Senegal, Algeria, Morocco, and Tunisia. In other countries French is used in conversation or is still spoken by a minority, such as in Laos, Vietnam, and Cambodia. The Supreme Council of the French Speaking World has existed since 1984. This organization is charged with maintaining relationships among francophone countries, organizing technical assistance, and promoting the spread of French in the world by means of cultural programs.

Before summer vacation the three friends do lots of things together. Fiona has invited Mario and Claire to dinner. She has a surprise for them. 🎧 CD 1, Track 25

Mario : Elle habite où, Fiona ?

Claire : Rue de la République.

Mario : Oui, je sais, mais à quel numéro ?

Claire : Au numéro 5.

Mario : 11, 9, 7... Stop, c'est ici !

Mario + Claire : Bonsoir !

Fiona : Bonsoir Mario. Salut Claire.

Fiona : Un apéritif ?

Mario : Oui, volontiers.

Claire : Avec plaisir.

Fiona : Champagne ?

Claire : Euh... oui... qu'est-ce qu'on fête ?

Mario : Un anniversaire ?

Fiona : Non, non, ce n'est pas mon anniversaire...

Claire : Alors, qu'est-ce qu'on fête ?

Fiona : C'est une surprise ! Santé !

Qu'est-ce qu'on fête ? *(from* fêter*, to celebrate)*	What's the celebration?	**un numéro** **c'est ici !** **un apéritif**	a number it's here! an aperitif
Qu'est-ce que / qu'...?	What? *(interrogative pronoun)*	**volontiers** **Avec plaisir.**	gladly, willingly gladly
Elle habite où ? *(from* habiter*, to live)*	Where does she live?	**Un anniversaire** **mon**	a birthday, anniversary my *(possessive pron., 1st pers. sing., masc.)*
une rue	a street		
je sais *(from* savoir*, to know)*	I know	**une surprise !** **Santé !**	a surprise! To your health!
à quel numéro ?	What (house) number?		

① Listen to the numbers from 0 to 20 and repeat them. Record your voice on a cassette so you can check your pronunciation! 🎧 CD 1, Track 26

0	1	2	3	4	5	6	7	8	9	10
zéro	un	deux	trois	quatre	cinq	six	sept	huit	neuf	dix

11	12	13	14	15	16	17	18	19	20
onze	douze	treize	quatorze	quinze	seize	dix-sept	dix-huit	dix-neuf	vingt

Learning Tip

Try to practice the numbers up to 20 regularly. Write down your own lucky numbers and practice saying them aloud in French.

Listen carefully and write down the numbers. CD 1, Track 27

1. Adresse de Janine   2. Numéro de téléphone de Monsieur Leclerc   3. Numéro de fax

Good to know!

Every **Département** in France is numbered in alphabetical order. The last two digits on auto license plates or the first two numbers in postal codes are the numbers of the departments; e.g., *01: l'Ain (m.), 06: Les Alpes-Maritimes (f. pl.),* etc.

Conjugate the two new verbs that end in **-er: *habiter*** (to live) and ***fêter*** (to celebrate).

habiter

J' .... Paris.

Tu .... ici ?

Elle .... où ?

Nous .... au 5, rue de la République.

Vous .... Strasbourg ?

Ils .... là.

fêter

Je ....

Tu ....

On ....

Nous ....

Vous ....

Elles ....

First mark where *liaison* occurs, then listen to the correct pronunciation. CD 1, Track 28

1. Ils adorent le jazz.   3. Vous habitez Ajaccio.   5. Nous adorons la fête de la musique.
2. Vous êtes Italien ?   4. Elles habitent Rome.

You know how to ask a question using ***est-ce que***. If there is also a question word present, such as ***où,*** observe the following word order:

(Question word) (est ce que / est ce qu') (Subject) (Verb)

Construct the right question for each given answer. Use the following verbs in order: 1. *fêter*, 2. *désirer*, 3. *habiter*

1. ▶ *Qu'est-ce que* vous .... ?   ▶ Nous fêtons un anniversaire.

2. ▶ .... vous .... ?   ▶ Une bière et un sandwich, s'il vous plaît.

3. ▶ .... elle .... ?   ▶ Elle habite Paris.

Listen to the sequence and mark with a **+** or a **-** to indicate whether or not the person accepts the offer. CD 1, Track 29

1. ☐   2. ☐   3. ☐   4. ☐   5. ☐

(1) Listen and read. Then match the dialogues to the drawings. CD 1, Track 30

 1 _____ ☐    2 _____ ☐    3 _____ ☐    4 _____ ☐

a
◗ Nous fêtons Noël en France,
    à Toulouse !
◗ C'est vrai ? Chez Annick ?
    C'est chouette !

b
◗ Marianne fête son anniversaire !
◗ Et où est-ce qu'elle fête son anniversaire ?
◗ En Bretagne, chez ses parents,
    à Saint-Malo.

c
◗ C'est bientôt le mariage de Paul et Juana.
    Tu as un cadeau ?
◗ Oui, et toi ?
◗ Moi aussi.
     ◗ Ils fêtent au Portugal dans la famille de Juana.
     ◗ Je sais.

d
◗ Bonne année Marie !
◗ Oui, bonne année à vous
    aussi Jean-Jacques ! Meilleurs vœux !

Félicitations ! *(f.,pl.)*	Congratulations!	**bientôt**	soon
Noël *(m.)*	Christmas	**le mariage**	the wedding
en France	in France	**un cadeau /**	a gift / gifts
à Toulouse	in Toulouse	**des cadeaux**	
C'est vrai ?	Is that right?	**au Portugal** *(m.)*	in Portugal
son	*here:* her *(possessive pron., 3rd pers. sing., masc..)*	**dans la famille**	with the family
		Bonne année !	Happy New Year!
En Bretagne *(f.)*	in Brittany	**l'année** *(f.)*	the year
chez	at the home of	**Meilleurs vœux !**	Best Wishes!
ses	her *(possessive pron., 3rd pers., pl., masc. and fem.)*	*(m,pl.)*	

(2) Which expression corresponds to which people? Match them up.

Joyeux Noël !	Félicitations !	Bon anniversaire !	Bonne année !
a	b	c	d

Marie	Annick	Paul et Juana	Marianne
1 ☐	2 ☐	3 ☐	4 ☐

Bon or **bien**? Pay close attention to the difference between *adjective* and *adverb*!

Bon is an adjective: *Bonne année! Mario est un bon clarinettiste. (bon / bonne + noun)*
bien is an adverb: *Fiona chante bien.* (Verb + *bien*)
C'est bon is used for sense perceptions: *Le chocolat, c'est bon.*
C'est bien is used for all other judgments: *Le français, c'est bien.*

Look at the drawings and write **c'est bon** or **c'est bien** in the balloons.

Specific prepositions are used before the names of cities and countries.

For specifying destination or place of residence *(where?):*
With city names, say **à Toulouse**, or **nous habitons Toulouse**. With feminine country names, or names of countries that start with a vowel (such as *Irlande, Italie, Allemagne*), use: **en France, en Italie**. With masculine country names, use **au Portugal**. With country names in the plural, use **aux Etats-Unis**.

Complete with the appropriate preposition: **en, à, au, aux**.

1. ▶ Nous habitons .... Suisse. ▶ Et où ? ▶ .... Lausanne.

2. ▶ Allô Maman ?! Je suis .... Paris ! ▶ Tu es où ? ▶ Je suis .... France !

3. ▶ Je suis de Toulouse mais j'habite .... Bordeaux.

4. ▶ Mario est Allemand mais il n'habite pas .... Allemagne.

5. ▶ Vous habitez .... Etats-Unis ? ▶ Non, nous habitons .... Canada *(m.)*.

6. ▶ Nous fêtons Noël .... Sydney. ▶ .... Australie ? C'est chouette !

Invitations in France

If two people don't yet know each other very well, one may be invited to come for an aperitif. The person arrives around six or seven P.M. and has a drink and some **amuse-gueules** or **canapés** (appetizers) with the host. The guest departs before the main meal. If you are invited to a luncheon or an evening meal, you never arrive exactly on time, but rather a quarter-hour later out of courtesy. It's customary to bring a hospitality gift. People drink an aperitif and then sit down at the table. Generally after the main course coffee and dessert are served. On festive occasions, the menu concludes with a **digestif**.

1 You already know quite a lot about Claire, Fiona, and Mario. Complete the following:

Claire Dubois

a .... ans. *(She is .... years old.)*

Elle est .... *(profession)*

Elle est .... *(nationalité)* et vient de Strasbourg.

Fiona Petit

a .... ans. Elle est .... *(profession)*

et veut ouvrir .... Elle .... très bien.

Elle est .... *(nationalité)*, et elle vient de Cork, en ....

Elle .... 5, rue de la République à Strasbourg.

Mario Miller

a .... ans. Il est .... *(profession)*

Il est .... *(nationalité)*

Il vient de Trèves en .... , et habite Strasbourg.

2 Do you still know the dialogues from the previous lessons? Match up the following questions and answers. Then check over the sentences by listening to them on the tape. ∩ CD 1, Track 31

▶ Mais toi, Mario, tu est Italien ?
▶ Salut Fiona !
▶ Bonjour messieurs-dames, vous désirez ?
▶ Fiona, c'est Mario.
▶ Rue de la République.
▶ Un jus d'orange, s'il vous plaît.

▶ Elle habite où, Fiona ?
▶ Un croque-monsieur et une bière pression, s'il vous plaît.
▶ Bonjour Fiona! Comment ça va ?
▶ Non, je suis de Trèves.
▶ Bien, merci.

3 These new verbs that end in **-er** are conjugated according to the familiar pattern:

présenter	commander	discuter	parler	inviter
(to introduce)	*(to order)*	*(to discuss)*	*(to speak)*	*(to invite)*

Complete the following sentences and match them up to the appropriate lessons:

☐ 1. Claire .... *(présenter)* Fiona à Mario.

☐ 2. Ils .... *(commander)* deux bières et un jus d'orange.

☐ 3. Ils .... *(discuter)* et .... *(parler)* français.

☐ 4. Fiona .... *(inviter)* Mario et Claire pour l'apéritif.

Change to the plural:

1. un chocolat chaud   3. un vin blanc   5. un croque-monsieur   7. un bon professeur
2. un orchestre de jazz   4. une ville italienne   6. un gâteau Forêt-Noire   8. une tomate belge

Le or **la**?

.... parfum   .... chocolat   .... bière   .... thé   .... beurre

.... ville   .... jus d'orange   .... rue   .... santé   .... famille

Here are a couple of guidelines that will make it easier for you to determine the correct article to use with certain nouns:

feminine
Endings in **-e**: *la tomate, la lampe*
Endings in **-té:** *la liberté* (freedom); in **-tion**: *la situation;* in **-ette**: la trompette;
in **-ode**: *la méthode* in **-ade**: *la salade;* in **-ure:** *la culture…*

masculine
Endings in **-age** *le garage*; in **-ment**: *le gouvernement* (the government); in **-eau**: *le bureau;*
in **-scope** or **-phone:** *le microscope* and *le téléphone…*

(Learning Tip)

A dictionary is a great help in learning words and their multiple meanings. It's a good idea to buy a dictionary with around a hundred thousand key words and variants, for in a dictionary of this size you will find complete meanings, variants, and special meanings. Here are just a couple of examples to familiarize you with the dictionary:

a In the *Prélude* you learned the following words. Look up their English and French meanings in the dictionary. Do the words have the same meanings?
Note the translations!

la serviette   ....   the napkin   ....

le garage   ....   the garage   ....

la culture   ....   the culture   ....

la veste   ....   the vest   ....

b Be curious! Look up the translations of the following words and note their meaning; are they feminine *(f.)* or masculine *(m.)*?

the sun   ....   the moon   ....

the earth   ....   the telephone   ....

the light   ....   l'amour   ....

① You know more than you realize!

Match the English city names with their counterparts in French.
Example: 14. *Brussels* → 14 *Bruxelles*

☐ Schaffhouse	1. Moskow
☐ Hanovre	2. Schaffhausen
☐ Nuremberg	3. Cologne
☐ Brême	4. Vienna
☐ Rome	5. Aachen
☐ Munich	6. Nuremberg
☐ Londres	7. Bremen
☐ Moscou	8. Dunkirk
☐ Bruxelles	9. Hanover
☐ Cologne	10. London
☐ Vienne	11. Basle
☐ Dunkerque	12. Rome
☐ Bâle	13. Munich
☐ Aix-la-Chapelle	14. Brussels

② Listen to the dialogue and look at the illustrations and photos. Then match up the clues below and write down the dialogue. ◠ CD 1, Track 32

▶ C'est mon anniversaire. J'ai vingt ans.	▶ Je suis en vacances à Paris.	▶ Avec plaisir.
▶ Non, je suis Français.	▶ Le Louvre…	▶ Vous travaillez à Cahors ?
▶ Tu es Algérien ?	▶ Quelle est votre profession ?	▶ Non, je travaille à Toulouse, chez *Airbus*.
	▶ Qu'est-ce que vous visitez ?	▶ Vous voulez boire une bière avec moi ?
	▶ Je suis chanteuse.	

un Algérien	an Algerian	une chanteuse	a singer *(fem.)*
Je suis en vacances	I'm on vacation	**mes**	my *(possessive adj.,*
visiter	to visit		*1st pers. pl.)*
Quelle est votre profession ?	What kind of work do you do?	**travailler**	to work
		boire	to drink

Putting It All Together

avoir or *être*?

1. Catherine .... des parents portugais.
2. Elle .... 22 ans.
3. Il .... ingénieur.
4. Tu .... un cadeau ?
5. Je .... Italienne.

6. C' .... un homme très sympathique.
7. Nous .... faim !
8. Est-ce que vous .... des sandwiches ?
9. Le rap, c' .... chouette !
10. Vous .... Monsieur Poncet ?

Make the following sentences negative.
Example: 1. *Vous avez un numéro de fax ?* → *Non, je n'ai pas de numéro de fax.*

1. Vous avez un numéro de fax ?
2. Vous avez un jus d'orange ?
3. Tu as un passeport ?
4. Elle a des parents italiens.

5. Vous avez soif ?
6. Nous avons une adresse Internet.
7. Ils ont une grande *(large)* bibliothèque.

Match the expressions using **avoir** with the illustrations.

1. J'ai très faim.
2. Il a soif.
3. Nous avons sommeil. *(We are tired.)*
4. Elle a très chaud. *(She is very warm/hot.)*
5. Vous avez froid ? *(Are you cold?)*

 a
 b
 c
 d
 e

Tourist Information

You are in France and you want to buy some postcards, stamps, a map of hiking trails, and a travel guide book. Look at the photos and listen to the dialogue.
∩ CD 1, Track 33

1. ▶ Bonjour monsieur... 5 cartes postales. Vous avez des timbres ?
   ▶ Pour l'Europe ?
   ▶ Pour les Etats-Unis...
   ▶ Oui, vous voulez 5 timbres ?
   ▶ Oui, s'il vous plaît.

2. ▶ Vous avez une carte de la région ? Languedoc-Roussillon ?
   ▶ Oui. Une carte touristique ?
   ▶ Oui, et un guide aussi.
   ▶ J'ai le guide vert, dans quelle langue ?
   ▶ Oh, en anglais si vous avez...

Good to know!

You can buy stamps in a **café-tabac** or at the post office.

Write down the French equivalent for:

stamps: .... map of hiking trails ....

picture postcards .... guide book ....

(4) Construct sentences using the correct verb forms:

1. Nous *(aimer)* le chocolat.
2. Vous *(discuter)* politique.
3. Ils *(désirer)* un apéritif.
4. Tu *(habiter)* New York.

5. Elle *(fêter)* son anniversaire.
6. Je *(commander)* le menu.
7. Je *(parler)* allemand.
8. Nous *(habiter)* rue Victor Hugo.

(5) a Match the words from Exercise 4 according to how they are pronounced.

Nasal an : [ã] ....

é : [e] ....

ê / ai / è : [ε] ....

u : [y] ....

b Listen to the pronunciation. Can you find other words from Lessons 1 through 5 that are pronounced similarly? ∩ CD 1, Track 34

(6) Listen and fill in the text. CD 1, Track 35

Voici Toulouse. Paul .... Toulouse, la .... rose. Paul et Marianne, une

Américaine, ... Toulouse. Paul parle .... , mais il parle trop vite.

Marianne .... mal français. Marianne .... beaucoup Toulouse, elle adore

la .... Saint-Sernin. Paul a .... Il .... Marianne dans un ....

Place du Capitole. Marianne commande un .... et Paul .... un café.

Paul parle .... , politique, mais Marianne .... très fatiguée, elle n'aime

pas les .... bavards. Paul invite Marianne à une ....

What do you think is Marianne's answer?
Oui, avec plaisir !   Non, je suis fatiguée.   Non, merci, tu parles trop.   Chouette !

You can figure out the meaning of these words from the context:
trop vite   mal   fatiguée   bavard

Check your progress! Match up the French expressions with the English learning goals. Which of them do you feel require more practice?

Important Communication Tasks:

a ☐ asking how someone is
b ☐ greeting people
c ☐ talking about your home town
d ☐ expressing gratitude
e ☐ declining something

f ☐ accepting something
g ☐ ordering something in a café
h ☐ wishing someone well
i ☐ saying that you like or don't like something
j ☐ evaluating something

Un apéritif ? Avec plaisir. **1**

Je suis de Saint-Malo, en Bretagne. **4**

Ça va ? Pas très bien. **6**

Bon anniversaire ! Joyeux Noël ! **5**

Elle chante bien. **10**

Bonjour, monsieur ! Salut Marie ! **3**

Je voudrais un jus d'orange, s'il vous plaît. **2**

Non merci. **9**

Merci beaucoup, madame. **7**

J'aime la musique classique. Moi aussi. **8**

In addition, you have learned:

a ☐ the forms of **être** and **avoir**
b ☐ the forms of verbs that end in **-er**
c ☐ the definite and indefinite articles
d ☐ the forms of adjectives of nationality and nationality designations
e ☐ the three ways to ask a question

f ☐ the numbers from 0 through 20
g ☐ prepositions that are used before cities and countries
h ☐ negation
i ☐ the question word **que / qu'** in combination with **est-ce que**

italien, français, allemand, Irlandaise, Américaine, Belge **2**

Tu es de Strasbourg ?
Est-ce que tu es de Strasbourg ?
Es-tu de Strasbourg ? **6**

en Allemagne, au Portugal, à Paris, aux Etats-Unis, **7**

Je ne suis pas là. **9**

quatre, cinq, vingt, onze, trois, dix-huit **5**

le, la, l', les, un, une, des **8**

je chante, tu danses, nous adorons, ils habitent **4**

je suis, tu es, il est, nous avons, vous avez, ils ont **3**

Qu'est-ce que tu chantes ? **1**

Fiona, Claire, and Mario find out about Fiona's new project: she wants to open a music school. The friends would like to help out. ◠ CD 1, Track 36

Claire : Alors, qu'est-ce qu'on fête ?

Mario : Oui, la surprise, c'est quoi ?

Fiona : Eh bien, voilà, j'ai un grand projet : je veux ouvrir une école de musique à Strasbourg.

Mario : Quand ?

Fiona : En octobre.

Claire : Alors tu cherches des professeurs de musique ?

Fiona : Oui !

Mario : Si tu veux un professeur de clarinette...

Fiona : Merci Mario. Et toi, Claire, tu veux bien être professeur de batterie ?

Claire : Bien sûr !

Mario : Fiona, c'est vraiment une bonne idée ! Santé !

Fiona + Claire : Santé !

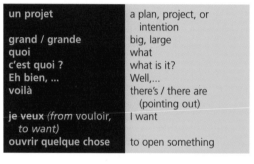

un projet	a plan, project, or intention
grand / grande	big, large
quoi	what
c'est quoi ?	what is it?
Eh bien, ...	Well,...
voilà	there's / there are (pointing out)
je veux *(from* vouloir, *to want)*	I want
ouvrir quelque chose	to open something

une école	a school
une école de musique	a music school
Quand ?	When?
En octobre	In October
tu cherches	you search, look for
(from chercher, *to look)*	
Si	if
tu veux *(from* vouloir*)*	you want
une batterie	a drum set

(1) When does Fiona want to open her music school? Look in the text to find the question "When?" and her answer.

.... ? ....

(2) a Let's learn the names of the months in French. Can you fill in the sequence?

mars	septembre	~~juin~~	avril	février	octobre
~~juillet~~	décembre	août	mai	novembre	~~janvier~~

1 janvier **2** .... **3** .... **4** .... **5** ....

6 juin **7** juillet **8** .... **9** .... **10** ....

11 .... **12** ....

Note:
The preposition **en** is used before the names of the months: *en octobre.*

b Pay attention to the pronunciation and repeat the names of the months. ⌒ CD 1, Track 37

3) You already know the numbers up to 20. Now we'll continue counting up to 31. Listen.
⌒ CD 1, Track 38

21	22	23	24	25	
vingt et un	vingt-deux	vingt-trois	vingt-quatre	vingt-cinq	
26	27	28	29	30	31
vingt-six	vingt-sept	vingt-huit	vingt-neuf	trente	trente et un

4) Complete the conjugation chart for **vouloir** with the help of the dialogue. **Vouloir** is an irregular verb that belongs to the third conjugation.

vouloir

je ....

tu ....

il / elle *veut*

nous *voulons*

vous *voulez*

ils / elles *veulent*

Note:
Nouns can be used after **vouloir**:
Il veut un jus d'orange.
Or, as in English, an infinitive can follow: *Elle veut ouvrir une école de musique en octobre.*

5) These people, like Fiona, have big plans. What do they want to do? Answer using appropriate forms of the verb **vouloir**. When you're done, check over your sentences. ⌒ CD 1, Track 39
Example: 1. *Ils ont un café en Bretagne.* → *Ils veulent avoir un café en Bretagne.*

1. Ils ont un café en Bretagne.
2. Je suis clarinettiste.
3. Tu chantes à *l'Olympia* ?
4. Nous habitons aux Etats-Unis.
5. Vous dansez à l'opéra ?
6. Elle fête son anniversaire à Tahiti.

6) a In French, the adjective usually comes *after* the noun, in contrast to English: **une chanson française**.

Note: Some frequently used adjectives are placed *before* the noun:
grand, -e (big), **petit, -e** (small), **gros, grosse** (fat), **bon, bonne** (good), **mauvais, -e** (bad), **joli, -e** (pretty), **jeune** (young). Examples: *un grand projet, une bonne idée,* etc.
Adjectives agree in number and gender with the nouns they modify!
In the plural **des** changes to **de**: des oranges → *de grosses oranges*
Numbers are always placed before nouns: *six oranges.*

b Construct sentences. Pay attention to the placement of adjectives!
Example:1. *Nous avons un grand projet.*

1. un / nous / projet / avons / grand.
2. veut / il / une / maison / jolie.
3. bons / nous / professeurs / voulons / de.
4. vin / tu / un / veux / blanc ?
5. musicien / c'est / mauvais / un.
6. un / je / professeur / cherche / jeune.

1 Take a look at the French calendar. Look for days that bear specific names (e.g. for the given name *Claire*), the various holidays, and the seasons, and memorize the new words.

JANVIER
D	1	Jour de l'an ●
L	2	Basile
M	3	Geneviève
M	4	Odilon
J	5	Edouard
V	6	Mélaine
S	7	Raymond
D	8	Epiphanie ☽
L	9	Alix
M	10	Guillaume
M	11	Paulin
J	12	Tatiana
V	13	Yvette
S	14	Nina
D	15	Rémi
L	16	Marcel ☺
M	17	Roseline
M	18	Prisca
J	19	Marius
V	20	Sébastien
S	21	Agnès
D	22	Vincent
L	23	Barnard
M	24	François ☾
M	25	Conv. S. Paul
J	26	Paule
V	27	Angèle
S	28	Th. d'Aquin
D	29	Gildas
L	30	Martine ●
M	31	Marcelle

FEVRIER
M	1	Ella
J	2	Présentation
V	3	Blaise
S	4	Véronique
D	5	Agathe
L	6	Gaston
M	7	Eugénie ☽
M	8	Jacqueline
J	9	Apolline
V	10	Arnaud
S	11	N.-D. Lourdes
D	12	Félix
L	13	Béatrice
M	14	Valentin ☺
M	15	Claude ☺
J	16	Julienne
V	17	Alexis
S	18	Bernadette
D	19	Gabin
L	20	Aimée
M	21	P. Damien
M	22	Isabelle ☾
J	23	Lazare
V	24	Modeste
S	25	Roméo
D	26	Nestor
L	27	Honorine
M	28	Mardi Gras

1995

MARS
M	1	Cendres ●
J	2	Charles le B.
V	3	Guénolé
S	4	Casimir
D	5	Carême
L	6	Colette
M	7	Félicité
M	8	Jean de D.
J	9	Françoise ☽
V	10	Vivien
S	11	Rosine
D	12	Justine
L	13	Rodrigue
M	14	Mathilde
M	15	Louise
J	16	Bénédicte
V	17	Patrice ☺
S	18	Cyrille
D	19	Joseph
L	20	Herbert
M	21	Clémence
M	22	Léa
J	23	Mi-Carême ☾
V	24	Catherine
S	25	Annonciation
D	26	Larissa
L	27	Habib
M	28	Gontran
M	29	Gwladys
J	30	Amédée
V	31	Benjamin ●

AVRIL
S	1	Hugues
D	2	Sandrine
L	3	Richard
M	4	Isidore
M	5	Irène
J	6	Marcellin
V	7	J.-B. de la S.
S	8	Julie
D	9	Rameaux
L	10	Fulbert
M	11	Stanislas
M	12	Jules
J	13	Ida
V	14	Maxime
S	15	Paterne
D	16	Pâques
L	17	Anicet
M	18	Parfait
M	19	Emma
J	20	Odette
V	21	Anselme
S	22	Alexandre ☾
D	23	Georges
L	24	Fidèle
M	25	Marc
M	26	Alida
J	27	Zita
V	28	Valérie
S	29	Cath. de Si. ●
D	30	Souv. Déportés

MAI
L	1	F. du TRAVAIL
M	2	Boris
M	3	Phil.-Jacques
J	4	Sylvain
V	5	Judith
S	6	Prudence
D	7	Gisèle
L	8	Vict. 45
M	9	Pacôme
M	10	Solange
J	11	Estelle
V	12	Achille
S	13	Rolande
D	14	F. J. d'Arc
L	15	Denise
M	16	Honoré
M	17	Pascal
J	18	Eric
V	19	Yves
S	20	Bernardin
D	21	Constantin ☾
L	22	Emile
M	23	Didier
M	24	Donatien
J	25	Ascension
V	26	Bérenger
S	27	Augustin
D	28	Fête des Mères
L	29	Aymar
M	30	Ferdinand
M	31	Visitation

JUIN
J	1	Justin
V	2	Blandine
S	3	Kévin
D	4	Pentecôte
L	5	Igor
M	6	Norbert ☽
M	7	Gilbert
J	8	Médard
V	9	Diane
S	10	Landry
D	11	Trinité
L	12	Guy
M	13	Antoine de P. ☺
M	14	Elisée
J	15	Germaine
V	16	J.-F. Régis
S	17	Hervé
D	18	F. Dieu F. Pères
L	19	Romuald ☾
M	20	Silvère
M	21	ETÉ
J	22	Alban
V	23	Audrey
S	24	Jean-Baptiste
D	25	Prosper
L	26	Anthelme
M	27	Fernand
M	28	Irénée ●
J	29	Pierre, Paul
V	30	Martial

JUILLET
S	1	Thierry
D	2	Martinien
L	3	Thomas
M	4	Florent
M	5	Antoine ☽
J	6	Mariette
V	7	Raoul
S	8	Thibaut
D	9	Amandine
L	10	Ulrich
M	11	Benoît
M	12	Olivier ☺
J	13	Henri, Joël
V	14	F. NATIONALE
S	15	Donald
D	16	N.D. - M.C.
L	17	Charlotte
M	18	Frédéric
M	19	Arsène ☾
J	20	Marina
V	21	Victor
S	22	Marie-Mad.
D	23	Brigitte
L	24	Christine
M	25	Jacques
M	26	Anne, Joa.
J	27	Nathalie
V	28	Samson
S	29	Marthe
D	30	Juliette
L	31	Ignace de L.

AOUT
M	1	Alphonse
M	2	Julien-Ey.
J	3	Lydie
V	4	J.-M. Vianney ☽
S	5	Abel
D	6	Transfiguration
L	7	Gaétan
M	8	Dominique
M	9	Amour
J	10	Laurent
V	11	Claire ☺
S	12	Clarisse
D	13	Hippolyte
L	14	Evrard
M	15	ASSOMPTION
M	16	Armel
J	17	Hyacinthe
V	18	Hélène ☾
S	19	Jean Eudes
D	20	Bernard
L	21	Christophe
M	22	Fabrice
M	23	Rose de L.
J	24	Barthélémy
V	25	Louis
S	26	Natacha ●
D	27	Monique
L	28	Augustin
M	29	Sabine
M	30	Fiacre
J	31	Aristide

SEPTEMBRE
V	1	Gilles
S	2	Ingrid ☽
D	3	Grégoire
L	4	Rosalie
M	5	Raïssa
M	6	Bertrand
J	7	Reine
V	8	Nativité N.D.
S	9	Alain ☺
D	10	Inès
L	11	Adelphe
M	12	Apollinaire
M	13	Aimé
J	14	La Ste-Croix
V	15	Roland
S	16	Edith ☾
D	17	Renaud
L	18	Nadège
M	19	Emilie
M	20	Davy
J	21	Matthieu
V	22	Maurice
S	23	Constant
D	24	Thècle ●
L	25	Hermann
M	26	Côme, Dam.
M	27	Vinc. de P.
J	28	Venceslas
V	29	Michel
S	30	Jérôme

OCTOBRE
D	1	Th. de l'E.J. ☽
L	2	Léger
M	3	Gérard
M	4	Fr. d'Assise
J	5	Fleur ●
V	6	Bruno
S	7	Serge
D	8	Pélagie
L	9	Denis
M	10	Ghislain
M	11	Firmin
J	12	Wilfried
V	13	Géraud
S	14	Juste
D	15	Th. d'Avila
L	16	Edwige ☺
M	17	Baudouin
M	18	Luc
J	19	René
V	20	Adeline
S	21	Céline
D	22	Elodie
L	23	Jean de C.
M	24	Florentin
M	25	Crépin
J	26	Dimitri
V	27	Emeline
S	28	Sim. Jude
D	29	Narcisse
L	30	Bienvenue ☽
M	31	Quentin

NOVEMBRE
M	1	TOUSSAINT
J	2	Défunts
V	3	Hubert
S	4	Charles
D	5	Sylvie
L	6	Bertille
M	7	Carine ☺
M	8	Geoffroy
J	9	Théodore
V	10	Léon
S	11	ARMIST. 1918
D	12	Christian
L	13	Brice
M	14	Sidoine
M	15	Albert ☾
J	16	Marguerite
V	17	Elisabeth
S	18	Aude
D	19	Tanguy
L	20	Edmond
M	21	Prés. Marie
M	22	Cécile ●
J	23	Clément
V	24	Flora
S	25	Catherine L.
D	26	Delphine
L	27	Séverin
M	28	Jacq. de la M.
M	29	Saturnin ☽
J	30	André

DECEMBRE
V	1	Florence
S	2	Viviane
D	3	Avent
L	4	Barbara
M	5	Gérald
M	6	Nicolas
J	7	Ambroise ☺
V	8	Imm. Concept.
S	9	P. Fourier
D	10	Romaric
L	11	Daniel
M	12	Jeanne-F.C.
M	13	Lucie
J	14	Odile
V	15	Ninon ☾
S	16	Alice
D	17	Gaël
L	18	Gatien
M	19	Urbain
M	20	Abraham
J	21	Pierre C.
V	22	HIVER ●
S	23	Armand
D	24	Adèle
L	25	NOËL
M	26	Etienne
M	27	Jean
J	28	Innocents ☽
V	29	David
S	30	Roger
D	31	Sylvestre

Vacances scolaires : Zone A– – –Caen, Clermont-Ferrand, Grenoble, Lyon, Montpellier, Nancy-Metz, Nantes, Rennes, Toulouse,
Zone B——Aix-Marseille, Amiens, Besançon, Dijon, Lille, Limoges, Nice, Orléans-Tours, Poitiers, Reims, Rouen, Strasbourg
Zone C······Bordeaux, Créteil, Paris, Versailles

les jours fériés	holidays	**une mère**	a mother
un jour	a day	**un père**	a father
un calendrier	a calendar	**l'été** *(m.)*	the summer
la Saint- *(+ first name)*	the saint's day	**la fête nationale**	the national holiday
le printemps	the springtime	**l'automne** *(m.)*	the fall, autumn
Pâques *(f.,pl.)*	Easter	**la Toussaint**	All Saints' Day
la fête des mères /	Mother's /	**l'hiver** *(m.)*	the winter
des pères	Father's Day		

2 In the calendar in Exercise 1 you can see the first letters of the days of the week. Put them in order.

mercredi   vendredi   lundi   dimanche   samedi   jeudi   ~~mardi~~

L ....   Mardi   M ....   J ....

V ....   S ....   D ....

(**Learning Tip**)

Practically every French name for the days of the week refers to a heavenly body:

Mercure **mercredi**	*Jupiter* **jeudi**	*Vénus* **vendredi**
Saturne **samedi**	*Mars* **mardi**	*la Lune* **lundi**

(**Good to know!**)

In France the following days are **national holidays**:

le 1er mai	**Fête du Travail** (Workers' Day)
le 8 mai	**armistice de 1945** (Armistice of 1945)
le 14 juillet	**prise de la Bastille en 1789** (Storming of the Bastille, 1789)
le 11 novembre	**armistice de 1918** (Armistice of 1918)

In contrast to some other countries, in France December 26 and January 6 are not holidays.

---

3 It's a crazy year! What are your plans? Construct meaningful sentences according to the model:

En janvier	je veux ouvrir	une école	en France.

A Pâques	chanter	mon anniversaire	en Allemagne.
A Noël	danser	dans un appartement	à Saint-Malo.
En septembre	fêter	dans une chorale	à Paris.
Le 14 juillet	habiter	dans la rue	à Nice.

---

4 Listen and write in the dates. CD 1, Track 40

1. la fête nationale française : *c'est le* .... juillet

2. un anniversaire : *c'est le* ....

3. la Saint-Michel : *c'est le* ....

4. le carnaval : *c'est le* ....

(**French Celebrations and Holidays**)

Mardi gras is the last day before the start of Lent. On this day people bake **crêpes**. On the national holiday there is a **défilé** in front of the country's president, the government, and many distinguished guests and spectators on the **Champs-Elysées**, and in the evening there are fireworks over the **Champ-de-Mars**. On the previous evening throughout France there are dances and fireworks.

Le gâteau Forêt-Noire.

Summer vacation has begun. Mario and Claire have something to celebrate: they have been together for five months. Mario goes to the bakery and buys a cake. ∩ CD 1, Track 41

Vendeuse : Monsieur, c'est votre tour ?

Mario : Oui, le gâteau Forêt-Noire, il coûte combien ?

Vendeuse : Ça dépend. 9 euros le petit et 12 le grand. Le petit est pour 6 personnes et le grand pour 12. C'est pour combien de personnes ?

Mario : Deux.

Vendeuse : Oh ! Vous ne voulez pas plutôt deux babas au rhum ?

Mario : Non, non, je voudrais un gâteau Forêt-Noire, celui-là !

Vendeuse : Le petit alors. Et avec ça ?

Mario : Une baguette s'il vous plaît ! Ça fait combien ?

Vendeuse : Ça fait neuf euros cinquante. Merci, monsieur ! Et bon appétit !

un gâteau / des gâteaux	a cake / cakes	plutôt	rather
un gâteau Forêt-Noire	a Black Forest cake	deux babas au rhum	two rum cakes
une vendeuse	a sales lady	celui-là !	that one there!
c'est votre tour ?	Is it your turn?	Et avec ça ?	Anything else?
il coûte combien ?	how much is it?	Ça fait combien ?	How much is that?
(from coûter, to cost)		(from faire, to make)	
Ça dépend. (from dépendre, to depend)	That depends.	Ça fait...	That's...
		cinquante	fifty (cents)
C'est pour combien de personnes ?	For how many people?	bon appétit !	Enjoy your meal!

1 Listen closely and write down the prices. CD 1, Track 42

le baba au rhum .... €   la baguette .... € le croissant .... €

200g de chocolats belges .... €   le gâteau au citron .... €

2 Check again in the text to find out how to
... ask about the price.   ... state the price.

1. Il .... ?   3. Ça .... euros ....

2. Ça .... ?

3 a You have learned two new verbs: **coûter** (to cost) and **faire** (to make, to do). **Coûter** is a regular verb in the **-er** group. Complete the questions using forms of **coûter**:

1. Le gâteau, il .... combien ? 3. La guitare, elle .... combien ?

2. Les gâteaux, ils .... combien ? 4. Les brioches, elles .... combien ?

Note:
coûter is usually used in the 3rd person singular or plural!

b Now complete the conjugation chart of **faire** with the help of the dialogue. **Faire** is an irregular verb that belongs to the third conjugation.

faire
Je *fais*
Tu *fais*

Il / Elle .... / Ça .... combien ?
Nous *faisons*
Vous *faites*
Ils / Elles *font*

c Pay close attention to the pronunciation: 🎧 CD 1, Track 43
ai is pronounced somewhat like **may**, but rather more crisply, in: *je fais, tu fais, il fait, vous faites.*
But **ai** in *nous faisons* sounds softer and less sharply defined.

a The verb **faire** is very useful and is part of many expressions. Look carefully at the illustrations and complete them with the correct forms of **faire.**

1. Il .... les courses.

2. Je .... la vaisselle.

3. Tu .... le ménage.

4. Nous .... la cuisine.

5. Vous .... le plein ?

6. Elles .... un gâteau.

b Try to translate these expressions into English.

c Using these new expressions, say what these people are doing.
Listen to the sounds. 🎧 CD 1, Track 44
Example: *Ils font la vaisselle.*

(1) Match up the products with the stores.

l'épicerie

1. des carottes et
des pommes de terre

5. une salade

la boulangerie

2. des cartes postales et
un journal

6. des saucisses et
deux biftecks

la maison de la presse

3. une baguette et
des biscottes

7. un savon

la boucherie-charcuterie

4. des pâtes et des biscuits

8. des babas au rhum
et un gâteau Forêt-
Noire

un magasin	a store, shop
une épicerie	a grocery store
une boulangerie	a bakery
une maison de la presse	a newspaper shop
une boucherie-charcuterie	a butcher shop
une carotte	a carrot
une pomme de terre	a potato

une carte postale	a post card
un journal	a newspaper
une biscotte	a zwieback biscuit
une saucisse	a sausage
un bifteck	a steak
un savon	a (bar of) soap
les pâtes *(f.,pl.)*	pasta
un biscuit	a cookie, biscuit

(Learning Tip)

Set up a card file: make a file card for each spcialty shop and gradually add the names of the products that you can buy in each one.

Here are the numbers up to a thousand. Listen to them carefully. CD 1, Track 45

32 trente-deux	**40** quarante	**41** quarante et un	**42** quarante-deux
50 cinquante	**51** cinquante et un	**52** cinquante-deux	**60** soixante
61 soixante et un	**70** soixante-dix	**71** soixante et onze	**72** soixante-douze
73 soixante-treize	**80** quatre-vingts	**81** quatre-vingt-un	**82** quatre-vingt-deux
90 quatre-vingt-dix	**91** quatre-vingt-onze	**100** cent	**101** cent un
200 deux cents	**300** trois cents	**1.000** mille	

a Check the prices that you hear: CD 1, Track 46

☐ 36   ☐ 41   ☐ 70   ☐ 34   ☐ 86   ☐ 104   ☐ 75   ☐ 424

☐ 65   ☐ 56   ☐ 1.583   ☐ 68   ☐ 99   ☐ 1.999   ☐ 2.000

b Write out the remaining numbers in word form.
Example: *trente-six, ...*

Note:
With *21, 31, 41, 51,* and *61,* **et** is used before the *1*, and with *no hyphen.*

Listen to the dialogue from the **Epicerie**. Then buy the pictured products from the shops in Exercise 1. Write down the prices. CD 1, Track 47

Epicerie
▶ Bonjour !
▶ Bonjour, vous désirez ?
▷ Je voudrais des pâtes et des biscuits, s'il vous plaît.
▶ Et avec ça ?
▷ Une salade.
▶ Voilà.
▷ Ça fait combien ?
▶ Ça fait 18 euros 50.

.... €

.... €

.... €

.... €

.... €

.... €

Shopping in France.

Most French people go shopping once a week in large supermarkets that are known as **hypermarchés.**
They buy fresh products such as fruit, vegetables, or other items that they forgot to buy in the supermarket in the **épiceries.** Stores generally close in France at 7 or 8 p.m. You can buy your fresh **baguette** and **croissants** even on Sunday mornings; that's why the bakeries are closed on Monday mornings.

Claire wants to surprise Mario on the anniversary of their meeting. She blindfolds him, and then they drive off in her car. ⌒ CD 1, Track 48

Mario : Mais où on va ?

Claire : Surprise.

Mario : Je n'aime pas les surprises. Où sommes-nous ?

Claire : Sur l'autoroute.

Mario : Et où allons-nous ?

Claire : Dans une ville.

Mario : Loin ?

Claire : Assez, oui.

Mario : Combien de kilomètres ?

Claire : Je ne sais pas. Beaucoup.

Mario : On va... à Colmar ?

Claire : Non.

Mario : On va... en Allemagne ?

Claire : Non.

Mario : Dommage, j'ai bien envie d'aller à Berlin. Berlin, c'est une chouette ville.

Claire : C'est trop loin.

Mario : On va ... à Paris ?

Claire : Gagné ! Oui, on va à Paris.

Mario : C'est vrai, à Paris ? ! Et qu'est-ce qu'on fait à Paris ?

Claire : Surprise.

Mario : grrr... !

Mais où on va ? *(from aller, to go)*	But where are we going?	**un kilomètre** *(km)*	a kilometer
aimer qn/qc	to like someone, something	**Combien de kilomètres ?**	How far?
Je n'aime pas *(from aimer)*	I don't like	**beaucoup**	many
Sur	On	**Dommage**	Too bad
une autoroute	a highway	**avoir envie** *(f.)* **de faire qc**	to feel like doing something
Et où allons-nous ? *(from aller)*	So where are we going?	**aller à Berlin**	to go to Berlin
Dans une ville.	To a city	**trop**	too / too much
Loin ?	(Is it) far?	**C'est trop loin.**	That's too far.
Assez	Fairly	**Gagné !** *(from gagner, to win)*	(here) You guessed it!

(1) Listen again to the dialogue and check off the statements that are correct.

☐ Mario wants to drive to Berlin.
☐ Mario loves surprises.
☐ Mario is irritated.
☐ The destination is quite far away.

☐ Claire is driving.
☐ Claire is driving to Colmar.
☐ Claire invites Mario to Paris.

◯ Listen to the pronunciation of **oin** [wɛ̃] and note *where the emphasis falls*. ♩ CD 1, Track 49

◯ In the dialogue you learned two new verbs from the **-er** group: **aimer** *(to like or to love)* and **aller** *(to go)*. **Aller** is the only irregular **-er** verb. Use the dialogue to help you fill in the chart.

aimer	aller
J'	Je *vais*
Tu	Tu *vas*
Il / Elle	Il / On ....
Nous	Nous ....
Vous	Vous *allez*
Ils / Elles	Ils *vont*

Note:
The following prepositions are used after the verbs **aller** and **être**: *On va à Colmar? On est dans une ville. On va en Allemagne.* **Où vas-tu?** is used to ask about location or destination.

◯ Listen to the questions, and then construct the same questions using **vous.** ♩ CD 1, Track 50

1. ▶ Tu fêtes Noël à Berlin ?
2. ▶ Est-ce que tu habites loin ?
3. ▶ Est-ce que tu fais les courses au hypermarché ?
4. ▶ Tu vas à l'école de musique rue de la République ?
5. ▶ Est-ce que tu as faim ?
6. ▶ Tu cherches la boulangerie ?
7. ▶ Tu aimes le whisky irlandais ?

◯ How do people express their preferences, disappointments, and dislikes? Complete the sentences with the following expressions:

j'ai envie de ...   j'aime   dommage !   j'adore   je déteste
je n'ai pas envie de...   j'ai horreur de... *(to despise something)*

♥ Preferences: 1. J'ai .... d'aller à Berlin.   2. .... chanter dans une chorale.   3. .... la musique classique.

☹ Disappointment: On ne va pas à Berlin, c'est .... !

✖ Dislikes: 1. .... faire des gâteaux.   2. .... de faire la vaisselle.   3. .... de fêter mon anniversaire.

Note:
aimer, adorer, détester + verb in the infinitive form: *J'aime faire les courses.*
But: **avoir envie, avoir horreur + de** + verb in infinitive form: *J'ai envie de faire les courses.*
The definitive article is used after **aimer, adorer,** and **détester**: *J'aime la musique classique.*

1 Listen and read along. Match up the vehicles with the balloons. CD 1, Track 51

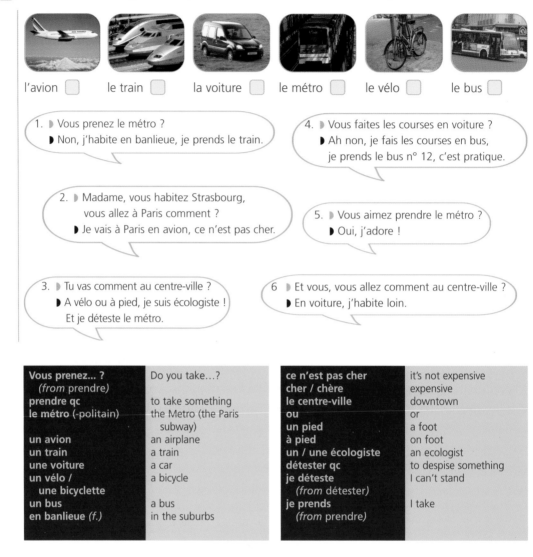

l'avion ☐   le train ☐   la voiture ☐   le métro ☐   le vélo ☐   le bus ☐

1. ▶ Vous prenez le métro ?
   ▶ Non, j'habite en banlieue, je prends le train.

2. ▶ Madame, vous habitez Strasbourg, vous allez à Paris comment ?
   ▶ Je vais à Paris en avion, ce n'est pas cher.

3. ▶ Tu vas comment au centre-ville ?
   ▶ A vélo ou à pied, je suis écologiste ! Et je déteste le métro.

4. ▶ Vous faites les courses en voiture ?
   ▶ Ah non, je fais les courses en bus, je prends le bus n° 12, c'est pratique.

5. ▶ Vous aimez prendre le métro ?
   ▶ Oui, j'adore !

6 ▶ Et vous, vous allez comment au centre-ville ?
   ▶ En voiture, j'habite loin.

Vous prenez... ? *(from* prendre*)*	Do you take…?	**ce n'est pas cher**	it's not expensive
prendre qc	to take something	**cher / chère**	expensive
le métro (-politain)	the Metro (the Paris subway)	**le centre-ville**	downtown
		ou	or
un avion	an airplane	**un pied**	a foot
un train	a train	**à pied**	on foot
une voiture	a car	**un / une écologiste**	an ecologist
un vélo / **une bicyclette**	a bicycle	**détester qc**	to despise something
		je déteste *(from* détester*)*	I can't stand
un bus	a bus	**je prends** *(from* prendre*)*	I take
en banlieue *(f.)*	in the suburbs		

2 You already know the preposition **en**: *en septembre, en France, en banlieue.* Here's another use: with vehicles. Complete the following with the help of the dialogue:

Je vais à Paris : .... avion   *en* train   .... bus   .... voiture

.... *en* métro   *à* moto   .... vélo / bicyclette   .... pied

Note:
Use **à** when you sit *on* the vehicle: *à vélo.* When you sit *in* the vehicle, use **en**: *en voiture.* The prepositions **en / à** are used with the verb **aller.**

3 Complete the chart for **prendre** with the help of the sentences in the balloons above.

prendre

je ....
tu *prends*
il / elle *prend*
nous *prenons*

vous ....
ils / elles *prennent*

Note:
The definite article is used after
prendre: *je prends le métro.*
The verbs **apprendre** (to learn) and
comprendre (to understand) are
conjugated according to the same
pattern.

How about you? What means of transportation do you use? Answer the questions with the
means of transportation in the boxes. Choose your prepositions carefully!

le bus	la voiture	le métro	la bicyclette	l'avion

1. ▶ Vous faites les courses comment ?   ▶ Je prends ....

2. ▶ Vous allez au centre-ville comment ?   ▶ Je vais au centre-ville ....

3. ▶ Vous allez à Paris comment ?   ▶ Je vais à Paris ....

4. ▶ Vous allez au travail comment ?   ▶ Je vais au travail ....

Learning Tip

Learn words by pairing them with their opposites: ***grand, -e ≠ petit, -e;***
bon, bonne ≠ mauvais, -e; aimer ≠ d"etester; avoir envie de… ≠ avoir horreur de…

Listen and answer. Pay attention to intonation! ∩ CD 1, Track 52
Example: 1. ▶ *Tu fais la vaisselle ? (ne pas avoir envie)*
        ▶ *Ah non, je n'ai pas envie de faire la vaisselle.*

1. ▶ Tu fais la vaisselle ? *(ne pas avoir envie)*.   4. ▶ Tu prends le bus ? *(détester)*.
2. ▶ Vous allez au centre-ville ? *(adorer)*   5. ▶ Vous faites le plein ? *(détester)*.
3. ▶ Il fait un gâteau ? *(avoir horreur de)*.   6. ▶ Elle prend l'avion ? *(aimer)*.

The Paris Metro.

The Paris Metro was planned in the 19th century by
Fulgence Bienvenüe. The first line was officially opened in
1900. To date the Paris Transportation Services **(RATP)** have
opened 13 lines in the central city. The suburbs are served by
a different type of rail service **(RER)**. The Metro system is very
simple: you buy a ticket **(un ticket)** or a pass book with ten
tickets **(un carnet)** at an automatic vending machine or a
ticket booth and walk through an electronic turnstile. In order
to choose the right direction you merely need to follow the
name of the end station.

Fiona wants to rent some space for her music school. She calls Claire to talk about it. Unfortunately, all she gets is the answering service. ⌒ CD 1, Track 53

First call:	*(Claire's voice)*
	Bonjour, vous êtes bien chez Claire Dubois. Laissez donc un message ! Merci !
Fiona :	Allô, c'est Fiona. J'ai une bonne nouvelle. Je retéléphone.
Second Call:	*(Answering machine)*
Fiona :	C'est encore moi. Rendez-vous demain matin à 10h au café Saint-Jean. D'accord ?
Third Call:	*(Answering machine)*
Fiona :	Allô Claire, mais où es-tu ? Je suis au café, j'attends depuis une heure... Bon, la bonne nouvelle : je visite des bureaux pour l'école de musique demain à 18h, l'adresse c'est 37, rue des bateliers, tu viens ? Salut !
Fourth Call:	*(Answering machine)*
Fiona :	Mais qu'est-ce que tu fais ? La visite est dans une heure, tu viens, oui ou non ?

Allô	hello (on telephone)
chez Claire Dubois	at Claire Dubois's
Laissez donc un message	Leave a message!
laisser	to leave
un message	a message
une bonne nouvelle	good news
Je retéléphone *(from* téléphoner, *to call)*	I'll call back
C'est encore moi.	It's me again.
un rendez-vous	a meeting
demain matin	tomorrow morning

demain	tomorrow
un matin	a morning
j'attends *(from* attendre, *to wait)*	I wait
depuis une heure	for an hour
je visite *(from* visiter, *to visit)*	I visit
un bureau / des bureaux	an office / offices
Tu viens? *(from* venir, *to come)*	Are you coming?
une visite	a visit
dans une heure	in an hour

(1) Match these actions to the four phone calls.

☐ Fiona is waiting for Claire in the café.

☐ It's noon and she calls Claire. She has good news.

☐ She goes to see the office space.

☐ She goes to bed but first calls Claire again.

(2) Look again at the dialogue to find out how to

... invite someone to an appointment: .... *à 10h.*

... say that you're waiting: .... *depuis une heure.*

... ask if the person is coming to the meeting: .... *, oui ou non ?*

a You have learned some new verbs: **attendre** *(to wait / wait for)* and **venir** *(to come)*. They belong to the third verb group. Use the dialogue to help you complete the conjugation chart:

attendre

j'...............................

tu *attends*

il / elle *attend*

nous *attendons*

vous *attendez*

ils / elles *attendent*

venir

je *viens*

tu .... ?

il / elle *vient*

nous *venons*

vous *venez*

ils / elles *viennent*

b Now listen to the pronunciation of these two verbs. CD 1, Track 54

How do you tell time? Translate with the help of the dialogue.

at 6:00 p.m.: ....

for an hour: .... tomorrow morning: ....

tomorrow: .... in an hour: ....

Differentiate clearly between **A quelle heure** (At what time?) and **Il est quelle heure** (What time is it?).

Answer the questions using the times provided. CD 1, Track 55

Example: 1. ▶ *Vous venez quand ?* ▶ *Moi, je viens lundi matin à 9 heures.*

1. Vous, lundi matin, à 9h.
2. Mme Palézis, mercredi, à 18h.

3. M. et Mme Gilet, dimanche midi.
4. Nous, demain, à 19h.

Use the sentences to construct four small dialogues. Then listen to the correct dialogue and play the part of the second person. CD 1, Track 56

1. A 19h. D'accord ? Ma chérie, rendez-vous au restaurant des Lilas.	A quelle heure ? D'accord.

2. Et où ?
   Au bar des Copains.
   Sophie, tu viens prendre un café avec moi ?
	Quand ?
	D'accord.
	Demain, à 10h.

3. D'accord Hamed ! Julie, tu viens au cinéma avec moi ?	Bon, oui, à quelle heure ? A 20h, il y a *Titanic*.
4. Je ne sais pas... A quatre heures, dans une heure.	Susanne, vous venez au centre-ville faire les courses ? Quand ?

(1) Listen to your appointments for next week. Jot down the precise times and meeting places on the calendar. CD 1, Track 57

> **Dimanche:** Mario et pianiste de jazz à .... h, café Saint-Jean.
>
> **Lundi:** cinéma avec Fiona *Le Titanic* à .... h.
>
> **Mardi:** restaurant avec Claire à .... h.
>
> **Mercredi:**
>
> **Jeudi:** anniversaire de François, à .... h à la ....
>
> **Vendredi:**
>
> **Samedi:** mariage de Luc et Sophie à .... h.

(2) Listen and answer the questions orally with the help of the calendar. ∩ CD 1, Track 58

(**Learning Tip**)

If you don't immediately understand what someone means, pay close attention to the facial expression of the speaker. French people emphasize their words by using many gestures!

(3) a Here are some ways to express time of day:

le matin *(the morning)*   **midi** *(noon)*   **l'après-midi** *(afternoon)*
le soir *(the evening)*   **la nuit** *(the night)*   **minuit** *(midnight)*

When you're referring to the passage of time or to that segment of day, use the terms:
la journée *(the day)*   **la matinée** *(the morning)*   **la soirée** *(the evening)*

Note:
The days of the week are often used without any article: **Lundi, on va danser.** *(Monday we're going dancing.)* If something takes place regularly, the day of the week is used with an article: **Le lundi, on va danser.** *(On Mondays we [always] go dancing.)*
The definite article is likewise used with the parts of a day for something that happens regularly: **Le soir, je fais la cuisine.** *(I [always] cook in the evening.)*

b Translate the following sentences.

1. On Saturdays I go dancing.
2. We're going shopping on Saturday.
3. I'll call back at noon.

4. He washes the dishes in the evening.
5. You visit the office space tomorrow.
6. The wedding is tomorrow at 11:00.

a The following expressions are used for good or bad news. Pay attention to the intonation and use a + to denote good news and a – for bad news. CD 1, Track 59

☐ C'est chouette !
☐ C'est une bonne nouvelle !
☐ C'est vrai !! ?

☐ C'est merveilleux.
☐ Mais c'est terrible !
☐ Oh, je suis désolé/e.

☐ Ah, je suis très content/e.
☐ Oh la la... ce n'est pas vrai...

b Listen again to Exercise A and practice the pronunciation and the intonation. Exaggerate the intonation a little. CD 1, Track 59

You know more than you realize!
Here are some useful expressions for speaking on the telephone. Match them up.

1. Je voudrais parler à Monsieur Delmas.

2. Madame Xion est absente pour la journée.

3. Est-ce que Mario Miller est là ?
4. Non, il est en déplacement.
5. Je voudrais le numéro de téléphone de Fiona Petit, s'il vous plaît.
6. Je suis désolé, Monsieur Weber est en communication.
7. Vous rappelez dans cinq minutes ?

8. Vous avez un message pour moi ?

☐ *I'm sorry, but Mr. Weber is on another line.*
☐ *No, he's not home.*

☐ *Do you have a message for me?*
☐ *Can you call back in five minutes?*
☐ *Mrs. Xion is out for the day.*

☐ *Is Mario Miller there?*

☐ *I'd like the phone number for Fiona Petit, please.*
☐ *I'd like to speak with Mr. Delmas.*

Using the Telephone in France

For private calls in France, people answer by saying **Allô**? If the caller is not sure of having reached the right number, s/he may ask **"Je suis bien chez Monsieur / Madame ...?"** or "**Xavier, c'est toi?**" It's different with business calls. People answer using their name plus that of the company: **"Les Editions Nathan, Sabine Mongès à l'appareil, bonjour..."** At the end of the conversation, people say, **"Au revoir."**
People don't immediately state the purpose of their call, but first ask, **"Comment allez-vous?"** or **"Ça va?"**, or else they talk about the weather. This is less common when people call a company, but it's still discourteous to jump right into things.

Mario and Claire have arrived in Paris. They look for a hotel room. ∩ CD 1, Track 60

Claire : Bonsoir.

Hôtelier : Bonsoir, messieurs-dames. Vous désirez ?

Claire : Nous cherchons une chambre pour deux personnes. Vous avez une chambre de libre ?

Hôtelier : Avec bain ou avec douche ?

Mario : Avec douche.

Hôtelier : Vous désirez rester combien de temps ?

Claire : Oh, une semaine...

Mario : Hein ? euh, Claire, c'est vrai ? une semaine ?

Claire : Oui, oui.

Hôtelier : J'ai la 14 ou la 23. Elles coûtent 60 euros la nuit. Petit déjeuner non compris. Vous voulez les voir ? La 14 est au premier étage, et la 23 au second. Prenez l'ascenseur, voilà les clefs.

Hôtelier : Alors ? La 14 ou la 23 ?

Claire : La chambre 14 est trop sombre. Et la 23...

Mario : Elle est parfaite, nous la prenons !

Claire : Mais Mario... attends... je ne sais pas... C'est trop cher, non ? pour une semaine...

la 14, la 23	*here:* room numbers	**voir**	to see
un hôtelier	hotelkeeper	**Vous voulez les voir ?**	Would you like to see them *(the rooms)*
une chambre	a room		
libre	free, available	**au premier étage** *(m.)*	on the second floor
une chambre de libre	an available room / a free room	**au second**	on the third floor
		Prenez *(from* prendre*)*	Take *(imperative)*
un bain	a bath		
une douche	a shower	**un ascenseur**	an elevator
rester	to stay	**une clef / une clé**	a key
combien de temps	how long	**sombre**	dark
une semaine	a week	**parfait/e**	perfect
la nuit	*here:* per night	**nous la prenons**	we'll take it
non compris/e	not included	*(from* prendre*)*	

Good to know!

La chambre means a bedroom. The generic word for *room* is *la pièce* or *la salle*.

① What comes with the hotel rooms, and where are they located? Number them.

1. la chambre **14** est   2. la chambre **23** est

⬭ pour 2 personnes	⬭ avec douche	⬭ parfaite
⬭ pas chère	⬭ au second	⬭ sombre
⬭ au premier étage	⬭ avec bain	⬭ pour 1 personne
⬭ avec petit déjeuner	⬭ chère	⬭ petit déjeuner non compris

You have already heard two ordinal numbers in the dialogue. Complete the following.

la chambre 14 est au .... (1er) étage.

la chambre 23 est au .... (2d) étage / (2e) étage.

Listen and write what's located on each floor in the illustration. CD 1, Track 61

la chambre 12
la terrasse
la réception ....
la salle du petit déjeuner ....
le parking ....
le restaurant
les chambres 142, 145 ....

....

....

Learning Tip

Try to avoid learning isolated, individual words. It's better to learn them in meaningful associations: **prendre l'avion / attendre le bus.**

Use the dialogue to help you complete the sentences.

▶ Et la 23...   ▶ Elle est parfaite, nous .... prenons.

▶ J'ai la 14 ou la 23. ▶ Vous voulez .... voir ?

The direct object pronouns **le, la, l',** and **les** can replace most nouns.
Le stands for a *masculine noun in the singular,* **la** stands for a *feminine noun in the singular,* and **les** stands for a *masculine or feminine noun in the plural.*

a Complete the following with the correct direct object pronoun and note the placement of **ne...pas**. Example: 1. ▶ *Tu as les clefs ?* ▶ *Oui, je les ai. / Non, je ne les ai pas.*

1. ▶ Tu as les clefs ? ▶ Oui, je .... ai. / Non, je ne .... ai pas.

2. ▶ Tu attends le bus ? ▶ Oui, je .... attends. / Non, je ne .... attends pas.

3. ▶ Tu comprends le français ? ▶ Oui, je .... comprends. / Non, je ne .... comprends pas.

4. ▶ Vous prenez l'ascenseur ? ▶ Oui, nous .... prenons. / Non, nous ne .... prenons pas.

5. ▶ Vous aimez les croissants français ? ▶ Oui je .... aime. / Non, je ne .... aime pas.

b Listen to the questions from part a and answer each one. CD 1, Track 62

Listen and answer with the appropriate direct object pronoun. CD 1, Track 63
Example: 1. ▶ *Vous prenez la chambre 14 ?* ▶ *Oui, je **la** prends.*

(1) What types of problems do these hotel guests have? Listen and match the room numbers with the objects that are missing from the rooms. CD 1, Track 64

chambre **4**   chambre **18**   chambre **5**   chambre **12**

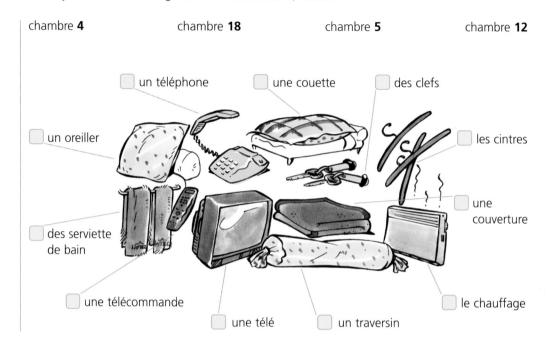

☐ un téléphone   ☐ une couette   ☐ des clefs

☐ un oreiller

☐ les cintres

☐ des serviette de bain

☐ une couverture

☐ une télécommande

☐ le chauffage

☐ une télé   ☐ un traversin

un oreiller	a pillow	il fait froid	it's cold (out)
une armoire	a closet	tout de suite	immediately, right away
un cintre	a hanger	une couverture	a blanket
une femme de chambre	a cleaning lady	une serviette de bain	a bath towel
apporter	to bring	une télé(vision)	a television (colloquial)
un chauffage	a heater	un téléviseur	a television
un traversin	a bolster	une télécommande	remote control
une couette	a comforter		(for the TV)

(2) Listen to these sentences and underline the negation. How would you translate these sentences?

Je n'ai pas d'oreiller.   *Il n'y a pas de cintres.*   *Monsieur Dupuis n'a pas de couvertures.*

With the indefinite articles **un, une,** and **des**, the negation **ne...pas** changes to **ne...pas de** or **ne...pas d'**.

(3) Listen and answer in the negative. ⌒ CD 1, Track 65
Example: *1.* ▶ *Vous avez un lit français ?* (French bed) ▶ *Non, je n'ai pas de lit français.*

 Real French: the pronunciation of **pas de** in combination with **je, tu, nous,** and **vous** often becomes **pad': Je n'ai pad'lit.**

With the help of the vocabulary, find out what is missing from this room. Mario calls Jean-Claude and complains.

des serviettes de bain	une couverture	des oreillers	une armoire	un lit
un téléphone	une télévision	des cintres	une télécommande	

„Allô, ici la chambre 23, je suis M. Miller
.... , il n'y a pas de
....
....

> **Good to know!**
>
> French beds rarely have down quilts. Instead they have blankets with sheets.

a You are in a hotel. You have a number of questions. Match them up.

1. *When is breakfast served?*	☐ Vous acceptez les cartes de crédit ?
2. *Where is the breakfast room?*	☐ Je laisse les clefs à la réception ?
3. *Is the hotel open all night?*	☐ Où est la salle du petit déjeuner ?
4. *Must I turn in the key?*	☐ Est-ce que l'hôtel est ouvert toute la nuit ?
5. *Do you take credit cards?*	☐ Le petit déjeuner est à quelle heure ?

b Listen and ask the right question from Part A for each situation. ∩ CD 1, Track 66
Example: 1. *A 6 heures, Monsieur Dupuis a faim.* → ▶ *Le petit déjeuner est à quelle heure ?*

> **A Couple of Tips for Paris.**
>
> Paris is so big that the first visit to the French capital will provide only a first impression. In addition to the important landmarks such as the **Louvre**, the Eiffel Tower **(la tour Eiffel)**, the **Champs-Élysées, Montmartre, Notre-Dame,** and the **Grande Arche,** you shouldn't miss a trip to the **Rue Mouffetard** in the **Quartier Latin**; this is a very popular street with markets and many foreign specialty restaurants. There you can eat as if you were in the Antilles, try **couscous marocain,** and order seafood **(des fruits de mer)** in a restaurant. Other noteworthy sights include the **Jardin du Luxembourg** with the Medici Fountain **(Fontaine Médicis),** the **Boulevard Saint-Germain** with its literary cafés, such as the **Café de Flore;** the oldest restaurant in Paris is **le Procope, 13, rue de l'Ancienne Comédie.** Philosophers frequented this establishment as early as the 18th century; **la Villette** is a huge technology museum that includes the **Géode,** a multimedia movie theater; in the **Marais,** in the **Rue des Rosiers,** you can eat kosher food, and from the ninth floor of the restaurant in the **Institut du monde arabe** you can enjoy a tremendous view of the **Île de la Cité and the Île St-Louis,** islands in the **Seine.**

1 Which dialogue comes from which lesson? Listen and match them up. CD 1, Track 67

☐ Mais où on va ?

☐ Le grand projet

☐ Allô, c'est Fiona.

☐ Le gâteau Forêt-Noire

☐ La 14 ou la 23 ?

2 Do you still remember how things continue? Continue with the dialogues from the lessons. You can listen to the entire dialogues again if you wish. CD 1, Track 67

Question / Continuation	Answer / Continuation
6 Example: *1. Quand ?*	a. *En octobre.*
2. Alors tu ....?	b. Oui !
7 1. Oh ! Vous ne voulez pas plutôt deux babas au rhum ?	a. Non, non, je voudrais ....
2. Le petit alors. Et avec ça ?	b. Une baguette, s'il vous plaît ! ....?
3. Ça fait 9 euros 50.	
8 1. Combien de ....?	a. Je ne sais pas. Beaucoup.
2. J'ai bien envie d'aller à Berlin.	b. C'est trop ....
3. On va .... ?	c. Gagné !
9 1. C'est encore moi.	a. Rendez-vous demain ....
2. Allô Claire, mais où es-tu ?	b. Je suis au café, j' ....
3. Mais qu'est-ce que ....?	c. La visite est dans une heure, tu viens, oui ou non ?
10 1. Vous désirez ....?	a. Oh, une semaine...
2. J'ai la 14 ou la 23. Vous voulez les voir ? Alors ? La 14 ou la 23 ?	b. La chambre 14 est trop ....!

3 Summarize.

1. Dans la leçon 6, Fiona parle de son grand projet : elle veut...
2. Dans la leçon 7, Mario va à la boulangerie : il veut...
3. Dans la leçon 8, Claire et Mario sont en voiture : ils veulent...
4. Dans la leçon 9, Fiona téléphone à Claire : elle veut...
5. Dans la leçon 10, Claire et Mario cherchent un hôtel : ils veulent...

4 a First complete the sentences using the correct form of the verb, and then put an X next to the answer of your choice.

Vous .... *(aller)* à Paris	☐ en juillet	☐ à Pâques	☐ en septembre.
Vous .... *(prendre)*	☐ l'avion	☐ la voiture	☐ le train.
Vous .... *(arriver,* to arrive)	☐ à l'aéroport Charles-de-Gaulle	☐ à la gare de l'Est	☐ par l'autoroute.
Vous .... *(chercher)*	☐ une boulangerie	☐ un hôtel	☐ un bar.
Vous .... *(désirer)*	☐ une chambre	☐ un croissant	☐ une bière.
Et avec ça ?	☐ un sandwich	☐ une brioche	☐ un café.
Vous .... *(vouloir)* voir	☐ la tour Eiffel	☐ les Champs-Elysées	☐ Montmartre.
Vous .... *(prendre)*	☐ le métro	☐ un taxi	☐ la voiture.
Vous .... *(être)*	☐ fatigué/e	☐ jeune	☐ content/e.
Vous .... *(chercher)*	☐ une boutique	☐ un restaurant	☐ un musée.
C'................... *(être)*	☐ chouette	☐ trop cher	☐ trop sombre.
Vous .... *(prendre)*	☐ l'ascenseur	☐ un bon whisky	☐ des aspirines.

b Tell this travel story in the first person singular: **Je vais à Paris en / à...** Write down all the sentences.

Cross-Cultural Information
The French **Café / Bar** may be different from what you expect. In a French **café** you can get cold and hot drinks and quick and simple meals. If you want something sweet to eat with your drink, you should go to a **salon de thé.**

(Learning Tip)

Don't hesitate to jot down words from daily living onto Post-it stickers and put them onto the appropriate objects. Choose lively colors and change the stickers regularly; otherwise they become invisible and you won't notice them anymore! Then make a list where you write down what you have noticed, or take a little tour around your house and name in sequence all the objects that you see.

⑤ You know more than you realize!

You are in France and you would like to get an ashtray or a bag, have breakfast at eight o'clock, have your tires checked, or buy a ticket to the center of town. How do you say these things? Construct sentences using the elements in the boxes below. The job titles beneath the drawings will help you.

1. le garçon de café 2. la vendeuse 3. le réceptionniste 4. le pompiste 5. le chauffeur de bus

Example: 1. Je voudrais	(+ *Verb*)	un cendrier	s'il vous plaît.

contrôler prendre	un sac en plastique un ticket pour le centre-ville les pneus le petit déjeuner à ... h

Jacques Prévert (1900–1977) was a famous French poet. He wrote with irony and tenderness about the simple things in life. His writings are also widely used in schools. *Prévert* also wrote many film scripts; his most famous works are entitled *Paroles (1946), Histoires (1946),* and *Spectacle (1951).*

His poetry is often easy for foreigners to read. Try it with this explanation of love.

Chanson

Quel jour sommes-nous
Nous sommes tous les jours
Mon amie
Nous sommes toute la vie
Mon amour
Nous nous aimons et nous vivons
Nous vivons et nous nous aimons
Et nous ne savons pas ce que c'est que la vie
Et nous ne savons pas ce que c'est que le jour
Et nous ne savons pas ce que c'est que l'amour.

Paroles © Éd. Gallimard

tous les jours	every day	nous vivons	we live
mon amie	my dear	nous ne savons pas	we don't know
toute la vie	life long / throughout life	ce que c'est que..	what...is
nous nous aimons	we love one another		

Putting It All Together

How do you ask in French if you want to know…

… where the bakery is? ▶ .... ?

… when Luc and Sophie's wedding is? ▶ .... ?

… what time it is? ▶ .... ?

… how much something costs? ▶ .... ?

a Read the advertising from the **Hôtel le Périgord** in the **Dordogne** in southwestern France.

HOTEL LE PERIGORD ★★ **/ RESTAURANT** ★★

M. Delrieux
24250 La Roque-Gageac
Tél. : 05 53 28 36 55
Télécopie : 05 53 28 38 73

Restaurant gastronomique, parc de 2 ha, 3 salles climatisées, très grand parking, piscine, tennis, chambres avec télévision et téléphone.

Chambres	Prix des chambres	Pension par pers.	1/2 pension par pers.	Petit déjeuner	Repas
40	260-350	360-410	290-340	35	98-250

Fermeture hebdomadaire : du dimanche soir au mardi matin du 2 novembre au 1er avril. Fermeture annuelle : janvier et février.

b Reserve a room by fax. Use the following words to complete the form:
réserver, personne, semaines, réservation

> Atlanta, le ....
>
> Monsieur, Madame,
>
> J'ai l'intention de venir en vacances en Dordogne, en juin.
>
> Je voudrais .... une chambre avec douche
>
> en demi-pension pour une .... pour
>
> deux .... : du 1er au 14 juin.
>
> Pouvez-vous confirmer la .... au
>
> numéro de fax suivant : .... *(your fax number)*
>
> D'avance, je vous en remercie et vous prie d'agréer mes meilleures salutations.
>
> Signature .... *(your signature)*

(**Good to know!**)

The last sentence is mandatory and not really translatable. In France the formula for closing is very "flowery," but it has the same meaning as *"Yours Truly."*

(3) Now try to get a reservation by phone. Complete the dialogue.
Then listen and answer. CD 1, Track 68

- Hôtel le Périgord, bonjour.　　　　　　　　　　▶ ....

- Vous désirez ?　　　　　　　　　　　　　　　▶ Je voudrais ....

- Pour combien de personnes ?　　　　　　　　▶ ....

- Pour combien de temps ?　　　　　　　　　　▶ ....

- Avec douche ou avec bain ?　　　　　　　　　▶ ....

- Avec demi-pension ou en pension complète ? ▶ ....

- Vous pouvez nous confirmer la réservation ? ▶ ....

- Vous pouvez nous donner un numéro de

  carte de crédit pour la réservation ?　　　　▶ ....

(4) **Prendre** or **aller** ?

1. Je .... le bus le matin à 8 h.　　4. Il .... la voiture pour aller travailler.

2. Nous .... en vacances en Normandie. 5. Tu .... l'avion à quelle heure ?

3. Vous .... dans un grand hôtel ?　6. En Suisse, ils .... le train.

(5) a Listen and answer using the given city or country. ⌒ CD 1, Track 69
Example: 1. ▶ *Où est-ce que vous allez ?* ▶ *Je vais à Paris.*

1. Paris　2. Portugal　3. Floride *(f.)*　4. France, Strasbourg　5. Etats-Unis　6. centre-ville *(m.)*

b Complete with the correct preposition: **au, à la, aux**.

1. Ils vont .... restaurant *Le Procope* manger des fruits de mer.

2. Je vais boire une bière .... café du Capitole.

3. Ils sont .... Baléares. *(pl.)*

4. Elle va .... la boulangerie acheter des croissants.

5. Je n'aime pas aller .... cinéma *(m.)*.

(6) The verbs **acheter** *(to buy)*, **manger** *(to eat)*, and **commencer** *(to start, begin)* have a couple
of peculiarities when they are conjugated. Can you find them? Underline them.

acheter	**manger**	**commencer**
j'*achète*	je *mange*	je *commence*
tu *achètes*	tu *manges*	tu *commences*
il / elle *achète*	il / elle *mange*	il / elle *commence*
nous *achetons*	nous *mangeons*	nous *commençons*
vous *achetez*	vous *mangez*	vous *commencez*
ils / elles *achètent*	ils / elles *mangent*	ils / elles *commencent*

Check your progress! Match up the French expressions to the English communication tasks.
What do you feel you need more practice with?

Main Communication Tasks:

a ☐ Expressing an intention
b ☐ Specifying a date
c ☐ Asking about a price
d ☐ Saying which means of transportation you use
e ☐ Expressing preference, disappointment, or aversion

f ☐ Making an appointment
g ☐ Telling what time it is
h ☐ Expressing enthusiasm, regret, or displeasure
i ☐ Using the telephone
j ☐ Reserving a hotel room

La salade, elle coûte combien ? 4

j'adore, je déteste, nous n'avons pas envie 10

à trois heures, le matin, dans une heure 2

Tu viens au cinéma à 8 h ? 6

Vous avez une chambre de libre ? 8

C'est merveilleux, je suis désolé/e, c'est vrai ? 9

C'est le 22 octobre. Quand ? En juillet. 3

Elle veut habiter à Paris. 1

Je voudrais parler à M. Dupuis. Vous avez un message ? 5

Je prends le bus, il prend la voiture. 7

In addition, you have learned:

a ☐ the forms of **vouloir**
b ☐ the placement of adjectives
c ☐ the forms of **faire**
d ☐ the forms of **aller**
e ☐ the prepositions **à** and **en**
f ☐ the forms of **aimer**
g ☐ the forms and compounds of **prendre**

h ☐ the forms of **attendre**
i ☐ the direct object pronouns **le**, **la**, **les**
j ☐ the negation **ne... pas de**
k ☐ the difference between **bon** and **bien**
l ☐ the forms of **venir**
m ☐ the numbers up to 1,000

un grand projet, une petite bière, une bonne idée 7

Elle attend depuis une heure. Tu attends Fiona. 1

Nous prenons la voiture. Tu comprends le français ? Elle apprend l'italien. 3

Tu viens au cinéma avec moi ? Vous venez quand ? 13

quatre-vingts, cent un, cinq cent vingt-cinq 12

C'est bon, le camembert. Il est bien, le film ? 9

En Allemagne, à Berlin 4

Je veux, nous voulons, ils veulent 5

Tu les as ? Tu la prends ? Je ne l'ai pas.. 6

Tu n'as pas de clef ? Je n'ai pas de passeport. 11

Je vais à Paris, vous allez à Berlin 8

je fais la vaisselle, nous faisons, vous faites 2

Il aime faire des gâteaux 10

Claire and Mario have met a guitarist from the island of **la Réunion** in a café in Paris. His name is Christian, and he writes songs. He is currently out of work. Claire writes a postcard to Fiona. She too should come to Paris. ∩ CD 1, Track 70

Claire : Alors qu'est-ce que j'écris ?

Mario : Je ne sais pas, chère Fiona, nous sommes à Paris.... Claire et Mario.

Claire : C'est évident, tu as acheté une carte de la tour Eiffel !

Mario : Bon. Chère Fiona. Hier, nous avons rencontré un guitariste pour l'école de musique. Christian est Réunionnais et il écrit des chansons. Veux-tu le rencontrer ?

Claire : Et puis ?

Mario : Fiona vient à Paris et on prend rendez-vous avec Christian !

Claire : Où ?

Mario : Dans le restaurant créole rue Mouffetard.

Claire : Oui, super ! samedi prochain !

Mario : A huit heures du soir !

Claire : Bon alors, j'écris : Chère Fiona, nous avons trouvé un guitariste pour l'école. Veux-tu le rencontrer ? Christian est Réunionnais et il écrit des chansons. Rendez-vous samedi le 12, à 20 heures, au restaurant *Saveurs créoles*, rue Mouffetard. Baisers. Claire et Mario. Voilà. Tu signes ?

Qu'est-ce que j'écris *(from écrire, to write)*	What shall I write?	**puis**	then
cher / chère	(here) dear	**prendre rendez-vous**	to set / agree on a date
C'est évident	that's obvious	**créole**	creole
tu as acheté *(from acheter, to buy)*	you have bought	**prochain/e**	next
hier	yesterday	**à huit heures du soir**	at 8:00 PM
nous avons rencontré *(from rencontrer, to meet)*	we have met	**nous avons trouvé** *(from trouver, to find)*	we have found
il écrit *(from écrire, to write)*	he writes	**les Saveurs créoles** *(f.,pl.)*	Creole Flavors (proper name)
Veux-tu le rencontrer ?	Do you want to meet him?	**un baiser**	a kiss
		Tu signes ? *(from signer, to sign)*	(here) Will you sign?

(1) What do you know about Christian?

Sa nationalité : Il est ....

Il vient de ....

Il est .... (profession).

Il .... des chansons.

(2) The verb **écrire** is irregular; it belongs to the third verb group. Use the dialogue to help you fill in the chart. What do you notice about the plural forms?

J' .... une carte postale.
Tu *écris* à ta mère.

Il .... des chansons.

Nous *écrivons* un roman.
Vous *écrivez* un fax.
Ils *écrivent* un texte.

Note: with **nous, vous, ils,** and **elle** there is a **liaison**; after **écrire** the preposition **à** is used: **Elle écrit une carte postale à Fiona, au professeur, à la secrétaire.** The questions is, **A qui écris-tu? A qui est-ce que Claire écrit?** (To whom are you writing? To whom is Claire writing?)

Answer using forms of the verb **écrire** and the information provided. ◯ CD 1, Track 71
Example: 1. ▶ *A qui est-ce que Claire écrit ?* → ▶ *Elle écrit à Fiona.*

1. Claire / Fiona.
2. Nous / professeur.
3. Mario et Claire / Christian.
4. M. et Mme Raoul / un journaliste.
5. Moi / la secrétaire.
6. Fiona et Claire / directeur.

a In the dialogue you learned some new verb forms: **tu as acheté / nous avons rencontré / nous avons trouvé**. This form is called the **passé composé** (compound past). It's formed by using a combination of a present-tense form of **avoir** or **être** plus a **participe passé** (past participle). Verbs that end in **-er** use **-é** for an ending in the past participle. Most verbs use forms of **avoir** to make the **passé composé**.

b Put the following verbs into the **passé composé**:

1. Je (apporter)
2. Nous (aimer)
3. Tu (chanter)
4. Ils (laisser)
5. Il (danser)
6. Elles (téléphoner)
7. Elle (acheter)
8. On (visiter).

Listen and answer using the past-tense form. ◯ CD 1, Track 72
Example: 1. ▶ *Il apporte des fleurs.* → ▶ *Hier, il a apporté des fleurs.*

> (Learning Tip)
> You can practice your vocabulary by taking advantages of odd moments, such as when you're stuck in traffic, on a street car, or in the shower. Try to name the objects around you in French.

From Lesson 10 you know the direct object pronouns **le, la,** and **les** and where they are placed. The pronouns that correspond to the first and second person singular are **me** and **te;** in the plural they are **nous** and **vous**.

Note: **Me** functions in French much as *me* does in English — as both a direct and an indirect object: **Tu me regardes?** (Are you looking at me?) **Tu me chantes une chanson?** (Are you singing me a song?)

Also note the position of the pronoun:
Tu veux le rencontrer ? / Veux-tu le rencontrer ?

Answer as in the example and pay attention to the pronoun. ◯ CD 1, Track 73
Example: 1. ▶ *J'ai rencontré Christian hier. Veux-tu le rencontrer aussi ?* → ▶ *Oui, je veux bien le rencontrer.*

① Listen to the vacation greetings from the postcards and read along. 🎧 CD 1, Track 74

Lorient, le 15 août 1999

Chers amis,

Nous sommes en Bretagne, et il fait beau! Hier nous avons mangé des crêpes bretonnes. À la crêperie, nous avons fait la connaissance d'Allemands très sympathiques, ils sont aussi à l'hôtel. Ils parlent très bien français.

Baisers
Julien et Béatrice

Catherine Del
35, rue St-M
75011 Paris

Chère Josiane,

Comment allez-vous ? Ici il pleut souvent, c'est dommage. Mais nous faisons de belles promenades et découvrons la région. Yves a fait des photos comme d'habitude !

Amitiés de
Yves et Madeleine

Mme Josiane D
30 rue Léonce
14000 CAE

AUVERGNE - NATURE

Chers amis	Dear Friends	sympathique	nice
un/e ami/e	a friend (m. or f.)	il pleut (from	it's raining
il fait beau	the weather is nice	pleuvoir, to rain)	
une crêpe	a crêpe (a thin pancake)	de belles promenades	some nice walks
une crêperie	a restaurant where	beau / belle	pretty
	crêpes are served	une promenade	a walk
nous avons fait la	we have met	nous découvrons	we discover
connaissance		(from découvrir,	
faire la connaissance	to meet someone	to discover)	
de qn		une région	a region
nous avons fait	we made (perfect tense)	une photo(graphie)	a photo(graph)
(from faire)		comme d'habitude	as usual
		Amitiés (f.,pl.) de	(here) Best Wishes

② Write down the salutation and closing from both postcards.

Salutation: .... , Closing: ....

.... ,

🖊 Real French: The closing at the end of a letter to a friend can take several forms:
Baisers! (Grosses) Bises! Amitiés! A bientôt! *(See you soon!)*. To acquaintances or colleagues, it's preferable to write **Amicalement, Meilleures salutations,** or **Bien cordialement.**

The *perfect participle* of **faire** is **fait.** It's used with forms of *avoir.* Listen and write down what these people did yesterday. CD 1, Track 75

1. M. Dupuis a fait ....

2. Mme Loubière ....

3. Nadine et Sylvie ....

4. Jean-Louis ....

5. Sophie et Luc ....

You know more than you realize!
How's the weather? Match up the expressions with the illustrations.

1. il fait beau   2. il fait froid   3. il fait chaud   4. il pleut   5. le soleil brille

Complete the postcard. Write to a friend and sign the card.

Chère / Cher .... ,

Comment .... -tu ? Je .... en Provence, il fait ....

et je .... Hier, j'ai

.... la connaissance de deux Français, ils sont de ....

A bientôt ! Baisers. ....

Listen to the weather forecast for France. Write down the date and the temperatures. CD 1, Track 76

Le .... il fait beau. Paris : .... °, Strasbourg : .... °,

Lille : .... °, Lyon : .... °, Nice : .... °, Perpignan : .... °.

The Climate in France

The climate in France is quite varied. On the Atlantic coast, such as in **Bretagne**, there is an ocean climate—humid, but mild and often rainy. In **Provence** the climate is mixed: fairly cold in winter and very warm in the summer. In the **Pyrénées**, the French Alps, a mountain climate prevails—warm in the summer and cold in the winter.

Fiona received the postcard on Friday. She immediately went to the train station to ask about a train to Paris on Saturday. ∩ CD 2, Track 1

Fiona : Bonjour, madame, je voudrais un renseignement. Je voudrais être à Paris demain soir. Quel train est-ce que je peux prendre ?

Employée : Vous pouvez prendre le train de 13h 12.

Fiona : Il arrive à quelle heure ?

Employée : Il arrive à Paris gare de l'Est à 18h 07.

Fiona : Il circule tous les jours ?

Employée : Oui.

Fiona : Alors je voudrais un billet aller simple pour demain, pour le train de 13h 12.

Employée : Première ou seconde classe ?

Fiona : Seconde. Vous pouvez encore faire une réservation, en compartiment non-fumeurs ?

Employée : Oui. Alors voilà le billet, pour le 12 juillet, à 13h 12, le train part quai 6, voie B. Vous avez une place non-fumeurs, voiture n°123. Vous payez par chèque ?

Fiona : Non par carte bancaire.

Employée : Merci.

un compartiment non-fumeurs	a compartment non-smoking (compartment)	**tous les jours**	every day
		un billet	a ticket
un renseignement	information	**un aller simple**	one-way
Quel train	Which train	**le train part** *(from partir, to leave)*	the train leaves
je peux *(from pouvoir, to be able)*	I can	**un quai**	a platform
		~~**une voie**~~	a track
une employée	an employee	**une voiture**	a car (here, a rail car)
Vous pouvez *(from pouvoir)*	you can	**Vous payez** *(from payer, to pay)*	You pay
la gare de l'Est	East Station *(in Paris)*	**par chèque**	by check
Il circule *(from circuler, to run)*	it runs	**par carte bancaire**	by credit card

(1) Listen and check off the times given. CD 2, Track 2

(18:07) ☐ (22:08) ☐ (17:25) ☐ (02:10) ☐

(07:30) ☐ (13:12) ☐ (13:14) ☐ (18:02) ☐

(2) Now look at how the hours, half-hours, and quarter-hours are expressed.

(06:15) (06:30) (06:45)

il est six heures **et** quart il est six heures **et** demie il est sept heures **moins le** quart

Notice:
The minutes up to the half-hour are added to the preceding hour; after the half-hour, they are subtracted from the next hour.

07:05	sept heures cinq	after:	**07:35**	**huit** heures **moins** vingt-cinq
07:10	sept heures dix		**07:40**	huit heures moins vingt
07:20	sept heures vingt		**07:50**	huit heures moins dix
07:25	sept heures vingt-cinq		**07:55**	huit heures moins cinq

Say in a different way the times that you hear as half- and quarter-hours. ⌒ CD 2, Track 3

a You already know **Quelle ambiance** and **à quelle heure.** Now learn all the forms of the interrogative word **quel**. Like other adjectives, it takes the gender and number of the noun it modifies.

> **Sg.** *(m.)* **quel**   **Pl.** *(m.)* **quels**
> **Sg.** *(f.)* **quelle**   **Pl.** *(f.)* **quelles**

The pronunciation is the same for all four forms: [kɛl]

b Complete the following:

1. ▶ A .... heure part le train pour Lyon ? 2. ▶ Sur .... quai part le train pour

Bâle ? 3. ▶ Et sur .... voie ? 4. ▶ .... réservations désirez-vous ?

5. ▶ Le train pour Bâle circule .... jours ?

In the dialogue you learned three important new verbs: **partir, pouvoir,** and **payer.** Complete the charts and note that **payer** can be written in two ways.

partir	**pouvoir**	**payer**
je *pars*	je	je *paie / paye*
tu *pars*	tu *peux*	tu *paies / payes*
il / elle	il / elle *peut*	il / elle *paie / paye*
nous *partons*	nous *pouvons*	nous *payons*
vous *partez*	vous *pouvez*	vous ....
ils / elles *partent*	ils / elles *peuvent*	ils / elles *paient / payent*

Complete the sentences using forms of **pouvoir**.

1. Je .... payer
   par carte bancaire ?

3. Nous ne ....
   pas payer la chambre !

2. Vous ....
   payer par chèque.

4. Ils ....
   payer ?

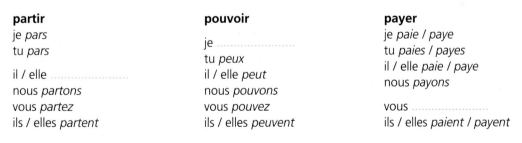

Listen and repeat the sentences as questions using the verb **pouvoir**. ⌒ CD 2, Track 4
Example: 1. *Je veux avoir un billet aller simple.* → *Je peux avoir un billet aller simple ?*

(1) Read the advertisement for the island of **La Réunion.**
Which words do you understand right away? Underline them.

Atterrissage à la Réunion

Petite France de l'océan Indien, La Réunion présente une grande diversité de contrastes et de paysages : forêts vierges, volcan très actif, jardins d'orchidées, lagons bleus... L'air est pur, la nature préservée, la gastronomie épicée... C'est toujours le bon moment pour déguster les gâteaux parfumés à la vanille et un vin de Cilaos.

un atterrissage	a landing	**un lagon**	a lagoon
l'océan Indien *(m.)*	the Indian Ocean	**bleu/e**	blue
la diversité	the diversity	**l'air** *(m.)*	the air
un contraste	a contrast	**pur/e**	pure
un paysage	a landscape	**préservé/e**	(here) pristine, unspoiled
une forêt vierge	a virgin forest	**épicé/e**	spicy
un volcan	a volcano	**déguster**	to taste, sample, try
actif / active	active	**parfumé/e**	flavored
un jardin	a garden	**Cilaos**	plateau on *La Réunion*

(2) Listen to the dialogue and write down: CD 2, Track 5

1. how long the flight is
2. what the time difference is
3. what documents you need for this trip
4. what languages are spoken there
5. what type of plane flies there

1. Durée de vol : ....

2. Décalage horaire : .... en été et .... en hiver.

3. Formalités : carte d'identité ou ....

4. Langues : .... et ....

5. Type d'avion : ....

Good to know!

France is known by the inhabitants of its overseas departments as **la Métropole** *(the home land)*, and French people who come from the **Métropole** are **Métropolitains.**.

a Complete the following with a verb or a noun. You will find the words in Parts A and B.

Verb	Noun
1. atterrir	l' .... (m.)
2. renseigner	un ....
3.	l'arrivée (f.)
4. p	le départ
5.	une réservation
6.	un paiement (par chèque)
7. durer	la ....
8. voler	le ....

b Listen and use verbs instead of nouns. ∩ CD 2, Track 6
Example: 1. *Je voudrais un renseignement.* → *Vous pouvez me renseigner ?*

> **Learning Tip**
>
> Learn nouns and corresponding verbs at the same time. That can prove helpful if you find
> yourself searching for words: ***l'atterrissage*** → ***atterrir***.

Now let's have a look at a group of verbs that end in **-ir**, such as **atterrir** *(to land)* and **finir** *(to finish)*. In the plural their stem expands by adding **-iss**:

atterrir	**participe passé**		**finir**	**participe passé**
j'*atterris*	*atterri* → on a *atterri*		je *finis*	*fini* → on a *fini*
tu *atterris*			tu *finis*	
il / elle *atterrit*			il / elle *finit*	
nous *atterrissons*			nous *finissons*	
vous *atterrissez*			vous *finissez*	
ils / elles *atterrissent*			ils / elles *finissent*	

> **La Réunion.**
>
> The Island of **la Réunion** is in the Indian Ocean; it is a **Département d'Outre-Mer.** The product of two volcanoes, the island is very mountainous, and its nature is unspoiled. It's a paradise for vulcanologists, mountain climbers, hikers, and biologists. But the ocean also has a lot to offer vacationers: quiet lagoons and big waves for surfers. The inhabitants of **la Réunion** combine many cultures: European, African, Chinese, Indian… The Creole cooking is very spicy and tasty, and a real experience for the palate.

Fiona has arrived in Paris. She is in the **5. Arrondissement** and is looking for the **rue Mouffetard** and the restaurant where she is to meet Claire and Mario. ⌒ CD 2, Track 7

Fiona	: Pardon, monsieur, je cherche la rue Mouffetard...
Monsieur	: La rue Mouffetard ? Je suis désolé ma petite dame, mais je ne suis pas de Paris...
Fiona	: Pardon, madame, où se trouve la rue Mouffetard s'il vous plaît... ?
Dame	: Ce n'est pas très loin... Vous allez tout droit, et puis vous tournez à gauche à la boulangerie là-bas, et ensuite c'est sur la droite...
Fiona	: Bon, merci...
Fiona	: Pardon, monsieur, la rue Mouffetard, c'est par ici ?
Monsieur	: Mais oui, vous traversez le carrefour et c'est la rue, là-bas.
Fiona	: Ah très bien. Merci. .... Rue Mouffetard. Bon, maintenant où est le restaurant ?
Claire	: Fiona ouh, ouh !! Salut ma belle !
Fiona	: Ah vous êtes là ! Je cherche le restaurant...
Mario	: Bonsoir, Fiona. Viens, le restaurant est à 100 mètres.
Fiona	: Ah enfin, je suis crevée.

par ici	around here
se trouver	to be located
tout droit	straight ahead
tourner	turn
à gauche	to the left
là-bas	over there
sur la droite	on the right
traverser qc	to cross something

un carrefour	a crossroad, intersection
maintenant	now
ma belle	my lovely lady
ma	my (poss. adj., 1st pers. sing., f.)
un mètre	one meter
crevé/e (fam.)	(here) beat, dead (colloquial)

(1) Write down the directions under each illustration.

tout droit   à gauche   à droite   traverser le carrefour   100 mètres

1

2

3

....

4

5

....

How do you ask directions? Underline Fiona's questions in the dialogue.

The verb **se trouver** is a reflexive verb. A reflexive verb is accompanied by a reflexive pronoun that refers to the subject. Carefully memorize the pronouns used in the conjugation:

se trouver

Je *me trouve* rue des Lilas.	*(myself)*
Tu *te trouves* rue Saint-Exupéry.	*(yourself)*
Il / Elle *se trouve* rue de la paix.	*(himself / herself)*
Nous *nous trouvons* avenue Victor Hugo.	*(ourselves)*
Vous *vous trouvez* boulevard Raspail.	*(yourself / yourselves)*
Ils / Elles *se trouvent* place des Vosges.	*(themselves)*

Use the correct forms of the verb **se trouver**.

1. Où .... la rue des Lilas ?

2. Allô, Nadine, nous ....

   place des Vosges, et où ....

   la maison de Victor Hugo ?

3. Mesdames et messieurs, vous .... au quatrième étage de la tour Eiffel.

4. Les Galeries Lafayette .... boulevard Haussmann.

5. Où est-ce que tu ...., je viens te chercher.

Good to know!

Streets in France are often named for famous people from politics and culture, or after places. Names of national presidents and generals are used for **boulevards** and **avenues**. Nearly every French city has a **rue de la République.**

---

a You have already learned a couple of forms of the possessive adjective: **mon anniversaire, ma petite dame, ma belle.** Possessive adjectives are formed according to ownership or belonging. For the first person singular (*my*) you have to distinguish between nouns of *masculine* **(mon)** and *feminine* **(ma)** grammatical gender. In the plural there is just one form **(mes)**.

b Complete this sentence with the appropriate possessive adjective.

Vous allez en France ? Qu'est-ce que vous prenez ?

Je prends .... passeport, ... guide de la France, ... carte de

crédit, ... bicyclette, ... cassettes de français, ... dictionnaire,

.... téléphone portable, et .... billets !

① Accompany the tour group as they visit the Norman city of **Honfleur** at the mouth of the Seine. Carefully memorize the vocabulary and listen to the city guide! Mark the tour on the city map. CD 2, Track 8

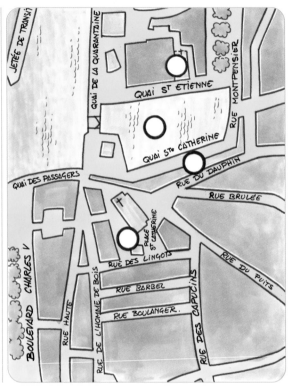

Vieux Bassin   Maisons à colombages

Sainte-Catherine   Musée du vieux Honfleur

guidé/e	(here) guided	**devant**	in front of, before
bienvenue	welcome	**une église**	a church
un port	a port	**un clocher**	a clock tower
face à	facing	**à côté de**	beside, next to
le vieux Bassin	the old Harbor	**un musée**	a museum
admirer	to admire	**un peintre**	a painter
une maison à colombages	a half-timbered house	**un maître**	a master, a teacher
		continuer	(here) to keep going
une maison	a house	**ensuite**	then, next, afterward
vieux / vieille	old		

② After the tour of the city, you can say where the tourist sights in **Honfleur** are located. Put the numbers of the photos into the appropriate places on the map.

③ **a** In addition to their feminine forms **vieille, belle,** and **nouvelle** the adjectives **vieux, beau,** and **nouveau** (new) have a third form in the singular: **vieil, bel,** and **nouvel.** These forms are used before a masculine noun that begins with either a vowel or a silent **-h: un vieil homme, un bel hôtel, un nouvel appartement.**

b Complete the sentences with the correct forms of **nouveau, vieux,** and **beau**.

1. Vous avez gagné 3.000 euros. Vous pouvez acheter un .... vélo, deux

.... télés, deux .... lits ou une ....

voiture, mais pas un .... appartement !

2. Dans la .... ville, ils aiment bien le .... Bassin, les

.... rues avec les .... cafés et un .... hôtel.

3. Il a acheté un .... appartement dans une .... maison à

coté de .... magasins et pas loin de deux .... églises.

> ### Learning Tip
> If you can't think of a word, try it in another foreign language, or deduce it from the English word: Museum → **musée**. Or use onomatopoeia: *Ding-dong* when you can't think of the word for bell tower!

Answer the questions. Where are these people? ⌂ CD 2, Track 9

1. M. et Mme Villeroy   2. Anita et Pédro   3. M. Ducourt   4. M. Amblard

Note:
With prepositions such as **à côté de, en face de...** + the articles **le** and **les**, **de** changes to **du** and **des,** respectively: **en face du clocher**.

The city guide used some imperative verb forms: **Admirez..., Prenons..., Remarquez...**

The first person singular and the first and second persons plural can be used as imperatives. With verbs that end in **-er** the singular imperative uses no final **-s**: **Admire. Remarque.**

First person singular	**Admire.**	**Prends.**	**Remarque.**	In French a period, rather
First person plural	**Admirons.**	**Prenons.**	**Remarquons.**	than an exclamation point, is
Second person plural	**Admirez.**	**Prenez.**	**Remarquez.**	used after an imperative.

> Real French: In French the use of the imperative in personal conversation is not very common. Try to avoid it by beginning your sentence with something like this: **Est-ce que tu peux / vous pouvez...?**

Listen and change the imperative forms as in the example. ⌂ CD 2, Track 10
Example: 1. *Prends la voiture.* → *Tu peux prendre la voiture, si tu veux...*

Je n'ai jamais mangé créole.

Mario, Claire, and Fiona have met Christian at the entrance to the restaurant in the **rue Mouffetard**. Now they order their food. ∩ CD 2, Track 11

Claire : Je suis très contente, je n'ai jamais mangé créole ! Qu'est-ce que tu nous proposes, Christian ?

Christian : Oh, du boudin créole, bien sûr, du poulet avec des bananes et du fruit de l'arbre à pain. Et comme dessert, par exemple, de la glace à la noix de coco.

Mario : Le crabe farci, c'est bon ?

Christian : C'est excellent. Le menu *Dégustation* est très bien. Il y a du boudin et du crabe farci, c'est parfait.

Serveur : Vous avez choisi ?

Mario : Quatre menus *Dégustation* s'il vous plaît.

Serveur : Et comme boisson ?

Christian : Avec le crabe farci, qu'est-ce que vous nous recommandez ?

Serveur : Je vous recommande un Sylvaner, ou un bordeaux blanc...

Christian : Entendu, une bouteille de Sylvaner.

Serveur : Vous prenez un apéritif ? Le punch maison ?

Fiona : Ah oui, volontiers !

Je n'ai jamais mangé créole.	I have never eaten Creole food.
ne... jamais	never
proposer qc à qn	to recommend something to someone
un boudin	a blood sausage
un poulet	a (cooked) chicken
un fruit de l'arbre à pain	a bread tree fruit
un arbre	a tree
un pain	a (loaf of) bread
comme boisson?	what would you like to drink?
un dessert	a dessert
une glace	an ice cream

une noix de coco	a coconut
un crabe farci	a stuffed crab
excellent/e	excellent
Vous avez choisi ? *(from* choisir, *to choose)*	Have you decided?
qu'est-ce que vous nous recommandez ?	what do you recommend?
recommander qc à qn	to suggest something to someone
Entendu	(here) Fine.
une bouteille	a bottle
un punch (maison)	a punch made in the restaurant.

(1) Have you ever eaten Creole food? What kinds of things have you not yet done? Use the past participle of the appropriate verbs to complete the following and check off your own answers.

visiter   acheter   commander   traverser   déguster

☐ 1. Je n'ai jamais .... de fruits exotiques.

☐ 2. Je n'ai jamais .... le Panthéon.

☐ 3. Je n'ai jamais .... la Bretagne à vélo.

☐ 4. Je n'ai jamais .... de fruits de mer dans un restaurant.

☐ 5. Je n'ai jamais .... un vin de Californie.

a You know the negation **ne...pas** (not). Other negations are **ne...plus** (no longer), **ne...jamais** (never), and **ne...rien** (nothing). In the **passé composé** the negation surrounds the helping verb: **Nous n'avons pas commandé. Je n'ai plus faim. Il n'a jamais visité le Panthéon. Il ne fait rien pendant les vacances.**

b What did Fiona, Claire, Mario, and Christian order? Use the dialogue to help you complete the following.

Ils ont commandé ………… boudin créole et ………… crabe farci, avec ………… bananes et …………

fruit de l'arbre à pain. Comme dessert, ils ont choisi ………………… glace à la noix de coco.

The partitive article **du, de la, de l'** is constructed using **de** + the definite article **le, la, l'**. It is used to designate an unspecified amount. In English it's common to use nouns without an article: They eat⎵ sausage with⎵ bananas.

a Listen to what these people order. Write down what they order. ∩ CD 2, Track 12

b How about you? What do you order?

Je prends ……………………………………………………………………… et

comme dessert je prends …………………………………………………………… .

(Good to know!)

If you go to a restaurant without previously making a reservation, you have to wait to be seated by the staff. You also should not sit down at a table that's already occupied, as people sometimes do in a café or a bar.

What do you ask if you need a recommendation or some advice? What do Claire and Christian ask?

Qu'est-ce que tu nous ……………………… ? Qu'est-ce que vous nous ……………………… ?

The verbs **proposer** and **recommander** are used with the preposition **à**. Note the difference between the *direct* and the *indirect* objects:
*Christian propose **du boudin**.* (whom or what?)
*Christian propose du boudin **à Claire**.* (to whom or for whom?)

You know the *direct* object pronouns for the third person: **le, la, les.** the *indirect* object pronouns are **lui** (for one person: *her* or *him*), and **leur** (for more than one person: *them*).
*Il propose un café **à Claire** :* Il **lui** propose un café. (... *her*...)
*Il propose un café **à Mario** :* Il **lui** propose un café. (... *him*...)
*Il propose un café **à Claire et à Mario** :* Il **leur** propose un café. (... *them*...)

Listen and repeat the sentence using an object pronoun. ∩ CD 2, Track 13
Example: 1. *Il propose du vin à Christian* → *Il lui propose du vin.*

Recette créole du poulet à la vanille.

1 Read the recipe and match up the ingredients with their English translations.

Ingrédients pour 4 personnes

1. *4 escalopes de dinde*
2. *un pot de crème fraîche*
3. *2 gousses de vanille*
4. *25 grammes de beurre*
5. *2 oignons*
6. *2 cuillères à soupe de rhum*
7. *sel, poivre*
8. *un jaune d'œuf*

Ingredients for four people

- 2 sticks of vanilla
- one egg yolk
- 4 breaded turkey breasts
- 2 onions
- 2 tablespoons rum
- salt and pepper
- 1 container of sour cream
- three teaspoons butter

Faites bouillir la crème avec la vanille (gousses fendues) pendant environ 15 minutes. Faites dorer les escalopes coupées en petits morceaux dans 15 grammes de beurre. Retirez les morceaux. Faites blondir les oignons et ajoutez le rhum. Faites flamber. Rajoutez les morceaux de dinde et la crème aux oignons, cuisez le tout 5 minutes environ à feu doux. Rajoutez un jaune d'œuf à la sauce. Salez, poivrez. Servez avec du riz.

une recette	a recipe	**rajouter**	to put back in
Faites	make *(imperative of* faire)	**cuisez** *(from* cuire, *to cook)*	cook
bouillir	to boil or simmer		
fendu/e	cut up	**le tout**	everything
pendant	during	**à feu doux**	at low heat
environ	about	**un feu**	a fire
dorer	(here) to brown	**Salez** *(from* saler, *to salt)*	salt
coupé/e	cut		
un morceau	a piece	**poivrez** *(from* poivrer, *to pepper)*	pepper
retirer	to take off		
blondir	to brown	**Servez** *(from* servir)	serve
ajouter	to add	**le riz**	rice
flamber	to flame		

2 Match up the quantities with the illustrations.

 a

 c

 e

 b

 d

 f

1. une livre d'oignons

2. un pot de crème

3. un paquet de riz

4. quatre escalopes de dinde

5. une bouteille de rhum

6. deux gousses de vanille

Note:
De is used after designations of quantity. There are *nouns of quantity*: **une bouteille de rhum, un kilo de carottes...** and *adverbs of quantity*: **beaucoup de beurre, combien de kilomètres...**
You already know the negation **pas de.** It expresses the quantity *none*.

Go buy the ingredients for the recipe. Answer the questions of the people in the shops.
∩ CD 2, Track 14

(Learning Tip)
Look up in the dictionary ingredients that you don't like or are allergic to, such as **les tripes**.

Look in the recipe to find the imperative forms of these verbs:

faire : .... rajouter : .... saler : ....

retirer : .... cuire : .... poivrer : ....

You know more than you realize!
Put the courses in the correct order...

1. Entrée *(appetizer)*   2. Plat principal *(main course)*   3. Dessert

☐ l'escalope de dinde à la crème et riz   ☐ la salade de chèvre chaud   ☐ le steak et frites
☐ la tarte aux pommes   ☐ le coq au vin   ☐ la quiche lorraine
☐ le pâté de campagne et baguette   ☐ la charlotte au chocolat

What type of cuisine do these people like, and why? Listen and jot down the answers. CD 2, Track 15

raffiné *(refined)*   épicé   lourd *(hard to digest)*   excellent   bon

1. la cuisine créole, c'est ....   2. la cuisine italienne, c'est ....

3. la cuisine allemande, c'est .... mais c'est ....

4. la cuisine française, c'est ....

(**Getting the Right Kind of Wine**)

In a French restaurant, the server will ask what you want to drink right after you order your meal. There's a reason for this: wines are selected according to the type of meat ordered. The rule is simple: white wine goes with fish, poultry, and pork; white or rosé goes with veal. Red wine is great with beef and lamb. For dessert, people usually change to a lighter wine such as a rosé, or they have champagne. Of course you can also choose a wine that goes with the entire menu. Beer is usually preferred at noon as a thirst quencher or with **choucroute** in Alsace!

During the meal Christian and Fiona talk about the homesickness that they feel in many situations. Mario, on the other hand, enjoys the crab he ordered and dreams about **la Réunion**. ∩ CD 2, Track 16

Fiona	: Christian, tu parles créole ?
Christian	: Oui, avec ma famille bien sûr.
Claire	: Et tu habites depuis longtemps à Paris ?
Christian	: Depuis trois ans. Le temps passe !
Fiona	: La Réunion te manque ?
Christian	: Quand il pleut, oui, j'ai le mal du pays. Le soleil me manque.
Fiona	: Ah moi aussi, j'ai le mal du pays, quand il pleut...
Mario	: C'est évident, Fiona est Irlandaise ! Ah, voici les crabes !
Serveur	: Attention, c'est très chaud !
Mario	: Ah c'est délicieux ! Claire, quand partons-nous à La Réunion ?
Claire	: Ce soir Mario, l'avion part dans une heure !
Mario	: Oh mais je veux finir mon crabe d'abord !

avoir le mal du pays	to be homesick	**manquer**	to miss
longtemps	a long time	**quand**	when(ever)
un an	a year	**voici**	here is
le temps	(the) time	**Attention !**	Careful? Watch out!
passer	(here) to pass, go by	**délicieux / délicieuse**	delicious
La Réunion te manque ?	Do you miss la Réunion?	**ce soir**	tonight
		d'abord	at first

① Christian is homesick, and he misses the sun. What might you miss about your country if you were in France? Construct sentences according to the examples.
Examples: *A Paris, le soleil me manque. En France, la bière me manque.*

~~le soleil~~	la charcuterie	la bicyclette	les journaux allemands
la couette	l'oreiller	~~la bière~~	les traditions allemandes

Note the plural forms: **Les journaux allemands me manquent.**

② Complete the sentences using the indirect object pronouns **me, te, lui, nous, vous, leur.**

1. Nous habitons Paris, mais Strasbourg .... manque !

2. Fiona : J'adore la France, mais l'Irlande .... manque.

3. Christian a le mal du pays. Le soleil .... manque !

4. Christian et Fiona aiment la France, mais La Réunion et l'Irlande .... manquent.

5. Ah, vous êtes Allemand, Mario. Et l'Allemagne .... manque beaucoup ?

6. Claire : Tu es loin, Mario... Je .... manque ?

You know more than you realize!
Complete the sentences using the items provided.

allergique au lait   de l'asthme   musulman   végétarien

1. Il ne mange pas de viande : il est .... 2. Elle ne mange pas de fromage : elle

est .... 3. Il ne mange pas de jambon : il est

.... 4. Il va dans l'espace non-fumeurs : il a ....

a Construct sentences using the items provided.

1. à - depuis - Rennes - je - ans - habite - trois.   3. Paris - un - à - nous - mois - dans - partons.
2. il - Portugal - dans - semaine - va - au - une.   4. je - depuis - heures - te - deux - attends.

b Answer the questions using the sentences from part A and memorize the difference between the prepositions **depuis** and **dans.** ∩ CD 2, Track 17

What other words do you think of when you hear the word **manger**? Complete the clusters and note the new terms.

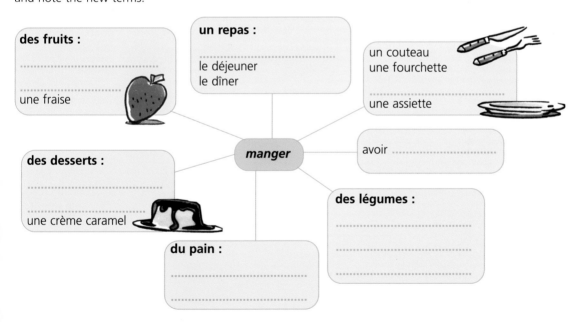

des fruits :
....
....
une fraise

un repas :
....
le déjeuner
le dîner

un couteau
une fourchette
....
une assiette

des desserts :
....
....
une crème caramel

avoir ....

manger

des légumes :
....
....
....

du pain :
....
....

Good to know!
Restaurants and cafés in France usually have a nonsmoking section. Look for this sign:

1 Here's a family having dinner. Listen to their conversation. CD 2, Track 18

> Alors, c'est bon ?
> Attends, je goûte... Euh, ça manque de sel et de poivre, je crois...
> Oui, ce n'est peut-être pas assez épicé.
> Les légumes sont un peu trop cuits à mon goût...
> Enfin, c'est pas mal, c'est mangeable.
> Mais, Caroline, qu'est-ce que c'est ?
> Une ratatouille, pourquoi ?

je goûte (from goûter, to taste)	I'm tasting
ça manque de sel et de poivre	it needs some salt and pepper
je crois (from croire, to believe)	I think/believe
pas assez	not enough

les légumes (m.,pl.)	the vegetables
cuit/e	cooked (here: soft)
à mon goût	for my taste
un goût	a taste
mangeable	edible
une ratatouille	vegetable casserole from Provence

2 a Use the signs to rank these expressions according to their positive or negative meaning.

(—) (— —) (— +) (+) (+ +)

▢ ce n'est pas mal   ▢ c'est mangeable   ▢ c'est délicieux   ▢ c'est bon

▢ ce n'est vraiment pas bon

b Listen to the expressions with the correct intonation. CD 2, Track 19

 Real French: In French people seldom make negative comments in judging something. They don't say **c'est mauvais**, but rather **ce n'est pas très bon...** Negating the positive expression is adequate.

3 Look in the dialogue to find how to say…

1. … that there's not enough salt: ....

2. … that it's not spicy enough: ....

3. … that it's overcooked: ....

(Good to know!)

Cuit is used for vegetables and meats: **trop cuit, pas assez cuit, bien cuit.** With meats you say **tendre** (tender): **bien tendre, pas très tendre.** For **le boeuf** (beef), there are three degrees of being cooked: **saignant** (rare), **à point** (medium), and **bien cuit** (well done). Take particular note of how you like your beef cooked!

Continually look for a way to trigger conversation. What is your goal: perfect pronunciation or making yourself understood? To practice pronunciation, read the dialogue aloud and concentrate on the *liaisons*, the nasal sounds, and the melody of the sentences.

The verbs *croire* and *voir* (to see) are irregular and are conjugated alike. *Croire* means *to believe* in the sense of being religious and *being of the opinion*.

croire	participe passé	voir	participe passé
je *crois*	*cru* → j'ai *cru*	je *vois*	*vu* → j'ai *vu*
tu *crois*		tu *vois*	
il / elle *croit*		il / elle *voit*	
nous *croyons*		nous *voyons*	
vous *croyez*		vous *voyez*	
ils / elles *croient*		ils / elles *voient*	

Note the prepositions: *croire en Dieu* (to believe in God), but *croire à l'astrologie*.

Complete the following with the correct forms of *croire* and *voir*.

1. Est-ce que vous .... à l'astrologie ?   2. C'est un peu épicé, je ....

3. Ils .... en Dieu.   4. Nous .... à l'homéopathie.

5. C'est bien, tu .... ?   6. Elle .... à la technique.   7. Est-ce que vous

.... les gâteaux dans la pâtisserie ? Oui, nous les ....

8. Tu .... la station Trocadéro sur le plan ? Non, je ne la .... pas.

Note the difference between *voir* (to see) and *regarder* (to watch, look at):
Claire *voit* Fiona dans la rue Mouffetard. But: *regarde* la télé(vision).

Listen to the questions and answer. CD 2, Track 20
Example: 1. ▶ *Est-ce que vous croyez à ... ?* → ▶ *Oui, je crois à ... / Non, je ne crois pas à ... .*

Meals in France

The French begin their day with the *petit-déjeuner*, which often consists of a mug of coffee *(un bol de café)* or coffee with milk. Sometimes they also eat a sliced *Baguette* with butter or marmelade *(une tartine)*. Children also like to eat granola or other cereals. Croissants are eaten primarily on Sundays. At noon, working people often go home for the *déjeuner* or eat in a cafeteria or a restaurant. The evening meal or *dîner* is eaten around 8:00 PM; it's a complete hot meal with meat, vegetables, and dessert. The evening meal is the time of day when the whole family gets together after a long day of work.

(1) Think back over the preceding five lessons once again. Which illustration goes with which lesson? Number them from 11 to 15.

1

2

3

4

5

(2) For each lesson write a little text using the elements provided.

Lesson 11:
Claire et Mario – être – Paris – écrire – carte postale – rencontrer – Christian – guitariste – l'école de musique – prendre rendez-vous – Christian et Fiona – samedi – 20 heures – restaurant *Saveurs créoles*.

Lesson 12:
Fiona – prendre – le train – 13 h 12 – Paris – partir – quai 6 – arriver – gare de l'Est – 18 h 07 – vouloir faire – réservation – compartiment non-fumeurs.

Lesson 13:
Fiona – chercher – rue Mouffetard – aller – tout droit – tourner – à gauche – traverser – carrefour – rencontrer – Mario et Claire – dans la rue – être crevée.

Lesson 14:
Mario, Claire, Fiona – être – au restaurant – Christian – proposer – boudin créole – commander – menu – prendre – dessert – glace à la noix de coco – serveur – proposer – Sylvaner – boisson.

Lesson 15:
Christian – parler – créole – famille – habiter – trois ans – Paris– La Réunion – le soleil – manquer – Fiona – avoir le mal du pays – pleuvoir – Mario – vouloir partir – La Réunion – vouloir finir – crabe.

(3) Read the dialogues for Lessons 11 through 15 once again and answer the questions. ∩ CD 2, Track 21

Study the map below carefully. Listen and draw the two routes on the map. CD 2, Track 22

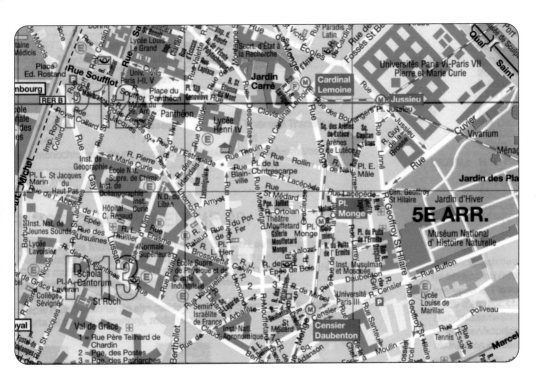

Cross-Cultural Information

What eating customs are common to French people, and which are common to North Americans?

Mark down **F** for French, **NA** for North Americans, **B** for both, and **N** for neither.

☐ Ils ne peuvent pas se passer de serviette de table.
They have to have a table napkin

☐ Ils laissent un pourboire.
They leave a tip.

☐ Ils adorent l'eau minérale gazeuse.
They love carbonated mineral water

☐ Ils choisissent le vin selon la viande du menu.
They choose their wine according to the type of meat on the menu.

☐ Au restaurant, cela ne les gêne pas de s'asseoir à une table avec d'autres clients.
In a restaurant, it's OK to sit at a table with other people.

☐ Ils mangent froid le soir.
They eat a cold meal in the evening.

(**Learning Tip**)

When you read a text in another language, focus on the words you already know. You can then deduce the meanings of the unknown words from the context. Try it with the passage about the **Midi-Pyrénées** on the following page.

1) Tourist Information

Do you wish you could get away? In the **Midi-Pyrénées** region you can find everything to meet tourists' needs. Read the advertisement and underline all the words that you know. Then fill out the coupon.

Toulouse, la capitale régionale, a 650.000 habitants, c'est la deuxième ville universitaire de France et la ville de l'Aérospatale et d'Airbus. Le climat est méridional. La première richesse de Midi-Pyrénées, c'est la nature. Une nature préservée, sauvage, montagne, collines, causses... C'est aussi un paradis pour les activités sportives : le ski bien sûr avec 22 stations de ski et 1.000 kilomètres de piste, les randonnées aussi, dans les Pyrénées, en été. Enfin, les stations thermales pyrénéennes attendent les visiteurs.

Et la gastronomie ? Il y a les vins rouges, le foie gras, et le cassoulet, la spécialité de Toulouse ! Les fromages aussi, comme le Roquefort ! Et maintenant, voulez-vous un petit verre d'Armagnac comme digestif ?

Si vous voulez venir en Midi-Pyrénées : prenez la voiture par l'autoroute du soleil, ou bien le TGV au départ de Paris, ou encore l'avion et atterrissez à l'aéroport de Toulouse-Blagnac.
Vous voulez des renseignements ? Remplissez vite le coupon ci-dessous.

JE DÉSIRE EN SAVOIR PLUS SUR MIDI-PYRÉNÉES

JE COMMANDE
- La carte touristique de Midi-Pyrénées
- Le guide des gîtes d'enfants
- Le guide des chambres d'hôtes
- Le guide des fermes-auberges
- Le guide des hôtels
- Le guide des campings-caravanings

JE SOUHAITE RECEVOIR
sans engagement de ma part, une documentation sur les affiches et les cassettes vidéo sur Midi-Pyrénées.

M, Mme, Mlle (rayer les mentions inutiles)

Nom .... Prénom ....

Étage/Esc./Bât./Rés ....

N° voie .... Nom voie ....

Code postal .... Commune ....

Tél. bur. .... Tél. dom. ....

2) Listen and answer the questions about the ad. ∩ CD 2, Track 23

3) a **You know more than you realize!**
Match up the various payment possibilities.

- ☐ payer par chèque
- ☐ payer par carte bancaire
- ☐ payer la note à la réception
- ☐ payer la facture du téléphone
- ☐ payer l'addition au restaurant

1. *paying the bill in a restaurant*
2. *paying by check*
3. *paying the phone bill*
4. *paying by credit card*
5. *paying the hotel bill*

b Underline the various French words for *bill*.

Putting It All Together

Which verbs are conjugated with the preposition **à**? Check them off.

☐ écrire ☐ payer ☐ proposer ☐ recommander

☐ téléphoner ☐ acheter ☐ choisir

Complete using the indirect object pronouns **lui, leur, me, te, nous, vous**.

1. ▶ A qui est-ce que tu écris ? ▶ J'écris à Béatrice. ▶ Quoi ? Tu .... écris encore ?
2. ▶ Tu viens quand ? ▶ Je ne sais pas, je .... téléphone demain. 3. ▶ Et comme boisson,
monsieur ? ▶ Qu'est-ce que vous .... recommandez avec le cassoulet ? 4. ▶ Qu'est-ce
qu'on fait ce week-end ? ▶ On peut aller au zoo, ou bien tu .... proposes autre
chose. 5. ▶ Papa, maman, je .... écris une carte postale de Paris, d'accord ?
6. ▶ Est-ce que M. et Mme Gilet viennent ce soir ? ▶ Je ne sais pas, alors, je ....
téléphone.

Listen and check off the times that you hear. CD 2, Track 24

Complete using the verbs **partir, atterrir, venir, aller, pouvoir**.

1. ▶ Nous .... (partir) à quelle heure ? et nous ....
(atterrir) quand ? 2. ▶ Tu .... (venir) ? ▶ Non, je .... (ne pas
pouvoir) venir, je .... (aller) au cinéma. 3. ▶ Vous .... (aller) à
La Réunion ? Et vous .... (atterrir) où ? ▶ A St-Denis. 4. ▶ L'avion
.... (atterrir) à midi à l'aéroport *Charles-de-Gaulle*. 5. ▶ Je .... (partir)
à deux heures de Paris et j' .... (atterrir) à trois heures et demie à Toulouse.

(5) You have already learned the reflexive verb **se trouver**. Another reflexive verb that's frequently used is **s'appeler** (to be called/named). Fill in the chart with the pronouns.

s' appeler

Je .... 'appelle	nous .... appelons
tu .... 'appelles	vous .... appelez
il .... 'appelle	ils .... 'appellent

Note the differences in spelling: **je**, **tu**, **il** and **ils** use **ll**; **nous** and **vous** have a single **l** like the infinitive.

(6) On the menu at the **crêperie** there are four varieties of salted **crêpes** made with buckwheat flour. Answer the questions by using the partitive article. 🎧 CD 2, Track 25
Example: *Dans la crêpe classique, il y a du jambon et... .*

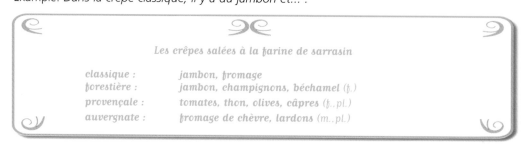

Les crêpes salées à la farine de sarrasin

classique :	jambon, fromage
forestière :	jambon, champignons, béchamel (f.)
provençale :	tomates, thon, olives, câpres (f..pl.)
auvergnate :	fromage de chèvre, lardons (m..pl.)

(7) What did Fiona do last weekend? Construct sentences using the elements provided. Use the verbs in the **passé composé**.
Example: *Elle a visité l'exposition Matisse.*

~~visiter~~	téléphoner	un bon film fantastique des hamburgers
manger	acheter	à Claire et Mario des fleurs sur le marché
regarder	finir	un pull-over à sa mère
écrire	voir	la télévision l'exposition ~~Matisse~~

(8) Listen and jot down what's missing from each table. CD 2, Track 26

la table
le couteau
la cuillère à soupe
la petite cuillère
le verre

l'assiette
la fourchette
la salière
le moulin à poivre

Table n° 11 : Monsieur, il me manque .... , s'il vous plaît.

Table n° 14 : Excusez-moi, je n'ai pas de ....

Table n° 23 : Pardon, mais il manque .... sur la table.

You have already learned quite a lot of French. Check your progress by matching up the clusters with the given learning goals.

Important Communication Tasks:

a ☐ writing a postcard
b ☐ talking about the weather
c ☐ telling what you have done
d ☐ buying a train ticket, making a reservation
e ☐ learning about several ways to pay

f ☐ getting information about a flight
g ☐ asking for directions
h ☐ seeing the city sights
i ☐ ordering in a restaurant
j ☐ recommending something to someone
k ☐ understanding a recipe

Chère Denise, comment vas-tu ? **4**

Regardez l'église et le clocher. **6**

Je voudrais un aller simple. **1**

Le vol dure combien de temps ? Et nous atterrissons où ? **8**

Le Panthéon, c'est à gauche ou à droite au carrefour ? **2**

Coupez les oignons, faites cuire la viande. **11**

Je te recommande le Saint-Emilion de 1976, un grand vin ! **3**

Je prends le menu à 66 euros. Et comme boisson, de l'eau minérale gazeuse. **9**

Ici, il ne fait pas beau, il pleut beaucoup. **10**

Je peux payer par carte bancaire ou par Eurochèque ? **7**

Nous avons fait des randonnées et rencontré des Italiens. **5**

In addition, you have learned:

a ☐ the direct and indirect object pronouns
b ☐ the *passé composé*
c ☐ the verbs *pouvoir, écrire, payer, croire*
d ☐ verbs that end in **-ir**
e ☐ the reflexive verb *se trouver*
f ☐ the negations *ne ... plus, ne ... rien,* and *ne ... jamais*

g ☐ the partitive article
h ☐ quantities
i ☐ peculiarities of the adjectives *beau, nouveau, vieux*
j ☐ the imperative
k ☐ prepositions used with time expressions

je peux, tu écris, il paie, nous croyons **8**

J'ai rencontré Susanne, elle a beaucoup changé. **9**

Où se trouve le musée Picasso ? **2**

il ne part pas, vous finissez **5**

Je n'ai jamais mangé de crabe farci. Tu ne fais rien ? Elle n'a plus faim. **11**

C'est un bel homme et il a un nouvel appartement **10**

Il me regarde. Le soleil lui manque. Tu leur écris ? **7**

du poulet, des bananes, de la glace **1**

J'habite ici depuis un an. Il arrive dans une heure. **6**

Une bouteille de vin et un litre de lait, s'il vous plaît. **3**

Viens ! Attends ! **4**

Fiona has come to Paris for a couple of days. She goes shopping with Claire. ∩ CD 2, Track 27

Fiona	: On va où ? Tu as quelque chose à acheter ?
Claire	: On va voir pour des chaussures, et pour une robe aussi.
Fiona	: Ce n'est pas encore les soldes, Claire...
Claire	: Alors on va faire des folies !
Claire	: Bonjour, madame, ces sandales, je voudrais les essayer, mais il n'y a pas ma pointure.
Vendeuse	: Vous faites du combien ?
Claire	: Du 36.
Vendeuse	: Je vais voir...
Claire	: Comment tu les trouves ?
Fiona	: Le talon est un peu haut mais elles sont élégantes...
Vendeuse	: Voilà le 36, vous voulez l'essayer ?
Claire	: Oui... Ah, elles sont très jolies, je les prends !
Fiona	: Claire, elles ne sont pas trop chères ?
Claire	: Ça ne fait rien, on n'est pas tous les jours à Paris !

On va voir	We shall see
une chaussure	a shoe
une robe	a dress
les soldes *(f.,pl.)*	the clearance sales
une folie	an extravagance, an act of folly
on va faire	we'll...do
ces	these *(demonstrative adjective)*

une sandale	a sandal
essayer	to try on
une pointure	a shoe size
Vous faites du combien ?	(here) What's your shoe size?
un talon	a heel
haut/e	high

(1) Can you summarize the dialogue? What are Fiona and Claire doing? Answer using the words provided. ∩ CD 2, Track 28
Example: 1. ◗ *Qu'est-ce que font Fiona et Claire à Paris ?* → ◗ *Fiona et Claire font les courses.*

~~faire les courses~~   essayer   des sandales   parler   chères   acheter   le talon

(2) **a** You encountered the demonstrative pronoun in the dialogue: **ces chaussures.** The demonstrative pronouns point to persons or things and can take four forms. Before a vowel and a mute **-h** the *masculine singular form* changes to **cet** [sɛt].

masc. sing.	**ce** monsieur	*masc. pl.*	**ces** messieurs
	cet homme		**ces** hommes [sezɔm]
fem. sing.	**cette** robe	*fem. pl.*	**ces** robes
	cette église		**ces** églises [sezegliz]

b Complete the sentences using the appropriate form of the demonstrative adjective.

1. Comment trouves-tu .... chaussures ?

2. Tu aimes .... robe ?

3. .... gâteaux, on les achète ?

4. .... expresso est trop fort !

5. .... année, je voudrais fêter mon anniversaire à Paris !

6. .... idées sont vraiment bonnes !

7. Ah, ... hôtels à Paris sont très chers !

Look at the photos and answer the questions using the expressions provided. ⌒ CD 2, Track 29

Il / Elle est très joli/e.
C'est horrible.

Il / Elle est élégant/e.
C'est moche. *(ugly)*

Je n'aime pas du tout.
Ce n'est plus la mode.

C'est très à la mode.

Claire and Fiona have something planned in Paris. What would Claire like to do? Complete with the help of the dialogue.

On .... pour des chaussures.   Alors on .... des folies !

The verb tense that Claire used is called the **futur composé.** It consists of two elements, the present form of **aller** plus **the infinitive** of a verb; it expresses a plan or an intention when the future is seen to have an immediate connection to the present. This tense functions in French much the same as it does in English.

Listen and repeat the sentences in the **futur composé.** ⌒ CD 2, Track 30
Example: 1. *J'achète des sandales.* → *Je vais acheter des sandales.*

(1) Listen and match up the dialogues with the pictures. CD 2, Track 31

1

2

3

A ▶ Tu as vu la robe rouge dans la vitrine ?
▶ Laquelle ? Celle avec la ceinture noire ?
▶ Oui, elle est bien, non ?
▶ C'est vrai, et le rouge te va bien, tu veux l'essayer ?
▶ Pourquoi pas ?

B ▶ La nouvelle Peugeot est vraiment bien !
▶ Oui, mais elle est chère, j'aime mieux la Renault Kangoo.
▶ Elle n'est pas très rapide, ni très confortable...
▶ Peut-être, mais elle est très pratique. Et dans mon garage Renault, le service après-vente est très sérieux !

C ▶ C'est la nouvelle mode, ça ?!
▶ C'est horrible ! Regarde ce costume.
▶ Lequel ?
▶ Celui-là à gauche, à côté du manteau noir, le costume gris. Qui peut porter un truc pareil ??

rouge	red
une vitrine	a store window
lequel / laquelle	which
une ceinture	a belt
noir/e	black
j'aime mieux	I prefer
mieux	prefer
rapide	fast
ne... ni... ni...	neither...nor
confortable	comfortable

un service après-vente	customer service
sérieux/-euse	(here) good
un costume	a suit
un manteau	a coat
gris/e	gray
Qui	Who
porter	to wear
un truc pareil *(fam.)*	such a thing *(colloq.)*

(2) Which colors are missing? Complete the palette with help from the dialogue.

(vert/e) (jaune) (blanc / blanche) (bleu/e) (rose) (violet/te) (marron) (orange)

1. ....   2. ....   3. ....

Observe:
Even adjectives of color agree in number and gender with the nouns they modify: **une robe verte. Marron** and **orange** are invariable: **des pantalons marron, des robes orange.**

(Learning Tip)

Use a colored pencil: red for verbs, green for adjectives. Or mark irregular forms. If you are a visual person, this is very helpful.

a Note the questions and the answers from the dialogue:

▶ Laquelle ? ▶ Celle avec la ceinture noire.　　　　▶ Lequel ? ▶ Celui-là à gauche.

Lequel is a composite question word. It asks about specific things or people in a group that has already been mentioned. It agrees in number and gender with the word it refers to. The demonstrative pronoun **celui** is a component of the answer and likewise agrees in gender and number with the word referred to. Generally the supporting words **-ci** or **-la** follow it.

Singular		Plural	
(m.) **lequel**	**celui**	(m.) **lesquels**	**ceux**
(f.) **laquelle**	**+ -ci / -là** **celle**	(f.) **lesquelles**	**+ -ci / -là** **celles**

b Complete the sentences using the appropriate forms of **lequel** and **celui**.
Example: ▶ *Tu as vu cette cravate ?* ▶ *Laquelle ?* ▶ *Celle à droite.*

1. ▶ Tu aimes ce manteau ? ▶ .... ? ▶ .... dans la vitrine.

2. ▶ Et cette robe, elle est jolie, non ? ▶ .... ? ▶ .... de la vendeuse.

3. ▶ J'adore ces chaussures ? ▶ .... ? ▶ .... avec les talons.

4. ▶ Tu prends des pull-overs ? ▶ .... ? ▶ .... de ton père.

Listen to the sentences from Exercise 3B. Answer them and correct them if needed. ⌒ CD 2, Track 32

High Fashion in Paris

Haute-couture is centered especially in the **Avenue Montaigne**, the **Rue du Faubourg Saint-Honoré**, and in **Saint-Germain-des-Prés.** Watch for clearance sales in January and starting at the end of July.

Fiona, Mario, and Claire agree to start a band with Christian in order to improve the finances for the music school. They have to work hard to learn Christian's new songs. Fiona's mother's house in **Normandie** is a good place to do that. There they can rehearse undisturbed.

🎧 CD 2, Track 33

Fiona : Christian, tu joues vraiment bien. Mais tu sais, mon école va ouvrir en automne seulement... Et pour les finances, c'est encore très difficile.

Mario : Alors, j'ai une idée : on monte un orchestre tous les quatre, tout l'été on donne des concerts dans des cafés et on gagne un peu d'argent pour l'école de musique.

Claire : Oui, c'est très bien, mais qu'est-ce qu'on joue ?

Christian : J'ai des chansons, si vous voulez...

Claire : Mais on répète où ?

Fiona : Pourquoi pas chez ma mère en Normandie, la maison est très grande...

Claire : Alors, en route pour la Normandie ! Si ta mère est d'accord...

En route pour...	onward to...
tu joues (from jouer, to play)	you play
seulement	(here) soon
les finances (f.,pl.)	the finances
difficile	difficult
on monte (from monter, to form)	(here) we'll form

on gagne (from gagner, to earn)	we'll earn
un peu de	(here) some
l'argent (m.)	the money
on répète (from répéter, to rehearse)	(here) we rehearse

(1) Complete the chart for **jouer** with help from the dialogue.

jouer

je *joue*	nous *jouons*
tu	vous *jouez*
il / on	ils *jouent*

Note: To play an instrument is **jouer d'un instrument.** The preposition **de** is combined with the following definite article **le** to form **du** and with **les** to form **des**.

(2) Listen and answer the questions using the information given. 🎧 CD 2, Track 34
Example: 1. ▶ *De quoi est-ce que tu joues ?* → ▶ *Je joue de l'accordéon.*

1. Toi / l'accordéon (m.)
2. Claire / la batterie
3. Les Labèque / le piano
4. Nous / la clarinette
5. Stéphane Grappelli / le violon
6. Maurice Baquet / le violoncelle

a Match up the verbs with the nouns.

1. monter   ☐ le match de tennis   ☐ un concert
2. donner   ☐ un orchestre   ☐ les chansons
3. gagner   ☐ dans un train   ☐ beaucoup d'argent
4. répéter   ☐ le bonjour   ☐ les dialogues

b Listen and complete your answers from Part A if necessary. ∩ CD 2, Track 35

Use Exercise 3 to find the translations of these verbs.

1. to form:.....................................   4. to earn:.....................................

2. to climb/go up:...........................   5. to rehearse: ....

3. to earn: ....   6. to repeat:..................................

> **Learning Tip**
>
> Continually use verbs you have learned in different connections. This repetition will help you to build up your store of new expressions.

Complete the chart of possessive adjectives using **mon, ma, mes** and **ton, ta, tes**:

Singular		Plural	Singular	Plural
(m.)	(f.)	mes	notre	nos
....	....	tes	votre	vos
son	sa	ses	leur	leurs

Note:
Before a vowel or a mute **-h, mon / ton/ son** are always used: **mon école.**
Before a singular noun, **notre, votre,** and **leur** are used; before a plural noun, use **nos, vos, and leurs.**
Don't confuse the possessive adjective **leur** with the indirect object pronoun **leur: Ils leur donnent les clefs pour leur appartement.** (They give **them** the keys to **their** apartment.)

Fiona calls her mother and tells her about her visit. Fill in the missing possessive adjectives.

1. Allô maman ? Je suis à Paris. Je te donne .... numéro de téléphone à l'hôtel.

2. Nous venons à Honfleur, Mario et Claire viennent aussi, nous prenons .... voiture.

3. Mario apporte .... clarinette, Claire .... tambours (m.,pl.) et Christian

     .... guitare et .... chansons.

4. Est-ce qu'il y a de la place dans .... maison ?

(1) In the following interviews, the people talk about what they do in their free time. Listen and fill in the balloons using the words provided. The interviewer asks the questions, **Qu'est-ce que vous faites pendant votre temps libre?** CD 2, Track 36

les jeux : *les cartes, les échecs, le foot(ball), les billes*   les loisirs : *la spéléologie*   les sports : *le tennis, le squash, le jogging*

> Nous jouons aux .... ,
>
> au .... et à la belote, dans une association.
>
> Et aux .... aussi. Mais on est débutants.

1

> Je joue au .... tous les dimanches.
> Ma femme n'aime pas ça, mais moi j'aime retrouver les copains.

2

> Je joue aux .... avec Antoine.

3

> Nous faisons de la ....
>
> en Ariège, c'est encore de l'initiation mais c'est passionnant.

4

> Je fais beaucoup de .... : du .... ,
>
> du .... , et du ....
> Tous les dimanches matins, sur des parcours de santé, je fais des exercices.

5

un jeu / des jeux	a game / games	**une bille**	(here) a marble
les cartes *(f.,pl.)*	the cards	**les loisirs** *(m.,pl.)*	the hobbies
la belote	French card game	**la spéléologie**	(the) caving / speleology
une association	an association	**l'initiation** *(f.)*	the introduction
les échecs *(m.,pl.)*	chess	**passionnant/e**	exciting
un débutant	a beginner	**un parcours de santé**	a fitness course
le foot(ball)	soccer	**un exercice**	an exercise
retrouver	(here) to get together with		
un copain *(fam.)*	a buddy *(coll.)*		

Complete the following with the help of the expressions from the interviews that use *jouer* and *faire*:

1. jouer aux .... , au .... , à la .... , aux .... ,

   au .... , aux ....

2. faire de la .... , beaucoup de .... ; du ....

Notice the prepositions for sports and games that follow each verb:

	jouer à :	à + le = au	à + la = à la	à + les = aux	à + l' = à l'
or:	**faire de :**	de + le = du	de + la = de la	de + les = des	de + l' = de l'

Look at the calendar and answer the questions. ∩ CD 2, Track 37

> **lundi** 8h jogging, 18h bridge avec Antoine, Jean-Jacques et Denise
> **mardi** 8h jogging, 21h cours de guitare
> **mercredi** 8h jogging, 17h squash et sauna avec Anne
> **jeudi** 8h jogging, 12h-13h courses
> **vendredi** 8h jogging, soir : cinéma et pizzeria
> **samedi** 8h jogging, après-midi : le golf
> **dimanche** matin : foot

a In the following questionnaire, check off what you like to do in your free time.

Vous faites	☐ beaucoup de sport	☐ jamais de sport	☐ un peu de sport	*Vous aimez*	☐ les jeux de cartes	☐ les jeux de société	☐ les matchs de foot
Vous détestez	☐ le monopoly	☐ les échecs	☐ la télévision	*Vous jouez*	☐ de la flûte	☐ du piano	☐ du violon
Vous allez au cinéma	☐ trois fois par semaine	☐ une fois par mois	☐ deux fois par an	*Vous gagnez souvent*	☐ au loto	☐ un match	☐ aux cartes

b Now describe your leisure time activities by constructing sentences.
Example: *Je fais..., j'aime beaucoup... . etc.*

> ### Sports and music—the favorite leisure time activities in France
>
> The favorite types of sports in France are soccer and tennis, based on the number of club members. The game of **boules** is also very popular; it's practically a type of folk sport, and it's like boccia. Guitars and pianos are the most popular instruments. People who are interested in clarinets, oboes, and saxophones should buy their instruments in France. That's where the best mouthpieces for these instruments are.

The four musicians have arrived at Fiona's mother's house in **Honfleur**. Fiona first asks how the family and the neighbors are. ⌒ CD 2, Track 38

Fiona : Alors comment va la famille ?

Mère : Toujours pareil...

Fiona : Et l'oncle Jack, il va bien ?

Mère : Oui, il va un peu mieux, mais il est encore à l'hôpital.

Fiona : Et les cousins ?

Mère : Gerald et Sharon attendent un bébé pour novembre !

Fiona : Non ? ! Encore un ! C'est le cinquième !

Mère : Tes grands-parents attendent ta visite pour Noël, ils vieillissent, tu sais...

Fiona : Je sais bien... Mais avec l'école de musique...

Mère : Tu veux vraiment monter cette école ? Enfin, tu es jeune, et tu es en pleine forme...
Et ce Réunionnais, Christian, il est charmant...

Fiona : Tu veux du sucre dans ton thé ?

pareil/le	the same	**ils vieillissent**	they're getting old
un oncle	an uncle	(from vieillir,	
un hôpital	a hospital	to become old)	
un cousin	a cousin	**en pleine forme**	in good shape
attendre	to wait (for)	**charmant/e**	charming
les grands-parents	the grandparents	**le sucre**	the sugar
(m.,pl.)			

1. Fiona's mother is French and her father is Irish. Look carefully at how the family relationships are designated in French, and remember the new words. Complete the family tree **(arbre généalogique)** with the help of the dialogue.

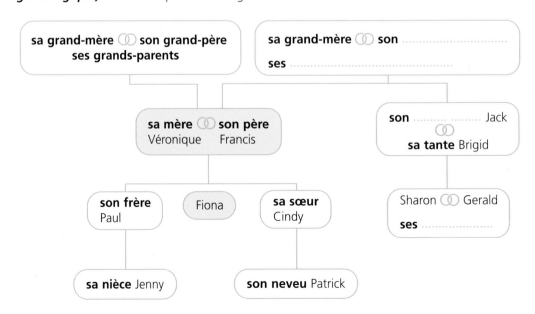

sa grand-mère ⊙⊙ **son grand-père**
ses grands-parents

sa grand-mère ⊙⊙ **son** ....
ses ....

sa mère ⊙⊙ **son père**
Véronique   Francis

son .... Jack
⊙⊙
sa tante Brigid

son frère   Fiona   **sa sœur**
Paul   Cindy

Sharon ⊙⊙ Gerald
ses ....

sa nièce Jenny   **son neveu** Patrick

Some errors have crept into the following statements. Check off the incorrect sentences. Then correct them by writing them on a piece of paper.

1. La mère de Fiona s'appelle Sharon, son père Patrick.
2. Les parents de Fiona ont quatre enfants.
3. Fiona a un frère et deux sœurs.
4. La sœur de Fiona a deux enfants : Jenny et Patrick.
5. La grand-mère irlandaise de Fiona a deux enfants : le père de Fiona et l'oncle Jack.
6. Jack et Brigid, sa femme, ont une fille, Sharon et un gendre *(son-in-law)* Gerald.
7. Sharon et Gerald ont quatre enfants.
8. La cousine de Fiona s'appelle Jenny.

Give information about your family by answering the questions. CD 2, Track 39
Example: 1. ▶ *Est-ce que vous avez des frères et sœurs ?* ▶ *Oui, j'ai un frère et deux sœurs. / Non, je n'ai pas de frère(s) / sœur(s).*

Real French: In colloquial speech people say **frangin** for **frère** and **frangine** for **soeur**. Children call the grandparents **mamie** and **papi** or **mémé** and **pépé**.

The verb **vieillir** belongs to the group of stem-expanding verbs, such as **atterrir** and **finir.** Many verbs that end in **-ir** mean "to become something," such as **vieillir**, to become old, and **rougir**, to turn red. They are derived from the feminine form of the adjectives. Construct verbs that end in **-ir** and match them up with the English translations.

- to rejuvenate / to make young
- **1.** to turn red
- to become fat(ter)
- to become blonde
- to brown / become brown
- to get big / to grow

Example: 1. *rouge* → *rougir* → *to turn red*

2. grande → .... → ....

3. grosse → .... → ....

4. blonde → .... → ....

5. brune → .... → ....

6. jeune → raj .... → ....

How do people talk about how they feel? Find the sentences in the dialogue again.

Comment va la famille ? Toujours .... / Il va un peu .... / tu es jeune et tu es en ....

Listen and mark down if these people are fine **(+)** or not **(–)**. CD 2, Track 40

1.   2.   3.   4.

(1) Mrs. Cardinal doesn't feel well. She goes to visit Dr. Canivenc. Listen to the conversation in the doctor's office. ∩ CD 2, Track 41

▶ Bonjour Madame Cardinal, qu'est-ce que je peux faire pour vous ?

▶ Oh moi, j'ai mal à la tête, à la gorge, j'ai un rhume...

▶ Vous avez de la fièvre ?

▶ Je ne sais pas... peut-être...

▶ Oh c'est une bonne grippe. Voici une ordonnance. Et si ça ne va pas mieux, revenez me voir.

▶ Ah, Madame Cardinal, comment vous sentez-vous aujourd'hui ?

▶ Je suis très fatiguée.

▶ Je vais vous ausculter, si vous voulez bien... . Non, la tension est bonne... . Un bon bain chaud ce soir, et une bonne nuit, je vous conseille le repos. Et si ça ne va pas mieux, revenez me voir.

avoir mal *(m.)*	to feel pain	revenir	to come back
la tête	the head	se sentir	to feel
la gorge	the throat	aujourd'hui	today
un rhume	a cold	ausculter qn	to examine
la fièvre	the fever	la tension	the blood pressure
la grippe	the flu	conseiller qc à qn	to recommend something to someone
une ordonnance	a prescription	le repos	the rest / relaxation

(**Good to know!**)

In France in case of serious injuries and medical emergencies people call on **SAMU (service d'aide médicale urgente)**. This emergency service can be reached throughout France day and night by dialing the number 15.

(2) In addition to the unstressed personal pronouns *je, tu, il, elle, nous, vous, ils,* and **elles,** French uses the accentuating personal pronouns *moi, toi, lui, elle, nous, vous, eux,* and *elles*.

Note how these pronouns are used:
for emphasis: **Moi, j'ai mal à la tête.**
after prepositions: **On va au cinéma sans lui.**
in combination with **c'est** and **ce sont: C'est toi? C'est nous. Ce sont eux.**
in combination with **et** and **ou: Christian et elle, toi ou moi.**

(3) Answer using the accentuating pronouns: ∩ CD 2, Track 42
Example: 1. ▶ *Christian a le mal du pays. Et Mario ?* → ▶ *Mario, lui, il n'a pas le mal du pays.*

> **Real French:** ***J'ai mal au coeur*** means "I feel sick / nauseous," and not "I have a heart condition." ***Elle tombe dans les pommes*** means "She's fainting / passing out;" and ***il a le mal de mer*** means "he is seasick."

Write down names of all the body parts that you have learned so far.

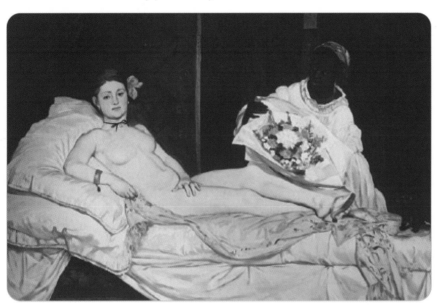

Learning Tip

In order to avoid misunderstandings during a visit to the doctor in France, prepare a vocabulary list. Use a dictionary to find any words you may need to describe your particular situation.

Listen and write down where the people in Exercise 4 feel pain. CD 2, Track 43

The French National Health Insurance System

Independent of nationality and profession, all people in France are by law covered by health insurance. Premiums are adjusted to income. When a prescription is given during a visit to the doctor, for example, the patient gets a **feuille de soins** from the doctor, which is used to get reimbursement for the cost of the medicine. After the examination **(consultation)** people first have to pay the doctor out of their own pocket. Currently that costs 20 Euros. These costs too can be covered by the health insurance.

The four musicians have been practicing the new songs a lot every day for two weeks. Today, though, they take a day off. Fiona and Christian go to the beach. They talk about their childhood. ∩ CD 2, Track 44

Christian : Tu vois, ce qui me manque à Paris, c'est la mer...

Fiona : Moi aussi, la mer, c'est toute mon enfance.

Christian : Tu as passé toute ton enfance ici, à Honfleur ?

Fiona : Non, ma mère habite Honfleur depuis trois ans seulement, depuis le divorce de mes parents.

Christian : Ah pardon.

Fiona : Je suis née à Cork, en Irlande, mais je suis partie travailler en France, à l'âge de 22 ans.

Christian : A Strasbourg ?

Fiona : Non, d'abord à Rouen, mais je suis à Strasbourg depuis cinq ans. Mais toi, tu es né à La Réunion ?

Christian : Oui, mais je suis parti pour Paris à vingt-cinq ans, avec mon grand frère. Un peu comme toi.

Fiona : Et qu'est-ce que tu as fait à Paris ?

Christian : Des petits boulots... J'ai travaillé dans un café, dans une boulangerie, j'ai donné des cours de guitare aussi bien sûr.

Fiona : Et maintenant, tu veux venir à Strasbourg ?

Christian : Pourquoi pas, je vais où le vent me pousse.

le vent	a wind	je suis partie	I left
pousser	(here) to blow / push	(p.c. of partir)	
ce qui	what	à l'âge (m.) de ...	at the age of
la mer	the ocean	tu es né (from naître)	you were born
l'enfance (f.)	the childhood	un peu	a little
passer	to spend	tu as fait	you did
le divorce	the divorce	(p.c. of faire)	
je suis née (from naître, to be born)	I was born	un boulot (fam.)	a job (coll.)
		un cours	a course

(1) Check off the items that are correct.

1. Fiona est née à	☐ Honfleur	☐ Paris	☐ Cork
2. Elle habite à Strasbourg depuis	☐ 3 ans	☐ 5 ans	☐ 25 ans
3. Elle est partie travailler en France à	☐ 12 ans	☐ 22 ans	☐ 25 ans
4. Christian est à Paris depuis l'âge de	☐ 25 ans	☐ 22 ans	☐ 18 ans
5. Christian	☐ est professeur	☐ est boulanger	☐ fait des petits boulots
6. Christian a	☐ un frère	☐ une sœur	☐ des cousins

> **Real French:** Colloquial speech uses its own vocabulary. Note the following: *le travail* (the work) is *le boulot; la voiture = la bagnole, l'argent = le fric, le cinéma = le cinoche.*

a Compare *je suis née à Cork / tu est né à La Réunion. Je suis partie / je suis parti.*
The **passé composé** is constructed using the helping verb **avoir** or **être** plus the past
participle of the verb. With verbs that are conjugated with **être**, the participle changes form. It
agrees in gender and number with the subject. Fiona **est née** *en Irlande.* Christian **est né** *à La
Réunion. Claire et Mario* **sont nés** *en Europe.*

b Jot down the sentences in the **passé composé** and pay attention to the agreement of the
participle. These verbs are all conjugated with the helping verb **être.**
Example: 1. *Christian est allé à Paris à l'âge de 25 ans.*

1. Christian *(aller)* à Paris à l'âge de 25 ans.
2. Fiona *(rester)* en Irlande toute son enfance.
3. Mario et Claire *(venir)* à Paris pour faire
   la fête.
4. Le grand frère de Christian *(partir)* à
   La Réunion pour les vacances.
5. Fiona et Claire *(aller)* faire les courses dans
   Paris.
6. Claire *(naître)* à Strasbourg.
7. Mario et Fiona *(naître)* en Europe.
8. Fiona *(arriver)* gare de l'Est.

(Learning Tip)

You can easily remember the few verbs that are conjugated with **être** by sketching and
labeling a house as below. These are verbs that indicate **direction of movement.**

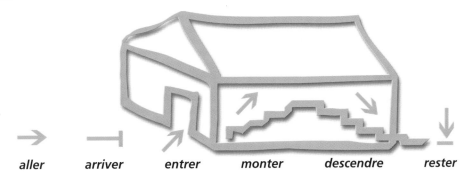

| aller | arriver | entrer | monter | descendre | rester |

The relative pronoun **ce qui** corresponds to the English relative pronoun *what* and is used as a
subject. Listen and answer using the words provided. ⌒ CD 2, Track 45
Example: 1. ◗ *Qu'est-ce qui est bon ?* → ◗ *Ce qui est bon, c'est la quiche lorraine.*

1. la quiche lorraine
2. le chocolat suisse
3. la tour Eiffel
4. Versailles
5. un costume *Dior*
6. une couette
7. un bon petit déjeuner
8. le pain français
9. la nature

Listen and number the things that these people miss. Use the relative pronoun **ce qui.** CD 2,
Track 46

☐ le pain et la charcuterie
☐ la mer

☐ la nature
☐ le Rhin *(the Rhine)*

☐ le café bien fort *(strong)*
☐ ma sœur Christine

(1) Listen and read along. Then match up the pictured professions with the texts. CD 2, Track 47

1   2   3

▢▶ J'ai passé mon enfance dans un village, dans le nord de la France. Puis après le bacca-laureat je suis parti à Paris pour terminer mes études. J'ai rencontré ma femme à mon premier poste, à l'aéroport Charles-de-Gaulle, c'est très bien payé car je suis....

▢▶ Je suis née en Provence, à Arles. J'ai fait ma formation à Marseille et j'ai trouvé du travail dans un grand hôtel, sur la côte. Je travaille dix heures par jour, c'est très fatigant, j'ai été très malade l'hiver dernier...

▢▶ Je n'ai pas le baccalauréat, alors je vis de petits boulots. En été, je fais les vendanges, je ramasse les fraises, et en hiver je fais des chantiers, je rénove des maisons pour des touristes. Je ne gagne pas beaucoup d'argent, mais j'ai ma liberté, et je peux me consacrer à ma passion.

un chemin	a road	fatigant/e	tiring
la vie	(the) life	j'ai été	I was
un village	a village	dernier/-ière	last
le baccalauréat	the diploma	je vis (from vivre)	I live
terminer qc	to finish something	les vendanges (f.,pl.)	the grape harvest
les études (f.,pl.)	the studies	ramasser	(here) to pick
un poste	a job	un chantier	a construction site
car	for (conj.)	rénover	to renovate
une formation	training	se consacrer à qc	to devote oneself to
une côte	a coast		something
par jour	per day	une passion	a passion

(2) Place the terms from the text into categories.

Training	Profession	Workplace
....	*un photographe*	....
....	*une réceptionniste*	....
....	....	....
....		....

Write down the verbs in the text that are in the **passé composé.**

The **participe passé** of être is **été** [ete]; the **participe passé** of **avoir** is **eu** [y]. The verbs **être** and **avoir** use the helping verb **avoir** in compound tenses: **J'ai été à La Réunion** (I was/have been in La Réunion). **J'ai eu du crabe farci** (I had/have had/did have…)

Listen and repeat the sentences in the **passé composé.** ∩ CD 2, Track 48
Example: 1. *Je suis malade.* → *J'ai été malade.*

Write a short text about Christian in the **passé composé** using the information provided.

- Naissance à La Réunion, le 11 septembre 1967. Baccalauréat en juillet 1984.

- Service militaire à Marseille de 1984 à 1985.

- Formation dans le tourisme et travail à l'office de tourisme de Saint-Denis de 1985 à 1992.

- Petits boulots à Paris depuis 1992.

"Je me souviens de…" Listen to the remembrances of these people. Number the illustrations to match the people who are speaking. ∩ CD 2, Track 49

1

2

3

4

The French Educational System

Children can start in kindergarten (**l'école maternelle**) as early as age three; from six to eleven they go to elementary school (**l'école primaire**). After that, **collège** begins, where the students have a different teacher for every subject. Children have to attend school up to the age of sixteen. After the **collège**, French students have the opportunity to learn a profession or go for their diploma at a **lycée**; in that case they must decide between a literary or a mathematical orientation. After earning their diploma they can go to the university or take a two-year preparatory course at one of the **grandes écoles**, such as the **ENA**. There is also a possibility of further study at an **I.U.T.** (technical school). The foremost foreign language in France is English, followed by German and Spanish.

Claire and Mario spend their day off at **Honfleur** harbor, where many artists display their work. ∩ CD 2, Track 50

Claire : Tu aimes les Impressionnistes ?

Mario : Oui, évidemment.

Claire : Pourquoi évidemment ?

Mario : Parce que tout le monde aime les impressionnistes, ça n'a rien d'original...

Claire : Eh bien tant pis, je ne suis pas originale.

Mario : Et moi non plus. J'aime beaucoup les tableaux de ce peintre, là-bas.

Claire : Particulièrement, le bleu, les couleurs sont très belles.

Mario : Honfleur, c'est vraiment super, avec tous les artistes sur le port, pour une si petite ville...

Claire : Tu aimes les portraits ?

Mario : Non, je préfère les marines. Enfin ça dépend, les portraits cubistes, ça me plaît beaucoup.

Claire : Ah non, moi, ça ne me plaît pas du tout. Regarde ce tableau : un nez de travers, une bouche carrée et les yeux à la place des oreilles, non, merci.

Mario : Pardon monsieur, je voudrais un portrait de mademoiselle... ça coûte combien ?

Claire : Mario, tu es fou ou quoi ?

Ça ne me plaît pas	I don't like that.	**un portrait**	a portrait
(from plaire, *to please)*		**préférer qc**	to prefer something
évidemment	obviously	**une marine**	(here) a seascape
Parce que	Because	**cubiste**	cubist
tout le monde	everyone	**un nez**	a nose
rien d'original	nothing original	**de travers**	crooked
tant pis	too bad	**une bouche**	a mouth
un tableau	a picture	**carré/e**	square
Particulièrement	Especially	**les yeux** *(m.,pl.)*	the eyes
une couleur	a color	**à la place de**	in place of
un artiste	an artist	**une oreille**	an ear
si	(here) so	**fou / folle**	crazy

① Mario has bought a portrait of Claire. Label the parts of her face.

le nez ....

les yeux ....

la bouche ....

les oreilles ....

les cheveux *(the hair)* ....

a You already know the verb *plaire* from the courtesy formulas *s'il vous plaît, s'il te plaît.*

b Listen and answer according to your taste using *Ça / Il / Elle me plaît beaucoup* or *Ça / il / elle ne me plaît pas du tout* or *Ils / Elles me plaisent / ne me plaisent pas.* ⌒ CD 2, Track 51

In the dialogue, find how Claire and Mario describe their opinions on the paintings. Classify them as positive, negative, or neutral.

> **Good to know!**
> Mario says *ça n'a rien d'original...* Watch out for small differences among words: **original** = *original / novel*; **originel** = *original / genuine.*

a You learned some adverbs in the dialogue: *évidemment, particulièrement,* and *vraiment.* Most adverbs are formed by adding the ending -**ment** to the feminine form of an adjective. There are exceptions, though, such as *bien, mal, évidemment, vraiment...*

b As a first step, give the feminine form of the adjective, then the corresponding adverb.

1. actif   2. délicieux   3. international   4. joyeux   5. libre   6. parfait   7. tendre   8. fou

Note: *Fast* is **rapide** or **vite; rapide** is an adjective, and **vite** is an adverb: **Le train est rapide, il va vite.** Adjectives modify nouns, whereas adverbs modify verbs.

Complete using the adverbs from Exercise 4 B.

1. C'est une femme active. Elle travaille .... à sa carrière.

2. C'est un enfant joyeux. Il parle ....

3. Je suis libre. Je veux vivre ....

4. Il est fou d'amour. Il l'aime ....

5. C'est un menu parfait. Nous avons .... mangé.

Here are a couple of adverbs that are often used in conversation. Practice the intonation. ⌒ CD 2, Track 52

You know more than you realize!
Do you understand these words from the world of fine art? Translate them.

l'architecture   l'aquarelle   le dessin   la sculpture   la photographie   la peinture à l'huile

(1) First try to read the text about **Eugène Boudin**, a painter from Honfleur. Then listen to the text and read along. Pay attention to the pronunciation and the **liaisons.** ⌁ CD 2, Track 53

Eugène Boudin est né à Honfleur en 1824. C'est un peintre aquarelliste, un pastelliste et dessinateur. Il est allé à Paris étudier la peinture et a beaucoup voyagé en Belgique, en Hollande et dans le nord de la France. Mais il a surtout travaillé et peint sur la côte normande et a fondé vers 1856 à Honfleur, avec Gustave Courbet un autre peintre de cette époque, l'école de Saint-Siméon. Boudin a peint des marines, le port de Honfleur, des plages, des études de ciel, dans une palette claire. Il a été le maître de Claude Monet. Sa technique fait de Boudin le précurseur direct des impressionnistes. Il a d'ailleurs exposé avec les Impressionnistes en 1874, à leur première exposition à Paris. Boudin est mort en 1898 à Deauville. Ses tableaux sont à Honfleur, dans le musée Eugène Boudin.

un pastelliste	a pastel painter	une époque	an epoch, era
un dessinateur	an illustrator	une plage	a beach
étudier	to study	le ciel	the sky
voyager	to travel	claire	clear, light
surtout	especially	un précurseur	a precursor
il a peint *(from*	he painted	d'ailleurs	also, besides
peindre, *to paint)*		exposer	exhibited, displayed
la côte normande	the coast of Normandy	une exposition	an exposition
fonder	to found	il est mort	he died
vers	around	*(from* mourir, *to die)*	
un autre	another		

(2) Answer the questions about the text. ⌁ CD 2, Track 54

(3) Which verbs are conjugated with **être** and which with **avoir** in the **passé composé**? Write **1** for **être** and **2** for **avoir.**

☐ naître   ☐ étudier   ☐ aller

☐ voyager   ☐ fonder   ☐ exposer

☐ mourir   ☐ peindre   ☐ travailler

(4) Here are a couple of important facts about **Claude Monet.** Answer the questions using the verbs from Exercise 3. ⌁ CD 2, Track 55

Claude Monet * 1840 Paris † 1926 Giverny
- Etudes au Havre, à Paris, en Provence, avec Boudin, Renoir
- Voyages à Honfleur, à Londres
- Exposition de 1874, avec tableau *Impression, soleil levant*
- Séries de tableaux : la cathédrale de Rouen, les Nymphéas
- Musées : maison et jardin de Giverny, près de Paris et Musée d'Orsay à Paris

The verb **peindre** is an irregular verb that ends in **-re** and belongs to the third conjugation. Memorize the conjugation carefully.

peindre		**participe passé :** il a *peint*	Note:
je *peins*	nous *peignons*		In the plural forms
tu *peins*	vous *peignez*		there's an added **g**!
il *peint*	ils *peignent*		

Match up the illustrations with the expressions.

- ☐ il est rouge de colère
- ☐ il est complètement gris
- ☐ nous sommes bleus de froid
- ☐ je suis vert de peur

Rewrite the following text in the **passé composé.** What do you think? What does the narrator see in the café?
Example: *Hier, je suis...*

Aujourd'hui, je vais au musée d'Orsay alors je prends le bus. Un quart d'heure après, j'arrive devant le musée. Je paye mon billet d'entrée et je commence la visite. Je regarde les sculptures de l'entrée, et je cherche les tableaux de Monet. Où sont-ils ? Je cherche un guide. Pas de guide ! Un monsieur me dit : "Tous les tableaux de Monet sont en Allemagne." Ah ! dommage ! Bon, alors je vais boire un bon café et manger une brioche. Et là, dans le café, qu'est-ce que je vois ?

Listen and jot down whether the sentence is in the **présent (P)** or the **passé composé (PC)**.
CD 2, Track 56
1. .... 2. .... 3. .... 4. .... 5. .... 6. ....

> ### The Musée d'Orsay and Giverny
>
>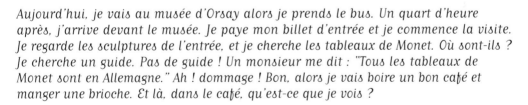
> All the great masters of Impressionism are represented in the Musée d'Orsay in Paris. The former railroad station displays important works from the period between 1848 and 1916. The **Monet** house in **Giverny** (on the way to Rouen) is also worth a visit, especially in the Spring, to see the gardens.

(1) Think about the previous five lessons. Which are correct statements? Check them off.

Lesson 16
☐ Fiona et Claire font des courses à Strasbourg, elles achètent des chaussures.
☐ Fiona et Claire font des courses à Paris, elles font des folies.
☐ Fiona et Claire font des folies, elles achètent une maison.

Lesson 17
☐ Les quatre amis montent un orchestre et partent en Normandie répéter.
☐ Les quatre amis jouent dans un orchestre en Normandie.
☐ Les quatre amis chantent des chansons à Paris dans un restaurant.

Lesson 18
☐ Fiona et sa mère parlent de la famille d'Irlande.
☐ Fiona et sa mère regardent des photos de famille.
☐ Fiona téléphone à sa mère pour se renseigner sur la famille.

Lesson 19
☐ Christian et Fiona font une promenade et parlent de leur profession.
☐ Christian et Fiona font connaissance, ils parlent de leur vie.
☐ Christian et Fiona veulent partir pour La Réunion.

Lesson 20
☐ Claire et Mario sont dans un musée et parlent des impressionnistes.
☐ Claire et Mario ne sont pas d'accord sur les tableaux impressionnistes.
☐ Claire et Mario regardent les peintres d'Honfleur et Mario veut un portrait de Claire.

(2) Note the most important expressions from each lesson. Jot them down.

Lesson 16
1. How does the sales lady ask for the shoe size? ▶ *Vous…*
2. How do you say that you'd like to try something on? ▶ *Je…*

Lesson 17
1. How do you translate, "We earn a little money"? ▶ *On…*
2. How do you translate, "On to Normandy!"? ▶ *En…*

Lesson 18
1. How do you ask how the family is? ▶ *Comment…*
2. How do you say that you're expecting a visit? ▶ *On…*

Lesson 19
1. How do you translate, "I spent my entire childhood here"? ▶ *J'…*
2. How do you translate, "I went to Paris when I was 25"? ▶ *Je…*

Lesson 20
1. How do you say that you really don't like something? ▶ *Ça…*
2. How do you say that something isn't very original? ▶ *Ça…*

What do these people do in their free time? Construct sentences using the verb **jouer** or **faire** and the appropriate preposition **de** or **à**.

1. Raymond
2. Nicole
3. mon grand-père
4. les cousins Jean et Jacques

5. ma tante
6. mes parents
7. mon frère
8. ma nièce

la belote	le violon
les boules	le bridge
la spéléologie	le tennis
la batterie	le football

Which adjectives describe these objects? Enter the appropriate adjectives into the chart.

rapide   confortable   pratique   joli/e   sportif/-ve   élégant/e   gros/se   chaud/e

1. la moto	2. les chaussures de sport	3. le pull

Cross-Cultural Information

Look at the schedule *(un emploi du temps)* of a fourteen-year-old French student. Which subjects do you recognize, and which ones do you find noteworthy?

heures	lundi	mardi	mercredi	jeudi	vendredi
8.00	latin	allemand	allemand	anglais	latin
9.00	maths	biologie	maths	histoire-géo	français
10.00	pause				
10.30	anglais	étude	français	allemand	maths
11.30	français	étude	latin	étude	sport
12.30	déjeuner / cantine				
14.00	sport			art plastique	technologie
15.00	sport	français		histoire-géo	technologie
15.30	pause				
16.30	histoire-géo	anglais		maths	physique

Learning Tip

In France both young and old love comics. The French accept the **bande dessinée (la BD)** as part of their culture. And not just **Astérix et Obélix** and **Tintin et Milou**, but also serious and fantastic or mystery comics. Comics are very useful in helping you to pick up on cultural characteristics, the French sense of humor, and colloquial speech. Try to read a French comic book that you may have already read in English, or take both books and compare them page by page.

(1) You know more than you realize!
Match up the pictures to the sports and their word sets.

 1
 3
 5
 7

 2
 4
 6
 8

a. le patinage, les patins à glace, la patinoire
b. l'équitation, le cheval, le poney
c. le delta-plane, la falaise
d. le skateboard

e. la planche à voile, les vagues, le vent
f. le ping-pong
g. le ski alpin, le ski de fond, la luge, la montagne
h. la natation, nager, la piscine

(2) Read the announcements from the associations and listen to what the people have to say about their leisure time activities. Which association goes with which person? Match them up.
CD 2, Track 57

 1
 2
 3
 4
 5

Squash des Halles
9 cours de squash et 8 pour la pratique du badminton. On peut prendre des cours avec un professeur et les tarifs sont très intéressants.

Association de l'Esplanade
Pour le jeu de carte intelligent (le bridge !) et les échecs, une adresse très utile. On peut même rencontrer les champions de France des échecs !

Parcours santé
Dans la Forêt du Neuhof, 2200 mètres, avec des exercices, pour rencontrer la faune et la flore alsacienne.

Spéléoclub strasbourgeois
Spéléo ou canyoning en Suisse, dans le Doubs ou le Vercors. 200 euros pour l'année.

Graine de cirque
Jongleurs, clowns, acrobates, voici le rendez-vous du cirque, pour s'initier au spectacle, techniques, magie, pour les enfants et les adultes.

Putting It All Together

a You have already acquired an extensive vocabulary in French. Now can you tell about something from your own life? Try it. Complete the following with your own information.

Je suis né/e à .... , j'habite à .... depuis ....

ans. Je suis parti/e en / à .... à l'âge de .... ans. J'ai travaillé dans /

chez .... *(company name)*. En ce moment je

travaille dans / chez .... depuis .... ans.

b Try to answer the questions. ⌂ CD 2, Track 58

a Construct adverbs from the following adjectives.

1. complète   2. absolu   3. difficile   4. vrai   5. pareille

1. ....

2. ....   4. ....

3. ....   5. ....

b Complete the sentences using the adverbs from part A above. These expressions are used frequently!

1. ▶ Tu es .... fou ou quoi ?4. ▶ Bonne journée, Madame Jacques !

2. ▶ C'est .... impossible !   ▶ .... Madame Couderc !

3. ▶ C'est .... trop cher !   5. ▶ C'est .... acceptable.

Look at the illustration and answer the questions. ⌂ CD 2, Track 59
Example: 1. ▶ *Regardez les bateaux. Lequel est bleu ?* → ▶ *Celui à gauche / de gauche.*

4 ***être*** or ***avoir*** ?

a Check off the verbs that use ***être*** as a helping verb in the ***passé composé.***

b Change all the verbs to the ***passé composé.***

☐ aller   je ....   ☐ jouer   ....

☐ avoir   tu ....   ☐ manger   ....

☐ descendre il ....   ☐ monter   ....

☐ dessiner   nous ....   ☐ partir   ....

☐ être   vous ....   ☐ peindre   ....

☐ étudier   ils ....   ☐ préférer   ....

☐ exposer   elles ....   ☐ rentrer   ....

☐ finir   ....   ☐ retrouver   ....

☐ gagner   ....   ☐ acheter   ....

c Look at the illustrations. Then match up the verbs from Exercise A with the illustrations and write them into the chart.

1.	2.	3.
....	....	....
....	....	....
....	....	....
....	....	....
....	....	....

Notice:
The verb ***passer*** can be conjugated with either ***être*** or ***avoir.*** But the meaning changes: ***Je suis passé/e te voir hier.*** (Yesterday I stopped by to see you.)
J'ai passé mes vacances en Ardèche. (I spent my vacation in the Ardèche.)

As you did in the previous three review units, check your knowledge. Match up the elements to the English learning goals.

Communicative Tasks:

a ☐ going shopping
b ☐ expressing likes and dislikes
c ☐ remembering something
d ☐ talking about your family

e ☐ telling a doctor how you feel
f ☐ telling about something that happened in your life
g ☐ talking about your leisure time activities and hobbies

> On va voir pour un costume et une cravate. **4**

> Je fais de la spéléo et mon mari fait du foot. Ma fille joue du piano. **6**

> J'ai passé mon enfance en Aveyron. J'habite ici depuis une semaine. **5**

> Ma tante habite Grenoble et mon cousin est aux Etats-Unis. **2**

> Je me souviens de la bou-langerie de ma grand-mère. **3**

> J'ai mal au dos et au cou. Vous avez mon ordonnance ? **1**

> Les tableaux de Miró me plaisent beaucoup. **7**

In addition, you have learned:

a ☐ how to construct adverbs
b ☐ the *passé composé* with *être*
c ☐ the verb *peindre*
d ☐ the relative pronoun *ce qui*
e ☐ the accentuating personal pronouns *moi, toi, lui, elle, nous, vous, eux, elles*
f ☐ verbs that end in **-ir**
g ☐ adjectives of color

h ☐ *jouer à... / de..., faire de...*
i ☐ the possessive adjectives
j ☐ the demonstrative adjectives *ce, cet, cette, ces*
k ☐ the *futur composé*
l ☐ the interrogative pronoun *lequel*
m ☐ the demonstrative adjective *celui + -ci / là*
n ☐ adjectives of description

> Bleu blanc rouge sont les couleurs françaises. **10**

> nous finissons, vous atterrissez, ne rougis pas **13**

> je suis née en 1969, elle est partie au Sénégal **7**

> Je joue de la flûte, nous jouons du piano à quatre mains. **3**

> Demain nous allons jouer au tennis avec les Durand. **11**

> celui-ci à gauche mais pas celui-là à droite **12**

> Ce qui est intéressant et ce qui est idiot. **1**

> Lequel prends-tu ? Laquelle aimez-vous ? **4**

> Cette voiture est rapide, confortable et élégante. **8**

> Lui, il est chanteur, mais elle, elle est professeur. **9**

> difficilement, vrai-ment, complètement **6**

> ces touristes, cette maison et cet homme **14**

> Je peins des aquarelles le dimanche. **5**

> mon père, ma mère et leurs parents **2**

Congratulations! You have made it through the first half of the syllabus! You'll surely be as successful with the second half.

The rehearsals continue, since the first performance will soon take place. But now the musicians need a name for their band. ⌒ CD 3, Track 1

Mario : Non, cette chanson-là, on ne la met pas dans le répertoire.

Claire : Dommage !

Christian : Bon, on essaye d'avoir une soirée au café-concert de Deauville ?

Fiona : Je ne sais pas, c'était un peu snob, les dernières années.

Christian : Et à Honfleur, le restaurant sur le port...

Fiona : Lequel ?

Claire : Où on a mangé des fruits de mer, jeudi.

Christian : Ah oui, il y avait une bonne ambiance, le patron était très sympa.

Claire : On peut essayer, non ?

Fiona : Et au Havre ?

Christian : C'est une ville culturelle ?

Fiona : Mais oui, tout à fait. C'est toujours très vivant, c'est un grand port quand même.

Mario : Bon alors on essaye les trois, Deauville vendredi soir, Honfleur samedi et Le Havre dimanche, on chante quatre ou cinq chansons à chaque fois et...

Christian : Et je propose un nom pour le groupe : *Morne Rouge*. C'est le nom d'un village.

Fiona : Oui, ça me plaît beaucoup.

Claire : *Morne Rouge !* Adjugé vendu.

on ne la met pas *(from mettre, to put, place)*	(here) we won't put it
un répertoire	a repertory
un café-concert	a café with entertainment
Deauville	swimming resort on the coast
c'était *(from être)*	it was
snob	snobbish
il y avait *(from il y a)*	there was, there were
un patron	(here) a proprietor, owner

sympa *(fam.)*	nice *(informal)*
Le Havre	large port at the mouth of the Seine River
culturel/le	cultural
tout à fait	completely
toujours	always, still
vivant/e	lively
quand même	just the same
à chaque fois	every time
Adjugé vendu.	literally: Sold! Here, Right on!

(1) Underline the adjectives and expression that refer to the three cities. You'll find them in the dialogue.

(2) a Match up the following adjectives. Which ones refer to people, which ones to a place, and which ones to both? Indicate using the numbers 1 and 2 for people and places, respectively.

☐☐ snob   ☐☐ sympa   ☐☐ culturel/le
☐☐ vivant/e   ☐☐ cultivé/e *(cultivated)*   ☐☐ agréable *(pleasant)*

b Check the sentences as you listen. ⌒ CD 3, Track 2

a In the dialogue you saw a new form of the past tense, the **imparfait**: **c'était** and **il y avait**. Take a look at the conjugation of **être** and **avoir** in the **imparfait**:

être	**avoir**
j'*étais*	j'*avais*
tu *étais*	tu *avais*
il / elle *était*	il / elle *avait*
nous *étions*	nous *avions*
vous *étiez*	vous *aviez*
ils / elles *étaient*	ils / elles *avaient*

b Write down the endings of the **imparfait**: **ais**, ...

Note:
In narrative, the **imparfait** is used for description of conditions, and the **passé composé** for description of events.
Example: **J'ai téléphoné à Patrick à dix heures du soir, il était déjà au lit.**

Listen and repeat the sentences in the **imparfait**. ∩ CD 3, Track 3

The **imparfait** is triggered by certain expressions such as **à cette époque-là** (at that time), **avant** (previously), and **quand** (when).

Complete the sentences using the elements given below.
Example: 1. *Maintenant, j'ai une voiture, mais quand j'étais jeune, j'avais une moto.*

~~une moto~~   **un petit port**   **vivant**   **un petit appartement**   **la maison de *Monet***   **pessimiste**

2. Aujourd'hui, j'ai une grande maison, mais à cette époque-là ....

3. Aujourd'hui, il y a beaucoup de touristes à Honfleur, mais avant ....

4. Cette année, c'est très calme *(calm, peaceful)*, mais les dernières années, ...

5. Maintenant, je suis optimiste, mais quand .... , ...

6. Maintenant c'est un musée, mais avant, ...

Learning Tip

These typical initial expressions will give you a feel for how the **imparfait** is used. Repeat the previous sentences aloud once more.

Both of these photos of the same city were taken at different times. Listen and indicate if the person is describing the first **(a)** or the second photo **(b)**. ∩ CD 3, Track 4

1.☐   2.☐   3.☐   4.☐   5.☐   6.☐   7.☐   8.☐   9.☐

(1) Read the information for the various bars and events. Then listen to the dialogue. Which event does the dialogue correspond to? Indicate it with a check mark. CD 3, Track 5

• **LE GRIOT** •
Café-concert du Jazz
belle terrasse d'été
concerts, piano-bar, expositions le mardi
Place de la Bourse, Le Havre

Théâtre national de Caen
Place du Théâtre
Abonnement annuel
vente au guichet
tous les jours
à partir de 15h
au programme
de février :
Le Malade imaginaire
de Molière

LE MALADE IMAGINAIRE.

➡ *Tête en l'air*
spectacles de marionnettes
chaque mercredi, samedi et
dimanche à
16h30
péniche sur le
Canal du Midi
Toulouse

Bar et Billard du 7ᵉ art
disco
22, rue du 11 novembre, Strasbourg

billards ouverts
du mercredi au
samedi,
à partir de 14h
le dimanche de
14h30 à 23h30

un guichet	(here) a ticket window	**chaque**	each
une pièce (de théâtre)	a play	**une péniche**	a barge
possible	possible	**annuel/le**	annual, yearly
une loge	a box (in a theater)	**une vente**	a sale
le poulailler	(here) the circle (in a theater)	**à partir de**	starting with
		Le Malade imaginaire	a Molière play
une réduction	a reduction	**une discothèque**	a discotheque
les personnes âgées	older people		

(2) The events offer something for every taste. Which event do you choose? Write down sentences that follow the example.
Example: 1. *Vous avez des petits-enfants.* (grandchildren) → *Je vais à la **Tête en l'air**.*

2. Vous voulez une soirée culturelle.
3. C'est l'été et il fait beau.
4. Vous voulez un spectacle vivant.

5. Vous aimez le billard américain.
6. Vous voulez danser.
7. Vous aimez les comédies.

a Continue the dialogue by putting the remaining elements into the right order.

▶ Bonjour, je voudrais réserver une table de billard.
▶ Pour quand ? ...

- Pourquoi ?
- A quelle heure ?
- Bon, monsieur, vous voulez réserver un billard ou une table de bridge ?
- Pour mardi soir.
- Bon, huit heures mercredi. Billard américain ou français ?
- Alors mercredi ?
- À huit heures.
- Je suis désolé mais on ne travaille pas le mardi.

b Listen to the dialogue to see how you did and play the role of the customer. ⌒ CD 3, Track 6

You know more than you realize!
Matching exercise. How do you ask about…

1. … the price?
2. … what time it is?
3. … how long the film lasts?
4. … if any discounts are in effect?
5. … how the show was?

☐ Le spectacle était comment ?
☐ Il y a des réductions ?
☐ Ça coûte combien ?
☐ Ça commence à quelle heure ?
☐ Le film dure combien de temps ?

How was the show? Listen and indicate whether the reaction is positive (+) or negative (–).
CD 3, Track 7

☐ 1. ▶ Alors c'était comment ? ▶ Bof. Pas mal.
☐ 2. ▶ Et cette discothèque, c'était bien ? ▶ Oui, il y avait une bonne ambiance.
☐ 3. ▶ Tu es allé au piano-bar *Le Griot* hier ? ▶ Oui, mais c'était trop snob.
☐ 4. ▶ Et le spectacle de marionnettes, c'était comment ? ▶ Très amusant. Les enfants ont trouvé le spectacle génial.
☐ 5. ▶ Et le film, il était bien ? ▶ Oui, mais difficile à comprendre. C'était en anglais.
☐ 6. ▶ Alors la pièce de théâtre était bien ? ▶ Oui, les acteurs *(actors)* étaient parfaits.

Molière

One of the most famous writers of the seventeenth century was **Jean-Baptiste Poquelin,** known as **Molière.** He wrote plays for the court of King Louis XIV. **Molière**'s plays are still performed in French theaters. His plays belong to the classical repertoire and are much appreciated even today.

The band has played in **Deauville** and **Honfleur**. Unfortunately, it wasn't a great success. Misfortune strikes on the bridge over the **Seine.** They get stuck on the road because they're out of gas. ∩ CD 3, Track 8

Claire : Qu'est-ce qui se passe ?

Christian : Panne d'essence...

Claire : Quoi, au milieu du pont ?

Mario : On a un jerrycan ?

Claire : Je crois que oui, dans le coffre.

Mario : Et moi, je crois que non.

Fiona : Alors ?

Mario : Non, il n'y a rien dans le coffre.

Claire : Et qu'est-ce qu'on fait maintenant ?

Christian : Il faut aller chercher de l'essence.
Fiona, est-ce qu'il y a une station-service près d'ici ?

Claire : Il y a les raffineries de pétrole de l'autre côté de la Seine !

Fiona : Après le pont, je crois. Tu viens avec moi, Christian, on va chercher de l'essence.

Claire : Et nous, on reste ici ? Quelle ambiance !

Mario : Il faut bien aller chercher de l'essence, Claire.

Claire : Mais moi j'ai le vertige sur ce pont ! Et pour le concert, ce soir, au Havre, c'est raté !

une panne d'essence	to run out of gas	**aller chercher qc**	to go and get
se passer	to happen, occur	**l'essence** *(f.)*	the gasoline
au milieu de qc	in the middle of something	**une station-service**	a gas station
		près de	near
un pont	a bridge	**une raffinerie de pétrole**	an oil refinery
un jerrycan	a gas can		
je crois que oui / non	I think so / not	**de l'autre côté de**	on the other side of
un coffre	a trunk	**avoir le vertige**	to be dizzy
il faut faire qc	we have to do something	**raté** *(fam.)*	messed up *(fam.)*

① **You know more than you realize!**
Match up the breakdowns with the appropriate fixes.

Panne d'essence
1. Il faut aller chercher de l'essence.
Une roue crevée
2. Il faut changer la roue.
La batterie est à plat.
3. Il faut changer la batterie.
Un phare ne fonctionne pas.
4. Il faut appeler un dépanneur.

☐ *You have to replace the battery.*

☐ *You have to call the mechanic.*

☐ *You have to change the tire.*

☐ *You have to get some gas.*

Note: After **il faut** you use a verb in the **infinitive** form!

What preparations have to be done before going on vacation? Construct sentences using **il faut.** Put the sentences into the proper sequence.
Example: *Avant de partir en vacances en France, il faut..., ensuite* (then) ...

1. faire le plein d'essence
2. faire les valises *(pack the suitcases)*
3. aller à la banque
4. contrôler la batterie et les roues
5. réserver une chambre d'hôtel
6. regarder la carte de la région
7. faire des sandwiches et du café
8. laisser les clefs chez quelqu'un

Which road leads to the nearest gas station? Listen and indicate the route on the map. CD 3, Track 9

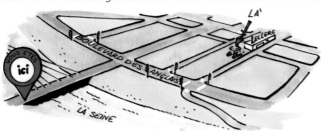

a You already know the questions that relate to the subject and the direct object: **Qui est là?** (Who is there?) and **Que fait Fiona?** (What is Fiona doing?). Let's expand the possibilities for asking questions: **Qu'est-ce qui se passe?** and **Qu'est-ce qu'on fait?**

Note:
With **qu'est-ce qui** you are asking about things that act as subjects of a sentence; with **qu'est-ce que** you are asking about things that are direct objects.

b You hear a sentence that you don't understand completely. Ask about it using **qu'est-ce qui** or **qu'est-ce que**. ∩ CD 3, Track 10
Example: ▶ 1. *Je fais du tennis lundi.* → ▶ *Qu'est-ce que tu fais lundi ?*

> Real French: If something doesn't work, in colloquial speech people say, **c'est raté, c'est loupé, ça ne marche pas, c'est fichu.** The meaning is the same in each case: messed up, busted, kaputt…

a In addition to functioning as an interrogative word, **que** can be a **conjunction** (*…that…*) that's used after the verbs **croire, penser** (to think or believe), and **espérer** (to hope)**.**

b Construct sentences using the three "lead-in verbs" and the expressions given below.
Example: *Je crois que c'est vrai.*

oui	non	~~c'est vrai~~	il / elle a raison	il est bien	il n'est pas cher
il y a un problème.		c'est raté	il va pleuvoir		

c Answer the questions using the sentences from Exercise B. ∩ CD 3, Track 11

1 Read along as you listen to the dialogue. Where exactly is the car? 🎧 CD 3, Track 12

▶ On nous a volé la voiture !

▶ Quoi ? Qu'est-ce que tu racontes ?

▶ Oui, j'ai garé la voiture hier sur cette place et elle n'est plus là ! Elle était exactement là.

▶ Alors il faut aller à la police déclarer le vol.

▶ C'est incroyable ! C'est impossible ! Mais qu'est-ce qu'on va faire ?

▶ Mais pourquoi est-ce que tu n'as pas laissé la voiture au parking rue Saint-Etienne ?

▶ Il était complet.

▶ Et comment on va partir en vacances, comment on va aller faire les courses, sans voiture ?

▶ C'est incroyable.

▶ Attends, mais c'est le marché aujourd'hui, il y a un stand de fromages maintenant à la place de la voiture.

▶ Oui, et alors ?

▶ Alors, ils ont emmené notre voiture en fourrière, tout simplement.

▶ Tout simplement ! Et on la récupère comment ?

▶ Il faut payer une amende, c'est évident.

▶ Et de combien ?

▶ Je ne sais pas, moi ! Allez, viens, on va à la gendarmerie.

un vol	(here) a theft	emmener qc	to take something away
voler qc	to steal something	en fourrière	(here) towed away
raconter qc	to tell	à la fourrière	pound where towed cars are kept
garer qc	to park something		
exactement	exactly	tout simplement	simply
déclarer	(here) to report	récupérer qc	to get something back
incroyable	unbelievable	une amende	a fine
complet / complète	(here) full	la gendarmerie	the police station
sans	without		
un stand	a (market) booth		

Good to know!

The **Gendarmerie** is responsible for national security, and the police for maintenance and restoration of public order. Together they constitute the **forces de police**.

2 Check off the things that you heard in the dialogue.

- ☐ la voiture était au garage
- ☐ le parking était complet
- ☐ le parking était libre
- ☐ la voiture était dans un parking rue Saint-Etienne
- ☐ la voiture était sur la place du marché
- ☐ on a volé la voiture
- ☐ il faut aller à la police
- ☐ il faut déclarer le vol
- ☐ la voiture est maintenant à la fourrière
- ☐ il faut payer une amende
- ☐ il ne faut rien payer
- ☐ il faut aller à la gendarmerie

What kinds of things have happened to you during vacation? Relate them using the past tense. Example: 1. *On a déjà volé ma voiture.* 2. *J'ai déjà eu une panne d'essence.* etc.

1. vol de voiture
2. panne d'essence
3. panne de moteur
4. une roue crevée
5. vol des passeports
6. être à l'hôpital en France

7. rater *(miss)* l'avion
8. rater le train
9. ne pas trouver d'hôtel
10. l'avion a du retard *(is late)*
11. l'avion est annulé
12. ne pas avoir de réservation

13. allez chez le médecin
14. des bouchons *(tie-ups)* sur l'autoroute
15. une grève *(strike)* des transports

Note:
The passive voice in English is often replaced by a construction using **on** in French: **On a volé la voiture.** → *The car's been stolen.*

(**Learning Tip**)

Take a piece of paper and make up word clusters for **la voiture, l'avion, le train**. Write down all the words that you know. Check the corresponding lessons to see which words you have overlooked. Keep practicing until you remember all the words.

Listen and match up the dialogues to the illustrations. CD 3, Track 13

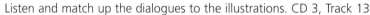

Transform the text into the past tense, putting all the verbs into the **passé composé** except for **être, avoir,** and **marcher**, which have to be put into the **imparfait.** Begin like this:

Nous avons une panne de moteur sur l'autoroute A 4. Mais nous avons de la chance, il n'y a pas loin une aire de repos (**rest area**). *Il y a un restaurant avec un hôtel. Nous téléphonons à un dépanneur. Nous attendons le dépanneur, une demi-heure, une heure, deux heures... Il est déjà dix heures du soir, pas de dépanneur. Nous prenons une chambre à l'hôtel. Nous ne dormons pas du tout, car il y a un bus de touristes dans l'hôtel... Le matin, nous prenons la voiture, et quelle surprise, elle marche ! C'est vraiment incroyable. La voiture fonctionne très bien et nous arrivons à la maison à midi !*

(**French Highways**)

Most French highways are toll roads. It's a good idea to have some change or a credit card with you. The speed limit is 80 mph (130 km/h) on highways, 60 mph (90 km/h) on country roads, and 30 mph (50 km/h) in town. Road signs for highways are blue; for country roads they are white; yellow signs are used for detours, and green ones for two-lane roads.

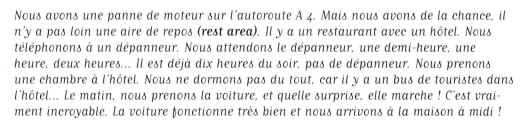
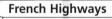

The arrival in **Le Havre** is spoiled by the breakdown. Fiona tries to get some more gigs, but she doesn't have any success. They're all very disappointed and frustrated—they don't even feel like rehearsing. Fiona's mother, though, is convinced that the four musicians absolutely must stick with it. 🎧 CD 3, Track 14

Mère	: Où sont Fiona et Claire ?
Mario	: Claire est dans sa chambre, elle fait son yoga quotidien.
Mère	: Et Fiona ?
Christian	: Je crois qu'elle tricote dans le jardin, comme d'habitude.
Mère	: Mais vous ne répétez plus ?
Christian	: Depuis la panne d'essence, le concert annulé... on n'est plus très motivés !
Mère	: Je ne suis pas musicienne, mais quand j'étais jeune, je jouais un peu de piano. Il me semble pourtant que les chansons de Christian sont de qualité. Je crois qu'il faut quand même continuer.
Mario	: Peut-être, mais les vacances se terminent et nous n'avons pas eu beaucoup de succès...
Christian	: ...et pas gagné assez d'argent pour l'école de Fiona !

quotidien/ne	daily	il me semble que	it seems to me that
tricoter	to knit	pourtant	however
une habitude	a habit	de qualité	of good quality
annulé/e	canceled	se terminer	to end
motivé/e	motivated	un succès	a success
je jouais *(from* jouer)	I played		

1 Complete the sentences with the help of the dialogue.

1. Elle fait son yoga ....

2. Elle tricote dans le jardin, ...

3. Quand .... jeune, je .... un peu de piano.

These sentences express that the activity was *regular* or *customary*. When a past tense is called for, such expressions take the **imparfait.** The words **quotidien, comme d'habitude,** and **quand j'étais jeune** trigger the use of the **imparfait**.

2 Thoroughly memorize the forms of the **imparfait** for the verbs **tricoter, jouer,** and **faire:**

tricoter	**jouer**	**faire**
je *tricotais*	je *jouais*	je *faisais*
tu *tricotais*	tu *jouais*	tu *faisais*
il / elle *tricotait*	il / elle *jouait*	il / elle *faisait*
nous *tricotions*	nous *jouions*	nous *faisions*
vous *tricotiez*	vous *jouiez*	vous *faisiez*
ils / elles *tricotaient*	ils / elles *jouaient*	ils / elles *faisaient*

Note:
The **imparfait** is constructed on the stem *of the first person plural of the present tense* + *the endings* **-ais, -ais, -ait, -ions, -iez,** and **-aient**.

What were your hobbies when you were a child? Tell about them using the **imparfait**.
Example: 1. *Quand j'étais jeune, je... .*

tricoter   faire de l'équitation   faire de la gymnastique   jouer au football   faire de la poterie
jouer d'un instrument de musique   faire de la danse classique   faire du judo

a Construct sentences by completing the first half of each sentence in a logical way.

1. Depuis mon mariage, ☐   a. nous n'allons plus au cinéma.
2. Depuis la naissance de ma fille, ☐   b. ma grand-mère habite chez nous.
3. Depuis les vacances, ☐   c. je fais mes études à l'université de Nanterre.
4. Depuis l'année dernière, ☐   d. j'habite au centre-ville.
5. Depuis la mort de mon grand-père, ☐   e. je ne suis plus très motivé.
6. Depuis mon baccalauréat, ☐   f. je ne travaille plus.

b Listen to the sentences in Exercise A and evaluate them as positive **(+)** or negative **(–)**. CD 3, Track 15

Note:
The present tense or the negation **ne...plus** is often used after **depuis** if the experience that's being reported has completely changed the person's life.

Which experience was important to you? Construct sentences using the elements provided.

Depuis	mon mariage	je	habiter	à...
	l'année dernière	nous	travailler	en...
	les vacances		être	fatigué/e / motivé/e
	la fin *(end)* de mes études		faire	des projets
			avoir	du succès

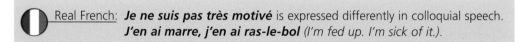

Real French: **Je ne suis pas très motivé** is expressed differently in colloquial speech. **J'en ai marre, j'en ai ras-le-bol** *(I'm fed up. I'm sick of it.)*.

What do you think? What hobbies do Mario and Christian have? Make your selection and say the sentences aloud. You'll find the correct answers in Interlude V.
Example: *Il me semble que Mario fait ... . Je pense que Christian a comme hobby ... .*

la peinture   le tango   le bricolage *(working with one's hands)*   la lecture
l'escalade   le judo   la randonnée en montagne   le dessin

1 In her book **Leçons particulières** the French journalist and former secretary of state **Françoise Giroud** identifies some people who have influenced her in her life. Read these selections from her book.

1. *Je ne suis pas sûre qu'avant de connaître A., je savais regarder la peinture de* **Cézanne***. J'ai appris. Tout s'apprend.*

2. *Ma première leçon a été le jour de ma naissance. J'étais sa seconde fille. La première avait six ans déjà. Il voulait un fils. Il a dit "Quel malheur !"*

3. *Débuter dans la presse à la rédaction d'un journal est extrêmement original. (...) peu après le démarrage de* **Elle***, j'étais là, j'ai fait ce que j'ai pu pendant quelques mois, en même temps que je fabriquais un bébé. Pierre Lazareff, attendri, me répétait tous les jours: "Surtout, ne vous fatiguez pas trop..." Mais j'étais non fatigable.*

4. *Quand je l'ai connu, il n'avait pas trente ans, il était ardent et gai (...).*

Françoise Giroud, *Leçons particulières*, p.13, 15, 119, 152 © Librairie Arthèmes Fayard, 1990 (extraits).

une leçon	a lesson	**une rédaction**	(here) an editorial staff
particulier/-ière	(here) private	**extrêmement**	extremely
avant de faire qc	before doing something	**un démarrage**	a start
connaître qn	to know someone	**j'ai pu**	I was able
j'ai appris *(p.c. of apprendre)*	I learned	*(p.c. of pouvoir)*	
je savais regarder	I knew how to look at	**je fabriquais**	I was making
il voulait	he wanted	**attendri/e**	touched, tender
le malheur	the misfortune	**non fatigable**	tireless
débuter	to start, begin	**je l'ai connu**	I met him
la presse	(here) journalism	*(p.c. of connaître)*	
		ardent/e	(here) lively
		gai/e	happy

2 Match up the four selections from the text to the people. From whom did **Françoise Giroud** get her "private lessons?"

☐ son ami A.

☐ Hélène et Pierre Lazareff, les fondateurs *(founders)* du magazine féminin *Elle*

☐ son père

☐ Jean-Jacques Servan-Schreiber (J.J.S.S.), le fondateur de *L'Express*

Listen to the information about Françoise Giroud. Write down where she was born, what interests her, how long she was in charge of the magazine **Elle**, and what she writes.
CD 3, Track 16

a **You know more than you realize!**
Look at the terms from the world of the media and publishing. Match up these terms with the English equivalents.

1. la publicité	☐ the economy
2. les informations *(f.,pl.)*	☐ the news
3. l'économie *(f.)*	☐ the publicity
4. les arts et spectacles *(m.,pl.)*	☐ the weekly paper
5. les sondages *(m.,pl.)*	☐ art and cultural events
6. l'abonnement *(m.)*	☐ the opinion polls
7. l'hebdomadaire *(m.)*	☐ the subscription

b What sections of a newspaper or a magazine interest you? Answer using the words from Exercise A.
Example: *Ce qui m'intéresse dans un journal, c'est ... * or: *Je m'intéresse à...*

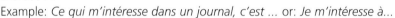

a In the passage by Françoise Giroud, find a sentence with **ce que** and underline it.

Note:
The French relative pronouns **ce qui** and **ce que** correspond to the English *that which* or *what*. **Ce qui** is used as a subject, and **ce que** as a direct object.

b Complete the sentences using **ce qui** or **ce que**.

1. .... me plaît, c'est la mode italienne.

2. .... m'intéresse, c'est l'économie.

3. .... je fais est très fatigant.

4. .... j'ai appris avec lui, c'est la liberté.

Listen to several people talk about their interests. Express your opinion using **moi aussi** or **moi pas**. CD 3, Track 17

The French Press

The daily papers most often read in France generally are regional papers such as the **Sud-Ouest** or **Ouest-France**, or sports papers such as **L'Equipe**. The largest French daily newspapers are **Le Figaro** (right-wing), **Le Monde** (more liberal), and **Libération** (left-wing). Political weeklies include the **Nouvel Observateur** and **L'Express.** There is also a great interest in magazines for women, such as **Elle, Marie-Claire,** and **Marie-France**.

It's very disappointing that it's so hard to change plans. Claire and Mario decide to drive to the channel islands for a few days. Maybe they'll come up with a solution for the band...

🎧 CD 3, Track 18

Claire : Tu es déjà allé sur les îles anglo-normandes ?

Mario : Non, c'est loin ?

Claire : Pas trop, il y a des bateaux au départ de la Normandie, à Portbail par exemple... J'y allais souvent quand j'étais adolescente, avec des amis, on y campait, c'était agréable.

Mario : Pas trop pluvieux ?

Claire : Ça dépendait des étés. J'y suis revenue une fois à l'automne, il pleuvait, mais j'avais une chambre chez l'habitant, je n'étais pas sous la tente !

Mario : Alors on y va ? A Jersey ou à Guernesey ?

Claire : Moi, je connais Jersey, alors je voudrais bien visiter Guernesey avec toi, quelques jours, tous les deux...

Mario : Ce n'est pas à Guernesey que se trouve la maison de Victor Hugo ?

Claire : Si ! Il paraît qu'elle est très particulière ! Allez, on y va ? !

Mario : Quand ? Et Fiona et Christian, ils ne vont pas être vexés, les répétitions, l'orchestre...

Claire : Tu y crois encore, toi, à l'orchestre ?

Mario : Pas trop non...

On y va ?	Shall we go?	**une fois**	once
les îles *(f.,pl.)*	the channel islands	**chez l'habitant**	(here) with a local
anglo-normandes		**sous**	(here) in
un bateau	a boat	**une tente**	a tent
Portbail	city on the coast of Normandy	**Jersey**	a channel island
		Guernesey	a channel island
par exemple	for example	**c'est... que**	(used for emphasis)
J'y allais *(from aller)*	I went there	**il paraît que**	(here) people say that
souvent	often	**particulier/-ière**	(here) special
adolescent/e	young, teenager	**vexé/e**	mad, angry
on y campait *(from camper, to camp)*	we camped there	**les répétitions** *(f.,pl.)*	(here) the rehearsals
pluvieux/-euse	rainy	**Tu y crois ?**	Do you still believe in it

① **a** Listen to the dialogue once again and check off the correct answers. CD 3, Track 19

Claire est déjà allée	☐ à Jersey	☐ à Guernesey	☐ sur les deux îles
Claire allait sur les îles	☐ avec ses parents	☐ avec des amis	☐ avec l'école
Elle restait	☐ sous la tente	☐ chez l'habitant	☐ à l'hôtel
La maison de Victor Hugo est	☐ sur Jersey	☐ sur Guernesey	☐ à Portbail

b How about you? How do you spend your vacations? Answer using the elements provided.
Example: *Je pars en vacances...*

avec les enfants	avec la famille	avec des amis	en camping
à l'hôtel	à la mer	dans ma région	à l'étranger *(overseas)*

Underline the verbs in the dialogue that are in the **imparfait** and write the form under the appropriate infinitive.

aller	camper	dépendre	pleuvoir

Give information about the things you usually do on vacation. Answer in complete sentences. 🎧

 **Real French:** If the weather is really bad, people speak in terms of **un temps de chien** or **un temps de cochon** or **un temps à ne pas mettre un chien dehors.**

Look carefully at the following sentences. What part of the first sentence does the pronoun **y** stand for in the second sentence? Underline what **y** stands for.

1. ▶ Tu es déjà allé sur les îles anglo-normandes ?	2. ▶ J'**y** allais quand j'étais adolescente (...), j'**y** campais... J'**y** suis revenue une fois... On **y** va ?
1. ▶ Ce n'est pas à Guernesey que se trouve la maison de Victor Hugo ?	2. ▶ Si (...) Allez, on **y** va ?

Note:
The pronoun **y** stands for places and complements that have already been mentioned in context. These are introduced by prepositions such as **à, sur, dans, en,** and **sous**. **Y** also replaces groups of words that are introduced by **à**, as with **croire à** and **penser à**; it is placed directly before the verb: *Tu crois encore à l'orchestre, toi?* → *Oui, j'y crois.*

Answer using the pronoun **y**.
Example: 1. ▶ *On va en Italie en avion ?* → ▶ *Oui, on y va en avion.*

1. On va en Italie en avion ?
2. Tu vas à Nice en voiture ?
3. Tu penses aux vacances ?
4. Patrick va à Rome en train ?

5. David croit encore au Père Noël ?
6. Vous allez à Guernesey au printemps ?
7. On monte à la maison de Victor Hugo ce matin ?
8. Mes parents sont à l'hôtel ?

Watch the pronunciation and the **liaison** with **y**. Repeat the sentences that you hear.
🎧 CD 3, Track 20

1. Read the publicity material for these overnight accommodations in France. Match up the information to the dialogues and then listen to the dialogue. CD 3, Track 21

Camping de CANY BARVILLE 3
★★★
Ouvert toute l'année
02 35 97 70 37
Au cœur de la vallée de la Durdent, proche de la mer, vous pourrez y apprécier patrimoine et ses nombreuses activités (télé nautique, squash, tennis, ...)

1
⑧ **Le Vieux Logis**

Hôtel Restaurant

St Laurent en Ca

02 35 96 44 33

Venez vous détendre dans les gîtes ruraux de **Mr MAUPAS** à **HARCANVILLE** maisons traditionnelles à colombages avec sauna à disposition
Réservation
02 35 60 73 34

2

Bienvenues dans les ⑥
4 chambres d'hôtes 2 et 3 épis pouvant accueillir 9 personnes de Mr et Mme MOSER

Toute l'année, au calme, dans un cadre verdoyant et leur superbe maison traditionnelle
au hameau de VAUDREVILLE à BUTOT VENESVILLE au 02 35 97 52 86

4

☐ ▸ Bonjour monsieur, vous avez un emplacement de libre ?
▸ Pour une tente ou une caravane ?
▸ Pour une tente de quatre personnes avec auvent.
▸ Vous avez de la chance, il me reste un emplacement, je crois...
▸ Il est à l'ombre ?
▸ Le matin, oui. C'est le numéro 24. Vous pouvez remplir cette fiche s'il vous plaît...

☐ ▸ Centrale de réservation du Pays de Caux, bonjour.
▸ Bonjour, je cherche un gîte rural pour le mois de juin, vous avez encore quelque chose ?
▸ Pour combien de personnes ?
▸ Pour deux adultes, avec un enfant de trois ans et un chien.
▸ Ah, avec un chien, c'est plus difficile, ils ne sont pas acceptés partout, vous savez... Mais je peux vous proposer un gîte près de Saint-Valéry. Je peux vous envoyer le descriptif par fax si vous voulez et vous me rappelez pour réserver.
▸ Il faut verser des arrhes ?
▸ Oui, la moitié du loyer, mais tout est expliqué sur le fax. Votre numéro ?
▸ Alors c'est le 01.47.18.07.23.

la formule	(here) the type	**un chien**	a dog
un hébergement	an accommodation	**partout**	everywhere
une chambre d'hôte	a guest room	**vous savez** *(from savoir)*	you know
une auberge de jeunesse	a youth hostel	**Saint Valéry**	vacation spot in Normandy
un gîte rural	a vacation home	**envoyer qc à qn**	to send someone something
un emplacement	a (tent) site		
une tente	a tent	**un descriptif**	a description
une caravane	a trailer	**verser**	(here) to pay
un auvent	an awning	**les arrhes** *(m.,pl.)*	a deposit
l'ombre *(f.)*	the shade	**la moitié**	the half
une fiche	a (registration) form	**un loyer**	(a) rent
une centrale de réservation	central booking	**expliquer qc**	to explain something

What kind of overnight facility do you choose when…? Give the number(s) of the ads from the previous page.

1. … quand vous avez des enfants et un chien ?

2. … quand vous voulez faire la cuisine ?

3. … quand vous ne voulez pas faire la cuisine ?

4. … si vous aimez la nature ?

5. … si vous n'avez pas beaucoup d'argent ?

6. … si vous voulez rencontrer des gens ? *(people)*

7. … si vous voulez rester anonyme ?

8. … si vous aimez le luxe ? *(luxury)*

> **Learning Tip**
>
> It's very difficult to make a phone call in a foreign language because you can't see the other person. If you want to make a reservation, write down in advance all questions and information in English on a piece of paper and translate them. Maybe you'll be lucky and the other person will speak English. You could begin by asking, "***Vous parlez anglais?***"

How do you spend (or have you spent) your vacation? Use the verbs ***aller, faire,*** and ***réserver*** in the present or the ***imparfait.***
Example: *1. Quand j'étais adolescent/e, je faisais du camping à l'île d'Aix, je n'allais pas dans un hôtel.*

1. quand vous étiez adolescent/e
2. quand vous habitiez encore chez vos parents
3. quand vos enfants étaient encore petits
4. quand vous partez pour un week-end
5. quand vous partez seul/e *(alone)*
6. quand vous restiez à la maison

Listen to the questions and answer using one of the three possibilities, as indicated in the example. ∩ CD 3, Track 22
Example: *1. ▶ Vous êtes déjà allé/e dans un gîte rural ?* → *▶ Oui, j'y suis déjà allé/e / Non, je n'y suis pas encore allé/e. / Non, mais j'ai envie d'y aller.*

> **France and Its Islands**
>
> The islands off the coast of France are a real insider tip! They are much appreciated in **Normandie** and **Bretagne**: **l'île d'Ouessant, l'île de Sein,** and **Belle-île.** The canal islands are no longer French, and English is predominantly spoken there. There are three islands in the Atlantic Ocean that are connected to the mainland by a bridge: **Noirmoutier, Ré,** and **Oléron.** On **Aix,** between **Oléron** and **Ré,** cars are not allowed; it's a real paradise for children and nature lovers. **Les îles d'Hyères** are in the Mediterranean, and the largest non-overseas island belonging to France is **la Corse,** which can be reached from the **Côte d'Azur** by ferry (**le ferryboat**).

In the tourist season, it's not easy to get a hotel room even on **Guernesey.** They're trying to find something for Claire and Mario in the travel office. ⌒ CD 3, Track 23

Monsieur : Vous désirez un renseignement ?

Claire : Vous avez les horaires des bateaux pour Guernesey au départ de Portbail ?

Monsieur : Un instant, il faut que je cherche dans l'ordinateur…Alors… Il y a des départs tous les jours à 9h du matin. Pour le prix, cela dépend de combien de temps vous restez sur l'île.

Mario : Trois, quatre jours à peu près.

Monsieur : Le plus simple, à partir d'Honfleur, c'est de prendre le bateau à Portbail et de faire escale à Jersey. Voilà les tarifs, je vous donne une brochure.

Claire : Il faut réserver ?

Monsieur : C'est plus prudent, oui, je vous le conseille, c'est la haute saison.

Claire : Et pour le logement ? vous avez quelque chose ?

Monsieur : Oh alors là… Attendez, il reste quelques chambres à l'Hôtel du Pommier, c'est une ferme du 18e siècle, superbe… regardez.

Mario : Pas mal… Vous pouvez réserver la traversée et l'hôtel pour nous ?

Monsieur : Bien entendu. Je vais organiser tout cela, si vous voulez repasser demain pour tout régler.

Claire : Bon, nous vous faisons confiance. Merci. Au revoir, monsieur.

Mario : Tu lui fais vraiment confiance ?

la haute saison	the busy season	**C'est plus prudent**	It's more certain
un horaire	a timetable	**prudent/e**	prudent, careful
Un instant	One moment	**un logement**	lodging
il faut que	it's necessary	**une ferme**	a farm
un ordinateur	a computer	**un siècle**	a century
un prix	a price	**superbe**	splendid
cela	that	**une traversée**	a crossing
à peu près	nearly, about	**Bien entendu**	(here) Of course
Le plus simple	The easiest thing	**organiser**	(here) to put together
faire escale (f.) à	to make a stopover in	**repasser**	(here) to return
un tarif	(here) a price list	**régler qc**	to pay for something
une brochure	a brochure	**faire confiance** (f.) à qn	to trust someone

(1) Which arrangement is suggested? Check using the dialogue.

☐ 1. Départ de Jersey par avion à 16h
4 jours en camping à Guernesey
retour *(return)* par Portbail

☐ 3. Départ de Portbail par bateau à 9h
escale à Jersey
4 nuits à l'*Hôtel du Pommier* à Guernesey

☐ 2. Départ par avion de Saint-Malo
escale à Jersey à 9h
1 nuit à l'auberge de jeunesse et 3 nuits à l'hôtel

☐ 4. Départ par bateau de Saint-Malo
arrivée à Guernesey à 9h
4 nuits à l'*Hôtel Belle Saison*

Good to know!

The peak tourist season in France is primarily in July and August. Most French people spend their vacations in their own country. They drive to the Mediterranean or to the Atlantic, and sometimes across the border to Spain.

Use the dialogue to help you construct a vocabulary list in the following word groups: costs / price, trip, lodging

a Complete the following questions using the words from Exercise 2

1. Vous avez les .... des bateaux pour Belle-Ile ?

2. Combien de temps dure la .... ?

3. Et quels sont les .... en haute saison ?

4. Est-ce qu'il y a une .... dans un autre port ?

5. Quel .... pouvez-vous me conseiller pour un week-end ?

b Using the questions from Exercise A, ask in a travel agency about a stay on **Belle-île.** Ask the questions; listen and write down the answers. ∩ CD 3, Track 24

a An adjective can be intensified ("bigger, more beautiful.") In the dialogue you saw the superlative of an adjective (the highest degree in a comparison): **Le plus simple, à partir d'Honfleur, c'est de prendre le bateau à Portbail** (The easiest thing is…).

Note:
The *superlative* is constructed by using the **definite article + plus / moins** ("more" / "less") before the adjective.

b Construct 8 to 10 sentences as in the example. Use the elements given below.

Le	plus / moins	simple	en été	c'est de	prendre	le bateau.
		cher	en hiver		faire	l'avion
		rapide	à la haute saison		aller	escale
		prudent	au printemps		rester	le vélo
		fatigant			visiter	à pied
		agréable				(à) Honfleur
		snob				(à) Paris
		économique				en / l'Allemagne
		touristique				en / la Normandie

Listen and construct sentences in the superlative as in the example. Pay attention to the definite article **le** or **la.** ∩ CD 3, Track 25
Example: *1. C'est un magasin très cher.* → *C'est le magasin le plus cher.*

(1) Read the information about Biarritz and Nice and then listen to the dialogue. Is this about a honeymoon, a birthday present, or a weekend trip? ∩ CD 3, Track 26

Nice
480,000 habitants
dans les Alpes-Maritimes
capitale touristique de l'Europe
station hivernale et estivale
un grand boulevard : la *Promenade des Anglais* le long de la mer
à voir : le marché aux fleurs, le vieux port
aéroport international et liaisons
maritimes avec la Corse

Biarritz
28,000 habitants
dans les Pyrénées-Atlantiques
sur le Golfe de Gascogne et dans
le Pays Basque
station thermale
à voir : un concours de pelote basque
thalassothérapie et golf

un séjour	a stay
hivernale	winter *(adj.)*
estivale	summer *(adj.)*
le long de	along
une liaison maritime	a sea connection
le Pays Basque	Basque country
un concours	(here) a competition
la pelote basque	pelots (basque ball game)
la thalassothérapie	therapy using sea water and the ocean climate

participer à qc	to take part in something
offrir	(here) to give
un forfait	inclusive price, fixed rate
avantageux/-euse	advantageous
même si	even if
pencher pour	tend / lean toward
ennuyeux/-euse	(here) strenuous
la Méditerranée	the mediterranean
déjeuner	to have lunch

(2) Listen carefully to the dialogue and find the advantages that Nice and Biarritz offer. Use the dialogue to help you complete the following sentences. CD 3, Track 27

1. Nice est bien plus .... que Biarritz (...).

2. A Nice, l'hôtel est compris dans le forfait, c'est .... avantageux.

3. (...) le train est plus ....

4. (...) la Méditerranée c'est mieux que .... à cette saison, l'eau y

   est plus ....

5. (...) Nice, c'est .... ennuyeux, la ville est plus ....

a You heard some *comparisons* in the dialogue. Carefully memorize the **comparative forms** of the adjectives.

Note:
The **comparative** is constructed by putting **plus** or **moins** before the adjective and setting up the comparison by adding the word **que**.
Comparisons of equality are expressed by using **aussi + adjective + que.**
Nice est **plus** cher **que** Biarritz. *(Nice is **more expensive** than Biarritz.)* ⊕
Biarritz est **moins** cher **que** Nice. *(Biarritz is **cheaper** than Nice.)* ⊖
Biarritz est **aussi** intéressant **que** Nice. *(Biarritz is **as interesting** as Nice.)* ⊜

The adjective **bon** has an irregular comparative form:
Antoine fait un **bon** café. *(Antoine makes **good** coffee.)*
Julie fait un **meilleur** café. *(Julie makes **better** coffee.)*

b The comparison of **adverbs** primarily follows the same pattern as with adjectives.

Note:
The adverb **bien** has an irregular comparative form:
L'Atlantique, c'est **bien**. *(The Atlantic is **good**.)*
La Méditerranée, c'est **mieux** que l'Atlantique. *(The Mediterranean is **better** than the Atlantic.)*

How would you decide? Nice or Biarritz? Construct five sentences according to the example.
Je trouve que ....

... la ville de Nice est	plus / moins	chère	que	la ville de Biarritz.
		intéressante, jolie, chaude culturelle, grande		

> **The French Basque Country**

The French part of Basque country is located in the **Département Pyrénées-Atlantiques.** The most important city is Bayonne, which is directly connected to **Biarritz.** The area of **Saint-Jean-de-Luz** is also famous. The increasing tourism to the **Côte d'Argent**, especially in **Biarritz** and **Hendaye**, is a source of discontent among the Basque Nationalists.

(1) In the last five lessons the group has been in **Honfleur**. Number the situation from 21 to 25 to correspond to the lessons

▢ Mario et Christian discutent avec la mère de Fiona. Ils ne sont plus motivés.
▢ Claire et Mario décident d'aller à Guernesey passer quelques jours.
▢ Le groupe parle des restaurants et cafés de la région.
▢ Claire et Mario sont à l'agence de voyage pour organiser leur séjour à Guernesey.
▢ Ils ont une panne d'essence sur le Pont de Normandie.

(2) Which sentences go with which situations? Match them up with the illustrations.

▢▢▢▢   ▢▢▢▢   ▢▢▢▢

1. On a un jerrycan ?
2. Je vous donne la brochure.
3. Fiona fait son yoga quotidien.
4. Alors on y va ? A Jersey ou à Guernesey ?
5. On n'est plus très motivés !
6. Il faut aller chercher de l'essence.
7. Il y avait une bonne ambiance, le patron était sympa.
8. Il n'y a rien dans le coffre.
9. Je crois qu'elle tricote.
10. Il faut changer la roue.
11. J'y allais souvent quand j'étais adolescente.
12. Le plus simple c'est de prendre le bateau.

(3) What did the four people do in the last few lessons? Tell the story using complete sentences that incorporate the words provided.

21 discuter - choisir - un restaurant - parler - l'ambiance - décider - un nom pour le groupe
Example: *Les quatre amis discutent le répertoire. Ils...*

22 sur le pont - une panne d'essence - chercher - rester - la voiture

23 tricoter - faire du yoga - motivés - parler - la mère - pas de succès - continuer - jeune

24 les îles anglo-normandes - y - adolescente - pluvieux - aller - prendre le bateau

25 l'agence - réserver - la traversée - demander un renseignement - conseiller - l'hôtel

Did you know? Here is the answer to Exercise 6 in Lesson 23a.
Les hobbys de Mario et Christian:
Mario fait de la randonnée et aime lire (to read) et danser le tango ! Christian fait aussi de la randonnée en montagne, de l'escalade et adore le dessin !

Describe the Parisian restaurant **Le Procope.** What do you think of it?
Use the following expressions and adjectives.

agréable

grand

snob

tranquille

cher

sombre

superbe

raffiné

lourd

particulier

1. Le restaurant est...
2. Il est un peu...

3. Il a l'air...
4. Je crois que c'est...

5. Il est plus / moins... que...
6. La cuisine est sûrement...

Cross-Cultural Information

French people use a great number of gestures when they speak. Don't misunderstand body language; it reinforces the spoken language. You can see this very clearly with southern Europeans. If they point their fingers at you, it's not meant to be offensive; it's done merely for emphasis. Gestures are instinctive. Here are a couple of examples. Do you see any similarities or differences with English body language?

On se téléphone ?

On a gagné !

C'est très bon !

Mon œil !
(Je ne te crois pas !)

> **Learning Tip**
>
> You can practice and improve your pronunciation through various activities.
> * Read aloud the dialogues and short passages in the lessons.
> * Look at your vocabulary notebook and read the words aloud.
> * Spell the names of friends.
> * Take a magazine or poem in French and try to read the text with intonation and feeling.
> * Listen to French songs and try to sing along.

1 **You know more than you realize!**
Use the following words to complete the automobile vocabulary.

le coffre
le moteur
les roues
le réservoir d'essence
le rétroviseur

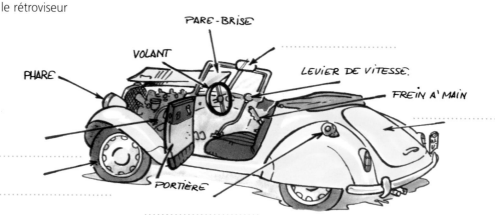

PARE-BRISE

VOLANT

LEVIER DE VITESSE

PHARE

FREIN À MAIN

PORTIÈRE

2 Complete the passage about **Jacques Brel** using the verbs in the **imparfait**.

Le chanteur francophone le plus célèbre est Jacques Brel.
Il est né en Belgique, à Bruxelles, en 1929 et il est mort
à Paris en 1978.

Il .... (écrire) ses propres chansons et

quand il .... (chanter),

il .... (avoir) beaucoup de présence sur scène.

Ses textes .... (parler) de l'amour **(Ne me
quitte pas)**, de la bourgeoisie **(Les Bourgeois, Les
Flamandes)**, de l'amitié **(Jeff)** et de la mort **(Les vieux)**.
Jacques Brel a eu beaucoup de succès en France et sa chanson
Ne me quitte pas est considérée comme la plus belle chanson d'amour en français. A la

fin de sa vie, Brel, très gravement malade, ... (vivre) aux Marquises, des îles
de la Polynésie française. Il est enterré là-bas et sa tombe est à quelques mètres de la tombe
de Paul Gauguin, le grand peintre impressionniste breton.

francophone	French speaking	**grave**	(here) seriously
célèbre	famous	**les Marquises** *(f.,pl.)*	islands in French
propre	(here) own		Polynesia
la présence	(here) stage presence	**la Polynésie française**	French Polynesia
une scène	a stage	**enterré/e**	buried
la bourgeoisie	the middle class	**une tombe**	a tomb, grave
considérer comme	to consider to be	**breton/ne**	from Brittany

Putting It All Together

Complete the sentences using **ce qui** or **ce que**.

1. .... m'intéresse dans un journal, c'est la politique.

2. Peux-tu me dire .... je peux t'offrir pour ton mariage ?

3. .... je préfère, ce sont les voyages en train, on rencontre toujours des

gens intéressants.

4. Elle part en Irlande pour l'été, ... je ne trouve pas passionnant.

5. Il a raconté dans un journal .... se passe en Algérie.

6. Elle ne dit jamais .... elle pense.

Match up the means of transportation with the overnight possibilities given below.

1. l'avion
2. le train
3. la voiture
4. la moto
5. le bateau

6. le gîte rural
7. le camping
8. l'hôtel
9. la chambre chez l'habitant
10. en famille

☐ le plus cher		☐ le moins fatigant	
☐ le plus confortable		☐ le plus avantageux	
☐ le plus rapide		☐ le moins avantageux	
☐ le plus sympathique		☐ le plus dangereux	
☐ le plus sûr		☐ le moins dangereux	

a Read the following ad. What is being offered? Check the correct information.

LOCATION DE VOITURES NEUVES

Kilométrage illimité, Assurance tous risques
Peugeot Assistance 24/24 et 7/7

	24 H	2 à 7J	8 à 15J	16 à 21J	21 à 30J
PRIX	**200FF**	**180FF**	**170FF**	**160FF**	**150FF**

You can...a car   ☐ buy   ☐ rent   ☐ borrow

The mileage is   ☐ unlimited   ☐ 120 miles/200km per day   ☐ 300 miles/500km per day

Peugeot provides   ☐ partial coverage   ☐ no coverage   ☐ comprehensive coverage

b In the ad, find and underline the words for:

1. to rent/rental   2. unlimited   3. comprehensive insurance   4. Emergency service

(4) Repeat the sentences in the *imparfait* using the expression *les dernières années*. 🎧 CD 3, Track 28
Example: 1. *Le café de Deauville, c'est sympa.* → *Le café de Deauville, c'était sympa les dernières années.*

(5) a Put the sentences into the *imparfait* and write them down in the right-hand column.

1. Il n'y a plus de place sur le bateau et l'avion est trop cher.	1. ....
2. C'est très confortable et très calme.	2. ....
3. Il pleut tout le temps.	3. ....
4. C'est le quinze août, il y a beaucoup de monde.	4. ....
5. Ce sont des vacances très reposantes.	5. ....

b The following text is in the *passé composé.* Try to incorporate the sentences in the *imparfait* from Exercise A into the story. Put the numbers of the sentences into the boxes.

Cet été, je suis partie avec mes deux frères et leurs femmes en Bretagne. Nous avons pris un gîte rural près de Saint-Malo.☐ Mais nous n'avons pas eu de chance avec le temps. ☐ Nous avons visité le Mont-Saint-Michel mais. ☐ Nous avons alors décidé de prendre le bateau pour Jersey pour y passer le week-end. ☐ Alors, nous sommes restés dans le gîte rural, nous avons tricoté, lu des bandes dessinées, joué aux cartes et. ☐ Maintenant, je suis en pleine forme !

c Read the text aloud and then check it by listening to it on the tape. 🎧 CD 3, Track 29

This text shows how the *passé composé* and the *imparfait* are used in telling a story.

Note:
The *passé composé* introduces a chain of events ("What happened?" "Then what happened?"); the *imparfait* conveys *accompanying conditions, background information* such as customary actions and behaviors.

(6) Replace the expressions in bold type with the pronouns *le, la, les,* or *y*.

1. Vous avez **les clés de la voiture** ?
2. Vous partez en avion **en Tunisie** ?
3. Ma sœur demande **l'adresse de ton agence de voyage**. *(travel agency)*
4. Je déteste **les voyages en train**.
5. Louis croit **à l'astrologie**.
6. Sabine va souvent **sur la côte d'Azur**.
7. Nous n'aimons pas **ce bateau**.
8. J'ai **la brochure sur l'Italie**.

Time for a progress check! What have you learned, and what needs more work? Match up the following elements to the learning goals.

Communication Tasks:

a ☐ Expressing an opinion
b ☐ Speaking about customary actions in past time
c ☐ Reserving tickets for a performance
d ☐ Getting help when the car breaks down
e ☐ Expressing assumptions

f ☐ Choosing a vacation destination
g ☐ Booking lodging for vacation
h ☐ Finding out about travel details
i ☐ Talking about advantages and disadvantages
j ☐ Talking about a point in past time

> Depuis ma thérapie, je me sens mieux. **9**

> Je voudrais une brochure. Vous avez les horaires des traversées ? **6**

> Deux places au poulailler, s'il vous plaît. **8**

> Vous avez un gîte de libre ? Il y a des emplacements à l'ombre ? **1**

> c'est trop snob, le patron était sympa **4**

> Belle-Ile tu connais ? On y va ? **3**

> Où est la prochaine station-service ? Vous pouvez changer la batterie ? **5**

> Quand j'étais jeune, j'allais souvent au cinéma. **7**

> C'est plus cher en avion qu'en train, mais c'est plus rapide. **2**

> Je crois que c'est vrai, je pense que non **10**

You have also learned:

a ☐ The *imparfait* of *être* and *avoir*
b ☐ The *imparfait* of *-er* verbs and of *faire*
c ☐ Expressions that trigger the *imparfait*
d ☐ *Il faut* + an infinitive

e ☐ The questions *qu'est-ce qui / qu'est-ce que?*
f ☐ *Que* used as a conjunction
g ☐ *Ce qui / ce que*
h ☐ The comparative and superlative

> C'était génial. Il y avait beaucoup de monde. **2**

> ce qui m'intéresse... ce que vous pensez... **6**

> Qu'est-ce qui se passe ? Qu'est-ce que tu fais ? **3**

> quand j'étais jeune, avant, à cette époque-là **7**

> Je tricotais, il faisait chaud. **4**

> C'est la plus belle. Il est plus sympa que Pierre. **1**

> Je pense que tu as raison, il croit que non. **9**

> En Corse ? Nous y retournons cette année. **8**

> Il faut rester prudent. **5**

Claire and Mario were lucky. There was still one available room in the **Hôtel du Pommier** on the island of **Guernesey.** In the evening they discuss the band over dinner. Claire is very disappointed. She's afraid that her dream of having her own music school will never become a reality. ∩ CD 3, Track 30

Mario : Tu n'en veux plus ?

Claire : Non, non, finis, ce plateau de fruits de mer,
ce n'est pas pour deux personnes, mais
pour quatre !

Mario : Moi je trouve qu'il est parfait. Je me régale !
Et les crabes de Guernesey sont aussi
bons que les crabes créoles !

Claire : Où on en était ?

Mario : Tu disais que tu étais déçue.

Claire : Oui, c'est dommage, mais l'orchestre,
l'école, je ne crois pas que ça marchera.

Mario : Il faudra du temps, peut-être... plus de temps que prévu.

Claire : Tu penses vraiment que Christian viendra s'installer à Strasbourg à la rentrée ?

Mario : Non. Christian veut retourner d'abord à La Réunion.

Claire : Comment le sais-tu ?

Mario : Il me l'a dit. Il a le mal du pays.

Claire : Et Fiona, elle le sait ?

Mario : Aucune idée. Et ce ne sont pas nos oignons. Tu veux encore un peu de ce bon petit
vin blanc ? Sinon, je finis la bouteille...

Claire : Tu es vraiment gourmand !

Mario : Non, gourmet !

Tu n'en veux plus ?	Don't you want any more?	**il viendra** *(from* venir*)*	he will come
un plateau	(here) a platter	**s'installer**	to settle down
Je me régale ! *(from se régaler, to enjoy a good meal)*	This is delicious	**la rentrée**	the start of the new school year
		Il me l'a dit	he told me
Où on en était ?	Where were we?	**Aucun / Aucune**	No *(adj.)*
déçu/e	disappointed	**ce ne sont pas nos oignons** *(fam.)*	that's none of our business *(fam.)*
ça marchera	it's going to work (out)	**Sinon**	Otherwise
Il faudra du temps	it will take time	**gourmand/e**	a glutton
plus de temps que prévu *(from prévoir, to foresee)*	more time than we'd thought	**un gourmet**	a gourmet

① Find the equivalents in the dialogue for the following communicative tasks:

1. to evaluate or judge something
2. to offer something
3. to continue a discussion
4. to compare something

a One more pronoun that serves a complementary function is **en** ("of it" or "from it").

Note:
The pronoun **en** completes the meaning of expressions that use **de** (the partitive article or the plural indefinite article).
En also replaces quantities **(assez de, peu de, beaucoup de...)** and counting words **(quatre, deux...)**. The pronoun is placed immediately before the verb.
En is not used to stand for people, however: **Mario parle de Christian.** → **Mario parle de lui.**

b Answer the questions and change the sentences by replacing the items in **bold** print with the pronoun **en:**

1. Tu veux **des fruits** ? Oui,...
2. Vous ne voulez plus **de fruits de mer ?** Non,...
3. Géraldine achète **des pommes de terre.**

4. Je parle souvent **de mon travail.**
5. Je mange **beaucoup de fromage.**
6. Les Dupont ont deux **maisons.**

a Answer the questions using the pronoun **en,** according to the example.
Example: 1. ▶ *Vous avez un chien ?* → ▶ *Oui, j'en ai un. / Non, je n'en ai pas.*

☐ 1. Vous avez un chien ?
☐ 2. Vous portez des talons hauts ?

☐ 3. Il y a de l'eau minérale sur la table ?
☐ 4. Vous parlez souvent de votre travail ?

b Listen to the questions and answer them. Check off your answer in Exercise A. CD 3, Track 31

a You know where the object pronouns are placed. Look at the following examples that show the order when combinations of object pronouns occur in the same sentence.

Il **me l'**a dit. *(He said **it to me**.)* Je **le lui** ai dit. *(I said **it to him/her**.)*
Il t'a parlé de son projet ? → Oui, il **m'en** a parlé. *(Yes, he spoke **to me about it**.)*

Memorize the order:

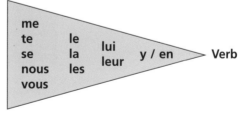

b How about giving it a try? Combine the pronouns **le, la,** and **les** in the following sentences:

1. Je te donne le dictionnaire.
2. Tu apportes une lettre à Christine.

3. Vous offrez les roses aux chanteuses.
4. Vous achetez le camembert pour Carole.

c Now try it with **lui, leur,** and **en**.

1. ▶ Est-ce que Leila envoie du champagne à sa sœur ? ▶ Oui, elle...
2. ▶ Est-ce que Catherine propose du vin blanc à Véronique et Pierre ? ▶ Oui, elle...
3. ▶ Est-ce que Jérôme parle du nouveau projet à son chef ? ▶ Oui, il...

(1) Read the dialogue as you listen to it. Then match up the photos. CD 3, Track 32

1. ▶ J'en ai marre !
▶ Et pourquoi ?
▶ Je dois repasser un examen de latin pour ma licence.
▶ Je te comprends, c'est casse-pieds.

2. ▶ Ça ne marchera pas.
▶ Et pourquoi ?
▶ Parce que je le sens. Ça ne marchera pas.
▶ Et si tu lui téléphones, toi ?
▶ Non, moi, il ne me connaît pas.
▶ Alors qu'est-ce qu'on fait ? Propose une autre solution.
▶ On va envoyer un e-mail.
▶ Et il va répondre, tu crois ?

3. ▶ Tu n'en veux plus ?
▶ Non, je n'ai plus faim...
▶ Ça ne va pas ?
▶ Ne t'en fais pas, je n'ai plus faim, c'est tout.
▶ Et un dessert ? une crème caramel, des fraises ?
▶ Non, des fruits, j'en ai déjà mangé cet après-midi.
▶ Un petit café ?
▶ Bon, oui, mais un tout petit, pas trop fort.

une crise	a crisis	**c'est casse-pieds** *(fam.)*	It's so irritating *(coll.)*
Je dois *(from* devoir, *to have to / must)*	I have to / must	**je le sens** *(from* sentir, to feel*)*	(here) I can feel it
repasser	(here) to repeat, take again	**une solution**	a solution
		un e-mail	an e-mail
un examen	an exam	**répondre à qn**	to answer someone
une licence	a university degree	**Ne t'en fais pas**	Don't worry

(2) **a** In the dialogue you saw a new verb tense: ***Ça ne marchera pas.*** This is the future ***(futur simple)*** of the verb ***marcher.*** The ***futur simple*** will be treated thoroughly in Lesson 28. For the moment merely take note of the expression and the two others in part A of the lesson: ***il faudra du temps*** and ***il viendra.***
The ***futur composé (ça va marcher)*** expresses actions that are close in future time; the ***futur simple (ça marchera)*** is preferred in writing.

b In the second dialogue the colleague is having problems with her boyfriend. What's the solution? Listen to the recommendations and answer using the following expressions: ⌒ CD 3, Track 33

Ça ne marchera pas.   Tu crois que ça va marcher ?   C'est sûrement la bonne solution.

You know more than you realize!
Learn the proper French words from the news media. Match them up.

1. l'ordinateur *(m.)*
2. la disquette
3. l'internaute *(m.,f.)*
4. le programme
5. l'écran *(m.)*
6. le clavier
7. le logiciel
8. la banque de données
9. l'imprimante *(f.)*

☐ *the program*
☐ *the screen*
☐ *the computer*
☐ *the databank*
☐ *the diskette*
☐ *the printer*
☐ *the Internet surfer*
☐ *the software*
☐ *the keyboard*

In the three dialogues underline the sentences that contain the pronoun **en**. Which ones are fixed expressions, and which refer to some quantity? Write them down.

Get some more practice using pairs of pronouns in sentences by using **me, te, nous,** and **vous** in combination with **le, la, les,** and **en.**

1. Gisèle m'envoie **le fax.**
2. Nous vous remercions **de votre lettre.**
3. Je te montre **mon imprimante ?**

4. Il vous explique **les nouveaux logiciels.**
5. Vous avez **assez de papier ?**
6. Vous avez **une disquette** pour moi ?

Which means of communication do you use in these cases? Match them up.

1. *sending a resume to a company*
2. *wishing a friend a happy birthday*
3. *notifying your family that you missed the train*
4. *sending a declaration of love*
5. *reestablishing contact with an old friend*

☐ un télégramme
☐ le téléphone
☐ une lettre manuscrite *(handwritten)*
☐ un e-mail
☐ le fax

The Internet in France

The Internet is spreading throughout all of France. Still the French also use the **Minitel.** Plugged into a telephone, a code allows access to a data bank; there is an electronic telephone book, and you can check the status of your account and get information about performances, museums, and timetables. The **Minitel** is continually being supplanted by the Internet. If you want to have a look, find France on the Internet at **http://www.tourisme.fr** or **http://www.fr**

Claire and Mario take advantage of their days on **Guernesey** to visit **Victor Hugo's** house.
🎧 CD 3, Track 34

Guide : Mesdames et messieurs,
par ici, la visite va commencer.
Bienvenue à *Hauteville House*,
la maison où Victor Hugo a résidé
avec sa famille, pendant quinze ans, de
1855 à 1870. Il était en exil à Guernesey.
Nous sommes ici dans la salle à manger...
La cuisine est par ici...

Claire : Oh, tu as vu les mosaïques ? Elles sont superbes !

Guide : Veuillez me suivre dans les chambres,
dont le mobilier, choisi par Hugo, est encore
d'époque. Vous remarquerez...

Claire : Qu'est-ce que c'est spacieux ! Et ensoleillé !

Visiteurs : Chut, chut !

Guide : Madame, s'il vous plaît... Nous continuons la visite au dernier étage de la maison,
par cet escalier.

Claire : Tu as vu les meubles, ils sont bizarres parfois...

Guide : Voici la pièce où Victor Hugo écrivait, debout, face à la fenêtre, face à la mer...

Claire : C'est un vrai décor de roman ! Et cette vue dont on ne se lasse pas ! Cette maison
est formidable, tu ne trouves pas ?

Mario : Mais je ne sais pas ce que tu as... Moi, je la trouve moche.

par ici	(here) this way	**spacieux/-euse**	roomy
résider	to reside, live	**ensoleillé/e**	sunny
en exil *(m.)*	in exile	**Chut, chut !**	Shh! Quiet!
une salle à manger	a dining room	**un escalier**	a stairway
une mosaïque	a mosaic	**les meubles** *(m.,pl.)*	the furniture
Veuillez *(from* vouloir)	please *(subjective)*	**bizarre**	strange, peculiar
suivre	to follow	**parfois**	sometimes
dont	whose / of which	**debout**	standing
	(relative pronoun)	**le décor**	the decor
un mobilier	furnishings	**une vue**	a view
d'époque	from the time	**se lasser de**	to get tired of something
Vous remarquerez	You will notice	**formidable**	great

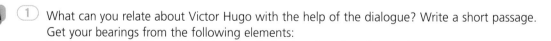

① What can you relate about Victor Hugo with the help of the dialogue? Write a short passage.
Get your bearings from the following elements:
Example: *Il a résidé à... où il était en... . Il aimait..., il avait..., il écrivait... .*

Guernesey   –   en exil   –   face à la mer   –   debout   –   les mosaïques   –
le soleil   –   une grande famille   –   une grande maison   –   des romans

You can use these adjectives to describe a house or a residence more precisely. Identify them as positive or negative and set up opposites.
Example: **(+)** *superbe* ≠ **(–)** *horrible*

superbe	petit	moderne	bizarre	moche	horrible	formidable
spacieux	vieux	ensoleillé	sombre	grand	original	beau

Note:
Adjectives such as **original** take **-aux** in the masculine plural.

(Learning Tip)

Group the adjectives according to their endings and try to identify a rule, such as:
Adjectives that end in **-e** in the masculine singular form remain the same in the feminine singular.
Then check in the grammar section to see if you are correct.

Describe your apartment or house. Use the adjectives from Exercise 2. ⌒ CD 3, Track 35

Compare these four possible residences. You can use the new adjectives.
Example: 1. *L'immeuble est plus moderne que la villa.*

1. un immeuble   2. un château   3. une villa   4. une ferme

a You find the relative pronoun **dont** (whose, of which) in the dialogue.
Les chambres dont le mobilier est encore d'époque.

Note:
Dont refers to expressions introduced by **de**. It refers to both *people* and *things* and is always accompanied by another word such as a definite article.

b Combine the two sentences using **dont**.
Example: 1. *L'ami dont je parle est Allemand.*

1. Je parle d'un ami. Il est Allemand.
2. Nous jouons du violoncelle. C'est un instrument d'une autre époque.
3. Nous discutons de ta cuisine. Elle est vraiment très spacieuse.
4. Nous parlons du cousin d'Etienne. Il s'appelle Jean-Claude.
5. Vous vous souvenez de cette maison ? Elle est en ruine *(in ruins)* maintenant.

1 Like many French people, Antoine and Marie-Paule have bought a vacation house. Marie-Paule shows her friend Françoise the pictures. Read along as you listen. ◠ CD 3, Track 36

Françoise	:	Alors montre tes photos ! Cette maison, elle est finie ?
Marie-Paule	:	Non, non, on a retapé la toiture et refait les peintures cet été, mais il faut encore tout aménager. Antoine cherche une table et une armoire chez les brocanteurs de la région.
Françoise	:	Il y a combien de pièces ?
Marie-Paule	:	Ça fait trois belles pièces en bas : le séjour avec le coin cuisine, deux chambres et une salle de bains, et les toilettes. Et dans le grenier, on veut faire les chambres des enfants.
Françoise	:	Il y a encore du boulot. C'est la terrasse, là ?
Marie-Paule	:	Oui, cette année, il faisait tellement beau qu'on vivait dehors, alors la terrasse est presque finie et on a nettoyé le jardin. Dans deux ou trois ans, on veut faire creuser une piscine.
Françoise	:	Oh, ça va être paradisiaque ! Tu m'invites ?
Marie-Paule	:	Evidemment ! L'été prochain, on veut pendre la crémaillère !

Une résidence	a residence	**un coin cuisine**	a corner kitchen
montrer qc à qn	to show something to	**un coin**	a corner
	someone	**un grenier**	an attic
retaper	to repair	**tellement**	so
la toiture	the roof	**presque**	nearly
refaire	to redo	**nettoyer qc**	to clean something
les peintures *(f.,pl.)*	(here) the paint	**une piscine**	a swimming pool
aménager	to arrange	**faire creuser**	(here) to have dug
un brocanteur	a second-hand dealer	**paradisiaque**	heavenly
en bas	downstairs	**pendre la crémaillère**	to have a housewarming
un séjour	(here) a living room	*(fam.)*	party *(coll.)*

2 What has already been done and what remains to be done in Marie-Paule's house? Complete the following.

1. ce qui est déjà fini	**2. ce qui reste à faire**

The expression **faire faire qc** is translated by the English *"to have something done."*
Change the following sentences by indicating that you're having someone else do the work.
⌒ CD 3, Track 37
Example: 1. *On retape la toiture.* → *On fait retaper la toiture.*

Visit Marie-Paul and Antoine's house. Listen to where something is located, and sketch a floor plan of the house on a separate piece of paper. ⌒ CD 3, Track 38

You know more than you realize!
a Match up the furniture and the appropriate words.

☐ une table
☐ une armoire
☐ une commode
☐ un buffet
☐ un lit
☐ un fauteuil
☐ des chaises
☐ un canapé

b How would you describe these pieces of furniture? Use the adjectives from Exercise 2 in part A and express your opinion about them.
Example: *Ce lit est un peu trop petit et trop vieux, il ne me plaît pas.*
  Cette table est moche, ce n'est pas pour ma maison !

Start by putting the various stages of renovating a house into the correct order. Then, using a separate piece of paper and the **passé composé**, tell what Marie-Paule and Antoine have done.

☐ retaper la toiture
☐ acheter la maison en ruine
☐ refaire les peintures
☐ aller chez le brocanteur
☐ nettoyer la maison
☐ nettoyer le jardin
☐ faire un plan de la maison

☐ demander de l'argent à la banque
☐ aménager le grenier
☐ aménager les chambres et le séjour
☐ faire creuser une piscine
☐ terminer la salle de bains
☐ chercher des meubles
☐ pendre la crémaillère

Second-hand and Antique Dealers

French people like to buy vacation homes. Often it's an old house that they can renovate enthusiastically. They try to preserve the character of the house and provide it with furniture. Second-hand markets **(foires à la brocante)** take place everywhere in the summer; people really like them, and the old, restored furniture available there is expensive. They are even more expensive at antique shops, which are more inclined to handle period furnishings.

After the band's failure, everyone needs a little distance. Christian goes back to Paris. From there he flies to La Réunion. The departure is difficult for him, for he is very fond of Fiona. She promises Christian that she will visit him on his island. ∩ CD 3, Track 39

Christian : Tu ne veux vraiment pas m'accompagner
à La Réunion ?

Fiona : Non merci Christian, c'est gentil, mais je garde mon argent pour l'école de musique.

Christian : Elle ouvrira en octobre, comme prévu ?

Fiona : Non, je ne crois pas, c'est trop compliqué, elle ouvrira en janvier si tout va bien. Tu reviendras m'aider ?

Christian : Bien sûr. Quand c'est promis, c'est promis.

Fiona : Et qu'est-ce que tu vas faire à La Réunion ?

Christian : Retrouver la famille, les copains, me baigner, faire des pique-niques sur la plage, des randonnées en forêt...

Fiona : J'aime beaucoup tes chansons, tu en écriras d'autres ?

Christian : J'essaierai.

Fiona : Tu m'écriras ?

Christian : On restera en contact, c'est sûr. Je t'enverrai une carte postale pour te faire rêver.

Fiona : Le soleil et les plages de La Réunion au milieu de l'hiver alsacien... Tu vas me manquer...

Christian : Oui, toi aussi tu me manqueras là-bas. Tu viendras un jour voir mon île ?

Fiona : Oui, c'est promis.

Christian : Promis, juré ?

Promis, juré.	It's a promise; I swear.	**un pique-nique**	a picnic
promettre qc à qn	to promise something to someone	**tu écriras** (from écrire)	you'll write
jurer	to swear	**J'essaierai** (from essayer)	(here) I'll try
accompagner qn	to accompany someone	**On restera en contact**	We'll stay in touch
gentil/le	nice	**Je t'enverrai** (from envoyer)	I'll send you
garder qc	to keep something	**rêver**	to dream
elle ouvrira (from ouvrir)	she'll open	**tu me manqueras** (from manquer)	I'll miss you
compliqué/e	complicated	**Tu viendras** (from venir)	You'll come
Tu reviendras (from revenir)	You'll come back		
se baigner	to go swimming		

(1) a Underline in the dialogue the words and expressions that express a **promise**.

b Learn the conjugation of the verbs **promettre** and **mettre**.

promettre	p.p. *promis* → j'ai *promis*	mettre	p.p. *mis* → j'ai *mis*
	imp. je *promettais*		imp. je *mettais*
je *promets*		je *mets*	
tu *promets*		tu *mets*	
il / elle *promet*		il / elle *met*	
nous *promettons*		nous *mettons*	
vous *promettez*		vous *mettez*	
ils / elles *promettent*		ils / elles *mettent*	

Practice the present-tense conjugation of the verb **promettre**. CD 3, Track 40
Example: 1. *Je téléphone demain.* → *Je promets de téléphoner demain.*

a In the dialogue the verbs **ouvrir, écrire, rester, manquer, revenir, essayer, envoyer,** and **venir** are in the **futur simple** *(the simple future)*. Underline the forms.

b The **futur simple** consists of a single verb form.

rester			Note:
je	reste	rai	The **futur simple** of **-er** verbs is formed by adding the
tu	reste	ras	endings **-rai, -ras, -ra, -rons, -rez,** and **-ront** to the *first*
il / elle	reste	ra	*person singular of the present tense.*
nous	reste	rons	The **futur simple** of **-ir** and **-re** verbs such as **ouvrir** and
vous	reste	rez	**écrire** is formed by adding the future endings to the *stem*
ils / elles	reste	ront	*of the infinitive:* ouvrir: j'ouvri**rai**; écrire: j'écri**rai**; promettre: je promett**rai**.

c You learned two irregular verbs in the dialogue: **revenir** and **envoyer**. **Venir** and **voir** are conjugated the same way in the **futur simple**.

venir		voir	
je *viendrai*	nous *viendrons*	je *verrai*	nous *verrons*
tu *viendras*	vous *viendrez*	tu *verras*	vous *verrez*
il / elle *viendra*	ils / elles *viendront*	il / elle *verra*	ils / elles *verront*

Put these sentences into the **futur simple**.

1. Je vais écrire une carte postale.
2. Nous allons envoyer des e-mail.
3. Vous allez voir un bon film.
4. Tu vas partir quand ?
5. Quand est-ce qu'elle va revenir ?
6. On va rester longtemps ici ?
7. Ils vont essayer de tenir leur promesse.
8. Martin va revenir demain.

1. What do people expect from the 21st century? Read along as you listen to how these people answered the question, *Alors, le vingt et unième siècle, vous croyez que ça va changer quelque chose?* Will anything change in the new millennium? 🎧 CD 3, Track 41

Paul : J'espère ! Je pense qu'il y aura moins de guerres, que les hommes seront plus raisonnables.

Marcelle : Moi, je crois que ça ne changera rien du tout. Ce sera toujours la même chose, les maladies, la famine, la pollution... C'est dans l'homme.

Frédéric : Vous savez, les astrologues disent que ce sera une période plus harmonieuse, plus communicative, que les hommes sauront s'entraider... Ah si c'était vrai !

Lise : Le 21ᵉ siècle ? Vous verrez, l'homme retrouvera des capacités perdues : la télépathie, la voyance, déjà les enfants de ce nouveau siècle sont différents. Ce sera un grand siècle !

il y aura *(from* avoir)	there will be
une guerre	a war
les hommes *(m.,pl.)*	people, mankind
ils seront *(from* être)	they will be
raisonnable	reasonable
un astrologue	an astrologer
ce sera *(from* être)	that will be
une période	a period
harmonieux/-euse	harmonious
communicatif/-ve	communicative
ils sauront *(from* savoir)	they will know
s'entraider	to help one another

rien du tout	nothing at all
la même chose	the same thing
la famine	famine
la pollution	environmental pollution
la capacité	the ability
perdu *(p.p. of* perdre, *to lose*)	lost
la télépathie	telepathy
la voyance	clairvoyance

2. Do you agree? Express your opinion using the following expressions. 🎧 CD 3, Track 42

je crois que c'est vrai   c'est exagéré *(exaggerated)*   je suis d'accord
je ne suis pas d'accord   n'importe quoi ! *(anything at all!)*   pourquoi pas ?

Classify the opinions as **pessimiste** (pessimistic) to **optimiste** (optimistic). Compare them.
Example: *Marcelle est plus pessimiste que Paul.*

Place the words into three groups:
1. **avenir**   2. **problèmes mondiaux**   3. **espoirs**

You have seen some new forms of the **futur simple**. These are the future forms of the irregular verbs **être, avoir,** and **savoir.** Use the text to help you complete the chart below.

être	**avoir**	**savoir**
je *serai*	j'*aurai*	je *saurai*
tu *seras*	tu *auras*	tu *sauras*
		il *saura*
il / ce	il (y)	nous *saurons*
nous *serons*	nous *aurons*	vous *saurez*
vous *serez*	vous *aurez*	
	ils *auront*	
ils		ils ....

> **Learning Tip**
>
> If you are a *visual* learner, set up the conjugation charts in color to highlight the verb endings. If you are an *auditory* learner, say the conjugations into a cassette recorder and play them back.

Repeat using the future forms of the verbs in combination with **quand.** ⌒ CD 3, Track 43
Example: 1. *Nous sommes en Tunisie, nous avons plus de temps.*
→   *Quand nous serons en Tunisie, nous aurons plus de temps.*

a Pay attention to the pronunciation. Check off the things that you hear. CD 3, Track 44

1. ☐ nous aurons   ☐ nous saurons   4. ☐ ils auront   ☐ ils sauront
2. ☐ vous saurez   ☐ vous aurez   5. ☐ je serai   ☐ je saurai
3. ☐ elle saura   ☐ elle sera   6. ☐ nous saurons   ☐ nous aurons

b Listen to the sentences again and practice the pronunciation. Pay particular attention to the **liaison** in **nous‿aurons** and the distinct **s** in **nous saurons**. ⌒ CD 3, Track 45

> **New Year's Eve in France**
>
> In France, there are no fireworks on New Year's Eve—perhaps just a couple of small cannons. Ships in the harbor sound their sirens. New Year's Eve is celebrated more with friends than with family. The old year ends with a great feast of costly and rare specialties. People kiss under the mistletoe at midnight and drink a champagne toast to a happy new year.

Christian is in the plane. His seat partner starts a conversation. 🎧 CD 3, Track 46

Voisin	:	Vous êtes Réunionnais, je suppose...
Christian	:	Oui, je viens de Saint-Denis.
Voisin	:	Je m'appelle Sébastien, Sébastien Plumeau.
Christian	:	Oh, euh enchanté, moi c'est Christian Aribel. C'est la première fois que vous venez à La Réunion ?
Voisin	:	Oui, et cela fait des années que j'en rêve. J'ai acheté tous les guides, j'ai lu tous les romans créoles... Ah je suis très curieux de savoir si tout cela est vrai !
Christian	:	Vrai quoi ?
Voisin	:	Par exemple, je viens de lire dans ce guide que le volcan *la Fournaise* était encore actif !
Christian	:	Oui, bien sûr. C'est un des volcans les plus actifs de la planète.
Voisin	:	Mais il est bien surveillé, non ?
Christian	:	Evidemment. Et qu'est-ce que vous allez faire à La Réunion ?
Voisin	:	Du tourisme. Et puis je vais enfin faire la connaissance de mon correspondant. Nous nous écrivons depuis douze ans et nous ne nous sommes jamais vus ! Il m'attend à l'aéroport.
Christian	:	Vous avez une photo ?
Voisin	:	Non, pas sur moi. Mais si je me souviens bien, il est grand, mince et porte des chemises à fleurs.
Christian	:	Ah.
Voisin	:	Et des lunettes de soleil... Vous croyez que je vais le reconnaître ? Il est noir, comme vous.
Christian	:	Cela n'a rien d'exceptionnel chez nous...
Voisin	:	Ah bon ?

un voisin	a neighbor	**avoir qc sur soi**	to have something on oneself
supposer	to suppose		
cela fait des années que...	for years...	**mince**	slender
		une chemise (à fleurs)	a (flowered) shirt
j'ai lu (p.c. of lire, to read)	I have read	**les lunettes** (f.,pl.) de soleil	the sunglasses
curieux/-euse	curious	**reconnaître qn**	to recognize someone
surveillé/e	monitored	**rien d'exceptionnel**	nothing special
un correspondant	a pen pal		

(1) Answer the questions about Sébastien Plumeau. 🎧 CD 3, Track 47

(2) **a** How would you translate this sentence from the dialogue: **Je viens de lire dans ce guide.**

Note:
Venir de faire qc is used to express *immediate past time*.

Je **viens de** lire un guide. (I have **just...**)	Je suis **en train de** lire un guide. (I'm **in the process of...**)	Je **vais** lire un guide. (I **will...**)

b Construct sentences and use expressions that are appropriate to each situation.

1. Je *(rencontrer)* Arthur, il va bien.
2. Nous *(déjeuner)*.
3. Demain, tu *(aller)* chez le médecin !
4. A ce soir, je *(faire)* les courses.
5. Regardez, nous *(trouver)* ce ticket dans la rue.
6. Vous *(faire)* un exercice.
7. Cet été, nous *(prendre)* un gîte rural en Provence.
8. Quel dommage, ils *(partir)* vivre aux Etats-Unis !

How about you? What have you just done? What are you doing right now? And what will you do next? Say the sentences aloud.

1. faire un exercice
2. apprendre le vocabulaire
3. écouter le dialogue
4. écouter de la musique
5. apprendre le français
6. travailler

a How do you describe people? Match up the illustrations and the descriptions.

1 2 3 4 5 6

☐ il porte une boucle d'oreille
☐ il a une barbe
☐ il est gros

☐ elle a les yeux bleus
☐ elle est rousse et a des taches de rousseur
☐ c'est un homme brun, avec une moustache

b What does Sébastien Plumeau look like? Use the new expressions.
Example: *Sébastien Plumeau est...., il porte..., il a... .*

a Reflexive verbs such as **se rencontrer** and **se trouver** form the **passé composé** using **être** as the helping verb.

Note:
1. The **participe passé** agrees in number and gender when the reflexive pronoun functions as a *direct object*: **Nous ne nous sommes jamais vus** *(nous* = masc. pl.).
2. The **participe passé** remains unchanged when the reflexive pronoun functions as an *indirect object*: **Ils se sont écrit des lettres.**

b Change these sentences to the **passé composé.**

1. Ils ne se revoient plus pendant dix ans.
2. Vous vous retrouvez à un pique-nique.
3. Ils s'aiment depuis longtemps.
4. Elles s'initient à la spéléologie.
5. Il se trouve souvent seul avec elle.
6. Nous nous sentons très fatigués.
7. Elles se détestent.
8. Ils se consacrent à leur hobby.

1 Listen to Gilles and Marc, two old friends, as they talk about someone else. Do they have good news? 🎧 CD 3, Track 48

▶ J'ai rencontré Fabrice hier !

▶ C'est vrai ? Et où ?

▶ Dans une crêperie au centre-ville.

▶ Et qu'est-ce qu'il devient ? Cela fait des années que je n'ai pas eu de ses nouvelles !

▶ Oh, il n'a pas changé. Mais il a des problèmes.

▶ Pourquoi ?

▶ Il était au chômage pendant un an. Sa boîte a fermé. Chômage technique. Il a fait des stages, et des dizaines de demandes d'emploi.

▶ Et maintenant, il a retrouvé quelque chose ?

▶ Il est employé dans une agence de publicité. Le salaire n'est pas très bon, mais les collègues sont sympa, il paraît.

▶ Tu te souviens, il voulait devenir prof de gym quand on était au lycée. Nous nous sommes connus à un match de volley, il jouait très bien. Il joue toujours ?

▶ Je n'en sais rien... Nous ne nous sommes pas parlés longtemps, il était accompagné.

▶ Une jolie fille ?

▶ Pas mon genre. Il a dit son nom, mais j'ai oublié. Véronique ou Dominique...

▶ Alors il a quitté Anne-Laure ! Mais c'est une bonne nouvelle, ça ! Tu as encore le numéro de téléphone de Anne-Laure ? Tu crois qu'elle a déménagé ?

Qu'est-ce qu'il devient ? *(from devenir, to become)*	What's become of him?	**un salaire**	a salary
		un prof de gym *(fam.)*	a gym teacher *(informal)*
être au chômage	to be out of work	**nous nous sommes connus** *(from connaître)*	we met
le chômage	unemployment		
une boîte *(fam.)*	(here) a company *(coll.)*	**un match de volley**	a volleyball game
un stage	training	**accompagné/e**	with someone
une dizaine de	around ten	**Pas mon genre**	Not my type
une demande d'emploi	a job application	**oublier qc**	to forget something
employé/e	employee	**quitter qn**	to leave someone
une agence de publicité	an ad agency	**déménager**	to move

2 What did you find out about Fabrice? Complete the following:

1. Il voulait devenir .... , mais il .... dans une boîte.

2. Il était au chômage pendant .... , mais maintenant ....

3. Il était avec Anne-Laure, mais hier ....

3 a Underline the verbs in the dialogue that are in the **passé composé** and the **imparfait.** Then match them up with the following three categories:

1. completed action   2. regular action   3. condition

b Use the information given below to tell about meeting a former colleague from work. Use all three categories.
Example: *J'ai rencontré Jérôme Blanchard hier...*

étudiant en économie	divorcé	une boîte de nuit à Monaco
directeur	très drôle	l'université
agence de voyage	gourmand	le salaire

> **Good to know!**
>
> The word **boîte** (box) has some other meanings in colloquial speech: the company where someone works, and a discotheque: **On va en voîte ce soir?**

Listen and change the sentences as shown in the example. ○ CD 3, Track 49
Example: *Je n'ai pas de nouvelles depuis des années.* → *Cela fait des années que je n'ai pas de nouvelles...* or:
Je viens à Paris pour la première fois. → *C'est la première fois que je viens à Paris.*

Marc telephones Anne-Laure. Listen and check off the things that apply to Anne-Laure. CD 3, Track 50

Anne-Laure est	☐ à la maison	☐ en vacances	☐ à l'étranger
Elle est	☐ à Sydney	☐ à Aubervilliers	☐ en Irlande
Elle est	☐ secrétaire	☐ professeur	☐ sportive de haut niveau
Elle joue	☐ de la guitare	☐ au volley-ball	☐ au tennis
Elle est	☐ mariée *(married)*	☐ divorcée	☐ libre

Categorize the vocabulary as applicable to either **Training** or **Workplace**.

1. le salaire	7. les collègues	12. la demande d'emploi	17. l'entretien *(m.)*
2. les études	8. l'employé/e	13. les examens	d'embauche *(job*
3. l'université	9. le stage	14. les diplômes	*interview)*
4. le lycée	10. l'agence de	15. un apprentissage	18. la cantine
5. le patron	publicité	*(apprenticeship)*	19. le professeur
6. les horaires	11. le chômage	16. le team	20. le projet

> **The Work World in France**
>
> The largest French corporations are **ELF-Aquitaine** (petroleum), **EDF** (energy), and **Renault** (automotive). There are some large industrial centers outside the **Ile-de-France**, such as **l'Aerospatiale** in **Toulouse** and **Rhône-Poulenc** (chemical) in **Lyon.** Working conditions in France are similar to those in other European countries: people strive for a 35-hour work week and placement of women in key positions.

The plane lands in Saint-Denis. Christian says good-bye to Sébastien Plumeau, his seat mate. He bumps into his friend Patrick in the arrival hall… ⌒ CD 3, Track 51

Christian : Alors bonnes vacances,
Sébastien ! Et bonne chance pour
trouver votre correspondant !

Patrick : Christian ! Christian !

Christian : Patrick ! Quelle surprise !

Patrick : Alors, content d'être de retour ?

Christian : Ah oui, quelle chaleur, ça fait du bien !
Attends, je vais chercher mes bagages…
Ah, mais où est ma guitare ?
J'ai perdu ma guitare !

Patrick : Tu ne l'as pas gardée avec toi ?

Christian : Si, mais je l'ai donnée à l'hôtesse à l'entrée de l'avion…

Patrick : Et elle ne te l'a pas rendue ?

Christian : Non… Elle arrivera peut-être sur le tapis roulant, avec mes autres bagages, viens
on va voir.
Ah voilà mon sac, c'est déjà ça.

Patrick : Et ta guitare, elle était dans sa boîte ?

Christian : Oui, bien sûr. Il faut aller aux réclamations.

Patrick : Non, attends d'abord la fin de la livraison des bagages…

Christian : Ah, la voilà ! Quelle peur j'ai eue ! Viens on va boire un tipunch, ça me
remontera !

Patrick : Oui, mais d'abord je dois trouver quelqu'un… Il est arrivé par le même avion que
toi… Un certain Sébastien Plumeau…

Christian : Ah je le connais !

bonne chance !	good luck!	**les réclamations** (f.,pl.)	(here) the baggage claim
être de retour	to be back	**la fin**	the end
la chaleur	the heat	**une livraison**	a delivery
ça fait du bien !	that does some good	**un tipunch**	an aperitif with rum and
les bagages (m.,pl.)	the baggage		lemon
garder qc	to keep something	**ça me remontera !**	that will perk me up!
une hôtesse (de l'air)	a stewardess	**je dois** (from devoir,	I have to
rendre	to return, give back	to have to)	
un tapis roulant	a moving walkway	**le / la même…**	the same…
un sac	a bag	**que**	than/as (in comparisons)
c'est déjà ça	that's better than nothing	**un certain…**	a certain
une boîte	(here) a guitar case		

(1) In the dialogue you saw the verb **devoir** (to have to, must). Fill in the present-tense
conjugation.

devoir		**p. c. :** j'ai *dû*
je	nous *devons*	**imp. :** je *devais*
tu *dois*	vous *devez*	**futur simple :** je *devrai*
il / elle *doit*	ils / elles *doivent*	

Change the sentences that have **il faut +** an infinitive by using a form of **devoir +** an infinitive; use the personal pronouns that are provided. ⋒ CD 3, Track 52

> **Good to know!**
>
> If you're in Paris and want to get to the center of the city from one of the airports, you can take the ROISSYBUS *(Roissy-Charles-de Gaulle* to the **Opéra** metro station in about 45 minutes), or ORLY BUS (**Orly** to the Metro / RER station Denfert-Rochereau in about 30 minutes). If you have gotten off in Roissy and have to get to **Orly** for a connecting flight, your best bet is to take the **RER**, Line **B3**.

a Christian is looking for his guitar. Look carefully at the *participe passé* in these sentences: **Tu ne l'as pas gardée avec toi ? Je l'ai donnée à l'hôtesse. Elle ne te l'a pas rendue ?**

You already know that the *participe passé* can change in the *passé composé* when **être** is used as the helping verb. In certain instances the *participe passé* also changes in combination with the helping verb **avoir**.

Note:
The *participe passé* of verbs conjugated with **avoir** in the *passé composé* agrees in number and gender with a *preceding direct object* (corresponding to *Whom?* or *What?*); examples include direct object pronouns such as **le, la, l'**, and **les: Tu ne l'as pas gardée** (*l'* = **la guitare,** fem. sing.). Agreement is made also when the *direct object* is the relative pronoun **que:**
La clef que tu m'as donnée.
And when the antecedent is placed before the verb: **Quelle peur j'ai eue!**

b Make the *participe passé* agree if necessary.

1. ▶ Où sont les passeports ?	▶ Je les ai mis......... dans ton sac.
2. ▶ Où est la valise ?	▶ Tu l'as donné......... à l'hôtesse.
3. ▶ Je cherche mes clefs.	▶ Nous les avons laissé......... à la réception.
4. ▶ Tu as mes cassettes de Bob Marley ?	▶ Oui, je les ai écouté......... dans la voiture.
5. ▶ Où est Julie ?	▶ Sa mère l'a mis......... au lit.
6. ▶ Où est Jean-Luc ?	▶ Son père l'a mis......... au lit.

> **Learning Tip**
>
> In order to memorize this tricky grammatical rule, you should learn whether new verbs take a direct (Whom?) or an indirect object (to/for whom?).

Listen and repeat the sentences. Pay particular attention to the participles. ⋒ CD 3, Track 53

① Mr. Laville is at the airport and is traveling to Toulouse. First read the two passages and imagine the situations that are described. Then listen to the passages. ∩ CD 4, Track 1

▶ Embarquement pour le vol AF 326 à destination de Toulouse, porte C8. Veuillez présenter vos passeports et votre carte d'accès à bord, s'il vous plaît. La compagnie vous souhaite un agréable voyage.

▶ Mesdames et messieurs, suite à des problèmes à l'aéroport de Toulouse, notre vol aura un retard de trente minutes. Veuillez nous en excuser.

▶ Un retard de trente minutes ? Mademoiselle, s'il vous plaît... J'ai une correspondance à Toulouse, à 13h32, est-ce que l'avion attendra ?

▶ Vous continuez vers où ?

▶ Vers Tunis.

▶ Je vais me renseigner... Monsieur, je suis désolée, mais votre correspondance ne pourra être assurée.

▶ Mais je dois être à Tunis dans la soirée !

▶ Ici dans l'avion, nous ne savons rien... Mais à Toulouse, vous irez directement au guichet des correspondances, ils feront le nécessaire pour vous transférer sur un autre vol.

▶ Mais il n'y en a pas d'autre pour Tunis !

▶ Tout va s'arranger monsieur, nous ferons le maximum.

un embarquement	boarding *(a plane)*
immédiat/e	immediate
à destination de	*(here)* for
une porte	a door
présenter qc	*(here)* to have ready
une carte d'accès à bord	a boarding pass
une compagnie (aérienne)	an airline company
souhaiter qc	to wish something
suite à...	following
le vol aura... *(from avoir)*	the flight will have...
une correspondance	a connection

l'avion attendra ? *(from attendre, to wait)*	will the plane wait?
elle pourra *(from pouvoir, to be able)*	it will be able
assuré/e	assured
vous irez *(from aller)*	you will go
un guichet	*(here)* a ticket window
ils feront *(from faire)*	they will do
faire le nécessaire pour...	to do what's necessary to
transférer	to transfer
Tout va s'arranger	Everything will work out
nous ferons *(from faire)*	we'll do
le maximum	*(here)* everything possible

You know more than you realize!
Put the following words into the categories: *1. le départ, 2. le vol, 3. l'arrivée.*

- [ ] le décollage
- [ ] la livraison des bagages
- [ ] les réclamations
- [ ] la carte d'accès à bord
- [ ] la ceinture de sécurité
- [ ] l'atterrissage
- [ ] le billet d'avion
- [ ] les consignes de sécurité
- [ ] l'embarquement
- [ ] le passeport
- [ ] le transfert
- [ ] la correspondance
- [ ] le retard
- [ ] l'aéroport
- [ ] la porte d'embarquement

a In the text underline the future forms of these verbs: *avoir, attendre, pouvoir, aller, faire.*

b You have learned some new irregular verbs in the *futur simple.* Fill in the charts.

pouvoir	**aller**	**faire**
je *pourrai*	j'*irai*	je *ferai*
tu *pourras*	tu *iras*	tu *feras*
il	il *ira*	il *fera*
nous *pourrons*	nous *irons*	nous ....
vous *pourrez*	vous	vous *ferez*
ils *pourront*	ils *iront*	ils ....

Put the sentences into the *futur simple*. ∩ CD 4, Track 2

Do you react the same way as Christian? Do you panic quickly? Test yourself!

---

1. **Vous avez une correspondance et l'avion a du retard :**
a. *Vous appelez l'hôtesse et vous lui demandez de vous aider.*
b. *Vous attendez l'atterrissage pour vous informer.*

2. **A l'arrivée, vos valises ne sont pas là :**
a. *Vous allez tout de suite aux réclamations.*
b. *Vous attendez la fin de la livraison des bagages.*

3. **Vous ne trouvez plus votre carte d'accès à bord :**
a. *Vous rentrez chez vous.*
b. *Vous cherchez encore dans vos sacs.*

4. **Votre vol est annulé :**
a. *Vous allez aux réclamations.*
b. *Vous demandez un autre billet pour un autre jour.*

Analysis:
a. = 2 points   b. = 1 point

4 to 6 points: *C'est bien, vous savez voir la vie en rose.*
7 to 8 points: *Attendez un peu, parfois tout s'arrange tout seul.*

1 Match up the situations with the excerpts from the dialogues.

Situations

1. Au restaurant à Guernesey.
2. Dans la maison de Victor Hugo.
3. Fiona et Christian se disent adieu.
4. Dans l'avion, rencontre avec Sébastien Plumeau.
5. A l'aéroport, Christian et Patrick.

Excerpts from the dialogues

- ☐ Je suis très curieux de savoir si tout cela est vrai !
- ☐ On restera en contact.
- ☐ Quelle peur j'ai eue ! On va boire un tipunch, ça me remontera !
- ☐ Je me régale ! Tu es vraiment gourmand !
- ☐ Nous ne nous sommes jamais vus.
- ☐ Ce ne sont pas nos oignons.
- ☐ Qu'est-ce que c'est spacieux !
- ☐ Promis, juré.
- ☐ Tu ne l'as pas gardée avec toi ?
- ☐ Moi, je la trouve moche.

2 By now you know the four main characters very well. Would you like to try describing them? Here are a couple of details to help you out. You can figure out some of these words from context.

Example: 1. *Fiona est plutôt ronde, elle porte des chemises vertes, elle n'est pas bavarde...*

grand	petit	chemise
blond	noir	robe
joyeux	~~rond~~	cheveux longs
réservé	maigre	cheveux courts
~~bavard~~	extraverti	jeans
gros	introverti	lunettes

1. Fiona : ....

....

2. Christian : ....

....

3. Claire : ....

....

4. Mario : ....

....

What did Claire and Mario do on Guernsey? Use the following verbs and use the **passé composé**.
Example: *Claire et Mario ont visité la maison de Victor Hugo. Ils...*

visiter   manger   adorer   discuter   se régaler   boire   parler

Listen to what these people have lost. Number the lost objects according to the descriptions.
CD 4, Track 3

a

b

c

d

What problems do these people have? Express your sympathy by using the sentences provided. ∩ CD 4, Track 4

Ça ne fait rien.   Je te comprends, c'est casse-pieds.   Ne t'en fais pas. Je vais t'aider.

Cross-Cultural Information
Many of the expressions below make reference to body parts. Find the English translations. What similarities and differences do you notice between the two languages?

1. Mettre les pieds dans le plat.
2. Faire la tête.
3. Mettre la main au feu.
4. La moutarde me monte au nez.
5. Se lever du pied gauche.
6. Faire contre mauvaise fortune bon cœur.
7. Il faut rester sur la bonne bouche.
8. Loin des yeux, loin du cœur.

☐ to hold your hand in the fire for something
☐ to stick your foot into it
☐ to make a face/ to pout
☐ to get up on the wrong side of the bed
☐ I'm getting angry.
☐ out of sight, out of mind
☐ to grin and bear it
☐ to save the best for last

> (Learning Tip)
>
> Idiomatic expressions and proverbs can't be translated literally. Most dictionaries set aside a special section for them; if not, try to find the meaning by searching on some of the key words used in the expression.

(1) **You know more than you realize!**
Take a look at this landscape. Try to identify the words.

- ☐ la montagne
- ☐ la mer
- ☐ les bateaux
- ☐ le port
- ☐ la plage
- ☐ le volcan
- ☐ le village
- ☐ la forêt
- ☐ le pont
- ☐ une autoroute
- ☐ une église
- ☐ un hôpital
- ☐ un hypermarché
- ☐ une piscine
- ☐ des villas
- ☐ un château

(2) Complete the poem by **Jules Supervielle** by putting the verbs into the **futur simple**.

.... **(APPRENDRE)-TU A M'ÉCOUTER DE LOIN.**

Ecoute, ... (apprendre)-tu à m'écouter de loin,
Il s'agit de pencher le cœur plus que l'oreille,

Tu .... (trouver) en toi des ponts et des chemins

Pour venir jusqu'à moi qui regarde et qui veille.

Qu'importe en sa longueur l'océan Atlantique,
Les champs, les bois, les monts qui sont entre nous deux ?

L'un après l'autre un jour il .... (falloir) qu'ils abdiquent

Lorsque de ce côté tu .... (tourner) les yeux.

Jules Supervielles, *Le Feorçat innocent*, © Editions Gallimard

écouter qn	to listen to someone	**la longueur**	the length
Il s'agit de	it's about / a queston of	**les champs** *(m.,pl.)*	the fields
pencher	to incline	**les bois** *(m.,pl.)*	the woods
jusque	up to, as far as	**les monts** *(m.,pl.)*	the mountains
veiller	to watch over	**abdiquer**	(here) to give way
Qu'importe	what does it matter		

Jules Supervielle (born in Montivideo in 1884, died in Paris in 1960) was a French poet and writer; he was born in Uruguay of Basque parents. He spent his entire life alternately in France and Latin America. His works were strongly influenced by the Latin American countryside **(la pampa)** and the ocean. He was closely associated with the surrealists.

Putting It All Together

a Construct sentences using future forms and the personal pronouns, verbs, and verb tenses provided.

Example: 1. *Je vais me baigner ce soir.* → *Je me baignerai dans un mois dans l'océan Indien.*

Personal Pronouns	Verbs		Verb Tenses	
			Futur composé	*Futur simple*
Je	1. se baigner	5. préparer	demain	dans un mois
Tu	2. téléphoner	6. écrire	tout de suite	l'an prochain
Il / Elle / On	3. rester	7. lire	ce soir	en octobre
Nous	4. partir	8. voyager		
Vous				
Ils / Elles				

b Answer the questions using your sentences from Exercise A. ⌒ CD 4, Track 5

a The prefix **re-** (or **ré-** before vowels) is used to express that an action is done again. **On fait une nouvelle cuisine.** → **On refait la cuisine. À nouveau** can also be used: **On nettoie le jardin.** → **On nettoie à nouveau le jardin.**

b Try to find the English translations for these verbs.

1. faire / refaire
2. acheter / racheter
3. aménager / réaménager
4. commencer / recommencer
5. trouver / retrouver
6. chercher / rechercher
7. envoyer / renvoyer
8. écrire / récrire
9. commander / recommander

Answer the questions using the pronoun **en** in the affirmative or the negative. ⌒ CD 4, Track 6

Example: 1. ▶ *Vous voulez encore du café ?* → ▶ *Oui, j'en veux encore. / Non, je n'en veux plus.*

a Match up the newspapers and magazines to the people's interests.

☐ Caroline est passionnée d'astrologie.
☐ Yann est biologiste.
☐ Philippe et Luc font du foot tous les dimanches.
☐ Jean est économiste.
☐ Ariane fait des études de sciences politiques.
☐ Bruno est architecte.
☐ Simone est grand-mère, elle tricote beaucoup.
☐ Jean-Paul s'intéresse à la politique actuelle

b What are you interested in? Which French newspapers or magazines would you like to leaf through?

(5) **a** Change the sentences by using the feminine subject provided; pay particular attention to the past participle.
Example: 1. *Les logiciels que tu m'as donnés sont super !* → *Les informations que tu m'as données sont super !*

2. L'aéroport de Singapour, je l'ai trouvé très propre *(clean)*. → La gare de Bordeaux, ...
3. Mon pull-over, où est-ce que tu l'as mis ? → Ma chemise, ... ?
4. Le fromage que tu as pris est de Normandie. → La crème fraîche... .
5. Le journal que j'ai acheté est très bien. → La brochure... .

b Say all sentences aloud; emphasize the pronunciation of the past participles.

(6) You know that when there are two pronouns used in the same sentence, there is a prescribed order. Think about this once again and consult Lesson 26a if necessary. Then change these sentences by using direct and indirect object pronouns.

1. L'architecte provençal a proposé une piscine en forme de cœur. Nous .... avons commandée.

2. Nos amis belges adorent les petits pains allemands. Nous .... avons apporté.

3. J'ai fait un gâteau de riz pour Aurélie. Je .... ai donné pour le dessert.
4. Nous avons cherché une maison typique normande. Nos voisins avaient une maison à Deauville.

Nous .... avons achetée comme résidence secondaire.

(7) Which living room do you prefer? Compare the furnishings, the colors, and the atmosphere, using the words provided. Also use vocabulary from the preceding five lessons.
Example: *La table sur la photo n° 1 est très élégante. Elle est en verre. Il y a de belles roses...*

la table	la chaise
le fauteuil	le canapé

spacieux	sombre
superbe	claire
vieux	élégant
ensoleillé	beau

bleu	à carreaux
rouge	*(checkered)*
jaune	fleuri
orange	marron
	doré *(gilded)*

1   2

Proceed as in the foregoing review lessons. Match the clusters to the learning goals in English.

Communication Tasks:

a ☐ encouraging someone
b ☐ expressing disappointment
c ☐ describing a house or apartment
d ☐ setting up comparisons
e ☐ promising something

f ☐ speaking about the future
g ☐ complaining
h ☐ talking about a person
i ☐ finding one's way around an airport
j ☐ describing a person

Présentez votre carte d'accès à bord et votre passeport. **1**

Il est petit et porte des lunettes. **7**

Promis, juré. **3**

Ce sera un grand siècle ! **4**

Tout va s'arranger. Ne t'en fais pas. **5**

Qu'est-ce qu'il devient ? **6**

La salle est ensoleillée. Il y a un coin-cuisine. **2**

Où est le guichet des réclamations ? **8**

Ça ne marchera pas. J'en ai marre. **10**

Bayonne est plus typique que Biarritz. **9**

You have also learned:

a ☐ the pronoun **en**
b ☐ how to combine two object pronouns in one sentence
c ☐ the **futur simple**
d ☐ the relative pronoun **dont**
e ☐ **faire faire qc**
f ☐ verbs with the prefix **re-**
g ☐ changes in the **participe passé** in the **passé composé** with the helping verb **avoir**

h ☐ the verb **mettre** and its compounds
i ☐ the comparative and superlative
j ☐ reflexive verbs in the **passé composé**
k ☐ the uses of the **futur simple** and the **futur composé**
l ☐ **il faut** + an infinitive / **devoir** + an infinitive
m ☐ **venir de faire qc**

On va faire installer un coin-cuisine. **2**

Tu lui en donnes ? **5**

Il recommence. Il faut tout refaire. **3**

La dame dont le chien s'est perdu. **12**

Nous vous promettons la lune. Nous mettons la table. **9**

Je l'ai informée de ta visite. **4**

C'est plus chaud. C'est le plus beau. **11**

Je ferai. Il sera. Il y aura. **6**

Il faut avoir confiance. Tu dois avoir confiance. **1**

Je me suis marié en automne. **8**

Je vais y aller demain. J'irai en Australie l'année prochaine. **10**

Je viens de rentrer à la maison. **7**

Je le lui ai proposé. **13**

The vacation is over, and Fiona has returned to work in Strasburg. She's depressed and calls her mother to say that nothing is working out as planned. Her mother is concerned. ∩ CD 4, Track 7

Fiona : Allô ?

Mère : Allô ? Fiona ?

Comment vas-tu ma chérie ?

Fiona : Ça va. Et toi ?

Mère : Très bien. Je viens de recevoir mon billet d'avion, je pars en Tunisie lundi prochain.

Fiona : J'aimerais bien pouvoir t'accompagner... Le temps ici me démoralise.

Mère : Je me disais bien à ta voix, que tu n'allais pas bien... Je croyais que tu avais beaucoup de travail avec ton école de musique.

Fiona : Rien ne marche. Je ne trouve pas de locaux et le prêt bancaire n'est pas encore accordé.

Mère : Je voudrais bien t'aider, mais je suis loin... Tu pourrais demander à Mario et Claire, après tout ils participent au projet, non ?

Fiona : Je ne les ai pas revus depuis un mois, avec la rentrée, ils sont débordés.

Mère : Et Christian, tu as des nouvelles ?

Fiona : Une carte postale. Ah ça serait bien d'avoir Christian ici, j'aurais sûrement plus de chance et d'énergie.

Mère : Oui, Christian porte bonheur, tu ne trouves pas ?

Fiona : Euh... peut-être... Et la Tunisie, tu vas où exactement ? Raconte.

recevoir qn / qc	to receive someone or something	tu pourrais (from pouvoir)	you could
la Tunisie	Tunisia	participer à qc	(here) to be part of something
j'aimerais (from aimer)	I would like		
démoraliser	(here) to depress	débordé/e	overloaded
les locaux (m.,pl.)	the place, premises	ça serait bien (from être)	it would be good
un prêt bancaire	a bank loan		
une voix	a voice	j'aurais (from avoir)	I would have
accorder qc	(here) to grant	l'énergie (f.)	the energy
Rien ne...	Nothing...	porter bonheur	to bring good luck

① What's not working out with the music school? Why is Fiona depressed? Check off the appropriate items.

- ☐ Fiona est seule.
- ☐ Fiona n'a pas d'argent.
- ☐ Mario et Claire n'ont pas le temps de l'aider.
- ☐ Fiona ne trouve pas de locaux.
- ☐ Fiona ne trouve pas de profs.
- ☐ Fiona est malade.
- ☐ Christian n'écrit pas.
- ☐ Le temps la démoralise.
- ☐ Fiona est fatiguée.
- ☐ Christian ne reviendra pas.

Real French: If someone feels depressed or discouraged, it's common to say colloquially *J'ai le moral à zéro* or *je n'ai pas le moral.* Don't confuse *le moral* (the mood) with *la morale* (morality).

a The adjective **démoralisé** consists of the word stem and the prefix **dé-** (**des-** before vowels). With adjectives and verbs (**faire / défaire**) this prefix expresses the opposite. Verbs that already have a prefix (**encourager, embarquer**) lose the **-em / -en** when the opposite is constructed.

b With the help of a dictionary, first find the meaning of the unknown verbs. As a second step, write down the opposite of each one.

1. commander ....
2. couvrir ....
3. coiffer ....
4. apprendre ....

5. encourager ....
6. embarquer ....
7. habiller ....
8. espérer ....

a In the dialogue several forms of the **conditional 1** tense are presented. You already know **je voudrais** (from *vouloir*). Write down the **conditional 1** of these four verbs from the dialogue.

1. aimer : j' ....
2. pouvoir : tu ....

3. être : ça ....
4. avoir : j' ....

aimer

j'aime	**rais**
tu aime	**rais**
il aime	**rait**
nous aime	**rions**
vous aime	**riez**
ils aime	**raient**

Note:
The **conditional 1** tense is constructed using the stem of the **futur simple** + the **imparfait** endings.

b In the **conditional 1** tense, the verbs **pouvoir, être,** and **avoir,** among others, have some special forms. Try to conjugate the three verbs and check your results in the grammar appendix of this book.

a Construct sentences using the items provided below.
Example: 1. *Ça serait bien d'avoir Christian ici.*

1. Christian	5. du travail	avoir	recevoir	aux Etats-Unis	le soir
2. le *Louvre*	6. un e-mail	partir	trouver	en décembre	en français
3. La Réunion	7. des amis	visiter		ici	de nos amis
4. en vacances	8. des lettres			en France	en été

b Listen and answer using sentences in the comparative: **Oui, mais ça serait mieux de...**
🎧 CD 4, Track 8

Match the expressions in the conditional 1 to the categories.
1. tu pourrais   **2. ce serait bien**   **3. je voudrais**

☐ advice / suggestion   ☐ desire   ☐ supposition   ☐ polite request

1. The town council members of a French city have gotten together in order to discuss improving the living conditions of the inhabitants. Read along as you listen to the proposals. Then match up the suggestions to the photos. CD 4, Track 9

☐ **A** C'est sûr, il faudrait améliorer le cadre de vie, on pourrait par exemple participer au concours des villages fleuris.

☐ **B** Les fleurs, ce n'est pas grand-chose, il faudrait surtout rénover les bâtiments publics : la crèche, les écoles, la mairie, la poste...

☐ **C** Oui, on devrait faire plus pour les enfants : on pourrait construire des aires de jeux, des bacs à sable, et un terrain de sport !

☐ **D** Ou une piscine ! Comme ça, les gens de la région seraient attirés par notre ville, on aurait plus de visiteurs, il n'y a pas de piscine dans la région ! Ou alors il faut faire trente kilomètres !

Il faudrait (from **falloir, to have to, need to)**	we should
améliorer	to improve
le cadre de vie	the quality of life
un concours	(here) a competition
pas grand-chose	nothing special
un bâtiment	a building

public / publique	public
une crèche	a day-care
la mairie	the town hall
une aire de jeux	a playground
un bac à sable	a sandbox
un terrain de sport	an athletic field
attiré/e	attracted

2. Match passages **A** through **D** above with the following categories.

☐ le sport ☐ le tourisme ☐ la nouvelle génération
☐ le cadre de vie ☐ la vie publique ☐ la vie commune (communal life)

a Tell your opinion **(à mon avis)**. What's more or less important to you in improving public welfare?
Example: *A mon avis, le plus important c'est de... . Je ne trouve pas important de... .*

Note:
The **conditional 1** of *il faut* is *il faudrait*, of *on doit* it is *on devrait* + **an infinitive**.

b Suggest further ideas for making life in a small town more pleasant. Construct sentences using the verbs provided, as in the examples.
Example: 1. *On pourrait organiser un concours.* 2. *Il faudrait planter des arbres.* 3. *On devrait... .*

1. un concours	7. les voitures	participer à
2. des arbres	8. un festival de musique	encourager
3. une foire à la brocante	9. une fête	ouvrir
4. une association	10. un supermarché	organiser
5. une exposition	11. une terrasse de café	interdire *(prohibit)*
6. des zones piétonnes *(pedestrian zones)*	12. un jumelage *(twin city partnership)*	planter *(planting)*

Learning Tip

Learning Tip
Every lesson has a new theme. Use in a new context the already familiar words from previous lessons that fit the present theme.

You know more than you realize!
Match up the public institutions and the purposes they serve.

1. la mairie	☐ acheter des timbres
2. la poste	☐ emprunter des livres et des vidéos
3. la préfecture	☐ faire garder les enfants
4. la bibliothèque municipale	☐ informer les touristes
5. la police	☐ se marier
6. la crèche	☐ déclarer un vol de voiture
7. l'office *(m.)* de tourisme	☐ changer le numéro de la voiture

Public Institutions

The **préfecture** serves the entire **département** for motor vehicle registration and administration. In smaller cities in the **départements** it is divided into **sous-préfectures.** In the **mairie** people can get married, record births, and apply for passports. In France there are many nurseries and day-care centers for children under the age of three, since many French mothers return to work early.

Claire starts the new school year without much enthusiasm or motivation. During a break she talks with her colleague Fabienne, who feels the same way. 🎧 CD 4, Track 10

Claire : Alors, les nouveaux élèves,
comment tu les trouves ?

Fabienne : Les sixièmes sont plutôt gentils,
mais j'avais demandé une classe
de cinquième et je ne l'ai pas eue. Et toi ?

Claire : Je ne sais pas, mais cette année,
je n'ai pas la pêche habituelle.
C'est la routine, ça me déprime.

Fabienne : Oui, c'est vrai. Avec la rentrée,
tout a augmenté : les prix, les loyers,
les charges, mais pas le salaire.

Claire : On pourrait faire grève...

Fabienne : Ou bien démissionner !

Claire : J'avais prévu de prendre une année
sabbatique, dans cinq ans. Je crois que
je ne vais pas attendre si longtemps, si ça continue.

Fabienne : Garde les pieds sur terre, Claire ! Allez, viens, au boulot.

la routine	the routine	**habituel/le**	usual, accustomed
ça me déprime	that depresses me	**augmenter**	(here) to become more
un/e élève	a student		expensive
les sixièmes	sixth grade	**les charges** *(m.,pl.)*	(here) additional costs
une classe	a class	**faire grève**	to go on strike
les cinquièmes	fifth grade	**Ou bien**	Or else
ne pas avoir la pêche	not to have one's usual	**démissionner**	to resign
habituelle *(fam.)*	energy *(coll.)*	**une année sabbatique**	a sabbatical year
		Garder les pieds sur	to keep one's feet on the
		terre *(fig.)*	ground *(fig.)*

(1) Group the new words according to these two themes: **work** and **school**.

🇫🇷 <u>Real French:</u> French people have little free time during the week in part because of the long trip to the workplace; their comment about the routine in Paris is **métro, boulot, dodo.** (Metro, work, sleep.)

(2) **a** The two verb tenses in the dialogue **j'avais demandé** and **j'avais prévu** are called the **plus-que-parfait** (the *pluperfect = the more than completed*). This past tense is used to designate events that were completed **before** some other action in past time.

Note:
The **plus-que-parfait** is constructed using the **imparfait** of the helping verbs **avoir** and **être** + the **participe passé** of the appropriate verb. The **participe passé** after **être** and **avoir** can change just as it does in the **passé composé**.

b Put the verbs into the **plus-que-parfait**.

1. Quand je suis arrivé, Julie .... *(partir)* chez le coiffeur.

2. Une heure après, je .... *(s'installer)* dans le jardin.

3. Quand elle est revenue, j' .... *(dormir)* une petite heure.

4. Elle .... *(préparer)* un thé et j' ....

.... *(apporter)* des brioches.

5. A minuit, quand je suis reparti chez moi, nous .... *(manger)*

des brioches, puis nous .... *(aller)* au cinéma, et ensuite

j' .... *(commander)* des pizzas que nous ....

.... *(déguster)* avec une bouteille de rosé. C'était délicieux.

Note the sequence of tenses in past time:
Quand elle est revenue, je dormais : **simultaneous action**
Quand elle est revenue, j'avais dormi : **previous** and **completed action**

Change the sentences according to the example. CD 4, Track 11
Example: *Quand elle est arrivée, je mangeais.* → *Quand elle est arrivée, j'avais déjà mangé.*

After vacation, work, school, and studies start up again. What kinds of things do you have to deal with on a daily basis? Construct sentences.
Example: 1. *Ce qui me déprime, c'est mon chef, parce qu'il est trop sérieux.*

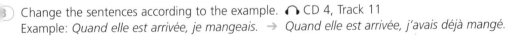

1. mon chef	6. la pluie	10. les grèves	ennuyeux	complètement
2. mes collègues	7. la situation	11. les anniversaires	désagréable	idiot
3. la routine	économique	12. la politique	extrêmement	pas original
4. les prix	8. le froid		fatigant	~~trop sérieux~~
5. le temps	9. Noël		horrible	

Listen and react using the sentences from Exercise 4. CD 4, Track 12

Good to know!

In a French **collège** classes are designated beginning with **6e (= sixième)** and end with the **3e (= troisième)**, which corresponds roughly to our ninth grade.

1. Do you like to read horoscopes? Find your sign of the zodiac and see what's predicted for the Fall. Then listen to the predictions for all the signs. 🎧 CD 4, Track 13

Bélier : La rentrée sera douce et agréable. Attention à votre porte-monnaie ! Les soldes, c'est fini !

Balance : Rénovez votre appartement, choisissez de nouveaux meubles, c'est l'époque des changements !

Taureau : Gardez les pieds sur terre, les grands projets, c'est pour l'hiver. Restez aimables avec vos collègues et votre famille.

Scorpion : Quand vous serez plus reposé, vous pourriez apprendre le judo, le violon, la peinture...

Gémeaux : Vous venez de vivre un été exceptionnel, l'automne sera moins intéressant, mais riche en petites joies quotidiennes.

Sagittaire : Les matinées sont difficiles, mais les soirées sont à vous : restaurant, boîte de nuit, vous pourriez rencontrer quelqu'un d'intéressant...

Cancer : Restez dans votre cocon, cultivez votre jardin ou votre hobby, reposez-vous.

Capricorne : Ne soyez pas si sérieux, travaillez un peu moins ! Etes-vous allergique au repos ?

Lion : Quand vous étiez en vacances, vous avez profité de la vie, maintenant, au boulot !

Verseau : Allez, un peu de courage ! Vous êtes encore dans la lune !

Vierge : La vie serait plus agréable sans la routine... Allez au cinéma, invitez la famille.

Poissons : Ne soyez pas déprimé, faites du sport, de la natation par exemple et soyez gentil avec votre voisin.

une prévision	a prediction	**se reposer**	to rest
le bélier	the ram; Aries	**le lion**	the lion; Leo
doux / douce	sweet, pleasant	**profiter de la vie**	to enjoy life
un porte-monnaie	a wallet	**la vierge**	the virgin; Virgo
le taureau	the bull; Taurus	**la balance**	the balance; Libra
aimable	likeable, friendly	**un changement**	a change
les gémeaux *(m.,pl.)*	the twins; Gemini	**le scorpion**	the scorpion; Scorpio
exceptionnel/le	exceptional	**le sagittaire**	Sagittarius
riche	rich	**le capricorne**	Capricorn
la joie	the joy	**Ne soyez pas** *(from être)*	Don't be
le cancer	the cancer; Cancer		
un cocon	a cocoon	**le verseau**	Aquarius
cultiver	to cultivate	**les poissons** *(m.,pl.)*	the fish; Pisces

Do you know the signs of the Zodiac of your friends and family members? Make a list and tell what the horoscope says. Yo may even want to give some advice.
Example: *Pauline (Gémeaux)* → *Tu viens de vivre un été... Tu pourrais... Tu devrais...*

> **Learning Tip**
> Associate famous people with their qualities, hobbies, favorite colors, and native land. That will make new words easier to learn.

First write down from the passages six bits of advice that are in the imperative form. Then change them around so that the sentences are in the conditional 1.
Example: *Ne soyez pas si sérieux !* → *Vous ne devriez pas être si sérieux.* or: *Vous pourriez être moins sérieux.* or: *Ce serait bien d'être moins sérieux...*

It's said that the French really know how to enjoy life. Which picture corresponds more closely to your outlook on life? Why?
Example: *La photo n° 1 me plaît beaucoup, j'aime...*

Listen to some of the things that Jean-Paul and Sophie enjoy. Which view is closest to yours?
Answer. ∩ CD 4, Track 14
Example: *Je profite de la vie plutôt comme Jean-Paul / Sophie, parce qu'il / elle...*

You already know a lot of French grammar. Find in the passages one example for each of the following grammatical points:

1. Imperative   2. Conditional 1   3. **Futur simple**   4. **Passé composé**   5. Comparative

> **A Hot Autumn in France**
>
> After the long summer break in July and August, there's a sense of "breaking up" everywhere at the start of September: *la rentrée* marks the beginning of the new school year, and even the elected officials resume their parliamentary duties. In the fashion trade, new ideas are launched, and nominating committees make ready for prizes in literature. In this phase of heated activity, there are also frequent strikes, protests, and political crises. These often last until the time known as the **Trève des pâtissiers** ("the bakers' armistice"), after the holidays.

Mario too has resumed his work with the Strasburg Orchestra after vacation. During the lunch break he meets his colleague Paul, a cellist. They both remember the dreams they had when they finished their studies. ∩ CD 4, Track 15

Paul : Alors Mario, content d'être de retour ?

Mario : Oui et non, la rentrée c'est toujours un peu difficile. Et toi Paul, ça va ?

Paul : Pas trop. Mon fils vient de partir.

Mario : Pour où ?

Paul : Il va faire le tour du monde ! A peine le bac en poche. Première étape, la Grèce.

Mario : Ce n'est pas encore trop loin.

Paul : S'il restait là-bas, ça irait encore. Mais il veut visiter la Turquie, l'Inde, la Chine, l'Australie, les Etats-Unis... Sa mère n'en dort plus.

Mario : C'est de son âge ! et puis il a sûrement raison.

Paul : Ah bon, toi aussi tu veux partir au bout du monde ?

Mario : Non, mais j'avais envie de le faire oui, après le bac. Et puis... on veut faire carrière... Tu n'as pas eu ces idées-là, toi ?

Paul : Mais si, mon vieux, mais si. Mais Claudine était enceinte, alors on s'est mariés, et adieu le tour du monde en soliste !

Mario : Ah tu vois ! Il tient ça de toi, ton fils !

Paul : Oui, tiens... Il a de la chance, finalement.

faire le tour du monde	to travel around the world
A peine	Scarcely
le bac	abbreviation for baccalaureate
en poche	in hand, in his pocket
une poche	a pocket
une étape	a stage
la Grèce	Greece
ça irait encore	that would be OK
la Turquie	Turkey
l'Inde *(f.)*	India
la Chine	China
C'est de son âge ! *(m.)*	He's young!

avoir raison *(f.)*	to be right
au bout du monde	to the end of the world
le bout	the end
le monde	the world
faire carrière *(f.)*	to have a career
mon vieux *(fam.)*	buddy *(informal)*
enceinte	pregnant
adieu !	Good-bye!
en soliste *(m.,f.)*	as a soloist
Il tient ça de toi	He gets it from you.
un fils	a son
finalement	(here) after all

(1) What dreams did Paul have when he was young? What did he want to do? What did he end up doing?

ce qu'il voulait faire	ce qu'il a fait
....	....
....	....

a Mario thinks it's fine that Paul's son is traveling around the world. How does he express that? Use the dialogue to help you fill in the following.

1. C'est de son .... !   3. Tu n'as pas eu ces .... , toi ?

2. Il a sûrement ....   4. Il .... de toi.

b Listen and comment on the statements using the sentences from Exercise A. ⌒ CD 4, Track 16

a There is a **Si**-sentence in the dialogue: **S'il restait là-bas, ça irait encore.** In that type of conditional sentence, the subordinate clause expresses the *condition*, and the main clause the *result*.

Note the sequence of verb tenses in conditional sentences:

Subordinate Clause (Condition)	Main Clause (Result)
Imparfait *S'il restait là-bas,*	Conditional 1 *ça irait encore.*

The **imparfait** is used in the **if**-clause; the **conditional 1** is used in the **main clause** if the fulfillment of the condition is considered to be *impossible* or *improbable* (= an **unrealistic** conditional sentence).

Subordinate Clause (Condition)	Main Clause (Result)
Present *Si tu restes ici,*	Present *on peut faire un gâteau.*
Present *Si tu restes ici,*	Futur Simple *on pourra faire un gâteau.*

The **present** is used in the **Si-clause;** the **present** or the **futur simple** is used in the **subordinate clause** if the fulfillment of the condition is considered *possible* or *probable* (= a **realistic** conditional sentence).

b Construct **Si**-sentences that are realistic and unrealistic, according to the example.
Example: 1. Tu pars, je suis triste. → Si tu pars, je serai triste. → Si tu partais, je serais triste.

1. Tu pars, je suis triste.
2. Il vient trop souvent, ce n'est pas normal.
3. Nous allons en ville, nous pouvons manger des glaces place du Capitole.
4. Vous faites le tour du monde en bateau, vous nous écrivez des cartes postales.
5. Nous nous quittons à l'aéroport, c'est trop triste.
6. La mairie a des projets, les habitants sont contents de leur cadre de vie.
7. Nous partons en Inde, c'est super.
8. Christian revient, Fiona est contente.

a Use the conditional 1 in the first person singular of the verbs **partir, prendre, aller, dormir,** and **faire.**

b Listen and answer with the help of the verbs from Exercise A. ⌒ CD 4, Track 17
Example: 1. Si j'avais des vacances, je partirais en France.

1. Listen to the text about Daniel, a boy who has never seen the ocean, but who has dreamed about it. Read along. This passage is an excerpt from a short story by **Jean-Marie Gustave Le Clézio**. 🎧 CD 4, Track 18

Il s'appelait Daniel (...) Mais c'était un garçon qui ne parlait pas beaucoup. Il ne se mêlait pas aux conversations des autres, sauf quand il était question de la mer, ou de voyages. La plupart des hommes sont des terriens, c'est comme cela. Ils sont nés sur la terre, et c'est la terre et les choses de la terre qui les intéressent. Même les marins sont souvent des gens de la terre ; ils aiment les maisons et les femmes, ils parlent de politique et de voitures. Mais lui, Daniel, c'était comme s'il était d'une autre race. Les choses de la terre l'ennuyaient, les magasins, les voitures, la musique, les films et naturellement les cours du lycée.
(...)
Même quand on parlait de la mer, ça ne l'intéressait pas longtemps. Il écoutait un moment, il demandait deux ou trois choses, puis il s'apercevait que ce n'était pas vraiment de la mer qu'on parlait, mais des bains, de la pêche sous-marine, des plages et des coups de soleil.
(...) Ce n'était pas de cette mer-là qu'il voulait entendre parler. C'était d'une autre mer, on ne savait pas de laquelle, mais d'une autre mer.
(...) C'est au début de l'hiver qu'il est parti, vers le milieu du mois de septembre.

Jean-Marie Gustave Le Clézio, *Celui qui n'avait jamais vu la mer*, tiré de *Mondo et autres histoires*, Editions Gallimard Folio 1978, pages 167-169 (texte abrégé).

se mêler	to get involved in	une chose	a thing
une conversation	a conversation	s'ennuyer	to become bored
sauf	except	s'apercevoir (de qc)	to notice (something)
il était question de...	it was about...	la pêche sous-marine	(underwater) fishing
la plupart	most	un coup de soleil	sunstroke
un terrien	a landlubber	entendre qc	to hear something
un marin	a sailor	au début (de qc)	at the start (of something)
une race	a race, breed	un mois	a month

2. What kinds of things have you not yet seen or heard about? Check them off.
Je n'ai jamais vu... mais j'aimerais le / la voir.

☐ le Mont Blanc   ☐ le Pacifique   ☐ une maison basque   ☐ la grande place de Bruxelles   ☐ les Pyrénées

☐ le lac de Genève   ☐ Hong Kong   ☐ New York   ☐ le musée d'Orsay   ☐ Rome

Je n'ai jamais entendu parler de..., mais je vais me renseigner.

☐ Le Clézio   ☐ Claude Monet   ☐ Oléron   ☐ Honfleur   ☐ la vanille Bourbon
☐ J. Prévert   ☐ Benoîte Groult   ☐ Bayonne   ☐ La Ciotat   ☐ le système scolaire belge

3. Group the words from the passage into these two categories:

1. les choses de la mer   2. les choses de la terre

Daniel takes a trip. What does he do at the ocean? Speculate.

Si Daniel prenait un moyen de transport ☐ le train   ☐ le bus   ☐ la voiture
(means of transportation), ce serait...
S'il avait des bagages, ce serait...   ☐ une valise   ☐ un petit sac   ☐ un sac à dos
                                                         de plage   (back-pack)
Si Daniel allait à la mer, ce serait...   ☐ la Méditerranée ☐ l'Atlantique ☐ le Pacifique
Pour dormir, Daniel irait...   ☐ à l'auberge   ☐ sur la plage   ☐ à l'hôtel
                                de jeunesse

Listen to how Daniel's voyage really happened. ♫ CD 4, Track 19

What would you have done in Daniel's position? Construct sentences according to the model
and provide a conclusion:
Example: Si j'étais à la place de Daniel, je partirais à pied...

1. your means of transportation   3. how you feel   5. what ocean you would
2. your lodging   4. your baggage   go to

(Learning Tip)
If you want to understand words, expressions, and grammatical structures more thoroughly,
translate them literally. That way you can compare how both languages function.

a Try to translate the following sentences.

1. Il ne se mêlait pas aux conversations des autres, sauf quand il était question de la mer.
2. C'était comme s'il était d'une autre race.
3. Même quand on parlait de la mer, ça ne l'intéressait pas longtemps.
4. Ce n'était pas de cette mer-là qu'il voulait entendre parler.
5. C'était d'une autre mer, on ne savait pas de laquelle...

Note these expressions:
sauf quand (except when), même quand (even when),
C'était comme si... (as if) + verb in the imparfait

b Repeat the sentences using c'était comme si... ♫ CD 4, Track 20
Example: Il est d'une autre race. → C'était comme s'il était d'une autre race.

(Jean-Marie Gustave Le Clézio.)

Le Clézio was born on Mauritius in 1940. His family is of Breton extraction. Influenced by
his childhood, he writes a lot about the ocean, islands, and traveling in general. He has
published novels such as Le Chercheur d'or and Onitsha, as well as short stories and fairy
tales such as Mondo et autres histoires. Le Clézio currently lives in Nice.

The work week is over. In the evening Claire and Mario talk about the week's events. Maybe there is still a chance to get away from the daily routine… ⌒ CD 4, Track 21

Mario : Tu as des nouvelles de Fiona ?

Claire : Non, je ne la vois jamais à l'école. On n'a pas les mêmes horaires.

Mario : On devrait la contacter. Il faudrait l'aider pour l'école.

Claire : C'est vrai, j'ai mauvaise conscience quand j'y pense. Et toi, ta journée, ça s'est bien passé ?

Mario : Tu sais Paul, le violoncelliste, j'ai déjeuné avec lui, il m'a dit que son fils venait de partir faire le tour du monde.

Claire : Oh c'est drôle, mais avec Fabienne, on en parlait aussi à midi. Je lui ai dit que si ça continuait comme ça, j'allais prendre une année sabbatique.

Mario : J'ai toujours rêvé de voir le monde…

Claire : En rentrant ce soir, dans le bus, j'ai pensé à une solution : je pourrais demander une mutation, dans les DOM-TOM par exemple, et toi tu prends une année sabbatique. Tu peux aussi donner des cours de clarinette partout.

Mario : Les DOM-TOM, alors on essaie La Réunion ! Depuis qu'on a rencontré Christian, j'ai bien envie d'y aller.

Claire : Alors on y va à Noël, pour voir si ça nous plaît ?

Mario : Attends, attends, tu vas trop vite, là… Et d'abord, j'ai faim, on se fait des frites ?

avoir des nouvelles de qn	to hear from someone	un violoncelliste	a cellist
contacter qn	to contact someone	drôle	(here) funny
avoir mauvaise conscience *(f.)*	to feel bad	En rentrant *(from* rentrer)	coming home
		une mutation	a transfer

(1) a Claire and Mario dream of another life. What suggestions do they have? Complete the following.

Je pourrais demander ....

et toi tu prends ....

b What possibilities exist for changing one's life? Listen to what Solange, Caroline, and Marc have to say and match up the different conditions with the appropriate persons. CD 4, Track 22

1. Solange   2. Caroline   3. Marc

☐ est tombée amoureuse
☐ est devenu moine tibétain
   (a Tibetan monk)
☐ est journaliste et photographe

☐ a fait le tour du monde en bateau
☐ habite en Ecosse (Scotland)
☐ vit sur son bateau

☐ ne revient plus en France qu'une fois par an
☐ a trouvé sa place
☐ est partie vivre au Maroc

a Claire and Mario tell one another what they discussed with their colleagues during break. Use the dialogue to help you complete the following.

1. Il m'a dit que son fils .... partir faire le tour du monde.

2. Je lui ai dit que si ça .... comme ça, j'........................... prendre une année sabbatique.

b Translate these two sentences into English. What can you conclude by looking at the verbs?

In French, **indirect discourse** adheres to a strict sequence of tenses.

Direct Discourse

Il a dit : "Mon fils *part* au Maroc."
Il a dit : "Mon fils *est parti* au Maroc."
Il a dit : "Mon fils *partira* au Maroc."

Indirect Discourse

Il a dit que son fils *partait* au Maroc.
Il a dit que son fils *était parti* au Maroc.
Il a dit que son fils *partirait* au Maroc.

Note the sequence of tenses:

Direct Discourse	Indirect Discourse
Verb in the **present tense**	Verb in the *Imparfait*
Verb in the *passé composé*	Verb in the *plus-que-parfait*
Verb in the *futur simple*	Verb in the **conditional 1**

Note:
In **indirect discourse** there is also a shift in the **pronouns** *(moi → lui)*, the **possessive adjectives** *(notre → leur)* and the **designations of time** *(demain → le lendemain)*

Using indirect discourse, tell how life has changed for Solange, Caroline, and Marc. Pay close attention to the pronouns.

1. Solange : "Je suis tombée amoureuse d'un Marocain, et nous avons décidé d'aller vivre à Casablanca, il y a cinq ans. Maintenant nos enfants parlent français et arabe."
   Solange a dit qu'elle...
2. Caroline : "Je suis partie vivre sur un bateau, j'ai fait le tour du monde et je ne reviens à Paris qu'une fois par an. Je suis journaliste et photographe."
   Caroline a dit qu'elle...
3. Marc : "J'ai fait des vacances en Ecosse et nous avons trouvé un logement pour une nuit dans un monastère (monastery) tibétain. Moi, je suis resté et je suis devenu moine, j'ai trouvé ma place."
   Marc a dit qu'il...

1. The magazine **Le Nouvel Observateur** published a report about people who have turned their hobby into a profession. Read along as you listen to what Jérôme, Mathieu, and Belhadj have done. ∩ CD 4, Track 23

Jérôme et Mathieu, 31 ans, voyagistes en ballon.

Nous sommes nés le même jour et sommes tous les deux polytechniciens. Nous aurions pu faire carrière dans une grande industrie, mais nous avons aussi la même passion des montgolfières. Alors nous avons décidé d'ouvrir notre entreprise : pour fêter l'an 2000, les Parisiens pourront s'installer dans un ballon géant dans le ciel de Paris. Et nous proposons des vols pas chers, pour moins de 6 euros, pour le plaisir, comme au XIXe siècle... Nous ne nous plaignons pas, l'entreprise marche bien...

Belhadj, 19 ans, coursier à roulettes.

De la place de l'Opéra à Clichy, du boulevard des Italiens à la Défense, Belhadj Djahafi est sur ses rollers : il est coursier et tout a commencé en 1995, lors de la grève des transports parisiens. Belhadj a alors pris ses rollers pour aller au lycée et ne les a plus quittés ! Depuis, il a remporté le tour de France en rollers en 1997 et est aussi professeur de rollers : son plus jeune élève a 7 ans, et sa plus âgée, une dame, a 66 ans.

Le Nouvel Observateur, du 29 avril au 5 mai 1999, p. 16 et 18 (textes abrégés et légèrement adaptés).

un métier	a profession	pour le plaisir	for fun
un voyagiste	a tour operator	nous ne nous	we're not complaining
un polytechnicien	a technical school student	plaignons pas	
une montgolfière	a hot-air balloon (named	*(from* se plaindre,	
	for its inventor)	*to complain)*	
une entreprise	an enterprise	un coursier à roulettes	a roller-blades courier
un ballon	a (hot air) balloon	les rollers *(m.,pl)*	roller blades
géant/e	gigantic	lors de	during
		remporter qc	(here) to win something
		âgé/e	old

2. For Jérôme, Mathieu, and Balhadj, write down: 1. their training   2. their age   3. their passion   and 4. their profession.

Jérôme et Mathieu	1. études	3. passion
Belhadj	2. âge	4. métier

Real French: The **Académie française** maintains that English expressions must be translated into French; for example, **rollers = les patins à roulettes, walkman = le baladeur,** and **le skate-board = la planche à roulettes.** Just the same, the English terms are often used and understood.

a You need the services of Belhadj. You want a briefcase and documents to be picked up in **La Défense**. You need to have it before twelve o'clock noon. Think over your request and then listen to how Belhadj answers. ⌒ CD 4, Track 24
Example: ▶ *Allô, Messagers rollers, bonjour. Belhadj à votre service. Qu'est-ce que je peux faire pour vous ?* → ▶ *Bonjour, M. / Mme X à l'appareil. Pouvez-vous aller chercher...*

b You would like to book a balloon ride over Paris with Jérôme and Mathieu. 1. when? 2. for how many people? and 3. where? Prepare for the conversation and listen. ⌒ CD 4, Track 25

Jérôme and Mathieu use a new verb: **nous ne nous plaignons pas.** Verbs that end in **-indre** such as **se plaindre** and **craindre** (to fear, be afraid of) are irregular.
Carefully memorize the following conjugation:

craindre		**p.c.**	**futur simple**
je *crains*	nous *craignons*	j'ai *craint*	je *craindrai*
tu *crains*	vous *craignez*	**imp.**	**conditional 1**
il / elle *craint*	ils / elles *craignent*	je *craignais*	je *craindrais*

Write down the sentences using the correct form and the verb tense indicated for **se plaindre** and **craindre**.

1. Ils *(craindre, présent)* le chômage.
2. Vous êtes en retard, nous *(craindre, passé composé)* le pire !
3. Elle *(se plaindre, imparfait)* tout le temps de ses voisins, elle a déménagé.
4. Je suis très heureux comme cela, je... . *(ne pas se plaindre, présent)*
5. Si nous manquions l'avion, nous *(se plaindre, conditionnel)* à l'agence de voyage.

Montgolfières

The architects of hot-air balloons were the brothers **Joseph** and **Etienne de Montgolfier.** The first trip took place on June 4, 1783 in **Annonay** in the **Ardèche.** On November 21, 1783 **François Pilâtre de Rozier**, a physicist and aeronaut, and his companion Major **François Marquis d'Arlandes** became the first people to ascend in a **montgolfière. Pilâtre de Rozier** died in a 1785 attempt to cross the English Channel in a **montgolfière.**

A couple of days later, Claire and Mario are strolling through the city. They see Fiona sitting in a café—a chance to find out how things stand. 🎧 CD 4, Track 26

Claire : Mais c'est Fiona, là-bas !

Mario : Où ?

Claire : Là, dans le café.

Mario : Ah oui, viens, on va lui dire bonjour.

Mario : Fiona ! Comment vas-tu ?

Fiona : Mario, Claire ! je suis contente de vous voir. Installez-vous !

Claire : Deux cafés s'il vous plaît.

Fiona : Alors le boulot ça va ?

Claire : Pas trop. On rêve de changements.

Fiona : Oui, moi aussi. L'école, le travail... rien ne marche. Et puis le prêt bancaire a été refusé.

Claire : Et Christian, quand est-ce qu'il revient ?

Fiona : Je n'en sais rien. Il n'a pas encore répondu à ma dernière lettre.

Mario : Tu devrais aller voir ce qu'il fait là-bas !

Fiona : Ah si je pouvais, j'irais tout de suite !

Claire : Et qu'est-ce qui t'en empêche ? Prends quelques jours de vacances et vas-y !

Fiona : Tu as peut-être raison, je vais réfléchir.

Matio : Fiona, Christian est un type bien, et il t'apprécie beaucoup.

Fiona : Tu crois ?

Installez-vous !	(here) Sit down	**empêcher qn de faire qc**	to keep someone from doing something
Pas trop...	(here) Not really	**vas-y !**	(here) go there
il a été refusé	it was turned down	**un type bien**	(here) a nice guy
refuser qc	to turn down something	**apprécier qn / qc**	to like someone / something
qu'est-ce qui t'en empêche ?	what's holding you back?		

 ① What things aren't working out with Fiona's project and in her private life? Complete the following:

1. Rien ....   3. Il n'a pas encore ....

2. Le prêt bancaire ....

② a You saw a double negative in the dialogue: **rien ne marche.**

Note:
In a double negative, **rien ne...** or **personne ne...** functions as the *subject* and therefore is placed before the verb: **Rien ne marche. Personne ne vient.** *(No one is coming.)*

 b Construct sentences using **rien ne** and **personne ne** with the verbs provided.
Example: 1. *Je n'ai pas d'amis.* → *Personne ne m'écrit.*

écrire   venir   marcher   fonctionner   être parfait   téléphoner

1. Je n'ai pas d'amis.
2. J'ai la grippe et je suis au lit.
3. Je n'ai pas de visites.

4. Toutes les machines sont en panne.
5. Il y a des problèmes partout.
6. Tout le monde fait des erreurs *(Fehler)*.

Real French: The expression **Personne n'est parfait** is frequently used. You can also use the Latin proverb **L'erreur est humaine**.

a French also has a passive voice, as in **Le prêt bancaire a été refusé.** *(The bank loan was turned down.)* This form is used primarily in writing. So that you can recognize the passive voice in a passage, carefully study the various tenses and the construction:

Active	Passive	Verb Tense
La banque *refuse* le prêt.	Le prêt *est refusé* par la banque.	**Present**
La banque *a refusé* le prêt.	Le prêt *a été refusé* par la banque.	**Past**
La banque *refusera* le prêt.	Le prêt *sera refusé* par la banque.	**Future**

Note:
The **passive** is constructed using **être** in the *appropriate tense* + the *past participle* of the main verb + **par** + the agent. Don't forget to make the participle agree.

b Put these sentences into the passive voice. Pay close attention to the endings of the past participles.

1. Le ministère construit une autoroute.
2. La compagnie a annulé le vol pour Lyon.
3. L'agence fera une nouvelle publicité.

4. La banque propose des actions.
5. L'entreprise augmentera ses prix.
6. Les élèves ont organisé une grève.

Translate these sentences into English. What do you notice about them?

1. Ici on parle anglais et allemand.
2. En 1958, on a fondé la Ve République.
3. On a traversé les Alpes en 218 avant Jésus-Christ.

4. On a ouvert une nouvelle ligne de TGV.
5. On lui a refusé un prêt bancaire.
6. On a découvert l'Amérique en 1492.

Learning Tip
For simplicity, use **on** to express the passive voice. Don't rely on a word-for-word translation into English.

Check your knowledge of grammar! Find one example in the dialogue for each grammatical category.
Imperative   **Si**-sentence   Pronoun **en**   **futur composé**   **ce que**   conditional 1

(1) As a first step, use the sentences to construct two dialogues: **A,** a dialogue for Yvan and Bénédicte, two students, and **B,** a dialogue for Christine and Pierre-Jean, two employees. The levels of discourse are different. Then listen to the dialogues. CD 4, Track 27

A ▶ Ben pourquoi pas, hein ? ça te changera les idées ! allez, magne-toi !
  ▶ Tu crois que j'ai la tête à faire un flipper ?
  ▶ Ouh la la, c'est la crise ! Viens, on va faire un flipper, je te prête dix balles.
  ▶ J'en ai ras-le-bol. J'ai plus de fric, j'ai pas payé mon loyer ce mois-ci, ma bourse s'arrête le mois prochain...
  ▶ Ben, qu'est-ce que t'as?

B ▶ Ne faites pas de manières, je vous offre cette glace, venez.
  ▶ Je suis désespérée... J'ai des soucis d'argent, je ne suis pas en règle avec mes propriétaires, et mon prêt a été refusé.
  ▶ Que se passe-t-il ? Vous n'avez pas l'air en forme...
  ▶ Je ne sais pas si je peux accepter...
  ▶ Je comprends, c'est très gênant. Voulez-vous venir avec moi, j'avais l'intention de manger une glace chez l'Italien. Je peux vous avancer un peu d'argent si vous voulez.

Différent/e	different
un flipper	a game of pinball
ben *(fam.) (from bien)*	well, so *(coll.)*
J'ai plus *(fam.)*	I have no more *(coll.)*
J'ai pas *(fam.)*	I don't have *(coll.)*
une bourse	a scholarship
s'arrêter	(here) to run out
prêter qc à qn	to loan something to someone
dix balles *(f.,pl.) (fam.)*	ten francs, Euros
Tu crois que j'ai la tête à ... ? *(fam.)*	Do you think I have it in me to...

magne-toi *(pop.)*	hurry up!
se magner *(pop.)*	to hurry
désespéré/e	desperate
avoir des soucis *(m.,pl.)*	to have worries
ne pas être en règle *(f.)*	to have difficulties with
un/e propriétaire	a landlord
gênant/e	worrisome, unpleasant
avancer	to advance (money)
Ne pas faire de manières *(f.,pl.)*	Not to stand on ceremony

(2) How are the following words from conventional speech rendered in colloquial or in sophisticated speech? Find the answers in the dialogues.
Example: 1. *l'argent* → *le fric*.

1. l'argent	3. eh bien	5. je n'ai pas	7. j'ai pas payé
2. prêter	4. j'ai des soucis d'argent	6. dépêche-toi	8. je suis désespéré/e

Good to know!

The expressions **T'as pas** for **Tu n'as pas,** and **J'ai plus** for **Je n'ai plus** are encountered mostly in northern France. In the south, all vowels, and especially mute **-e**'s, are pronounced.

a The **imperative** is also used to suggest something or to motivate someone to do something. You encountered this form in the dialogues of the A and B parts of the lesson: **Installez-vous! Magne-toi!**

Note the position and the form of the pronouns in imperatives:
Pronouns are joined to the verbs with hyphens; in addition, **me** and **te** change to **moi** and **toi (magne-toi!)**. With the pronouns **y** and **en** the verb in the imperative retains the final **-s**: **Va.** → **Vas-y!** In the negative, though, nothing changes: **Ne t'installe pas ici.**

b Construct the imperative of the following sentences.
Example: *Tu y vas ?* → *Vas-y !*

1. Vous y allez ?	3. Vous vous dépêchez ?	5. Tu me donnes dix balles ?
2. Tu en manges ?	4. Tu y penses encore ?	6. Tu me présentes ?

Make suggestions according to the following pattern: CD 4, Track 28
Example: 1. *Je n'ai pas envie de téléphoner à Madame Jourdain.* → *Ne lui téléphone pas !*

a Listen to the expressions. Decide on the basis of the intonation if they are intended to be positive or negative. Mark them with + or −. CD 4, Track 29

☐ C'est très agréable.	☐ C'est incroyable.	☐ Ça me fait très plaisir.
☐ C'est drôle.	☐ C'est génial.	☐ C'est parfait.

b Practice the intonation.

Levels of Discourse and Linguistic Structuring in France

Français standard is the proper register of the French language. But every social class and age group has its particular means of linguistic expression. The colloquial language **(langue familière)** is understood by all; but **argot**, on the other hand, is a type of "artificial" speech that is intended to be understood by certain "initiates." The speech of the youth includes what's known as **verlan**, a language that creates new words by turning words around, such as **laisse béton** for **laisse tomber.**
These different levels of discourse shouldn't be confused with dialects **(patois)** or regional speech, however. Independent regional languages in France include Breton, Alsace, Occitan, Corsican, Catalan, and Basque.

(1) Do you still remember what subjects were treated in which lessons? Match up the situations to the excerpts from the dialogues.

Situations
1. Avoir le moral à zéro.
2. Métro, boulot, dodo.
3. Partir au bout du monde.
4. Des projets pour le temps futur.
5. Rien ne marche.

Excerpts from the Dialogues
☐ Il n'a pas encore répondu à ma dernière lettre.
☐ Le prêt bancaire a été refusé.
☐ C'est de son âge !
☐ Il tient ça de toi, ton fils !
☐ La routine, ça me déprime.
☐ On pourrait faire grève...
☐ Le temps ici me démoralise.
☐ Je ne trouve pas de locaux.
☐ Je pourrais demander une mutation.
☐ Tu prends une année sabbatique.

(2) Look at the illustrations. What are Fiona and her mother, Claire and Fabienne, Mario and Paul, Mario and Claire, and the three friends in the café telling each other?

1. Fiona dit à sa mère qu'elle ....

2. Claire explique à sa collègue que ....

3. Paul raconte à Mario que son fils ....

4. Mario raconte à Claire que ....

5. Mario et Claire disent à Fiona qu'elle ... .

What would you do if you had a year of paid vacation? Choose three possibilities and answer using the conditional 1.
Example: 1. *Je ferais le tour du monde, 2. J'irais en Grèce... .*

1. faire le tour du monde	6. (re)faire des études
2. habiter à l'étranger	7. vivre avec les aborigènes d'Australie
3. se retirer dans un couvent *(convent)*	8. aider l'ONU
4. vivre aux la Chine	9. aider Greenpeace
5. devenir acrobate dans un cirque	10. prendre des cours de...

Cross-Cultural Information

French people like abbreviations such as **le bac** and **le prof.** They also use numerous acronyms, where only the first letter of each word in a long title is used, such as **un DEUG (Diplôme d'Études Universitaires Générales)** and **l'ENA (École National d'Administration)**.

a Surely you will recognize these abbreviations. The French designation is the reverse of the English. Write them down.

1. l'OTAN → ....
2. le SIDA → ....
3. l'ONU → ....
4. l'OLP → ....

b Listen to how these abbreviations are pronounced and how the French pronounce English abbreviations. Can you recognize them? ⌒ CD 4, Track 30

c Match up these abbreviations to the appropriate meanings.

1. S.N.C.F.	☐ Président-directeur Général
2. S.N.C.B.	☐ Revenu Minimum d'Insertion *(welfare)*
3. AJ	☐ Société Nationale des Chemins de fer Belges
4. P.D.G.	☐ Train à grande vitesse
5. T.G.V.	☐ Office Franco-Allemand pour la Jeunesse
6. JO	☐ Régie Autonome des Transports Parisiens (métro)
7. BP	☐ Société Nationale des Chemins de fer Français
8. S.A.M.U.	☐ Boîte postale
9. O.F.A.J.	☐ Auberge de Jeunesse
10. RATP	☐ Jeux Olympiques
11. R.M.I.	☐ Service d'aide médicale d'urgence

> **Learning Tip**
>
> Practice your vocabulary with the City-Country-River game! Find a French word for each letter of the alphabet. You can also provide a column for verbs, adjectives, and colors. It's also interesting to play with a French-speaking partner from time to time.
> Example: *Letter **A***

City	Country	River	Name	Occupation	Verb
Annonay	Algérie	Ariège	Antoine	architecte	arriver

1 **You know more than you realize!**
Match up these expressions that refer to heavenly bodies to the illustrations.

1. Garde les pieds sur terre !

2. Il a toujours la tête dans les étoiles. ☐

3. Tu es encore dans la lune ! ☐

4. Elle promet toujours la lune ! ☐

a

b

c

d

2 Read the survey about "Hobbies as Professions." What do the French think about that?
Complete the sentences and give your opinion.

1% 42% 45%

1. 45 % des interrogés (respondents) disent que
c'.............................. (être) **très** difficile
de suivre sa passion.

2. 42 % des interrogés ont répondu que
c'.............................. (être) **assez** difficile.

3. 1 % ont dit qu'ils ne ....
(vouloir) pas répondre.

▶ Et vous ? ▶ Moi, je trouve cela .... comme .... % des Français.

Pourtant un jeune sur deux (one out of every two young people) a dit qu'il ....
(être) d'accord pour gagner moins d'argent mais avoir un travail plus intéressant.

▶ Et vous ? ▶ Je suis ☐ d'accord ☐ pas d'accord

Putting It All Together

Which setting is right for you? Choose one photo and with the help of the suggestions provided, tell how you would like to live.
Example: *J'aimerais vivre... . Pour moi, le mieux serait d'habiter... .*

seul/e / en famille	avec des amis	au centre-ville
avec des chiens	au bord de la mer *(the sea)*	près de mon travail
avec beaucoup d'enfants	près d'une forêt *(forest)*	près d'une grande ville
près d'une station de ski	dans une ferme à rénover	sur un bateau

Listen to the problems the four people have. Give appropriate advice using the verb **pouvoir** in the conditional 1 tense. ⌒ CD 4, Track 31
Example: 1. *Tu pourrais / Vous pourriez chercher un autre travail.*

1. chercher un autre travail
2. faire une thalasso-
   thérapie
3. prendre des vacances
4. aller chez le médecin
5. sortir en boîte
6. aller en France pendant
   un mois
7. aller dans un club de sport
8. prendre une année sabbatique
9. prendre un cours particulier
   avec un professeur de français

Group the advice in Exercise 2 according to interests and inclinations. Then answer the questions using **Je voudrais...** or **J'aimerais...** ⌒ CD 4, Track 32

Make a "hit list" for your interests. What kinds of things do you like to do?
Example: *Pour profiter de la vie, j'aime..., je fais..., je...*

☐ faire les soldes
☐ inviter la famille /
   les amis à manger
☐ cultiver le jardin
☐ cultiver son hobby
☐ faire du sport
☐ acheter de nouveaux
   meubles
☐ aller au cinéma
☐ apprendre le français
☐ aller en boîte
☐ rénover
   l'appartement
☐ travailler
☐ ne rien faire
☐ lire
☐ rencontrer des gens
   nouveaux
☐ discuter avec les amis
☐ voyager beaucoup

(5) Match up the sentences and the illustrations. Then put the sentences into direct discourse and write them into the balloons.

1 ☐   2 ☐   3 ☐

....

....

....

a. Il a dit qu'il était désolé, mais qu'il n'y avait plus de chambres de libre.
b. Elle a raconté qu'elle avait fait un stage en Allemagne cet été, à Cologne.
c. Ils ont dit qu'ils achèteraient une maison en Provence pour leur retraite.

(6) Complete the sentences using the appropriate forms of **craindre** and **se plaindre**.

1. Je ne *(se plaindre)* pas, j'ai tout ce que j'aime.
2. Nous avons *(craindre)* une panne d'essence.
3. Ils ne *(craindre)* pas le chômage.
4. Il était fou amoureux et il *(craindre, imparfait)* de la perdre.
5. Vous *(se plaindre, futur simple)* à l'agence de voyage.
6. Si je pouvais, je *(se plaindre, conditionnel I)* à la compagnie aérienne.

(7) **Rien** or **personne**? Complete the following.

1. .... ne lui plaisait, elle n'a rien acheté.

2. .... ne lui a dit que sa nouvelle robe était horrible.

3. .... ne sait pourquoi il a fait cela.

4. .... ne m'intéresse dans les journaux cette semaine.

5. .... ne vous a parlé de l'éclipse de soleil *(eclipse of the sun)* du 11 août 1999.

6. .... ne manque sur la table, c'est parfait.

(8) Change the **Si-**sentences into the past. Pay attention to the form: for a **Si-**sentence in the **imparfait**, the main clause is in the **conditional 1** tense!
Example: *Si tu manges ta soupe, tu seras grand et fort.* → *Si tu mangeais ta soupe, tu serais grand et fort.*

1. Si vous allez en Provence en avril, vous pourrez louer un gîte pas cher. → ...
2. Si nous achetons cet appartement, nous pourrons y rester pour notre retraite. → ...
3. Si tu es déprimé, je viendrai te voir. → ...
4. Si vous acceptez notre invitation, nous serons très heureux. → ...

You have finished the next-to-the-last learning unit! Check over the things you have learned!

Communications Tasks:

a ☐ expressing a desire
b ☐ giving advice
c ☐ conjecturing
d ☐ talking about your life
e ☐ saying that you're depressed
f ☐ talking about signs of the zodiac

g ☐ expressing an opinion / encouraging someone
h ☐ recognizing different levels of discourse
i ☐ talking about turning passions into professions
j ☐ encouraging someone

Si j'étais Daniel, je ferais le tour du monde. **1**

Avec la lune en lion, tout ira mieux. **8**

Je n'ai pas la pêche habituelle. **6**

Tu pourrais démissionner. Il faudrait y aller. **10**

Il a sûrement raison, c'est de son âge ! **4**

Qu'est-ce qui t'en empêche ? Vas-y ! **7**

Il faut construire une piscine, rénover l'école. **2**

Magne-toi ! Dépêche-toi ! **5**

Je suis fou de montgolfière et j'ai monté une entreprise. **3**

Je voudrais prendre des vacances. **9**

You also learned:

a ☐ the conditional 1 tense
b ☐ the *plus-que-parfait*
c ☐ *Si*-sentences
d ☐ indirect discourse

e ☐ verbs that end in -**indre**
f ☐ the double negatives *rien ne...* and *personne ne...*
g ☐ the passive voice
h ☐ the imperative in combination with pronouns

J'aimerais, tu pourrais, ce serait bien... **2**

Si tu partais au Mexique, je t'accompagnerais. **1**

Je m'étais installé dans ton jardin, tu étais partie. **7**

Rien ne se passe, personne ne vient. **4**

Une grève a été organisée, ici on parle anglais. **5**

Vas-y, manges-en ! téléphone-moi ! **3**

Il a craint, nous craignons, vous vous plaindrez **6**

Elle a dit qu'elle voulait partir pendant un an. **8**

Fiona really wants to see Christian again. She keeps her promise and flies to La Réunion. Perhaps the meeting will provide some impetus to the plans for starting a music school.
🎧 CD 4, Track 33

Christian : Alors quelle impression ça fait
         d'être à l'autre bout du monde ?
Fiona   : En atterrissant ce matin, j'avais du
         mal à le croire : je suis dans l'hémisphère
         sud, la tête en bas !
Christian : Viens, on va dans la rue Juliette Dodu,
         il y a plein de boutiques chinoises et
         indiennes, tu veux t'acheter un sari ?
Fiona   : Tu crois que ça m'irait ?
Christian : Sûrement.
Fiona   : En arrivant ici, c'est ça qui m'a surpris :
         tous ces visages différents, et puis ton île
         est magnifique, Christian !
Christian : Et tu n'as encore rien vu ! En t'attendant à l'aéroport, j'ai préparé tout un
         programme dans ma tête... Saint-Pierre, le volcan, les cirques, on va faire plein
         de randonnées !
Fiona   : Tu crois qu'on aura le temps de tout faire ?
Christian : Maintenant que tu es là, je ne te lâche plus !

ne plus lâcher qn	(here) not to let go of someone	**un sari**	a sari
une impression	an impression	**En arrivant**	Upon arriving
En atterrissant	Upon landing	**surprendre qn**	to surprise someone
avoir du mal à	scarcely	**un visage**	a face
l'hémisphère (m.)	the hemisphere	**magnifique**	magnificent, great
plein/e (de qc)	full (of something)	**En t'attendant**	While I was waiting for you
chinois/e	Chinese		
indien/ne	Indian	**Saint-Pierre**	city on La Réunion
		un cirque	a basin, hollow, cirque

① The first impression of **La Réunion** was overwhelming, but also bewildering and foreign. How does Fiona express this? Underline the sentences in the dialogue.

② a Fiona expresses her uncertainty with the verbe **croire**.

Note:
The following verb tenses can be used after **croire que**:

Je crois que c'est possible...   **present**
Tu crois que ça m'irait ?   **conditional 1**
Tu crois qu'on aura le temps ?   ***futur simple***

b Answer the sentences using the following expressions involving the verb **croire**. ∩ CD 4, Track 34

Je crois que ça serait sympa.   Tu crois que c'est possible ?   Je crois qu'il ne viendra pas.

a You have glimpsed a new verb form, the **gérondif: en atterrissant, en arrivant, en t'attendant.**

Note:
The **gérondif** is constructed using **en + the present-tense stem of the first person plural + -ant:**
nous atterrissons → **en atterriss-ant**, *nous arrivons* → **en arriv-ant**,
nous attendons → **en attend-ant**

Note:
The **gérondif** allows us to increase the amount of information given and to shorten the sentence. The subject in the main and subordinate clauses accomplishes two parallel actions. The **gérondif** is invariable and temporally neutral; in other words, it can be used in combination with verbs in all tenses: *Elle écoute la radio en mangeant. / Elle écoutait la radio en mangeant.*

b First construct the first person plural of the **present tense**, then the **gérondif.**

a. regarder   b. demander   c. travailler   d. faire   e. manger   f. téléphoner

c Complete the sentences using the **gérondif** forms of the verbs in Exercise B.

1. Le serveur passe .... :

   « Qu'est-ce que vous désirez, madame ?»

2. Nous chantons ....

   la vaisselle.

3. Elle prend son petit déjeuner ....

.... la télévision.

4. Tu écoutes de la musique ....

....

5. Vous préparez le repas ....

.... à votre mère.

6. Nous écrivons des cartes postales ....

.... un sandwich.

Listen and use complete sentences to give information about your habits. ∩ CD 4, Track 35

Many specialties in **La Réunion** come from other cultures, such as the sari from India. Look at the products and listen to the people talk about them. Then match the products to the countries and construct sentences orally according to the example. CD 4, Track 36
Example: *Le sari est typiquement indien / hindou.*

1. le sari   ☐ Madagascar / malgache
2. les broderies *(embroidery)*   ☐ l'Inde / indien
3. les nappes *(tablecloths)*   ☐ la Bretagne / breton
4. les sculptures   ☐ l'Afrique / africain
5. le riz   ☐ la Chine / chinois
6. le cari ou curry

① A few safety measures must be observed on a hike in the mountains of **La Réunion.** Find out what they are by reading the notice. ⌒ CD 4, Track 37

Consignes de sécurité

- Il est recommandé de ne jamais partir seul/e en montagne.
- Il est plus prudent de donner votre itinéraire au gîte où vous dormez ou à des amis, avant de partir.
- Il est conseillé de mettre de bonnes chaussures de marche et des vêtements chauds et imperméables.
- Ne vous écartez pas des sentiers de GR.
- Après avoir donné le signal de détresse, restez auprès du blessé jusqu'à l'arrivée des secours.

Il est recommandé de...	it's recommended that...	**un sentier de GR**	a hiking trail
un itinéraire	a hiking route	*(Grande Randonée)*	
une chaussure de	a hiking boot	**un signal de détresse**	a distress signal
marche		**la détresse**	the distress
un vêtement	an article of clothing	**auprès de**	close by
imperméable	waterproof	**un/e blessé/e**	an injured person
s'écarter de	to leave	**les secours** *(m.,pl.)*	the help

② **a** How are recommendations expressed? Find three expressions in the safety notice and underline them.
Example: *Il est...*

b Listen to the regulations for hotels and mountain hiking. Number them as pertaining to a hotel or to mountain hiking. CD 4, Track 38

1. à l'hôtel ▢ ▢ ▢   2. en randonnée ▢ ▢ ▢

③ **a You know more than you realize!**
Check off the things you need to have in your back pack for a hike:
1. when you are hiking in the woods over level ground; and 2. when you are hiking in the mountains.

▢ des espadrilles
▢ une crème solaire
▢ un maillot de bain
▢ une gourde
▢ un imperméable
▢ des chaussures de marche
▢ un pull-over

▢ un chapeau
▢ des lunettes de soleil
▢ un short ou un bermuda
▢ une lampe de poche
▢ un couteau
▢ une pharmacie de secours

b Which items from Exercise A do you need in the following situations? Complete the sentences.
Example: *S'il pleut, j'ai besoin d'un imperméable.*

1. S'il y a une plage, ...
2. S'il fait sombre, ...
3. S'il fait trop chaud, ...
4. Si j'ai mal aux pieds, à la pause, ...
5. Si j'ai soif, ...
6. Si quelqu'un est blessé, ...
7. Si j'ai faim, pour manger ma baguette, ...
8. Si le soleil brille trop fort, ...

a After the prepositions **avant** and **après** a verb in the infinitive form is used: **avant de partir / après avoir donné.**

Note:
avant + de + infinitive
après + past infinitive (avoir / être + past participle)

b Complete using the correct helping verb **avoir** or **être**.

Hier soir, après .... revenu du travail, j'............ lu les journaux. Puis après

.... écouté les informations à la radio, j'............ fait la cuisine. Après

.... mangé les spaghettis, j'............ pris une douche. Et après m'...........................

reposé quelques minutes sur le canapé, je .... allé au lit.

Construct sentences using **avant** or **après**.
Example: *Tu pars, mange quelque chose avant.* → *Avant de partir, mange quelque chose.*
Nous mangeons et nous partons après. → *Après avoir mangé, nous partons.*

1. Vous partez, donnez votre itinéraire avant.
2. Nous réservons une chambre en gîte et nous partons après.
3. Vous faites les courses et vous prenez l'apéritif dans un bar après.
4. Je fais une randonnée, je cherche un guide de montagne avant.
5. J'écoute les infos route à la radio et je prends l'autoroute après.
6. On visite Saint-Denis mais on cherche un hôtel avant.

Hiking in France

Hiking in the mountains is becoming increasingly popular in France. In order to plan your hike adequately, you should get a hiking map of the region, the **Cartes GR.** These contain overall routes for long hikes and scenic outlooks and hiking shelters, as well as notices about dangerous ravines, trails, and climbs. You should use only the designated hiking trails. French trail shelters are very good for overnighting and are adequately equipped for the purpose. You should make reservations in advance.

Christian and Fiona take a hike with Patrick in the **cirque** of **Cilaos.** They talk about life on **La Réunion.** ∩ CD 4, Track 39

Patrick	:	On se fait une petite pause ?
Christian	:	D'accord. Fiona, ça va ? pas trop fatiguée ?
Fiona	:	Une petite pause n'est pas une mauvaise idée, j'ai soif.
		Tu me passes la gourde, Christian ?
Christian	:	Ah quel panorama ! Je vais avoir du mal à repartir en métropole.
Patrick	:	Qui te parle de repartir ? Etre au chômage ici ou ailleurs,
		tu peux bien rester ici, au moins tu as le soleil toute l'année.
Christian	:	Je te l'ai déjà dit, Patrick, il n'y a pas d'avenir pour moi ici.
Patrick	:	Et moi je te le répète, au moins ici, tu as tes racines.
		Qu'est-ce que tu en penses, Fiona ?
Fiona	:	Ce que j'en pense, c'est tout simple : je suis Irlandaise
		par mon père, je suis insulaire comme vous deux, à
		Strasbourg la mer me manque. Avec Christian, on en
		parle depuis mon arrivée : est-ce possible d'ouvrir l'école de musique à Saint-Denis ?
Patrick	:	C'est vrai, tu accepterais de vivre ici ? Eh bien possible ou impossible, tu ne le
		sauras pas tant que tu n'auras pas essayé !
Christian	:	Alors Fiona, essayons ! Oui, ça en vaut sûrement la peine !
Fiona	:	Et Mario et Claire ?

passer	(here) to give, pass	**les racines** *(f.,pl.)*	the roots, origin
un panorama	a view, panorama	**simple**	simple
avoir du mal à repartir	to find it difficult to leave	**un/e insulaire**	an island inhabitant *(m./f.)*
Qui te parle de...	Who's talking about...	**tant que**	as long as
ailleurs	elsewhere	**ça en vaut** *(from valoir,*	it's worth it
au moins	at least	*to be worthwhile)*	
		la peine	(here) the trouble

(1) Christian, Fiona, and Patrick talk about the possibility of staying on **La Réunion.** What reasons are there for **(pour)** and against it **(contre)**? Find expressions in the text and make a list.

pour ...	contre ...

(2) a Several sentences in the dialogue are constructed with **en.** Find the preposition for each verb.

1. Qu'est-ce que tu en penses ? → Qu'est-ce que tu penses .... cette idée ?
2. Ce que j'en pense ? → Ce que je pense .... cette idée ?
3. On en parle depuis mon arrivée. → On parle .... cela depuis mon arrivée.
4. Ça en vaut sûrement la peine. → Cela vaut sûrement la peine .... réaliser cette idée.

Do you recall the rule for the pronoun **en**? With which verbs is it used?

b What kinds of things are worth it? What isn't worth it? React according to the example.
🎧 CD 4, Track 40
Example: *Ça en vaut sûrement la peine ! / Ça n'en vaut pas la peine !*

a Listen to four people talk about their roots. Where do they come from, and where do they feel at home? Write down the regions, countries, or cities under each picture. CD 4, Track 41

....

....

b How about you? Where do you feel at home? Tell us.
Example: *Je me sens chez moi à / en... Mes racines sont à / en...*

a In the dialogue you find yet another compound verb form, the **futur antérieur: Tu ne le sauras pas tant que tu n'auras pas essayé!**

Note:
The **futur antérieur** is constructed using the **futur simple** of the helping verbs **avoir** and **être** + the **participe passé** of the appropriate verb: **tu auras essayé.** After **tant que** the **futur simple,** the **futur antérieur,** or the **present** can be used. The **futur antérieur** is used when it's assumed that a future action **will be completed before** some other future action.

b Complete the following sentences using the correct verb forms in the **futur antérieur**.

1. Je ne dirai rien tant que je n'.. *(recevoir)* sa lettre.

2. Nous ne partirons pas tant que nous n'.. *(trouver)* de chambre d'hôtel.

3. Ils penseront que c'est impossible tant qu'ils n'.. *(essayé)*.

4. Tant que vous n'.. *(téléphoner)*, nous ne pourrons rien faire.

(**Learning Tip**)
In order to solidify and expand your vocabulary, you can put together expressions for specific communicative situations according to the motto, "What do you say when…"

① Read along as you listen to what the French think about living in the country. Mark off the things that are positive (+) and negative (−). CD 4, Track 42

☐ **1** Partir vivre à la campagne, se mettre au vert, c'est bien gentil, mais cela veut dire aussi être au chômage.

☐ **2** Retrouver ses racines, vivre comme nos grands-parents vivaient autrefois, la vie était sûrement plus harmonieuse.

☐ **3** Si tu n'es pas du village, si tu n'y es pas né, tu seras toujours considéré comme un Parisien ! Tu ne pourras pas t'intégrer.

☐ **4** La campagne, c'est mortel : faire 30 km pour aller au cinéma, ou pour amener les enfants à l'école, non merci. Je ne veux pas m'enterrer dans un village !

☐ **5** On dit que la ville, c'est trop bruyant, c'est du stress. Mais la campagne, c'est bruyant aussi : les tracteurs, les voitures diesel, les coqs qui vous réveillent à 5 h du matin, les cloches de l'église… Ce n'est pas le repos !

☐ **6** L'idéal, ce serait de vivre dans un village, mais à une vingtaine de kilomètres d'une grande agglomération, avec la possibilité de prendre un train ou un métro pour aller en ville, on se sentirait moins isolés…

Se mettre au vert. *(fam.)*	To move to the country
la campagne	the country (as opposed to the city)
autrefois	formerly
considérer comme	to regard, consider to be
s'intégrer	to fit in
mortel/le	deadly (boring)
amener qn à	to bring someone to
s'enterrer	to get buried

bruyant/e	noisy, loud
un tracteur	a tractor
un coq	a rooster
réveiller qn	to wake someone up
une cloche	a bell
une vingtaine	around twenty
une agglomération	a population center
une possibilité	a possibility
isolé/e	isolated

Good to know!

The expression **(Comme) un Parisien** is applied to anyone who comes from the capital city and knows nothing about the problems of country people. Also, Parisians are often perceived as arrogant.

② Look in the passages to find the expressions that correspond to these sentences:
Example: 1. *Partir à la campagne,…* → *se mettre au vert.*

2. C'est peut-être une bonne idée, mais... →
3. Je ne veux pas perdre le contact avec le monde. →
4. Tu seras toujours considéré comme un étranger. →
5. Il y a trop de bruit. →
6. Une grande ville... →
7. On se sentirait moins seuls. →

Group the terms from the passages into the following categories:

1. le bruit   2. les moyens de transport   3. les difficultés de la vie à la campagne

a Do you agree with the opinions of the people quoted in the passages? Read the statements below and jot down which passages they correspond to.

☐ On peut travailler à la campagne, avec un fax, un modem, un ordinateur... pas de problème !
☐ Il y a du bruit, mais il y a moins de pollution. Et puis, un coq, c'est plus agréable que la télévision des voisins. Et en plus, on peut en faire un coq au vin !
☐ Il y a d'autres joies à la campagne : vivre en plein air, manger sur la terrasse, profiter de la nature, se promener...
☐ La vie n'était pas plus harmonieuse autrefois, les gens avaient besoin de moins de choses pour être heureux. Mais la vie était plus dure (hard) aussi.

b React to these opinions. Listen. ∩ CD 4, Track 43

You know more than you realize!
Which products, foods, and dishes are associated with these animals?
Example: *la vache* → *le lait* → *le bœuf bourguignon*.

la vache
le coq et les poules
les moutons

le cochon
le lapin

(**Population Centers and the Countryside in France**)

The greatest population centers in France are **Paris** and the surrounding region with 11.6 million residents, **Lyon** (1.2 million), **Marseille** (1.1 million), **Lille-Roubaix-Tourcoing** (1 million), and **Toulouse** (550,000). The most heavily populated **départements** are **Nord** (2.56 million), **Paris** (2.12 million), and **Bas-du Rhône** (1.8 million). The least populated **départements** are **Lozère** (72,900), **Hautes-Alpes** (120,300), and **Corse-du-Sud** (124,700).

Fiona is excited about the island. She has reached a decision and writes to Claire and Mario. Both of them should come to **La Réunion**. ⌒ CD 4, Track 44

Claire : Une lettre de Fiona !

Mario : Et qu'est-ce qu'elle dit ?

Claire : Elle a l'air très heureuse, attends, je finis de lire... Et bien voilà, elle nous propose de venir les rejoindre à Noël.

Mario : Ah bon, qu'est-ce qu'elle écrit exactement ?

Claire : « Il faut que vous veniez, c'est un enchantement. Et puis il faut que nous parlions tous les quatre au sujet de l'école. »

Mario : On peut bien le faire ici, quand elle reviendra. Ça fait un peu cher pour une petite discussion...

Claire : Christian a ajouté un mot : il désire que nous visitions son île et il n'y a aucun problème pour le logement. Il faut juste que nous réservions très vite un vol. Qu'est-ce que tu en penses ? Mais qu'est-ce que tu fais ?

Mario : J'enfile mon manteau, pourquoi ? On va à l'agence de voyage, on a encore une heure avant la fermeture ! Dépêche-toi !

rejoindre qn	to meet someone again	**juste**	(here) only
un enchantement	(here) a dream, a marvel	**enfiler qc**	to put something on
au sujet de	about	**la fermeture**	the closing
une discussion	a discussion		

(1) Write a postcard based on the dialogue. What did Fiona and Christian write in their letter to the two of them?

LA RÉUNION

(2) a In this dialogue you encountered a new mode: the **subjonctif: il faut que vous veniez.**

Note:
In addition to the **Indicative** (which expresses reality), there is the **subjonctif**, which is used to express desire and subjective feelings. It is used after expressions such as **il faut que...** and **désirer que...** and other triggers for the **subjonctif.**

b Write down the forms that appear in the dialogue.

1. Il faut que vous .... , c'est un enchantement.

2. Il faut que nous .... tous les quatre.

3. Il désire que nous .... son île.

4. Il faut juste que nous .... très vite un vol.

The **subjonctif** of verbs that end in **-er** is easy to memorize. With verbs that have a stem change in the present-tense first and second persons plural, the difference is carried through to the **subjonctif**.

Subjunctive of -er verbs	Subjonctif of venir
... que je *parle*	... que je *vienne*
... que tu *parles*	... que tu *viennes*
... qu'il *parle*	... qu'il *vienne*
... que nous *parlions*	... que nous *venions*
... que vous *parliez*	... que vous *veniez*
... qu'ils *parlent*	... qu'ils *viennent*

Note the **subjonctif** forms of some irregular verbs:

être	**avoir**	**faire**	**aller**
... que je *sois*	... que j'*aie*	... que je *fasse*	... que j'*aille*
... que nous *soyons*	... que nous *ayons*	... que nous *fassions*	... que nous *allions*

Check the grammatical appendix of this book for the **subjonctif** forms of irregular verbs.

What do Fiona and Christian want to happen when Mario and Claire come? Answer. ⌒ CD 4, Track 45
Example: 1. *Fêter Noël avec eux à La Réunion.* → *Ils désirent que Mario et Claire fêtent Noël avec eux à La Réunion.*

You know more than you realize!
When do these shops in France open? Match them up.

1. une agence de voyage   3. une boulangerie   5. un fleuriste
2. la poste   4. un supermarché   6. une pharmacie

☐ fermé le lundi   ☐ ouvert du lundi au samedi   ☐ de 8h à 12h   ☐ de 14h à19h30
☐ ouvert le dimanche   ☐ de 8h à 20h   ☐ de 14h à 18h   ☐ 24h sur 24

1 ▸ *Daniel Pennac,* a writer and French teacher, tries to make literature more accessible to his students. So he reads the books aloud, such as **Le Parfum** by **Patrick Süskind.** Read the students' reactions and the ten "commandments" of reading from his novel **Comme un roman.** Underline the words that pertain to the theme of reading.

Et merci à vous aussi, messieurs Márquez, Calvino, Stevenson, Dostoïevski (...) Pas un seul, parmi ces trente-cinq réfractaires à la lecture, n'a attendu que le prof aille au bout d'un de vos livres pour le finir avant lui. Pourquoi remettre à la semaine prochaine un plaisir qu'on peut s'offrir en un soir ?

▸ Qui c'est, ce Süskind ?
▸ Il est vivant ?
▸ Qu'est-ce qu'il a écrit d'autre ?
▸ C'est écrit en français, *Le Parfum* ?
   On dirait que c'est écrit en français.

Les droits du lecteur
1 *Le droit de ne pas lire.*
2 *Le droit de sauter des pages.*
3 *Le droit de ne pas finir un livre.*
4 *Le droit de relire.*
5 *Le droit de lire n'importe quoi.*

6 *Le droit au bovarysme.*
7 *Le droit de lire n'importe où.*
8 *Le droit de grappiller.*
9 *Le droit de lire à haute voix.*
10 *Le droit de nous taire.*

Daniel Pennac *Comme un roman*, © Editions Gallimard, 1992, p. 127 et 162

parmi	among	**le droit**	the right
réfractaire (à)	resistant (to)	**un lecteur**	a reader
la lecture	(here) reading	**sauter**	to skip (over)
avant	before (temporal)	**une page**	a page
remettre	(here) to put off	**n'importe où**	anywhere
un plaisir	a pleasure	**grappiller**	to glean
s'offrir	to take	**à haute voix**	aloud
en un soir	in one evening	**se taire**	to remain silent

Good to know!

The expression **le bovarysme** is derived from **Madame Bovary** (1856), a novel by **Gustave Flaubert.** It's about a woman who lives in books and has lost touch with reality.

2 a The verb **lire** *(to read)* is irregular. Note the form of the **participe passé.**

lire		Passé composé	Imparfait	Futur	Subjonctif
je *lis*	nous *lisons*	j'ai *lu*	je *lisais*	je *lirai*	que je *lise*
tu *lis*	vous *lisez*		nous *lisions*	nous *lirons*	que nous *lisions*
il *lit*	ils *lisent*				

b Complete using the appropriate forms of *lire*.

1. Qu'est-ce que vous .... ?
4. Demain, il .... tout dans les journaux.

2. J'ai .... un bon roman de *Pennac* cette semaine.
5. Quand nous étions petits, nous .... des BD.

3. Nous ne .... pas beaucoup.
6. Qu'est-ce que tu .... ? un roman ?

Listen and answer the questions. ∩ CD 4, Track 46

a *Pennac* wrote *"Le droit de lire n'importe où."* Listen and jot down where these people read and what they read. ∩ CD 4, Track 47

b How about you? Where do you like to read? Why? Mark it off in Exercise A.

You know more than you realize!
Do you recognize these scripts? Which languages are they? Answer.
Example: 1. *On dirait que c'est écrit en...*

1 欧洲時報
2 Hürriyet
3 ΞΗ ΚΑΘΗΜΕΡΙΝ
4 ИЗВЕСТИЯ
5 Libération

Daniel Pennac (born 1944)

Pennac (really *Pennacchioni*) writes about *Belleville,* a multicultural quarter in Paris. His language is very modern and his novels read like mysteries: *Au bonheur des ogres* (1985), *La Fée Carabine* (1987), *La Petite Marchande de prose* (1989), and *Monsieur Malaussène* (1995). *Pennac*'s novels have been translated into other languages.

Claire and Mario have arrived to spend Christmas with Christian and Fiona on **La Réunion**. Over a meal they try to find a way to make their dream of starting a music school come true. ∩ CD 4, Track 48

Mario : Christian, tu cuisines comme un vrai cordon-bleu.

Fiona : C'est bien pour ça que je le garde, cet homme !

Claire : Tu as raison. Mais comment voulez-vous faire ?
Vous repartez en métropole avec nous ?

Christian : Eh bien, justement, c'est là le problème.
Fiona préfère que nous ouvrions l'école
ici à Saint-Denis...

Mario : C'est un peu loin pour venir donner des cours...

Fiona : Vous avez dit à Strasbourg que vous vouliez du changement. J'aimerais bien que vous participiez ici à l'école, mais vous avez vos obligations en métropole...

Claire : Ton idée est géniale depuis le début, Fiona, et elle est encore mieux maintenant ! Je crois que je peux essayer de travailler ici, je vais demander une mutation à La Réunion pour la rentrée suivante. Et dans ce cas, nous serons là tous les quatre ! Le rêve !

Mario : Tu veux ouvrir quand, Fiona ?

Fiona : Je dois d'abord démissionner à Strasbourg et m'installer ici avec Christian, donc je ne crois pas que je puisse ouvrir avant septembre. Je vous attendrai.

Christian : Buvons à nos retrouvailles, et à notre grand projet !

Claire : C'est une folie ! Mais on en fait à tout âge !

un rêve	a dream		une obligation	an obligation
cuisiner	to cook		un début	a start, beginning
un cordon-bleu *(fam.)*	a good cook		un cas	a case
C'est bien pour ça que...	That's why		les retrouvailles *(f.,pl.)*	getting together again
			à tout âge *(m.)*	at any age

1. What steps still need to be taken in order to open the music school?
Write them down with the help of the dialogue.

Fiona	Claire	Mario	Christian
....	....	*démissioner à*	*trouver un local*
....	....	*l'orchestre...*	*pour l'école...*

2. The dialogue contains some verbs in the **subjonctif**. They come after verbs of wishing *(preferring, recommending, permitting...)*: **Fiona préfère que nous ouvrions l'école..., J'aimerais bien que vous participiez ici...**
Listen and answer using forms of the verb **préférer**, as in the example. ∩ CD 4, Track 49

Example: 1. *midi / onze heures ;* ▶ *Je viens te voir à onze heures demain.* → ▶ *Non, je préfère que tu viennes à midi.*

1. midi / onze heures
2. rester / partir
3. manger à la maison / manger à la cantine

4. partir en Provence / partir en Bretagne
5. demander une mutation / démissionner

6. faire la fête / boire un verre de champagne

a Look carefully at these two sentences from the dialogue:

Claire : *Je crois que je* **peux** *essayer de travailler ici...*
Fiona : *Je ne crois pas que je* **puisse** *ouvrir avant septembre.*

... que je puisse is the **subjonctif** of the verb **pouvoir**.

Note:
After verbs that denote thinking and believing such as **croire** and **penser** the **indicative** is used. But if these verbs are used in the negative, the **subjonctif** follows:
Je crois qu'elle peut. → **Je ne crois pas qu'elle puisse.**

b Provide the **subjonctif** forms of the following verbs:

1. être   que je ....   qu'il ....   que nous ....

2. pouvoir   que je ....   qu'il ....   que nous ....

3. cuisiner   que je ....   qu'il ....   que nous ....

4. aimer   que j' ....   qu'il ....   que nous ....

5. avoir   que je ....   qu'il ....   que nous ....

c Listen and change the sentences that contain the verbs **penser** and **croire**. ⌒ CD 4, Track 50

Look at these expressions, all of which involve colors, and locate their meanings. Match them up with the French explanations.

1. un cordon-bleu
2. une carte bleue
3. le maillot jaune
4. la carte grise

☐ Le premier cycliste du Tour de France le porte.
☐ Document de propriété d'une voiture.
☐ Un bon cuisinier.
☐ Une carte de crédit.

You know more than you realize!
Three words from the dialogue have two meanings. The second meaning is used in professional language in English and some other languages. Locate the three words.

1. a move or a biological change ....

2. an obligation or a banking transaction ....

3. the French homeland or a large city ....

1 Maybe Claire, Christian, Fiona, and Mario have finally found happiness. But what is happiness? Read the following quotations from **Jules Renard** and **Tahar Ben Jelloun,** two writers. Which quotation corresponds to your concept of happiness?

▶ 1. "Si l'on bâtissait la maison du bonheur, la plus grande salle serait la salle d'attente."
*(Jules Renard *1864 †1910)*

▶ 2. "(...) on ouvre ses bras et sa maison, on est fier d'accueillir l'étranger ou le voisin, on n'attend rien en échange. On est envahi par la famille, proche et lointaine, on n'a plus d'espace à soi, plus de vie privée, la maison est vaste comme le cœur, comme les mains. (...)
C'est cela, le bonheur : avoir du temps et le partager avec les autres."
*(Tahar Ben Jelloun *1944)*

le bonheur	the happiness
bâtir	to build
une salle d'attente	a waiting room
un bras	an arm
fier / fière	proud
accueillir qn	to welcome
en échange	in exchange

envahir	to invade
proche	near
lointain/e	distant, far
à soi	for oneself
vaste	big *(fig.)*
partager qc	to share something

2 a **Jules Laforgue**, a French writer from the previous century, talks about a house of happiness. What might this house look like? Check off the applicable features.
Si l'on bâtissait la maison du bonheur,

elle serait	☐ grande	☐ petite	☐ haute	☐ ronde
elle aurait	☐ beaucoup de pièces	☐ une seule pièce	☐ une salle d'attente	☐ un coin privé
elle serait	☐ bleue	☐ rouge	☐ jaune	☐ blanche
elle serait	☐ en Amérique du Nord	☐ en France	☐ sur la lune	☐ en Afrique
elle serait	☐ à tout le monde	☐ à moi	☐ à mes enfants	☐ à mon pays
on y parlerait	☐ toutes les langues	☐ français et anglais	☐ espéranto	☐ créole
elle aurait	☐ un jardin	☐ un grenier	☐ une terrasse	☐ une tour
elle serait	☐ à la montagne	☐ dans un port	☐ à la campagne	☐ en ville
elle serait	☐ toujours ouverte	☐ toujours fermée	☐ toujours avec des amis	☐ toujours ensoleillée
elle s'appellerait	☐ Mon bonheur	☐ Le rêve	☐ Surabaya	☐ L'île ....

....

b Would you like to sketch the house?

a Read the text by **Ben Jelloun** once again. What is his house on the Mediterranean like? Who comes to visit? What comparisons does he use?

b Answer the questions. ∩ CD 4, Track 51

Fill in the text using verbs in the **subjonctif**.

1. René aimerait que l'architecte lui .... *(construire)* une maison ronde.

2. Mais l'architecte ne croit pas que cela .... *(être)* possible.

3. Les plans de l'architecte ne plaisent pas à René qui préfère que la maison ....

   (avoir) une terrasse et une tour, et qu'elle .... *(donner)* sur un jardin anglais.

4. Il aimerait bien que ses enfants .... *(pouvoir)* y planter des arbres.

5. René rêve que la maison .... *(avoir)* vue sur la mer.

6. L'architecte ne pense pas que René .... *(être)* très réaliste, alors il refuse

   de travailler pour lui.

You know so many words now! Try to come up with your own definition of happiness.
Example: 1. *Le bonheur, si c'était un pays, ce serait la France.*

1. un pays	5. un verbe	9. une personne	13. un philosophe
2. une ville	6. une peinture	10. un livre	14. une boisson
3. une langue	7. une couleur	11. une chanson	15. un moyen de transport
4. un adjectif	8. un prénom	12. un instrument	16. un moyen de communication

Tahar Ben Jelloun (born 1944)

Tahar Ben Jelloun, a Moroccan writer, has published numerous essays, volumes of poetry, commentaries, and plays in French. In 1987 he was awarded the **Prix Goncourt** for his novel **La Nuit sacrée.** His work is strongly autobiographical and focuses on the problems of the North Africans who live in France. His book **Le racisme expliquée à ma fille** explains the problem of racism to children and youths. The idea for this book came to him during a demonstration against the **Debré** law on the admittance and residence of foreigners in France. This work is also used in schools.

It's September in **Saint-Denis**. Through sheer determination, Fiona and her friends have made it: they're opening their music school! Many students have already signed up and they're having a celebration. ⌒ CD 4, Track 52

▌ Quelle ambiance !
▌ Oui c'est chouette ! Cette école est très jolie, ça donne envie d'apprendre !
▌ Qu'est-ce que tu vas faire comme instrument ?
▌ De la clarinette, le prof est sympa. Et toi ?
▌ De la guitare, j'ai parlé avec Christian le prof, on fera cours en créole, c'est mieux.

Mario : Alors Fiona, contente ?

Fiona : Contente oui, mais un peu crevée. Quel travail pour tout organiser !

Mario : Je crois que tu n'as rien oublié. Et les nouveaux profs ont l'air très qualifiés.

Fiona : C'est Christian qui les a choisis.

Claire : Fiona, j'ai une idée, on fera un grand orchestre et chaque année pour la fête de la musique, on jouera les chansons de Christian !

Christian : Oui, mais en créole ! Je ne chante pas en français à La Réunion !

Fiona : Je crois qu'il va nous falloir apprendre le créole. Tu ne connais pas une bonne méthode, Christian ?

Christian : Je peux vous apprendre les bases mais ensuite, il faut rencontrer les gens et parler avec eux ! Vous y arriverez, j'en suis sûr !

avoir l'air *(m.)* qualifié/e	to look like qualified	les bases *(f.,pl.)* Vous y arriverez	(here) the basics You'll manage

(1) a The school is now open, but what's the four friends' next plan? Complete the following with the help of the dialogue.

Je crois qu'il va ....

b Use the expression from Exercise A with the different pronouns.
Example: *Claire doit apprendre le créole.* → *Je crois qu'il va lui falloir apprendre le créole.*

1. Vous devez rencontrer des gens et parler.
2. Christian doit écrire des chansons en créole.
3. Fiona doit trouver de nouveaux professeurs.
4. Je dois aller en France.
5. Tu dois apprendre les bases de la grammaire.
6. Mario doit apprendre la pêche sous-marine.

On **La Réunion** people speak Creole and French. Mario, Fiona, and Claire plan to learn the language. Look at the card in Creole. Can you understand what it's about?

Good to know!

The Creole language is different in the Antilles and on **La Réunion.** It's very difficult for a native French person to understand Creole.

Let's make up a grammar summary. Find some examples in the dialogue for each category.

quel / quelle	Futur composé	Futur simple	Comparative
....	....	....	....
....	....	....	....

Agreement of the *participe passé* in the *passé composé* with *avoir*	the pronoun *y*	the pronoun *en*
....	....	....

Which of the following points are important in learning a foreign language? Number them from 1 to 13 based on your experience.

- apprendre les bases
- rencontrer les gens et parler
- écouter des chansons
- apprendre le vocabulaire
- répéter les dialogues
- apprendre la grammaire
- voyager dans le pays
- avoir le temps d'apprendre
- être motivé/e
- apprendre en s'amusant
- avoir un/e correspondant/e dans le pays
- avoir un bon accent
- lire des journaux

Encourage your friends to do something, as Christian does when he says, **Vous y arriverez, j'en suis sûr!** Pay particular attention to the pronouns. CD 4, Track 53
Example: 1. *Je n'arrive pas à apprendre le vocabulaire.* → *Tu y arriveras, j'en suis sûr/e !*

1. Would you like to visit a class in Fiona's music school? Read the program and choose.

> **Ecole de musique Rythmes et Ambiance.**
> *Cours pour débutants et avancés, pour tous les âges, à la carte, en groupe ou particuliers.*
>
> **Instruments à vent**
> Clarinette   Batterie
> Saxophone   Percussions
> Flûte traversière
> Trompette
>
> **Instruments à cordes**
> Guitare   Piano
> Violon   Chant
> Violoncelle   Solfège (tous niveaux)
>   Eveil musical pour les enfants à partir de 4 ans
>
> Pour tous renseignements : Fiona Petit et Christian Aribel, 15, rue Juliette Dodu, 97000 St-Denis
> Tél 0262 24 84 41   www.rythm.fr

un avancé	an advanced student
à la carte	(here) as desired
un instrument à vent	a wind instrument
une flûte traversière	a transverse flute
un instrument à cordes	a string instrument

les percussions *(f.,pl.)*	(here) drums
le chant	singing
le solfège	music theory
l'éveil musical *(m.)*	early music instruction

2. Complete the registration form:

Nom	....
Prénom	....
Date et lieu de naissance	....
Adresse	....
Connaissances en solfège	☐ aucune ☐ les bases ☐ niveau avancé
Instrument souhaité	....
Niveau	☐ débutant ☐ moyen ☐ avancé
Style de musique	☐ classique ☐ moderne ☐ jazz
Pour le cours d'éveil musical	nom de l'enfant : ....
	date de naissance : ....

Before you visit a class, you should know what the notes are called in French. Note the minor difference from English.

do   ré   mi   fa   sol   la   si   do

....

On what occasions do you hear this type of music? Listen and match up the music with the pictures. Then match the pictures to the occasions. ◯ CD 4, Track 54

1  2  3  4

☐ le défilé du 14 juillet   ☐ le Festival du Printemps de Bourges
☐ le Festival d'Orange   ☐ la fête de la musique

You know more than you realize!
Many adjectives have several meanings. Match them up.

aigu / aiguë :
1. critical 2. high-pitched 3. sharp
☐ une voix aiguë
☐ une douleur aiguë
☐ une intelligence aiguë

grave :
1. serious 2. deep 3. solemn
☐ une voix grave
☐ une maladie grave
☐ un grave problème

doux / douce :
1. moderate 2. sweet 3. melodious
☐ un prix doux
☐ une voix douce
☐ un vin doux

dur/e :
1. hard 2. stubborn 3. strict
☐ un enfant dur
☐ un professeur dur
☐ un exercice dur

(Music Festivals in France)

There are music festivals all over France in the summer months. Whether classical, popular music, or jazz, all types are represented. Places that are famous for their festivals include **Orange** (opera), **Bourges** (popular music), **Antibes-Juan-les-Pins** and **Montauban** (jazz). On the Mediterranean, 16 cities along the coast take part in the **Festival des Côtes méditerranéennes,** which has taken place every August since 1976.

(1) Read these sentences from the last five lessons. What do they communicate? Group them into the following two categories: 1. Enthusiasm 2. Doubt

☐ Tu crois que ça m'irait ?
☐ Ça en vaut sûrement la peine !
☐ Tu accepterais de vivre ici ?
☐ Ton île est magnifique !
☐ Ton idée est géniale depuis le début.
☐ Je vais avoir du mal à repartir.

☐ Quel panorama ! Je ne te lâche plus !
☐ Il n'y a pas d'avenir pour moi ici.
☐ Ça donne envie d'apprendre.
☐ C'est un peu loin pour venir donner des cours.
☐ C'est une folie, mais on en fait à tout âge.
☐ Tu ne le sauras pas tant que tu n'auras pas essayé.

(2) Give your fantasy free rein and consider how the actions of these lessons might be continued.

Lesson 36: Fiona and Christian are in **Saint-Denis.** Fiona buys a sari. Answer the sales lady. Also ask about the price, the quality, and where the sari came from.

▶ Vous désirez ? → ▶ …
▶ Quelle est votre taille ? → ▶ …
▶ Quelle couleur aimez-vous ? → ▶ …

▶ Ça vous va bien ! → ▶ …
▶ C'est de la soie (silk), vous savez ! → ▶ …

Lesson 37: Christian, Fiona, and Patrick are on a hike. Christian asks for three bunks in a **gîte de montagne**. What questions does he ask? Find out about the available places, the price, and breakfast.

Lesson 38: Mario and Claire go to the travel agency. They reserve a flight to **La Réunion** for the following Christmas. Prepare the questions they need to ask.

Lesson 39: Christian has cooked some Creole food. Things have gotten mixed up in the directions. Number the steps in the correct order.

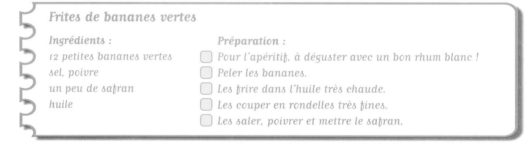

Frites de bananes vertes

Ingrédients :
12 petites bananes vertes
sel, poivre
un peu de safran
huile

Préparation :
☐ *Pour l'apéritif, à déguster avec un bon rhum blanc !*
☐ *Peler les bananes.*
☐ *Les frire dans l'huile très chaude.*
☐ *Les couper en rondelles très fines.*
☐ *Les saler, poivrer et mettre le safran.*

Lesson 40: Look at the floorplan of the music school and listen. Write down where the rooms are located. CD 4, Track 55

REZ DE CHAUSSÉE

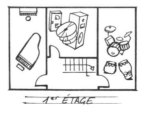

1er ÉTAGE

2ème ÉTAGE

What things do Claire and Mario have to take care of before they can leave for **La Réunion?**
Write them down.
Example: 1. *Il faut qu'ils …+ subjonctif!*

1. ....
2. ....
3. ....

....
....
....

4. ....
5. ....

a Do you remember? **Pennac** wrote: **"Le droit de lire n'importe quoi."** Look at the collage
and find the types of things that people read.

☐ ....
☐ ....

Clafoutis aux cerises

Ingrédients :
100 g de farine
90 g de sucre
4 œufs
1/4 de litre de lait
750 g de cerises noires
1 pincée de sel

Préparation :
Mélanger la farine avec les
œufs entiers, le sucre et le
sel. Verser un peu de lait et
mélanger à nouveau. Bien
travailler la pâte pour la rendre
légère.

1

Ajouter le reste du lait, puis les cerises. Verser la pâte dans un plat beurré.
Faire cuire 35 minutes (200° C). Saupoudrer de sucre. Servir chaud ou froid. **2**

TAHAR
**BEN JELLOUN
LA NUIT
SACREE**

3

4

5

6

☐ ....
☐ ....
☐ ....
☐ ....

b How about you? What do you like to read? Number the items in Exercise A from 1 to 6.

Cross-Cultural Information
In France, as here, books are highly valued. The French also read lots of comics. The **Salon de
la Bande dessinée** takes place every year in **Angoulême.** In Brussels there is even a comics
museum! The largest book fairs are the **Salons** in the **Grand Palais** and at the **Porte
Versailles** in Paris, which are held in mid-March every year.

You know more than you realize!

Michel Déon (born 1919), a French writer and member of the **Académie française**, writes about the experiences he had while traveling overseas. Read his definition of happiness. Does this definition of happiness satisfy you?

This time try to deduce the unknown words with the help of explanations in one language, another foreign language, or by association. Example: *approcher* → *proche... etc.*

Attablés tous deux, nous rêvions sans parler, à la Grèce, nous rêvions aux îles, à l'Asie qui est en face et que nous approcherions plus tard, ou peut-être même jamais si nous trouvions le point d'équilibre et nous étions bien près de l'avoir trouvé avec un blue-jean, un chandail, un sac à matelot pour tout bagage. N'avoir besoin que du nécessaire, ne pas quitter d'un pouce l'être que l'on aime, voir chaque jour le soleil se lever et se coucher, manger quand on a faim, écrire sur une table même boiteuse, se répéter que ce qui est beau c'est la mer, le ciel, un olivier que retrousse le vent, que l'amitié est partout où l'on franchit un seuil, que, déracinés, sautant d'un bateau dans l'autre, une anthologie de poètes remplace tous les livres, voilà un peu de ce que je cueillais en Grèce...

Michel Déon, *Le Rendez-vous de Patmos*, 1971, © Editions Gallimard Folio, p. 247.

attablé/e	assis/e à table	**se coucher**	le contraire de "se lever"
un chandail	un pull-over	**un olivier**	un arbre qui a des olives
un sac à matelot	un sac de marin	**retrousser**	relever
le nécessaire	le minimum	**franchir un seuil**	entrer dans une maison
ne pas quitter	ne pas quitter	**déraciné/e**	sans racines
d'un pouce	d'un centimètre	**remplacer**	prendre la place de
une table boiteuse	une table qui		qc / qn
	manque d'équilibre	**je cueillais** (from	je trouvais
se lever	se montrer à l'horizon	cueillir)	

(5) These two paintings by **Renoir** and **Van Gogh** are like moments of happiness. What do you feel when you look at them? Match up the paintings with the words provided.

☐ tranquille	☐ la joie	☐ la campagne	☐ l'amour	☐ la chaleur
☐ joyeux	☐ le repas	☐ après le travail	☐ une rencontre	☐ la fatigue
☐ le repos	☐ la danse	☐ le silence	☐ le rêve	☐ l'harmonie
☐ la fête	☐ la musique	☐ les amis	☐ la soif	☐ le ciel

1

2

Putting It All Together

Complete the letter from Fiona to her mother. Put the verbs into the indicated tenses.

Ma chère maman,
Ça y est ! L'école est ouverte !!! Nous avons déjà 34 élèves, ils ....
(vouloir, présent) surtout apprendre les percussions et la guitare, avec Christian
bien sûr. Mais Mario est content aussi, il a déjà 12 élèves !
La vie ici est très agréable, mais il va me falloir mieux comprendre la mentalité des

Réunionnais. Je ne crois que ce .... (être, subjonctif) si facile de

s'intégrer. Enfin, Christian nous .... (aider, présent). Et puis j'

.... (lire, passé composé) des romans créoles, je .... (lire,

présent) tous les jours les journaux, et il faut que je t' ....
(envoyer, subjonctif) un article sur notre école ! C'est assez positif et on nous sou-
haite bonne chance.

Claire et Mario .... (trouver, passé composé) un appartement à
Boucan-Canot, c'est touristique, car la plage y est belle. Et puis Claire

.... (muter, passif) à Saint-Denis, elle ....
(avoir, passé composé) de la chance ! Mais je ne pense pas qu'elle

.... (continuer, subjonctif) à travailler dans notre école, car
elle veut monter un orchestre et c'est beaucoup de répétitions.

Mario .... (prendre, passé composé) des cours de pêche sous-marine

avec Christian. Ces deux-là .... (s'entendre, présent) vrai-

ment bien ! Hier, ils .... (être, imparfait) en randonnée au
volcan, pour la quatrième fois ! Mario est passionné de volcanologie !

De mon côté, j' .... (visiter, passé composé) le musée de la

canne à sucre dimanche, avec Claire. Nous ....
(apprendre, passé composé) beaucoup de choses sur le passé de La Réunion !

Quand ....-tu ? (venir, présent) Je préfère que tu ....
(prendre, subjonctif) un vol direct, le soir, c'est plus reposant. J'aimerais bien que

tu .... (venir, subjonctif) passer les fêtes de fin d'année avec nous.

Mais je ne sais pas si tu .... (supporter, futur simple) la cha-

leur, tu me .... (dire, futur simple) ce que tu as envie de faire à
notre prochain coup de téléphone.

En .... (attendre, gérondif) ta visite, je t'embrasse très fort !
J'espère que tout va bien pour toi. A bientôt !

Fiona

Sprint to the finish! Here's the last check of your knowledge in this book. As usual, match up the learning goals to the word clusters.

Communication Tasks:

a ☐ giving instructions
b ☐ expressing discouragement
c ☐ talking about one's roots
d ☐ talking about advantages and disadvantages of country life

e ☐ expressing a desire
f ☐ expressing suspicions
g ☐ talking about plans and intentions
h ☐ encouraging someone

> Je me sens chez moi, ici, mes racines c'est La Nouvelle Angleterre **1**

> Ça n'en vaut pas la peine... **6**

> Il faut que tu viennes. Je désire que tu lui écrives. **3**

> Tu y arriveras, tu verras ! **4**

> Se mettre au vert. Avoir des difficultés à s'intégrer. **8**

> On dirait que c'est sa nouvelle passion. **7**

> Il va lui falloir apprendre à être plus prudent. **5**

> Il est recommandé d'acheter une carte de la région. **2**

You also learned:

a ☐ the *gérondif*
b ☐ *avant de* + an infinitive and *après* + a past infinitive
c ☐ the *futur antérieur*
d ☐ the *subjonctif* after *il faut que* and after verbs that express desire

e ☐ the *subjonctif* of -er verbs and of some irregular verbs
f ☐ the *subjonctif* after verbs of thinking and believing used in the negative
g ☐ the verb *lire*

> Il faut que tu lises ce livre ! Je préfère qu'il ne dise rien. **6**

> Je lis des romans. Vous avez lu des BD. **2**

> Je regarde la télé en mangeant. **7**

> avant de partir, après avoir téléphoné **3**

> que je danse, que je sois, que tu puisses, que vous fassiez, que je sache **1**

> Il aura déjà fait la cuisine, quand nous arriverons. **5**

> Je ne pense pas que ce soit possible. **4**

You have completed a significant course. You can truly be proud of yourself. Let the "Culture Quiz" on the following page inspire you to visit France!

Notre voyage dans le monde francophone arrive à sa fin... Faites un petit résumé, à l'aide des photos et des questions, de vos connaissances culturelles sur la France... Et nous vous souhaitons un bon séjour, un bon voyage, et de belles rencontres pour parler français !

1. Vous pouvez citer le nom d'un écrivain français ?
2. Quelles sont les plus grandes villes de France ?
3. Toulouse est une ville importante pour une certaine industrie, laquelle ?
4. Où peut-on trouver de vieux meubles pas chers ?
5. Que veut dire *Laisse béton !*
6. Vous connaissez des journaux français ?
7. Et des îles françaises ?
8. Dans quelle région peut-on manger du jambon de Bayonne ?
9. Quels peintres étaient à Honfleur ?
10. Avez-vous déjà essayé nos adresses à Paris ? Et lesquelles aimeriez-vous essayer ?
11. Et la fête de la musique en France, c'est quand ? Vous y allez ?

Answer Key and Suggested Responses

Prélude

1 1. Nature 2. beer 3. the premiere / first performance 4. the balcony 5. the perfume 6. the ski 7. the cassette 8. the giraffe 9. the music 10. judo 11. the guitar 12. the lamp 13. the concert 14. the technique 15. the chocolate 16. the transport 17. the manuscript 18. the quality 19. the tea 20. pantomime 21. the calendar

3 *Consult CD.*

4 U : la nature / la musique / le judo / le manuscrit,   **GI** : la girafe,   **ON** : le balcon / le concert,   **GUI** : la guitare, **QUA** : la qualité,   **CH** : le chocolat,   **CA** : la cassette / le calendrier,   **UM** : le parfum,   **IER** : le calendrier   **É** : la qualité / le thé,   **TECH** : la technique,   **È** : la bière / la première,   **SK** : le ski,   **JU** : le judo,   **EN / AN / AM** : le transport / la lampe, la pantomime / le calendrier

5 *Consult CD.* Endings in consonants or nasal sounds are not pronounced.
le transport [trɑ̃spɔʀ] / le balcon [balkɔ̃].... . Consonants + final **-e** are pronounced: la mode [mɔdə].

1a   Quelle ambiance !

Dialogue, consult CD.

2 elle est secrétaire, c'est chouette

3 a 1. Bonjour Fiona, tu es secrétaire ?   2. Oui, je suis secrétaire.   3. Ils sont dans l'orchestre.   4. Mario est clarinettiste.   5. Nous sommes là.   6. Elles sont où ?   7. Vous êtes journaliste ?   8. C'est chouette !

b *Consult CD.*

4 1. Ça, c'est la tomate.   2. Ça, c'est le parfum.   3. Ça, c'est le balcon.   4. Ça, c'est le chocolat. 5. Ça, c'est les skis   6. Ça, c'est la bière.

5 *Suggested responses:* **le** : le chocolat / le balcon / le thé,   **la** : la bière / la nature / la musique

1b   Et vous ?

1 *Consult CD.*

2 *Individual responses.*

3 1.c,   2.e,   3.a,   4.f,   5.d,   6.b

4 OU : le journaliste,   **OI** : le coiffeur,   **CIEN** : le mécanicien,   **O** : le photographe,   **EUR** : le coiffeur / l'ingénieur, **É** : l'ingénieur / le président / le mécanicien.   *Consult CD.*

5 *Consult CD.*

6 Words that end in -on and -om: le balcon / le concert / non / on / bonjour / le nom / le prénom / la profession

2a   Vous chantez ?

Dialogue, consult CD.

1 a Je chante très mal. Tu chantes vraiment bien. Il chante aussi. Vous chantez ?

b *Consult CD.* The first through third persons singular and the third person plural are all pronounced the same.

2 1. Claire et Fiona adorent la musique classique et le jazz. 2. Fiona chante très bien et Claire danse très bien le tango. 3. Mario et Claire chantent très mal. 4. Claire adore Mario. 5. Nous chantons dans une chorale. 6. Ils dansent le rock et le slow. 7. Vous adorez le jazz ? 8. Tu danses le rap ?

3 a 1. J'adore la musique. 2. Ils adorent la bière. 3. Nous adorons le café. 4. Claire adore la pantomime. 5. Vous adorez la nature. 6. Il adore le judo.

b *Consult CD.*

4 b *Suggested responses:* 1. J'adore le chocolat. Moi aussi. 2. J'adore danser. Moi pas. 3. Je chante très mal. Moi aussi. 4. Je danse le tango. Moi non.

1 *Consult CD.*

2 **familiar form:** Ça va ?   **Vous-form:** Comment allez-vous ?

3 très bien : **3**,   bien : **5**,   mal : **4**,   vraiment mal : **2**,   pas très bien : **1**

4 *Consult CD.*

5 *Individual response.*

On va au café Saint-Jean ?

Dialogue, consult CD.

1 On va au café Saint-Jean ? / Est-ce que vous avez des croque-monsieur ?

2 *Consult CD.*

3 a 1. Tu danses le tango.   2. Elle chante vraiment bien.   3. Vous avez faim.

b 1. Tu danses le tango ? / Est-ce que tu danses le tango ? / Danses-tu le tango ?
2. Elle chante vraiment bien ? / Est-ce qu'elle chante vraiment bien ? / Chante-t-elle vraiment bien ?
3. Vous avez faim ? / Est-ce que vous avez faim ? / Avez-vous faim ?

4 1. Vous avez soif ?   2. Tu as faim ? / Vous avez faim ?   3. C'est Fiona ?   4. Vous désirez ?

5 J'ai soif. / Tu as faim ? / Vous avez des croque-monsieur ?

6 1. Nous avons des tomates.   2. J'ai un balcon.   3. Vous avez des sandwiches ?   4. Tu as soif ?
5. Ils / Elles ont un professeur de musique très chouette.   6. Il / elle / on a faim.

Vous désirez ?

1 *Consult CD.*

2 un thé / des thés   une bière / des bières

3 The plural is formed by adding **-s** or **-x**, but neither ending is pronounced.

4 *Suggested responses:* Mario est clarinettiste, Fiona est secrétaire, Claire est professeur de musique. Ils sont musiciens. Fiona chante très bien, Mario et Claire chantent très mal. Mario et Claire ont faim. Fiona a soif. Mario et Claire désirent des croque-monsieur et une bière. Fiona désire un jus d'orange.

5 a **Sequence:** 5.   3.   7.   2.   6.   4.   1.

b *Consult CD.*

6 **a:** Dialogue 3   **b:** Dialogue 1   **c:** Dialogue 4   **d:** Dialogue 2

7 *Suggested response:* Je voudrais un café au lait, s'il vous plaît.

Je suis de Trèves.

Dialogue, consult CD.

1 Je suis de Trèves.

2 1.a.   2.e.   3.b.   4.d.

3 Fiona : Tu es Italien ?   Mario : Non, je ne suis pas Italien, je suis Allemand.   The negative of **c'est** is **ce n'est pas**.
Rule: Ne or **n'** is placed before the verb; **pas** is placed after the verb.

4 a 1. Non, il ne danse pas bien.   2. Non, ils ne sont pas de Paris.   3. Non, ça ne va pas.   4. Non, je ne suis pas Français/e.   5. Non, je n'ai pas faim.   6. Non, elle n'est pas professeur.

b *Consult CD.*

5 **Ireland:** C'est irlandais comme prénom ? Tu es Irlandaise ?
Italy: Je ne suis pas Italien ; des parents italiens ; une ville italienne,
Germany: Je suis Allemand. C'est une ville allemande. Trèves, c'est *Trier* en allemand.

6 a Usually the adjective is placed after the noun it refers to.

b The feminine form is constructed by adding a final **-e**.

7 1. Allemand   2. Française   3. italien   4. irlandaise   *On CD.*

4b   Les boissons internationales.

1 a 1. a.   1. d.   1. h.   2. f.   3. e. 3. g.   4. c.   5. b.   6. d. 6. h.

b *Suggested responses:* 1 J'adore le thé et le vin blanc.   2. J'adore le champagne et le vin blanc.   3. J'adore le café et le vin rouge.   4. J'adore le coca-cola et la bière.

2 b 1. Ce sont des jambons français.   2. Elles sont Irlandaises.   3. Ce sont des boissons russes.   4. Ce sont des chocolats belges.   5. Ils sont Allemands.   6. Ce sont des chansons italiennes.

3 **a:** 3.   **b:** 1.   **c:** 4.   **d:** 2.

4 *Consult CD.*

5 *Consult CD.*

5a   Qu'est-ce qu'on fête ?

Dialogue, consult CD.

1 *Consult CD.*

2 1. 14, rue des Carmes, 19012 Brive   2. 05.12.20.20.10   3. 01.14.02.15.16   *Consult CD.*

3 **habiter** J'habite Paris. Tu habites ici ? Elle habite où ? Nous habitons au 5, rue de la République. Vous habitez Strasbourg ? Ils habitent là.   **fêter** Je fête. Tu fêtes. On fête. Nous fêtons. Vous fêtez. Elles fêtent.

4 1. Ils adorent le jazz.   2. Vous êtes Italien ?   3. Vous habitez Ajaccio.   4. Elles habitent Rome.   5. Nous adorons la fête de la musique.   *Consult CD.*

6 1. Qu'est-ce que vous fêtez ?   2. Qu'est-ce que vous désirez ?   3. Où est-ce qu'elle habite ?

7 1. **(–)**   2. **(+)**   3. **(–)**   4. **(+)**   5. **(–)**   *Consult CD.*

5b   Félicitations !

1 a 3   b 4   c 1   d 2   *Consult CD.*

2 a 2   b 3   c 4   d 1

4 1 C'est bon ?   2 Ton film, c'est bien ?   3 C'est bien !   4 Ah le champagne, c'est bon !

6 1. en Suisse / A Lausanne   2. à Paris / en France   3. à Bordeaux   4. en Allemagne
5. aux Etats-Unis / au Canada   6. à Sydney / En Australie

I   Interlude

1 **Claire Dubois** a ... ans *(born in 1971)* . Elle est professeur de musique. Elle est Française et vient de Strasbourg. **Fiona Petit** a ... ans *(born in 1968)*. Elle est secrétaire et veut ouvrir une école de musique. Elle chante très bien. Elle est Franco-irlandaise, et elle vient de Cork en Irlande. Elle habite 5, rue de la République à Strasbourg. **Mario Miller** a ... ans *(born in 1966)*. Il est clarinettiste. Il est Allemand. Il vient de Trèves en Allemagne, et habite Strasbourg.

2 Salut Fiona !   Fiona, c'est Mario.   Bonjour Fiona !   Comment ça va ?   Bien, merci.
Bonjour, vous désirez ?   Un croque-monsieur et une bière pression, s'il vous plaît.   Un jus d'orange s'il vous plaît. Mais toi, Mario, tu es Italien?   Non, je suis de Trèves.
Elle habite où, Fiona ?   Rue de la République.   *Consult CD.*

3 1. Claire présente Fiona à Mario. **Lesson 2**   2. Ils commandent deux bières et un jus d'orange. **Lesson 3**
3. Ils discutent et parlent français. **Lesson 4**   4. Fiona invite Mario et Claire pour l'apéritif. **Lesson 5**

4 1. des chocolats chauds   2. des orchestres de jazz   3. des vins blancs   4. des villes italiennes   5. des croque-monsieur   6. des gâteaux Forêt-Noire   7. de bons professeurs   8. des tomates belges

5 le parfum / le chocolat / la bière / le thé / le beurre / la ville / le jus d'orange / la rue / la santé / la famille

6 a ◖ the napkin, the towel, the briefcase / the garage, the (repair) shop / the culture, the training, the building / the jacket ◖ la serviette / le garage / la culture / le gilet

b le soleil / la Terre / la lumière / la lune / le téléphone / love

You know more than you realize!
1 2. Schaffhouse, 9. Hanovre, 6. Nuremberg, 7. Brême, 12. Rome, 13. Munich, 10. Londres, 1. Moscou, 14. Bruxelles, 3. Cologne, 4. Vienne, 8. Dunkerque, 11. Bâle, 5. Aix-la-Chapelle

2 *Consult CD.*

Putting It All Together
1 1. Catherine a des parents portugais. 2. Elle a 22 ans. 3. Il est ingénieur. 4. Tu as un cadeau ?
5. Je suis Italienne. 6. C'est un homme très sympathique. 7. Nous avons faim ! 8. Est-ce que vous avez des sandwiches ? 9. Le rap, c'est chouette ! 10. Vous êtes Monsieur Poncet ?

2 1. Non, je n'ai pas de numéro de fax. 2. Non, je n'ai pas de jus d'orange. 3. Non, je n'ai pas de passeport.
4. Non, elle n'a pas de parents italiens. 5. Non, je n'ai pas soif. / Non, nous n'avons pas soif. 6. Non, nous n'avons pas d'adresse Internet. 7. Non, ils n'ont pas de grande bibliothèque.

3 1. **c** 2. **e** 3. **a** 4. **b** 5. **d**

Tourist Information *Consult CD.*

Good to know! Stamps: des timbres   Postcards: des cartes postales
A travel map: une carte touristique   A guidebook: un guide

4 1. Nous aimons le chocolat. 2. Vous discutez politique. 3. Ils désirent un apéritif. 4. Tu habites New York.
5. Elle fête son anniversaire. 6. Je commande le menu. 7. Je parle allemand. 8. Nous habitons rue Victor Hugo.

5 a **an :** [ɑ̃] commande, allemand, **é :** [e] discutez, désirent, apéritif, **ê / ai / è :** [ɛ] aimons, elle, fête, anniversaire, **u :** [y] discutez, tu, menu, rue, Hugo

b *Suggested responses:* **an :** [ɑ̃] ambiance, naissance, chanter..., **é :** [e] prénom, café, idée..., **ê / ai / è :** [ɛ] bière, très, (un café au) lait..., **u :** [y] jus, infusion, Bruxelles..., *Consult CD.*

6 *Consult CD.*
Marianne answers: Non, je suis fatiguée.
trop vite : too fast,   mal : badly,   fatiguée : tired,   bavard : talkative

(**Taking Stock**)

Communication Tasks: a 6, b 3, c 4, d 7, e 9, f 1, g 2, h 5, i 8, j 10

You have also learned: a 3, b 4, c 8, d 2, e 6, f 5, g 7, h 9, i 1

Le grand projet.

Dialogue, consult CD.

1 1 Quand ? En octobre.

2 2 février   3 mars   4 avril   5 mai   8 août   9 septembre   10 octobre   11 novembre   12 décembre

3 *Consult CD.*

4 je veux / tu veux

5 *Consult CD.*

6 b 1. Nous avons un grand projet. 2. Il veut une jolie maison. 3. Nous voulons de bons professeurs.
4. Tu veux un vin blanc ? 5. C'est un mauvais musicien. 6. Je cherche un jeune professeur.

Les jours fériés.

1 *Individual response.*

2 Lundi / Mercredi / Jeudi / Vendredi / Samedi / Dimanche

3 *Suggested responses:* A Pâques, je veux fêter mon anniversaire en Allemagne.   A Noël, je veux chanter dans une chorale à Saint-Malo.   En septembre, je veux habiter dans un appartement à Paris.   Le 14 juillet, je veux danser dans la rue à Nice.

4 1. le 14 juillet   2. le jour de Pâques, le 12 avril   3. le 29 septembre   4. le 16 février,   *Consult CD.*

7a   Le gâteau Forêt-Noire.

Dialogue, consult CD.

1 le baba au rhum : 1,25 €,   la baguette : 0,60 €,   le croissant : 0,75 €,   200 g de chocolats belges : 4,50 €
le gâteau au citron : 18 €   *Consult CD.*

2 1. Il coûte combien ?   2. Ça fait combien ?   3. Ça fait neuf euros cinquante.

3 a 1. Le gâteau, il coûte combien ?   2. Les gâteaux, ils coûtent combien ?   3. La guitare, elle coûte combien ?
4. Les brioches, elles coûtent combien ?

b Il / Elle fait / Ça fait combien ?

c *Consult CD.*

4 a 1. Il fait les courses.   2. Je fais la vaisselle.   3. Tu fais le ménage.   4. Nous faisons la cuisine.   5. Vous faites
le plein ?   6. Elles font un gâteau.

b 1. faire les courses: to go shopping   2. faire la vaisselle: to do the dishes   3. faire le ménage: to do the housework   4. faire la cuisine : to cook   5. faire le plein: to fill the (gas) tank   6. faire un gâteau: to bake

c 1. Ils font la vaisselle.   2. Ils font ménage.   3. Ils font la cuisine.   4. Ils font le plein.   6. Ils font les courses.

7b   Les magasins.

1 **l'épicerie :** 1. / 4. / 5. / 7.   **la boulangerie :** 3. / 8.   **la maison de la presse :** 2.   **la boucherie-charcuterie :** 6.

Consult CD.

3 a *Consult CD.*

b trente-six / quarante et un,   quatre cent vingt-quatre / mille cinq cent quatre-vingt trois

4 **A la boulangerie :** une baguette : 0,60 €, des biscottes : 1,50 €
A la maison de la presse : un journal : 0,90 €, une carte postale : 0,30 €
A la boucherie-charcuterie : une saucisse : 1,50 €, un bifteck : 2 €,   *Consult CD.*

8a   Mais où on va ?

Dialogue, consult CD.

1 **correct:** Mario wants to go to Berlin.   Mario is irritated.   The destination is quite far away.
Claire is driving.   Claire invites Mario to Paris.   *Consult CD.*

2 *Consult CD.*

3 **aimer** J'aime. / Tu aimes. / Il / Elle aime. / Nous aimons. / Vous aimez. / Ils / Elles aiment.
aller   Il / On va. / Nous allons.

4 *Consult CD.*

5 **Preference:** 1. J'ai envie d'aller à Berlin.   2. J'aime chanter dans une chorale.   3. J'adore la musique classique.
Disappointment: On ne va pas à Berlin, c'est dommage !   **Dislike:** 1. Je déteste faire des gâteaux.
2. J'ai horreur de faire la vaisselle.   3. Je n'ai pas envie de fêter mon anniversaire.

8b   Vous prenez le métro ?

1 l'avion : 2.   le train : 1.   la voiture : 6.   le métro : 5.   le vélo : 3.   le bus : 4.
2 en avion,   en bus,   en voiture,   à vélo / bicyclette,   à pied
3 je prends / vous prenez
4 *Suggested responses:* 1. Je prends la bicyclette.   2. Je vais au centre-ville en voiture.   3. Je vais à Paris en train.
4. Je vais au travail en métro.
5 *Consult CD.*

9a   Allô, c'est Fiona .

Dialogue, consult CD.

1 3 Fiona is waiting for Claire in the café.   1 It's afternoon; she contacts Claire. She has good news.

4. She goes to inspect the space.   2. She goes to bed but calls Claire again.

2 Rendez-vous demain matin à 10h.   J'attends depuis une heure.   Tu viens, oui ou non ?

3 a **attendre** j'attends,   **venir** tu viens ?

b *Consult CD.*

4 at 6:00 p.m: à 18h; **for an hour:** depuis une heure; **tomorrow:** demain; **tomorrow morning:** demain matin;
in an hour: dans une heure

5 *Consult CD.*

6 *Consult CD.*

b   Rendez-vous.

1 **Dimanche :** 9h, café Saint-Jean,   **Lundi :** *Le Titanic* à 20h,   **Mardi :** restaurant à midi / à 12h,   **Mercredi :** à
la maison,   **Jeudi :** 5h de l'après-midi / 17h à la cafétéria,   **Vendredi :** Colmar,   **Samedi :** mariage à 11h.
Consult CD.

2 *Consult CD.*

3 b 1. Le samedi, je vais danser.   2. Samedi nous allons faire les courses.   3. Je retéléphone à midi.   4. Il fait la
vaisselle le soir.   5. Demain, tu visites des bureaux.   6. Le mariage est le matin, à 11h.

4 a C'est chouette ! **(+),**   C'est une bonne nouvelle ! **(+),**   C'est vrai ! ! ? **(–),**   C'est merveilleux. **(+),**
Mais c'est terrible ! **(–),**   Oh, je suis désolé/e. **(–),**   Ah, je suis très content. **(+),**   Oh la la la.. ce n'est pas vrai... **(–),**

b *Consult CD.*

5 6. I'm sorry, but Mr. Weber is on another line. 4. No, he is not home. 8 Do you have any news for me? 7. Can
you call back in five minutes? 2. Mrs. Xion is unavailable all day. 3. May I speak to / Is Mario Miller there? 5. I
would like the phone number for Fiona Petit, please. 1. I would like to speak with Mr. Delmas.

a   La 14 ou la 23 ?

Dialogue, consult CD.

1 1. la chambre **14** est : pour 2 personnes,   au premier étage,   avec douche,   chère,   sombre,   petit déjeuner
non compris   2. la chambre **23** est : pour deux personnes,   avec douche,   au second,   chère,   parfaite,
petit déjeuner non compris

2 La chambre 14 est au premier étage. / La chambre 23 est au second étage / deuxième étage.

3 la chambre 12 : au premier étage,   les chambres 142 et 145 : au troisième étage,   la salle du petit déjeuner :
au deuxième étage,   la réception : au rez-de-chaussée,   le parking : au sous-sol,   la terrasse et le restaurant :
au quatrième étage   *Consult CD.*

4 Elle est parfaite, nous la prenons. / Vous voulez les voir ?

5 a 1. Tu as les clefs ? Oui, je les ai. Non, je ne les ai pas.   2. Tu attends le bus ? Oui, je l'attends. Non, je ne
l'attends pas.   3. Tu comprends le français ? Oui, je le comprends. Non, je ne le comprends pas.   4. Vous prenez
l'ascenseur ? Oui, je le prends. Non, je ne le prends pas.   5. Vous aimez les croissants français ? Oui, je les aime.
Non, je ne les aime pas.

5 b *Individual responses; consult CD.*

6 *Consult CD.*

b   A la réception.

1 chambre **4** : un oreiller,   chambre **18** : les cintres,   chambre **5** : le chauffage / une couverture,
chambre **12** : des clefs

2 Je n'ai pas d'oreiller. I don't have a pillow.   Il n'y a pas de cintres. There are no coat hangers.
Monsieur Dupuis n'a pas de couvertures. Mr. Dupuis has no blankets.

3 *Consult CD.*

4 Allô, ici la chambre 13, je suis Mario Miller, il n'y pas de serviettes de bain, pas de cintres, pas d'oreillers, pas
de télécommande.

5 a 1. Le petit déjeuner est à quelle heure ?   2. Où est la salle du petit déjeuner ?   3. Est-ce que l'hôtel est ouvert toute la nuit ?   4. Je laisse les clefs à la réception ?   5. Vous acceptez les cartes de crédit ?

b *Consult CD.*

II   Interlude

1 1. Dialogue: Le grand projet.   2. Dialogue: Le gâteau Forêt-Noire.   3. Dialogue: Mais où on va ?
4. Dialogue: Allô, c'est Fiona.   5. Dialogue: La 14 ou la 23 ?

2 Lesson 6: Question / continuation: 1. (...), 2. Alors tu cherches des professeurs de musique ? **Answer / continuation:** a. (...), b. (...)   **Lesson 7: Question / continuation:** 1. (...), 2. (...) **Answer / continuation:** a. Non, non, je voudrais un gâteau Forêt-Noire, celui-là ! b. Ça fait combien ?   **Lesson 8: Question / continuation:** 1.Combien de kilomètres ? 3. On va à Paris ? **Answer / continuation:** (...), b. C'est trop loin.   **Lesson 9: Question / continuation:** 1. (...), 2. (...), 3. Mais qu'est-ce que tu fais ? **Answer / continuation:** a. Rendez-vous demain matin à 10h au café Saint-Jean, b. Je suis au café, j'attends depuis une heure !   **Lesson 10: Question / continuation:** 1. Vous désirez rester combien de temps ? 2. (...) **Answer / continuation:** a. (...), b. La chambre 14 est trop sombre.Et la 23... Elle est parfaite, nous la prenons !   *Consult CD lessons 6–10.*

3 *Suggested responses:* 1. Dans la leçon 6, Fiona parle de son grand projet : elle veut ouvrir une école de musique. 2. Dans la leçon 7, Mario va à la boulangerie : il veut acheter un gâteau.   3. Dans la leçon 8, Claire et Mario sont en voiture : ils veulent aller à Paris.   4. Dans la leçon 9, Fiona téléphone à Claire : elle veut visiter des bureaux / donner rendez-vous à Claire.   5. Dans la leçon 10, Claire et Mario cherchent un hôtel : ils veulent une chambre avec douche, pas chère.

4 a Vous allez à Paris / Vous prenez / Vous arrivez / Vous cherchez / Vous désirez / Vous voulez voir / Vous prenez / Vous êtes / Vous cherchez / C'est / Vous prenez.   *Individual responses.*

b *Suggested responses:* Je vais à Paris en juillet. Je prends l'avion. J'arrive à l'aéroport Charles-de-Gaulle. Je cherche une boulangerie. Je désire un croissant. Et une brioche. Je veux voir Montmartre. Je prend un taxi. Je suis fatigué/e. Je cherche un restaurant. C'est trop cher. Je prends un bon whisky.

5 1. Je voudrais un cendrier s'il vous plaît.   2. Je voudrais un sac en plastique, s'il vous plaît.   3. Je voudrais prendre le petit déjeuner à 8h, s'il vous plaît.   4. Je voudrais contrôler les pneus, s'il vous plaît.   5. Je voudrais prendre un ticket pour le centre-ville, s'il vous plaît.

Putting It All Together
1 Où est la boulangerie ?   Quand est le mariage de Luc et Sophie ?   Quelle heure est-il ?   Ça coûte combien ? / Ça fait combien ?

2 b Stuttgart, le...   Monsieur, Madame, J'ai l'intention de venir en vacances en Dordogne, en juin. Je voudrais réserver une chambre avec douche en demi-pension pour une semaine pour deux personnes : du 1er au 14 juin. Pouvez-vous confirmer la réservation au numéro de fax suivant : *(your fax number.)* D'avance, je vous en remercie et vous prie d'agréer mes meilleures salutations. Signature *(your signature)*

3 *Suggested response:* ❚ Hôtel le Périgord, bonjour. ❚ Bonjour.   ❚ Vous désirez ? ❚ Je voudrais réserver une chambre. ❚ Pour combien de personnes ? ❚ Pour deux personnes.   ❚ Pour combien de temps ? ❚ Pour une semaine.   ❚ Avec douche ou avec bain ? ❚ Avec bain.   ❚ Avec demi-pension ou en pension complète ? ❚ Avec demi-pension. ❚ Vous pouvez nous confirmer la réservation ? ❚ Oui.   ❚ Vous pouvez nous donner un numéro de carte de crédit pour la réservation ? ❚ Je n'ai pas de carte de crédit. / Voici mon numéro : ...   *Consult CD.*

4 1. Je prends le bus le matin à 8h. 2. Nous allons en vacances en Normandie. 3. Vous allez dans un grand hôtel ? 4. Il prend la voiture pour aller travailler. 5. Tu prends l'avion à quelle heure ? 6. En Suisse, ils prennent le train.

5 a *Consult CD.*

b 1. Ils vont au restaurant *Le Procope* manger des fruits de mer.   2. Je vais boire une bière au café du Capitole. 3. Ils sont aux Baléares.   4. Elle va à la boulangerie acheter des croissants.   5. Je n'aime pas aller au cinéma.

6 *Consult grammar appendix.*

Taking Stock

Communication Tasks: a 1,   b 3,   c 4,   d 7,   e 10,   f 6,   g 2,   h 9,   i 5,   j 8

You have also learned: a 5,   b 7,   c 2,   d 8,   e 4,   f 10,   g 3,   h 1,   i 6,   j 11,   k 9,   l 13,   m 12

Qu'est-ce que j'écris ?

Dialogue, consult CD.

1 Sa nationalité : Il est Français. Il vient de la Réunion. Il est guitariste / musicien. Il écrit des chansons.

2 J'écris une carte postale. / Il écrit des chansons.

3 *Consult CD.*

4 b 1. J'ai apporté. 2. Nous avons aimé. 3. Tu as chanté. 4. Ils ont laissé. 5. Il a dansé. 6. Elles ont téléphoné. 7. Elle a acheté. 8. On a visité.

5 *Consult CD.*

7 *Consult CD.*

Il fait beau !

1 *Consult CD.*

2 **Salutation:** Chers amis, Chère Josiane / **Closing:** Baisers, Amitiés de...

3 1. M. Dupuis a fait les courses. 2. Mme Loubière a fait un gâteau. 3. Nadine et Sylvie ont fait une promenade à vélo. 4. Jean-Louis a fait des photos de la région. 5. Sophie et Luc ont fait le ménage. *Consult CD.*

4 1. il fait beau : **b** 2. il fait froid : **a** 3. il fait chaud : **d** 4. il pleut : **e** 5. le soleil brille : **c**

5 *Suggested response:* Chère Marielle, comment vas-tu ? Je suis en Provence, il fais beau et je fais de belles promenades. Hier, j'ai fait la connaissance de deux Français, ils sont de Paris. A bientôt ! Baisers. Niki.

6 *Consult CD.*

Compartiment non-fumeurs.

Dialogue, consult CD.

1 *Consult CD.*

3 *Consult CD.*

4 b 1. quelle   2. quel   3. quelle   4. Quelles   5. quels

5 **partir** il / elle part   **pouvoir** je peux   **payer** vous payez

6 1. peux   2. pouvez   3. pouvons   4. peuvent

7 *Consult CD.*

La Réunion.

2 1. onze heures, sans escale   2. deux heures en été et trois en hiver   3. passeport   4. français et créole
5. Boeing 747   *Consult CD.*

3 a 1. l'atterrissage   2. un renseignement   3. arriver   4. partir   5. réserver   6. payer   7. la durée   8. le vol

b *Consult CD.*

La rue Mouffetard, c'est par ici.

Dialogue, consult CD.

1 1. 100 mètres   2. à gauche   3. tout droit   4. traverser le carrefour   5. à droit

2 1. Pardon, monsieur je cherche la rue Mouffetard...   Pardon, madame, où se trouve la rue Mouffetard s'il vous plaît... ?   Pardon, monsieur, la rue Mouffetard, c'est par ici ?

4 1. Où se trouve   2. nous nous trouvons / où se trouve   3. vous vous trouvez   4. Les Galeries Lafayette se trouvent
5. tu te trouves

5 b Je prends mon passeport, mon guide de la France, ma carte de crédit, ma bicyclette, mes cassettes de français, mon dictionnaire, mon téléphone portable, et mes billets !

13b Visite guidée.

1 *Consult CD.*

2 *See Exercise 1.*

3 b 1. nouveau / nouvelles / nouveaux / nouvelle / nouvel 2. vieille / vieux / vieilles / vieux / vieil
3. bel / belle / beaux / belles

4 *Consult CD.*

6 *Consult CD.*

14a Je n'ai jamais mangé créole.

Dialogue, consult CD.

1 1. dégusté / acheté 2. visité 3. visité / traversé 4. commandé / dégusté 5. acheté / commandé / dégusté

2 b Ils ont commandé du boudin créole et du crabe farci, avec des bananes et du fruit de l'arbre à pain. Comme dessert, ils ont choisi de la glace à la noix de coco.

3 a *Consult CD.*

b *Suggested response:* Je prends du boudin créole avec du riz, et comme dessert je prends de la glace à l'ananas.

4 Qu'est-ce que tu nous proposes, Christian ? / Qu'est-ce que vous nous recommandez ?

5 *Consult CD.*

14b Recette créole du poulet à la vanille.

1 1. 4 breaded turkey breasts 2. 1 container of sour cream 3. 2 sticks of vanilla 4. 3 teaspoons butter
5. 2 onions 6. 2 tablespoons rum 7. salt and pepper 8. one egg yolk

2 1. une livre d'oignons : **b** 2. un pot de crème : **a** 3. un paquet de riz : **c** 4. quatre escalopes de dinde : **f**
5. une bouteille de rhum : **e** 6. deux gousses de vanille : **d**

3 *Consult CD.*

4 **faire :** faites **retirer :** retirez **rajouter :** rajoutez **cuire :** cuisez **saler :** salez **poivrer :** poivrez

5 **1. Entrée :** le pâté de campagne et baguette, la salade de chèvre chaud, la quiche lorraine **2. Plat principal :** l'escalope de dinde à la crème et riz, le coq au vin, le steak et frites, la quiche lorraine **3. Dessert :** la tarte aux pommes, la charlotte au chocolat

6 1. La cuisine créole, c'est trop épicé. 2. La cuisine italienne, c'est excellent. 3. La cuisine allemande, c'est lourd, mais c'est très bon. 4. La cuisine française, c'est raffiné. *Consult CD.*

15a J'ai le mal du pays.

Dialogue, consult CD.

1 *Suggested responses:* En France, la charcuterie me manque. En Allemagne, le soleil me manque. Dans un hôtel en France, la couette me manque. En France, les traditions allemandes et les journaux allemands me manquent. A Paris, la bicyclette me manque.

2 1. nous 2. me 3. lui 4. leur 5. vous 6. te

3 1. végétarien 2. allergique au lait 3. musulman 4. de l'asthme

4 a 1. J'habite à Rennes depuis trois ans. / J'habite depuis trois ans à Rennes.   2. Il va au Portugal dans une semaine. / Dans une semaine, il va au Portugal. / Il va dans une semaine au Portugal.   3. Nous partons à Paris dans un mois. / Nous partons dans un mois à Paris. / Dans un mois, nous partons à Paris.   4. Je t'attends depuis deux heures.

b *Consult CD.*

5 *Suggested responses:* **des fruits :** des bananes, des ananas, des pommes   **un repas :** le petit déjeuner   **des desserts :** une tarte aux pommes, une charlotte au chocolat, une glace à la noix de coco   **du pain :** une baguette, une brioche, des croissants   **des légumes :** des pommes de terre, une salade, des carottes, des tomates   une cuillère   avoir faim

b Alors, c'est bon ?

1 *Consult CD.*

2 a **(– +)** ce n'est pas mal, **(–)** c'est mangeable, **(++)** c'est délicieux, **(+)** c'est bon, **(– –)** ce n'est vraiment pas bon

b *Consult CD.*

3 1. ça manque de sel   2. ce n'est peut-être pas assez épicé   3. un peu trop cuits

5 1. croyez   2. crois   3. croient   4. croyons   5. crois   6. croit   7. voyez / voyons   8. vois / vois

6 *Suggested responses:* 1. Non, je ne crois pas à l'astrologie.   2. Oui, je crois à l'homéopathie.   3. Non, je ne crois pas à la méthode coué.   4. Oui, je crois à l'acupuncture.   5. Non, je ne crois plus au Père Noël.   *Consult CD.*

Interlude

1 1 Illustration 1: Lesson 13   Illustration 2: Lesson 15   Illustration 3: Lesson 11   Illustration 4: Lesson 12   Illustration 5: Lesson 14

2 *Suggested responses:* **Lesson 11:** Claire et Mario sont à Paris. Ils écrivent une carte postale. Ils ont rencontré Christian, un guitariste pour l'école de musique. Ils prennent rendez-vous avec Fiona et Christian au restaurant *Saveurs créoles*, samedi, à 20h.   **Lesson 12:** Fiona prend le train de 13h12 pour Paris. Le train part quai 6. Elle arrive à la gare de l'Est à 18h07. Elle veut faire une réservation dans un compartiment non-fumeurs.   **Lesson 13:** Fiona cherche la rue Mouffetard. Elle va tout droit, et elle tourne à gauche. Elle traverse le carrefour. Elle rencontre Mario et Claire dans la rue du restaurant. Elle est crevée.   **Lesson 14:** Mario, Claire et Fiona sont au restaurant avec Christian. Christian propose du boudin créole. Ils commandent le menu, et prennent comme dessert de la glace à la noix de coco. Le serveur leur propose un Sylvaner comme boisson.   **Lesson 15:** Christian parle créole avec sa famille. Il habite depuis trois ans à Paris, mais La Réunion et le soleil lui manquent. Fiona a le mal du pays quand il pleut. Mario veut partir à la Réunion, mais d'abord, il veut finir son crabe farci.

3 *Consult CD.*

4   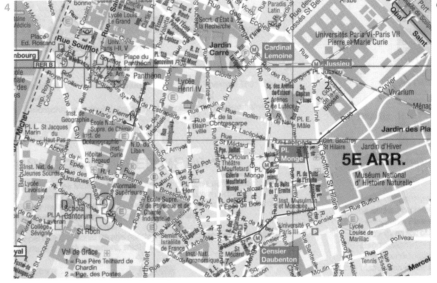   *Consult CD.*

Cross-Cultural Information

F : Ils ne peuvent pas se passer de serviette à table.   **B :** Ils laissent un pourboire.   **D :** Ils adorent l'eau minérale gazeuse.   **F :** Ils choisissent le vin selon la viande du menu.   **D :** Au restaurant, cela ne les gêne pas de s'asseoir à une table avec d'autres clients.   **D :** Ils mangent froid le soir.

1 Tourist Information
Individual responses.

2 *Consult CD.*

3 a 2. payer par chèque   4. payer par carte bancaire   5. payer la note à la réception   3. payer la facture du téléphone   1. payer l'addition au restaurant

b The bill: la note / la facture / l'addition

Putting It All Together

1 écrire à / téléphoner à / proposer à / recommander à

2 l. lui   2. te   3. me   4. nous   5. vous   6. leur

3 *Consult CD.*

4 1. partons / atterrissons   2. viens / ne peux pas / vais   3. allez / atterrissez   4. atterrit   5. pars / atterris

5 je m'appelle / tu t'appelles / il s'appelle / nous nous appelons / vous vous appelez / ils s'appellent

6 *Consult CD.*

7 Elle a visité l'exposition *Matisse*.   Elle a mangé des hamburgers.   Elle a regardé un bon film fantastique. / Elle a regardé la télévision.   Elle a écrit à sa mère / à Claire et Mario.   Elle a téléphoné à sa mère / à Claire et Mario. Elle a acheté des fleurs sur le marché.   Elle a fini un pull-over.   Elle a vu un bon film fantastique.

8 *Consult CD.*

(**Taking Stock**)

Communication Tasks: a 4,   b 10,   c 5,   d 1,   e 7,   f 8,   g 2,   h 6,   i 9,   j 3,   k 11

You have also learned: a 7,   b 9,   c 8,   d 5,   e 2,   f 11,   g 1,   h 3,   i 10,   j 4,   k 6

(**16a**   On n'est pas tous les jours à Paris !)

Dialogue, consult CD.

1 *Consult CD.*

2 b 1. ces   2. cette   3. Ces   4. Cet   5. Cette   6. Ces   7. ces

3 *Individual responses; consult CD.*

4 On va voir pour des chaussures. / Alors on va faire des folies !

5 *Consult CD.*

(**16b**   C'est la nouvelle mode, ça ?)

1 Dialogue **A** : 3   Dialogue **B** : 1   Dialogue **C** : 2   *Consult CD.*

2 1. noir/e   2. rouge   3. gris/e

3 b 1. Lequel ? / Celui   2. Laquelle ? / Celle   3. Lesquelles ? / Celles   4. Lesquels ? / Ceux

4 *Consult CD.*

(**17a**   En route pour la Normandie !)

Dialogue, consult CD.

1 tu joues / il / on joue

2 *Consult CD.*

3 a 1.: un orchestre, dans un train   2.: le bonjour, un concert   3. le match de tennis, beaucoup d'argent
4. les chansons, les dialogues

b *Consult CD.*

4 1.: monter   2.: monter   3.: gagner   4.: gagner   5.: répéter   6.: répéter

5 **Singular** *(m.)* mon, ton   *(f.)* ma, ta

6 1. mon   2. leur   3. sa / ses / sa / ses   4. ta

1 *Consult CD.*

2 1. jouer aux cartes / au bridge / à la belote / aux échecs / au foot / aux billes
2. faire de la spéléologie / beaucoup de sport / du tennis / du squash / du jogging

3 *Consult CD.*

4 a *Individual responses.*

b *Suggested responses:* Je fais un peu de sport. / J'aime les jeux de cartes. / Je déteste le monopoly. / Je joue du violon. / Je vais au cinéma une fois par mois. / Je gagne souvent aux cartes.

Dialogue, consult CD.

1 son grand-père   ses grands-parents   son oncle Jack   ses cousins

2 Sentences 1, 2, 3, 4, 7, and 8 are false.
1. La mère de Fiona s'appelle Véronique, son père Francis.
2. Lesparents de Fiona ont trois enfants.
3. Fiona a un frère et une sœur.
4. La sœur de Fiona a un enfant, Patrick.
7. Sharon et Gerald ont quatre enfants, mais ils attendent le cinquième.
8. La cousine de Fiona s'appelle Sharon.

3 *Individual responses; consult CD.*

4 2. grande / grandir / to get big / to grow
3. grosse / grossir / to become fat(ter)
4. blonde / blondir / to become blond or yellowish
5. brune / brunir / to brown, become brown
6. jeune / rajeuner / to rejuvenate, to make look young

5 Toujours pareil / Il va un peu mieux / tu es jeune et tu es en pleine forme.

6 1. **(–)**   2. **(–)**   3. **(+)**   4. **(+)**   *Consult CD.*

1 *Consult CD.*

3 *Consult CD.*

4 la tête,   la gorge,   les pieds,   le cœur,   les jambes

5 *Consult CD.*

Dialogue, consult CD.

1 1. Fiona est née à Cork.
2. Elle habite à Strasbourg depuis 5 ans.
3. Elle est partie travailler en France à 22 ans.
4. Christian est à Paris depuis l'âge de 25 ans.
5. Christian fait des petits boulots.
6. Christian a un frère.

2 b 1. Christian est allé   2. Fiona est restée   3. Mario et Claire sont venus   4. Le grand frère de Christian est parti
5. Fiona et Claire sont allées   6. Claire est née   7. Mario et Fiona sont nés   8. Fiona est arrivée

3 *Individual responses; consult CD.*

4 1. la nature   2. un café bien fort   3. le pain et la charcuterie   4. le Rhin   5. la mer   6. ma sœur Christine
Consult CD.

19b   Chemins de vie.

1 1 First passage: Photo 2   Second passage: Photo 3   Third passage: Photo 1

2 Training: le baccalauréat / les études / la formation   **Profession:** un pilote   **Work place:** l'aéroport / un grand hôtel / des chantiers / des maisons pour des touristes

3 J'ai passé / je suis parti / J'ai rencontré   Je suis née / J'ai fait / j'ai trouvé / j'ai été

4 *Consult CD.*

5 *Suggested response:* Christian est né à La Réunion, le 11 septembre 1967. Il a fait son baccalauréat en juillet 1984. Il a fait son service militaire à Marseille de 1984 à 1985. Il a fait une formation dans le tourisme et a travaillé à l'office de tourisme de Saint-Denis de 1985 à 1992. A Paris il a eu des petits boulots depuis 1992.

6 *Consult CD.*

20a   Ça ne me plaît pas du tout.

Dialogue, consult CD.

1

les cheveux
les yeux
les oreilles
la bouche
le nez

2 *Individual responses; consult CD.*

3 positive: J'aime beaucoup / les couleurs sont très belles / Honfleur, c'est vraiment super / je préfère les marines / ça me plaît beaucoup   **negative:** ça n'a rien d'original / ça ne me plaît pas du tout / (…) non merci   **neutral:** ça dépend

4 b 1. active / activement   2. délicieuse / délicieusement   3. internationale / internationalement   4. joyeuse / joyeusement   5. libre / librement   6. parfaite / parfaitement   7. tendre / tendrement   8. folle / follement

5 1. Elle travaille activement à sa carrière.   2. Il parle joyeusement.   3. Je veux vivre librement.   4. Il l'aime follement.   5. Nous avons parfaitement mangé.

6 *Consult CD.*

7 l'architecture *the architecture*   l'aquarelle *the watercolor*   le dessin *the drawing*   la sculpture *the sculpture* la photographie *the photography*   la peinture à huile *the oil painting*

20b   Eugène Boudin, peintre d'Honfleur.

1 *Consult CD.*

2 *Consult CD.*

3 with *être:* naître / mourir / aller   **with *avoir* :** voyager / étudier / fonder / peindre / exposer / travailler

4 *Consult CD.*

6 1 nous sommes bleus de froid   2 il est rouge de colère   3 je suis vert de peur   4 il est complètement gris

7 Hier, je suis allé/e au musée d'Orsay alors j'ai pris le bus. Un quart d'heure après, je suis arrivé/e devant le musée. J'ai payé mon billet d'entrée et j'ai commencé la visite. J'ai regardé les sculptures de l'entrée, et j'ai cherché les tableaux de Monet. Où ont-ils été ? J'ai cherché un guide. Pas de guide ! Un monsieur m'a dit : "Tous les tableaux de Monet sont en Allemagne." Ah ! dommage ! Bon, alors je suis allé/e boire un bon café et manger une brioche. Et là, dans le café, qu'est-ce que j'ai vu ?

8 1. PC   2. PC   3. P   4. PC   5. PC   6. P   *Consult CD.*

Interlude

1 Lesson 16: Fiona et Claire font des courses à Paris, elles font des folies.   **Lesson 17:** Les quatre amis montent un orchestre et partent en Normandie répéter.   **Lesson 18:** Fiona et sa mère parlent de la famille d'Irlande.   **Lesson 19:** Christian et Fiona font connaissance, ils parlent de leur vie.   **Lesson 20:** Claire et Mario regardent les peintres d'Honfleur et Mario veut un portrait de Claire.

2 Lesson 16: 1. Vous faites du combien ? 2. Je voudrais les essayer.   **Lesson 17:** 1. On gagne un peu d'argent. 2. En route pour la Normandie !   **Lesson 18:** 1. Comment va la famille ? 2. On attend ta visite.   **Lesson 19:** 1. J'ai passé toute mon enfance ici. 2. Je suis parti/e à Paris à l'âge de 25 ans.   **Lesson 20:** 1. Ça ne me plaît pas du tout. 2. Ça n'a rien d'original.

3 *Suggested responses:* 1. Raymond fait de la spéléologie.   2. Nicole joue du violon.   3. Mon grand-père joue aux boules.   4. Les cousins Jean et Jacques font du tennis.   5. Ma tante joue à la belote.   6. Mes parents jouent au bridge.   7. Mon frère joue de la batterie.   8. Ma nièce fait du football.

4 1. la moto : rapide / sportive / grosse   2. les chaussures de sport : confortables / pratiques / jolies / sportives 3. le pull : confortable / joli / élégant / chaud

Cross-Cultural Information
latin *Latin*   maths *math*   anglais *English*   français *French*   sport *phys. ed.*   histoire-géo *history and geography*   allemand *German*   biologie *biology*   étude *study hall*   art plastique *art*   technologie *technology*   physique *physics*

What's noteworthy? Usually classes last 55 minutes. The students go to school for the entire day. There is a long break in the morning and at noon. The students have lunch in the cafeteria. Since religious instruction takes place in school in France, Wednesday afternoons are free so that the students can attend their religion lessons.

1 You know more than you realize! 1 c.,   2 a.,   3 h,   4 f.,   5 b.,   6 e.,   7 d.,   8 g.

2 1 Graine de cirque   2 Squash des Halles   3 Parcours santé   4 Spéléoclub strasbourgeois   5 Association de l'Esplanade   *Consult CD.*

Putting It All Together
1 a *Suggested response:* Je suis né/e à Cologne, j'habite à Stuttgart depuis 5 ans. Je suis parti/e en Irlande / à Brême à l'âge de 20 ans. J'ai travaillé chez Daimler-Chrysler. En ce moment, je travaille dans un garage / chez Bosch depuis 2 ans.

b *Individual responses; consult CD.*

2 a 1. complètement   2. absolument   3. difficilement   4. vraiment   5. pareillement

b 1. complètement   2. absolument   3. vraiment   4. Pareillement   5. difficilement

3 *Consult CD.*

4 a With *être* : aller / descendre / monter / partir / rentrer

b aller : je suis allé/e   **avoir :** tu as eu   **descendre :** il est descendu   **dessiner :** nous avons dessiné   **être :** vous avez été   **étudier :** ils ont étudié   **exposer :** elles ont exposé   **finir :** j'ai fini   **gagner :** tu as gagné   **jouer :** il a joué   **manger :** nous avons mangé   **monter :** vous êtes monté(e)s   **partir :** ils sont partis   **peindre :** elles ont peint   **préférer :** j'ai préféré   **rentrer :** tu es rentré/e   **retrouver :** il a retrouvé   **acheter :** nous avons acheté

c 1. aller / descendre / monter / partir / rentrer   2. dessiner / étudier / exposer / peindre 3. étudier / manger / acheter / gagner / jouer

Taking Stock

Communication Tasks: a 4,   b 7,   c 3,   d 2,   e 1,   f 5,   g 6

You have also learned: a 6,   b 7,   c 5,   d 1,   e 9,   f 13,   g 10,   h 3,   i 2,   j 14,   k 11,   l 4,   m 12,   n 8

a Morne Rouge.

Consult CD for dialogue.

1 Deauville : un peu snob   **Honfleur :** il y avait une bonne ambiance / le patron était très sympa   **Le Havre :** une ville culturelle / très vivant / c'est un grand port

2 a **1. Person:** snob / vivant(e) / sympa / cultivé(e) / agréable   **2. Place:** snob / vivant / sympa / culturel(le) / agréable

b *Consult CD.*

3 b The endings for the *imparfait:* **ais, ais, ait, ions, iez, aient**

4 *Consult CD.*

5 1. ...mais à cette époque-là, j'avais un petit appartement.   2. ... mais avant, c'était un petit port.   3. ... mais les dernières années, c'était très vivant.   4. ... mais quand j'étais jeune, j'étais pessimiste.   5. ... mais avant, c'était la maison de *Monet.*
6 1. a,   2. b,   3. a,   4. b,   5. a,   6. b,   7. b,   8. a,   9. b   *Consult CD.*

(21b   C'est pour une réservation.)

1 The dialogue fits the announcement for the **Théâtre national de Caen**.   *Consult CD.*

2 2. Je vais au *Théâtre national* de Caen.   3. Je vais au *Griot*, ils ont une terrasse.   4. Je vais à la *Tête en l'air* / au *Griot*.   5. Je vais au *Bar et Billard du 7e art*.   6. Je vais au *Bar et Billard du 7e art*, ils ont une discothèque.
7. Je vais au *Théâtre national* de Caen.

3 a + b *Consult CD.*

4 1. Ça coûte combien ?   2. Ça commence à quelle heure ?   3. Le film dure combien de temps ?   4. Il y a des réductions ?   5. Le spectacle était comment ?

5 1. **(−)**   2. **(+)**   3. **(−)**   4. **(+)**   5. **(+ −)**   6. **(+)**

(22a   Panne d'essence.)

Dialogue, consult CD.

1 1. We need to get gas.   2. We have to change the tire.   3. We have to have the battery charged.
4. We have to call the mechanic.

2 Avant de partir en vacances en France, il faut : 5.   6.   4. + 1.   2.   3.   7.   8.

3

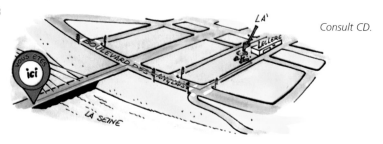

Consult CD.

4 b *Consult CD.*

5 b Je crois / j'espère / je pense que oui.   Je crois / j'espère / je pense que non.   Je crois / je pense / j'espère que c'est vrai.   J'espère / je crois / je pense qu'il / elle a raison.   Je crois / j'espère / je pense que c'est bien.   Je crois / j'espère que ce n'est pas cher.   Je pense / je crois qu'il y a un problème.   Je crois / je pense que c'est raté.   Je crois qu'il va pleuvoir.

c *Consult CD.*

(22b   Vol de voiture.)

1 The car has been towed away.   *Consult CD.*

2 **correct:** le parking était complet / la voiture était sur la place du marché / la voiture est maintenant à la fourrière / il faut payer une amende / il faut aller à la gendarmerie

3 3. J'ai déjà eu une panne de moteur.   4. J'ai déjà eu une roue crevée.   5. On a déjà volé mes passeports.   6. J'ai été à l'hôpital en France.   7. J'ai déjà raté l'avion.   8. J'ai déjà raté le train.   9. Je n'ai pas trouvé d'hôtel.   10. L'avion avait du retard.   11. L'avion a été annulé.   12. Je n'avais pas de réservation.   13. Je suis allé/e chez le médecin.
14. Il y avait des bouchons sur l'autoroute.   15. Il y avait une grève des transports.

4 **1:** Dialogue 3   **2:** Dialogue 2   **3:** Dialogue 1   *Consult CD.*

5 Nous avions une panne de moteur sur l'autoroute A 4. Mais nous avions de la chance, il il n'y avait pas loin une aire de repos *(rest area)*. Il y avait un restaurant avec un hôtel. Nous avons téléphoné à un dépanneur. Nous avons attendu le dépanneur, une demie heure, une heure, deux heures... Il était déjà dix heures du soir, pas de dépanneur. Nous avons pris une chambre à l'hôtel. Nous n'avons pas dormi du tout, car il y avait un bus de touristes dans l'hôtel... Le matin, nous avons pris la voiture, et quelle surprise, elle marchait ! C'était vraiment incroyable. La voiture a très bien fonctionné et nous sommes arrivés à la maison à midi !

3a Quand j'étais jeune...

Dialogue, consult CD.

1 1. Elle fait son yoga quotidien.   2. Elle tricote dans le jardin, comme d'habitude.   3. Quand j'étais jeune, je jouais un peu de piano.

3 Quand j'étais jeune, je tricotais / je faisais de l'équitation / je faisais de la gymnastique / je jouais au football / je faisais de la poterie / je jouais d'un instrument de musique (je jouais du piano, du violon....) / je faisais de la danse classique / je faisais du judo:

4 a 1. d.,   2. a.,   3. e.,   4. f.,   5. b.,   6. c.

b 1. **(+)**   2. **(-)**   3. **(-)**   4. **(+)**   5. **(+)**   6. **(-)**   *Consult CD.*

5 *Suggested responses:* Depuis mon mariage, j'habite / nous habitions à Cologne.   Depuis l'année dernière, je travaille / nous travaillons en Italie.   Depuis les vacances, je ne suis plus très motivé(e) / je suis fatigué(e). / nous ne sommes plus très motivé(e)s / nous sommes fatigué(e)s.   Depuis la fin de mes études, j'ai du succès.   Depuis l'année dernière, je fais / nous faisons des projets.

6 *Suggested responses:* Il me semble que Mario / Christian fait de la peinture / du bricolage / du judo / de la randonnée en montagne / du dessin.   Je pense que Mario / Christian a comme hobby la lecture / le dessin / le tango / l'escalade...   Je pense que Mario aime danser le tango.

3b Leçons particulières.

2 1. son ami A.   2. son père   3. Hélène et Pierre Lazareff   4. Jean-Jacques Servan-Schreiber

3 Françoise Giroud est née en Suisse, elle s'intéresse à la politique, l'économie, la littérature et la mode. Elle a dirigé *Elle* pendant sept ans. Elle écrit des portraits, et une chronique.   *Consult CD.*

4 a 1. the advertising   2. the news   3. the economy   4. art and cultural events   5. the opinion polls
6. the subscription   7. the weekly newspaper

b *Suggested responses:* Ce qui m'intéresse dans un journal, c'est l'économie. Ce qui m'intéresse dans un journal, ce sont les informations et la publicité. Je m'intéresse aux arts et spectacles, à l'économie, aux informations, aux sondages.

5 a (...) j'ai fait ce que j'ai pu (...).

b 1. Ce qui   2. Ce qui   3. Ce que   4. Ce que

6 *Individual responses; consult CD.*

4a On y va ?

Dialogue, consult CD.

1 a Claire est déjà allée à Jersey. Claire allait sur les îles avec des amis. Elle restait sous la tente et chez l'habitant. La maison de Victor Hugo est sur Guernesey.   *Dialogue, consult CD.*

b *Suggested responses:* Je pars en vacances avec les enfants à la mer, en camping. Je pars en vacances avec des amis à l'étranger, à l'hôtel. Je pars en vacances avec la famille dans ma région.

2 **aller :** j'y allais   **camper :** on y campait   **dépendre :** Ça dépendait   **pleuvoir :** il pleuvait

3 1. Oui, je suis déjà allé/e sur les îles anglo-normandes. / Non, je ne suis pas / jamais allé/e sur les îles anglo-nor-mandes. 2. Oui, je connais Jersey et Guernesey. / Non, je ne connais pas Jersey et Guernesey. 3. Oui, quand je suis en vacances, je campe. / Non, quand je suis en vacances, je ne campe pas. 4. Oui, je préfère l'hôtel. / Non, je ne préfère pas l'hôtel. 5. Oui, quand j'étais jeune, je campais. / Non, quand j'étais jeune, je ne campais pas.

6. Oui, quand je partais en vacances avec mes parents, j'allais en France. / Non, quand je partais en vacances avec mes parents, j'allais en Italie. 7. Oui, je suis déjà allé/e en chambre chez l'habitant. / Non, je ne suis pas / jamais allé/e en chambre chez l'habitant. 8. Oui, j'ai déjà loué un gîte rural. / Non je n'ai pas / jamais loué un gîte rural. *Consult CD.*

4 The pronoun **y** stands for the phrases ***les îles anglo-normandes*** and ***Guernesey***.

5 2. Oui, j'y vais en voiture. 3. Oui, j'y pense. 4. Oui, il y va en train. 5. Oui, il y croit encore. 6. Oui, nous y allons au printemps. 7. Oui, on y monte ce matin. 8. Oui, ils y sont.

6 *Consult CD.*

24b Formules d'hébergement.

1 ad 3: first dialogue ad 2: second dialogue

2 1. Ads **2**, **3**, **4** 2. Ads **2**, **3** 3. Ads **1**, **4** 4. Ads **3** 5. Ads **2**, **3**
6. Ads **2**, **3**, **4** 7. Ad **1** 8. Ad **1**

3 *Suggested responses:* 2. Quand j'habitais encore chez mes parents, nous allions chez mes grands-parents. 3. Quand mes enfants étaient encore petits, nous prenions l'avion et nous réservions un hôtel près de la plage. 4. Quand je pars pour un week-end, je vais en Alsace, je réserve une chambre dans un hôtel. 5. Quand je pars seul/e, je vais à la mer, chez des amis. 6. Quand je restais à la maison, je faisais de la bicyclette dans la région avec des amis.

4 *Individual responses; consult CD.*

25a C'est la haute saison.

Dialogue, consult CD.

1 Arrangement Nr. 3

2 **costs / price:** le prix / les tarifs / régler **trip:** les horaires / au départ de / des départs / une brochure / prendre le bateau / faire escale / la haute saison / la traversée / réserver / organiser **lodging:** le logement / quelques chambres / une ferme / réserver.

3 a 1. les horaires 2. la traversée 3. les tarifs 4. une escale 5. Quel logement

b *Consult CD.*

4 b *Suggested responses:* 1. Le plus simple en été c'est de rester en Allemagne. 2. Le plus fatigant à la haute saison, c'est de visiter Honfleur. 3. Le plus touristique, au printemps, c'est d'aller à Paris. 4. Le plus prudent, en hiver, c'est d'aller à pied / c'est de prendre l'avion. 5. Le plus agréable, en été, c'est de visiter Paris. 6. Le plus économique, à la haute saison, c'est de faire escale. 7. Le plus snob, en hiver, c'est d'aller en Normandie. 8. Le moins cher à la haute saison, c'est de rester en Allemagne. 9. Le plus rapide à la haute saison, c'est de prendre l'avion. 10. Le plus agréable au printemps, c'est d'aller en Normandie.

5 *Consult CD.*

25b Un séjour à la mer.

1 It's about a birthday present for the grandmother. *Consult CD.*

2 1. Nice est bien plus cher que Biarritz. 2. c'est plus avantageux 3. le train est plus fatigant 4. c'est mieux que l'Atlantique, l'eau y est plus chaude 5. Nice, c'est moins ennuyeux, la ville est plus grande *Consult CD.*

4 *Suggested responses:* Je trouve que la ville de Nice est plus chère que la ville de Biarritz. Je trouve que la ville de Nice est moins intéressante que la ville de Biarritz. Je trouve que la ville de Nice est plus jolie et plus chaude que la ville de Biarritz. Je trouve que la ville de Nice est plus / moins culturelle que la ville de Biarritz. Je trouve que la ville de Nice est plus grande que la ville de Biarritz.

V Interlude

1 **21** Le groupe parle des restaurants et cafés de la région. **22** Ils ont une panne d'essence sur le Pont de Normandie. **23** Mario et Christian discutent avec la mère de Fiona. Ils ne sont plus motivés. **24** Claire et Mario décident d'aller à Guernesey passer quelques jour. **25** Claire et Mario sont à l'agence de voyage pour organiser leur séjour à Guernesey.

2 **1:** 2., 4., 11., 12. **2:** 1., 6., 8., 10. **3:** 3., 5., 7., 9.

3 *Suggested responses:* **21:** Les quatre amis discutent le répertoire. Ils choisissent un restaurant. Ils parlent de l'ambiance des cafés, ils décident d'un nom pour le groupe.   **22:** Les quatre amis sont sur le pont, ils ont une panne d'essence. Fiona et Christian vont chercher de l'essence, Mario et Claire restent à la voiture.   **23:** Claire tricote, Fiona fait du yoga, et les quatre amis ne sont plus très motivés. Mario et Christian parlent avec la mère de Fiona. Ils n'ont pas beaucoup de succès, ils ne veulent pas continuer. La mère de Fiona les encourage, vous êtes jeunes ! **24:** Claire parle des îles anglo-normandes avec Mario. Elle y allait quand elle était adolescente. Ce n'est pas trop pluvieux. Elle voudrait y aller, on peut prendre le bateau à Portbail.   **25:** Claire et Mario sont dans l'agence de voyage. Ils veulent réserver la traversée et l'hôtel. Ils demandent un renseignement sur le logement, l'employé leur conseille un hôtel.

4 *Suggested responses:* 1. Le restaurant est superbe.   2. Il est un peu snob.   3. Il a l'air cher.   4. Je crois que c'est tranquille.   5. Il est plus grand que mon restaurant habituel.   6. La cuisine est sûrement raffinée.

1 You know more than you realize!

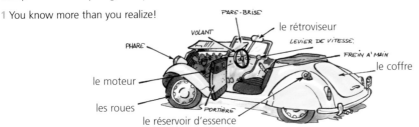

2 (…).Il écrivait ses propres chansons et quand il chantait, il avait beaucoup de présence sur scène.
Ses textes parlaient de l'amour (…). A la fin de sa vie, Brel, très gravement malade, vivait aux Marquises (…).

Putting It All Together
1 1. Ce qui   2. ce que   3. Ce que   4. ce que   5. ce qui   6. ce qu'

2 *Suggested responses:* le plus cher : 1., 5., 8.   le plus confortable : 1., 2., 8., 10   le plus rapide : 1.   le plus sympathique : 2., 5., 6., 7., 9., 10.   le plus sûr : 2., 5., 8., 9., 10.   le moins fatigant : 1., 2., 5.   le plus avantageux : 3., 6., 7., 10.   le moins avantageux : 1., 8.   le plus dangereux : 3., 4., 7.   le moins dangereux : 1.,10.

3 a You can rent a car.   Mileage is unlimited.   You have comprehensive insurance with Peugeot.

b 1. Location   2. illimité   3. tous risques   4. Assistance

4 *Consult CD.*

5 a 1. Il n'y avait plus de place sur le bateau et l'avion était trop cher.   2. C'était très confortable et très calme. 3. Il pleuvait tout le temps.   4. C'était le quinze août, il y avait beaucoup de monde.   5. C'étaient des vacances très reposantes.

b Number sequence: 2. / 3. / 4. / 1. / 5.

c *Consult CD.*

6 1. Vous les avez ?   2. Vous y partez ?   3. Ma sœur la demande.   4. Je les déteste.   5. Louis y croit.   6. Sabine y va souvent.   7. Nous ne l'aimons pas.   8. Je l'ai.

(Taking Stock)
Communication Tasks: a 4,   b 7,   c 8,   d 5,   e 10,   f 3,   g 1,   h 6,   i 2,   j 9

You have also learned: a 2,   b 4,   c 7,   d 5,   e 3,   f 9,   g 6,   h 8,   i 1

5a Tu n'en veux plus ?

Dialogue, consult CD.

1 1. Moi, je trouve qu'il est parfait. / c'est dommage / Il faudra du temps peut-être...   2. Tu n'en veux plus ? / Tu veux encore de ce bon petit vin blanc ?   3. Où en on était ? / Tu disais que tu étais déçue. / Comment le sais-tu ? 4. Et les crabes de Guernesey sont aussi bons que les crabes créoles. / plus de temps que prévu.

2 b 1. Oui, j'en veux.   2. Non, je n'en veux plus.   3. Géraldine en achète.   4. J'en parle souvent.   5. J'en mange beaucoup.   6. Les Dupont en ont deux.

3 a 2. Oui, j'en porte. / Non, je n'en porte pas.   3. Oui, il y en a. / Non, il n'y en a pas.   4. Oui, j'en parle souvent. / Non, je n'en parle pas souvent.

b *Individual responses; consult CD.*

4 b 1. Je te le donne.   2. Tu la lui apportes.   3. Vous les leur offrez.   4. Vous le lui achetez.

c 1. Oui, elle lui en envoie.   2. Oui, elle leur en propose.   3. Oui, il lui en parle.

26b Situations de crise.

1 1. 1st dialogue: photo 3   2nd dialogue: photo 1   3rd dialogue: photo 2   *Consult CD.*

2 b *Consult CD.*

3 1. 1. the computer   2. the diskette   3. the Internet surfer   4. the program   5. the screen   6. the keyboard
7. the software   8. the data bank   9. the printer

4 **fixed expressions:** J'en ai marre ! / Ne t'en fais pas.   **quantities:** Tu n'en veux plus ? / J'en ai déjà mangé cet après-midi.

5 1. Gisèle me l'envoie.   2. Nous vous en remercions.   3. Je te la montre ?   4. Il vous les explique.   5. Vous en avez assez ?   6. Vous en avez une pour moi ?

6 *Suggested responses:* 1. une lettre manuscrite.   2. un télégramme / un e-mail / un fax / le téléphone   3. le téléphone   4. une lettre manuscrite / un e-mail   5. le téléphone / une lettre manuscrite

27a Bienvenue chez Victor Hugo.

Dialogue, consult CD.

1 *Suggested response:* Victor Hugo a résidé à Guernesey de 1855 à 1870, où il était en exil. Il avait une grande famille et il a résidé dans une grande maison. Il écrivait debout face à la mer. Il aimait les mosaïques, et le soleil. Il écrivait des romans.

2 **(+) :** superbe / spacieux / moderne / ensoleillé / grand / original / formidable / beau   **(–) :** petit / vieux / bizarre / sombre / moche / horrible   **Opposites:** superbe ≠ horrible   ensoleillé ≠ sombre   moderne ≠ vieux
spacieux / grand ≠ petit   beau ≠ moche   original ≠ bizarre

3 *Individual responses; consult CD.*

4 *Suggested responses:* 1. L'immeuble est plus moderne que la ferme.   2. Le château est plus spacieux que l'immeuble.   3. La villa est plus originale que le château.   4. La ferme est plus grande que la villa.

5 b 2. Le violoncelle dont je joue est un instrument d'une autre époque.   3. Ta cuisine dont nous discutons est vraiment spacieuse.   4. Le cousin d'Etienne dont nous parlons s'appelle Jean-Claude.   5. La maison dont vous vous souvenez est en ruine maintenant.

27b La résidence secondaire.

1 *Consult CD.*

2 **1. ce qui est déjà fini :** on a retapé la toiture et refait les peintures / la terrasse est presque finie et on a nettoyé le jardin   **2. ce qui reste à faire :** il faut encore tout aménager / Antoine cherche une table et une armoire / dans le grenier, on veut faire les chambres des enfants / dans deux ou trois ans, on veut faire creuser une piscine / L'été prochain on veut pendre la crémaillère !

3 *Consult CD.*

4 *Suggested response:*

Consult CD.

5 a **4** une table **3** une armoire **8** une commode **5** un buffet **1** des chaises **6** un canapé
7 un lit **2** un fauteuil

b *Individual responses.*

6 *Suggested responses:* 1. acheter la maison en ruine 2. faire un plan de la maison 3. demander de l'argent à la banque 4. retaper la toiture 5. nettoyer la maison 6. refaire les peintures 7. aménager les chambres et le séjour 8. terminer la salle de bains 9. chercher des meubles 10. aller chez le brocanteur 11. aménager le grenier 12. nettoyer le jardin 13. faire creuser une piscine 14. pendre la crémaillère
Marie-Paule et Antoine ont acheté la maison en ruine, ils ont fait un plan de la maison. Ils ont demandé de l'argent à la banque. Ils ont retapé la toiture. Ils ont nettoyé la maison. Ils ont refait les peintures. Ils ont aménagé les chambres et le séjour. Ils ont terminé la salle de bains. Ils ont cherché des meubles. Ils sont allés chez le brocanteur. Ils ont aménagé le grenier. Ils ont nettoyé le jardin. Ils ont fait creuser une piscine. Ils ont pendu la crémaillère.

3a Promis, juré.

Dialogue, consult CD.

1 a **to promise:** c'est promis / promis, juré

2 *Consult CD.*

3 a **ouvrir :** elle ouvrira **écrire :** Tu m'écriras ? **rester :** on restera en contact **manquer :** tu me manqueras
revenir : tu reviendras **essayer :** j'essaierai **envoyer :** je t'enverrai **venir :** tu viendras

4 1. J'écrirai une carte postale. 2. Nous enverrons des e-mail. 3. Vous verrez un bon film. 4. Tu partiras quand ?
5. Quand est-ce qu'elle reviendra ? 6. On restera longtemps ici ? 7. Ils essaieront de tenir leur promesse.
8. Martin reviendra demain.

3b Le vingt et unième siècle.

1 *Consult CD.*

2 *Individual responses; consult CD.*

3 **pessimiste :** Marcelle **optimiste :** Paul / Frédéric / Lise
Marcelle est plus pessimiste que Paul. Frédéric et Lise sont les plus optimistes. Marcelle est la plus pessimiste.

4 **1. avenir :** les astrologues / la télépathie / la voyance **2. problèmes mondiaux :** la guerre / les maladies / la famine / la pollution **3. espoirs :** les hommes seront plus raisonnables / une période plus harmonieuse, plus communicative / les hommes sauront s'entraider / Déjà les enfants de ce nouveau siècle sont différents. / Ce sera un grand siècle !

5 **être :** il / ce sera, ils seront **avoir :** il y aura **savoir :** ils sauront

6 *Consult CD.*

7 a 1. nous aurons 2. vous saurez 3. elle sera 4. ils auront 5. je saurai 6. nous saurons *Consult CD.*

b *Consult CD.*

4a Nous nous écrivons depuis 12 ans.

Dialogue, consult CD.

1 *Consult CD.*

2 a Je viens de lire dans ce guide... *I have just read in this travel guide...*

b 1. Je viens de rencontrer Arthur, il va bien. 2. Nous sommes en train de déjeuner. 3. Demain, tu vas aller chez le médecin ! 4. A ce soir, je vais faire les courses. 5. Regardez, nous venons de trouver ce ticket dans la rue. 6. Vous êtes en train de faire un exercice. 7. Cet été, nous allons prendre un gîte rural en Provence. 8. Quel dommage, ils vont partir vivre aux Etats-Unis !

3 *Suggested responses:* 1. Je viens de faire un exercice. / Je suis en train de faire un exercice. 2. Je vais apprendre le vocabulaire. 3. Je viens d'écouter le dialogue. 4. Je vais écouter de la musique. / Je suis en train d'écouter de la musique. 5. Je suis en train d'apprendre le français. 6. Je vais travailler. / Je viens de travailler. / Je suis en train de travailler.

4 a **3:** il porte un boucle d'oreille **4:** il a une barbe **2:** il est gros **1:** elle a les yeux bleus **6:** elle est rousse et a des taches de rousseur **5:** c'est un homme brun, avec une moustache

b *Suggested response:* Sébastien Plumeau est petit et mince, il porte des chemises sportives, il a des cheveux bruns et il a des taches de rousseur.

5 b 1. Ils ne se sont pas revus pendant dix ans. 2. Vous vous êtes retrouvés à un pique-nique. 3. Ils se sont aimés longtemps. 4. Elles se sont initiées à la spéléologie. 5. Il s'est souvent trouvé seul avec elle. 6. Nous nous sommes sentis très fatigués. 7. Elles se sont détestées. 8. Ils se sont consacré à leur hobby.

29b Qu'est-ce qu'il devient ?

1 *Consult CD.*

2 1. Il voulait devenir prof de gym, mais il a travaillé dans une boîte. 2. Il était au chômage pendant un an, mais maintenant il est employé dans une agence de publicité. 3. Il était avec Anne-Laure, mais hier il était accompagné d'une jolie fille.

3 a 1. J'ai rencontré Fabrice hier ! / il n'a pas changé / Il était au chômage. / Sa boîte a fermé. / Il a fait des stages / il a retrouvé quelque chose / Nous nous sommes connus à un match de volley / Nous ne nous sommes pas parlés longtemps / Il a dit son nom / j'ai oublié / Tu crois qu'elle a déménagé ? 2. il voulait devenir prof de gym quand on était au lycée. / il jouait très bien. 3. il était accompagné.

b *Suggested responses:* J'ai rencontré Jérôme Blanchard hier. Je l'ai connu à l'université. Il était étudiant en économie, mais maintenant il est directeur d'une agence de voyage. Le salaire n'est pas formidable. Il est divorcé. Il est toujours pareil : très drôle et gourmand. Je l'ai rencontré dans une boîte de nuit à Monaco.

4 *Consult CD.*

5 Anne-Laure est à l'étranger. Elle est à Sydney. Elle est sportive de haut niveau. Elle joue au volley-ball. Elle est mariée. *Consult CD.*

6 **Training:** les études / l'université / le lycée / le stage / les examens / les diplômes / un apprentissage / le professeur / le projet / les horaires. **Workplace:** le salaire / le patron / les collègues / l'employé(e) / l'agence de publicité / le chômage / la demande d'emploi / le team / l'entretien d'embauche / la cantine / le projet / les horaires.

30a Quelle peur j'ai eue !

Dialogue, consult CD.

1 **devoir :** je dois

2 *Consult CD.*

3 b 1. Je les ai mis dans ton sac. 2. Tu l'as donnée à l'hôtesse. 3. Nous les avons laissées à la réception. 4. Oui, je les ai écoutées dans la voiture. 5. Sa mère l'a mise au lit. 6. Son père l'a mis au lit.

4 *Consult CD.*

30b Embarquement immédiat.

1 *Consult CD.*

2 **1. le départ :** la carte d'accès à bord / le billet d'avion / les consignes de sécurité / l'embarquement / le passeport / l'aéroport / la porte d'embarquement **2. le vol :** le décollage / l'atterrissage / la ceinture de sécurité **3. l'arrivée :** la livraison des bagages / les réclamations / l'atterrissage / le passeport / le transfert / la correspondance / le retard.

3 a **avoir :** notre vol aura **attendre :** est-ce que l'avion attendra ? **pouvoir :** votre correspondance ne pourra être assurée **aller :** vous irez **faire :** ils feront le nécessaire / nous ferons le maximum

b **pouvoir :** il pourra **aller :** vous irez **faire :** nous ferons / ils feront

4 *Consult CD.*

5 *Individual responses.*

1 1. Je me régale ! Tu es vraiment gourmand ! / Ce ne sont pas nos oignons.   2. Qu'est-ce que c'est spacieux ! / Moi, je la trouve moche.   3. On restera en contact. / Promis, juré.   4. Je suis très curieux de savoir si tout cela est vrai ! / Nous ne nous sommes jamais vus.   5. Quelle peur j'ai eue ! On va boire un tipunch, ça me remontera. / Tu ne l'as pas gardée avec toi ?

2 *Suggested responses:* 1. Fiona est plutôt ronde, elle porte souvent des chemises vertes, elle n'est pas bavarde, elle est plutôt introvertie.   2. Christian est bavard et extraverti. Il est joyeux, il est noir, maigre et porte une barbe. Il porte toujours des jeans.   3. Claire est maigre, c'est une grande brune. Elle porte souvent des robes. Elle a les cheveux courts. Elle est extravertie et bavarde.   4. Mario est grand et un peu rond. Il est réservé, il porte des chemises.

3 *Suggested response:* Claire et Mario ont visité la maison de Victor Hugo. Ils ont mangé un plateau de fruits de mer dans un restaurant. Mario s'est régalé. Ils ont bu du vin blanc. Ils ont discuté de l'orchestre, ils ont parlé de la maison de Victor Hugo. Claire a adoré cette maison.

4 **1:** la valise   **2:** la voiture   **3:** les chaussures   **4:** les clefs   *Consult CD.*

5 *Suggested responses:* 1. Je te comprends, c'est casse-pieds.   2. Ne t'en fais pas, je vais t'aider.   3. Ça ne fait rien. 4. Ne t'en fais pas, je vais t'aider.   5. Ça ne fait rien.   6. Ne t'en fais pas, je vais t'aider.   7. Je te comprends, c'est casse-pieds.   8. Ça ne fait rien.   *Consult CD.*

Cross-Cultural Information
1. to stick your foot into it   2. to make a face / to pout   3. to hold your hand in the fire for something   4. I'm getting angry   5. to get up on the wrong side of the bed   6. to grin and bear it   7. to save the best for last 8. out of sight, out of mind

1 You know more than you realize!
1 un château **2** un hôpital **3** une autoroute **4** le village **5** les bateaux **6** un hypermarché **7** une église
8 la plage **9** la montagne **10** les villas **11** le pont **12** la forêt **13** le port **14** une piscine **15** le volcan
16 la mer

2 APPRENDRAS-TU A M'ECOUTER DE LOIN. Ecoute, apprendras-tu (...), Tu trouveras en toi (...), L'un après l'autre un jour il faudra (...), tu tourneras les yeux.

Putting It All Together
1 a *Suggested responses:* 2. Tu vas téléphoner demain. Tu téléphoneras en octobre.   3. On va rester ici ce soir. On restera plus longtemps l'an prochain   4. Nous allons partir tout de suite. Nous partirons dans un mois en vacances. 5. Vous allez voyager demain en train. Vous voyagerez en Europe l'an prochain.   6. Elles vont écrire ce soir à leurs parents. Elles écriront d'Australie dans un mois.   7. Je vais lire son fax tout de suite. Je lirai son fax dans un mois quand je suis rentrée du voyage.   8. Tu vas voyager demain au Canada. Tu voyageras au Canada l'an prochain.

b *Consult CD.*

2 translations of verbs with the prefix *re-*: 1. to remake or make new   2. to buy back or again   3. to outfit / reoutfit 4. to start over, begin again   5. to recover   6. to keep looking, to research   7. to send back or away 8. to write again or rewrite   9. to recommend, advise strongly

3 *Consult CD.*

4 a Caroline : **4**   Yann : **7**   Philippe et Luc : **1**   Jean : **5**   Ariane : **6**   Bruno : **3**   Simone : **2**   Jean-Paul : **8**

b *Individual responses.*

5 a 1. La gare de Bordeaux, je l'ai trouvée très propre.   3. Ma chemise, où est-ce que tu l'as mise ? 4. La crème fraîche que tu as prise est de Normandie.   5. La brochure que j'ai achetée est très bien.

b pronounced: mise, prise

6 1. Nous la lui avons commandée.   2. Nous leur en avons apporté.   3. Je le lui ai donné pour le dessert. 4. Nous la leur avons achetée comme résidence secondaire.

7 *Suggested responses:* La table sur la photo n° 1 est très élégante. Elle est en verre. Il y a de belles roses sur cette table. Les chaises sont vieilles et fleuries. Le canapé est superbe. Toute la salle est ensoleillée. Les chaises sur la photo n° 2 sont à carreaux. Il y a un fauteuil marron qui est très beau. Un canapé bleu se trouve à droite. Sur la table il y a aussi de belles roses et une cafetière. C'est une salle spacieuse et ensoleillée.

Taking Stock

Communication Tasks: a 5,   b 10,   c 2,   d 9,   e 3,   f 4,   g 8,   h 6,   i 1,   j 7

You have also learned: a 5,   b 13,   c 6,   d 12,   e 2,   f 3,   g 4,   h 9,   i 11,   j 8,   k 10,   l 1,   m 7

31a Je voudrais bien t'aider.

Dialogue, consult CD.

1 Fiona est seule.   Fiona n'a pas d'argent.   Mario et Claire n'ont pas le temps de l'aider.   Fiona ne trouve pas de locaux.   Christian n'écrit pas.   Le temps la démoralise.

2 b 1. commander: to order; décommander: to cancel   2. couvrir: to cover; découvrir: to uncover, discover   3. coiffer: to do someone's hair; décoiffer: to mess up someone's hair   4. apprendre: to learn; désapprendre: to forget, unlearn   5. encourager: to encourage; décourager: to discourage   6. embarquer: to embark; débarquer: to disembark   7. habiller: to dress, put on; déshabiller: to undress, take off   8. espérer: to hope; désespérer: to despair

3 a 1. j'aimerais   2. tu pourrais   3. ça serait   4. j'aurais

b *See grammar appendix.*

4 a *Suggested responses:* 2. Ça serait bien de visiter le *Louvre* avec des amis en été.   3. Ça serait bien de recevoir des lettres de nos amis en français.   4. Ça serait bien de partir à La Réunion en décembre.   5. Ça serait bien de trouver un e-mail le soir.   6. Ça serait bien d'avoir du travail en France.   7. Ça serait bien de visiter les îles bretonnes en juin.   8. Ça serait bien de recevoir des amis le soir.

b *Individual responses; consult CD.*

5 1. tu pourrais: advice / suggestion, polite request   2. ce serait bien: desire, supposition   3. je voudrais: desire, polite request

31b Il faudrait améliorer le cadre de vie.

1 **1:** Passage C   **2:** Passage B   **3:** Passage D   **4:** Passage A   *Consult CD.*

2 **Passage A:** le cadre de vie / la vie commune / le tourisme   **Passage B:** le cadre de vie / la vie publique / la vie commune   **Passage C:** le sport / la nouvelle génération / la vie commune   **Passage D:** le sport / le tourisme

3 a *Suggested responses:* A mon avis, le plus important, c'est d'améliorer le cadre de vie.   A mon avis, le plus important, c'est de rénover les bâtiments et de construire des aires de jeux.   Je ne trouve pas important de participer au concours des villages fleuris.   Je ne trouve pas important de construire des bacs à sable.

b *Suggested responses:* 3. On devrait interdire les voitures au centre-ville.   4. On pourrait planter des arbres.   5. Il faudrait participer à un jumelage.   6. On pourrait ouvrir une foire à la brocante ou une terrasse de café.   7. Il faudrait organiser un festival de musique.   8. On devrait ouvrir un supermarché.

4 1. se marier   2. acheter des timbres   3. changer le numéro de la voiture   5. déclarer un vol de voiture   4. emprunter des livres et des vidéos   6. faire garder les enfants   7. informer les touristes

32a La routine, ça me déprime.

Dialogue, consult CD.

1 **Work:** la routine / le salaire / faire grève / démissionner / une année sabbatique / le boulot
School: les élèves / les sixièmes et les cinquièmes / une classe / la rentrée

2 b 1. Quand je suis arrivée, Julie était partie chez le coiffeur.   2. Une heure après, je me suis installé dans le jardin.   3. Quand elle est revenue, j'avais dormi une petite heure.   4. Elle avait préparé un thé et j'avais apporté des brioches.   5. A minuit, quand je suis reparti chez moi, nous avions mangé des brioches, puis nous étions allés au cinéma, et ensuite j'avais commandé des pizzas que nous avions dégustées avec une bouteille de rosé.

3 *Consult CD.*

4 *Suggested responses:* 2. Ce qui me déprime, ce sont mes collègues, parce qu'ils sont trop sérieux.   3. Ce qui me déprime, c'est le temps, parce que l'automne, c'est très désagréable.   4. Ce qui me déprime, c'est la situation économique, parce que c'est horrible.   5. Ce qui me déprime, ce sont les anniversaires, parce que c'est complètement idiot.   6. Ce qui me déprime, c'est Noël, parce que c'est ennuyeux.

5 *Individual responses; consult CD.*

1 *Consult CD.*

2 *Suggested responses:* **Irène (Capricorne) :** Ne sois pas si sérieuse, travaille un peu moins ! Es-tu allergique au repos ? Tu pourrais prendre des vacances en automne.   **Dominique (Sagittaire) :** Tu devrais aller en boite de nuit, tu pourrais y rencontrer quelqu'un d'intéressant...   **Barbara (Gémeaux) :** Tu viens de vivre un été exceptionnel, mais l'automne sera moins intéressant, tu pourrais peut-être visiter des musées, rencontrer des amis pour boire un thé...   **Gabrielle (Taureau) :** Gardez le pieds sur terre, votre grand projet, c'est pour l'hiver. Vous devriez rester aimable avec vos collègues et votre famille.

3 Gardez les pieds sur terre ! Vous devriez garder les pieds sur terre.   Restez aimable. Vous devriez rester aimable. Restez dans votre cocon. Ce serait bien de rester dans ton cocon.   Cultivez votre jardin ou votre hobby. Vous devriez cultiver ton jardin ou ton hobby.   Reposez-vous. Vous devriez vous reposer.   Allez au cinéma. Vous pourriez aller au cinéma...   Invitez la famille. Vous devriez inviter la famille.   Rénovez votre appartement. Vous pourriez rénover ton appartement.   Choisissez de nouveaux meubles. Ce serait bien de choisir de nouveaux meubles.   Ne soyez pas si sérieux. Vous ne devriez pas être si sérieux.   Travaillez un peu moins ! Vous ne devriez pas travailler autant !   Ne soyez pas déprimé ! Vous devriez être moins déprimé.   Faites du sport ! Vous devriez faire du sport.   Soyez gentil avec votre voisin ! Vous pourriez être gentil avec votre voisin !

4 *Suggested responses:* La photo n° 1 me plaît beaucoup, j'aime rencontrer des gens, manger ensemble, avec la famille, et déguster un bon vin rouge ! / La photo n° 2 me plaît beaucoup, j'adore la mer, aller à la plage et me reposer au soleil avec un bon livre !

5 *Suggested responses:* Je profite de la vie plutôt comme Jean-Paul parce que moi aussi, j'aime voir les amis, sortir. Et pour moi aussi, la famille c'est très important. Je profite de la vie plutôt comme Sophie, car j'aime avoir des activités sportives, rencontrer des gens, sortir.   *Consult CD.*

6 1. Rénovez votre appartement.   2. Vous pourriez apprendre le judo.   3. La rentrée sera douce.   4. Vous avez profité de la vie.   5. L'automne sera moins intéressant.

Dialogue, consult CD.

1 **ce qu'il voulait faire :** partir faire le tour du monde / faire carrière de soliste   **ce qu'il a fait :** il s'est marié / il a eu un fils

2 a 1. C'est de son âge !   2. Il a sûrement raison.   3. Tu n'as pas eu ces idées-là, toi ?   4. Il tient ça de toi.

b *Consult CD.*

3 b 2. S'il vient trop souvent, ce ne sera pas normal. S'il venait trop souvent, ce ne serait pas normal.   3. Si nous allons en ville, nous pourrons manger des glaces place du Capitol. Si nous allions en ville, nous pourrions manger des glaces place du Capitol.   4. Si vous faites le tour du monde, vous nous écrirez des cartes postales. Si vous faisiez le tour du monde, vous nous écririez des cartes postales.   5. Si nous nous quittons à l'aéroport, ce sera trop triste. Si nous nous quittions à l'aéroport, ce serait trop triste.   6. Si la mairie a des projets, les habitants seront contents de leur cadre de vie. Si la mairie avait des projets, les habitants seraient contents de leur cadre de vie.   7. Si nous partons en Inde, ce sera super. Si nous partions en Inde, ce serait super.   8. Si Christian revient, Fiona sera contente. Si Christian revenait, Fiona serait contente.

4 a je partirais / je prendrais / j'irais / je dormirais / je ferais

b *Suggested responses:* 2. Si je prenais un apéritif, je prendrais un porto.   3. Si je changeais de pays, j'irais en Irlande. 4. Si je partais en France, je dormirais chez des amis, ou dans un hôtel.   5. Si je voulais améliorer mon cadre de vie, je ferais des peintures.   *Consult CD.*

1 *Consult CD.*

2 *Individual responses.*

3 1. la mer / les marins / les bains / la pêche sous-marine / les plages / les coups de soleil   2. les terriens / les hommes / les maisons / les femmes / la politique / les voitures / la musique / les films / les cours du lycée

4 *Suggested responses:* Si Daniel prenait un moyen de transport, ce serait le bus. S'il avait des bagages, ce serait un sac à dos. Si Daniel allait à la mer, ce serait la Méditerranée. Pour dormir, Daniel irait à l'auberge de jeunesse.

5 *Consult CD.*

6 *Suggested responses:* 1. Si j'étais à la place de Daniel, je partirais à pied.   2. Si j'étais à la place de Daniel, je dormirais sur la plage.   3. Si j'étais à la place de Daniel, je serais content.   4. Si j'étais à la place de Daniel, je prendrais un sac à dos.   5. Si j'étais à la place de Daniel, j'irais voir le Pacifique.

7 a 1. He didn't join in other people's conversations, except when they spoke about the sea.   2. It was as if he were of a different breed.   3. Even when people spoke about the sea, it didn't interest him for long.   4. That was not the sea that he wanted to hear about.   5. It was a different sea, who knows which one…

b *Consult CD.*

34a Je prends une année sabbatique.

Dialogue, consult CD.

1 a Je pourrais demander une mutation et toi tu prends une année sabbatique.

b **1. Solange :** est tombée amoureuse / est partie vivre à Casablanca   **2. Caroline :** est journaliste et photographe / a fait le tour du monde en bateau / vit sur son bateau / ne revient plus en France qu'une fois par an   **3. Marc :** est devenu moine tibétain / habite en Ecosse / a trouvé sa place,   *Consult CD.*

2 a 1. Il m'a dit que son fils venait de partir faire le tour du monde.   2. Je lui ai dit que si ça continuait comme ça, j'allais prendre une année sabbatique.

b 1. 1. He told me that his son had just gone on a trip around the world.   2. I told her that if things kept up like this I would take a year of unpaid vacation.

3 1. Solange a dit qu'elle était tombée amoureuse d'un Marocain, et qu'ils avaient décidé d'aller vivre à Casablanca. Et elle a dit aussi que ses enfants parlaient maintenant français et arabe.   2. Caroline a dit qu'elle était partie vivre sur un bateau, qu'elle avait fait le tour du monde et qu'elle ne revenait qu'une fois par an. Elle a dit aussi qu'elle était journaliste et photographe.   3. Marc a dit qu'il avait fait des vacances en Ecosse et qu'ils avaient trouvé un logement pour une nuit dans un monastère tibétain. Il a dit que lui, il était resté et qu'il était devenu moine, qu'il avait trouvé sa place.

34b Faire de sa passion son métier.

1 *Consult CD.*

2 **Jérôme et Mathieu** 1. polytechnique   2. 31 ans   3. les montgolfières   4. voyagistes en ballon
Belhadj 1. baccalauréat   2. 19 ans   3. les rollers   4. coursier à roulettes

3 a *Suggested response:* ❱ Bonjour, M. / Mme X, à l'appareil. Pouvez-vous aller chercher un document important ? ❱ Avant midi.   ❱ Vous devez aller le chercher aux Editions Decours.   ❱ Chez Mme Capsal, bureau 112, au troisième étage.   ❱ Moi, je suis M. / Mme X, 12, rue de la gare, mon numéro de téléphone est le....❱ Au revoir. *Consult CD.*

b *Suggested response:* ❱ Bonjour, M. Gobi. M. / Mme X à l'appareil.   ❱ Oui, nous voudrions monter dans une montgolfière.   ❱ Pour le 21 juin.   ❱ Nous sommes deux, deux adultes, et deux enfants de 11 et 13 ans.   ❱ Nous voulons voir les grands boulevards, et la tour Eiffel.   ❱ C'est d'accord.   ❱ Je paye par carte bancaire, c'est possible ? Je vous donne le numéro...   ❱ Merci, au revoir.   *Consult CD.*

5 1. Ils craignent le chômage.   2. Vous êtes en retard, nous avons craint le pire !   3. Elle se plaignait tout le temps de ses voisins, elle a déménagé.   4. Je suis très heureux comme cela, je ne me plains pas.   5. Si nous manquions l'avion, nous nous plaindrions à l'agence de voyage.

35a Rien ne marche.

Dialogue, consult CD.

1 1. Rien ne marche.   2. Le prêt bancaire a été refusé.   3. Il n'a pas encore répondu à ma dernière lettre.

2 b 2. J'ai la grippe et je suis au lit. Personne ne téléphone.   3. Je n'ai pas de visites. Personne ne vient me voir. 4. Toutes les machines sont en panne. Rien ne fonctionne.   5. Il y a des problèmes partout. Rien ne marche.

6. Tout le monde fait des erreurs. Personne n'est parfait.

3 b 1. Une autoroute est construite par le ministère.   2. Le vol pour Lyon a été annulé par la compagnie.   3. Une nouvelle publicité sera faite par l'agence.   4. Des actions sont proposées par la banque.   5. Les prix seront aug-mentés par l'entreprise.   6. Une grève a été organisée par les élèves.

4 1. 1. English and German are spoken here.   2. the Fifth Republic was founded in 1958.   3. The Alps were crossed in 218 B.C.   4. A new TGV line has been opened.   5. He was turned down for a loan.   6. America was discovered in 1492.   *See grammar index.*

5 **Imperative** Installez-vous !,   **Si-clause** Si je pouvais, j'irais tout de suite !   **Pronoun *en*** Et qu'est-ce qui t'en empêche ?   **Futur composé** (…) on va lui dire bonjour.   **ce que** Tu devrais aller voir ce qu'il fait là-bas !   **Conditional 1** (…) j'irais tout de suite !

5b Différents milieux.

1 *Consult CD.*

2 2. avancer un peu d'argent   3. ben   4. j'ai plus de fric   5. j'ai pas   6. magne-toi   7. je ne suis pas en règle.   8. J'en ai ras-le-bol

3 b 1. Allez-y !   2. Manges-en !   3. Dépêchez-vous !   4. Penses-y !   5. Donne-moi dix balles !   6. Présente-moi !

4 *Consult CD.*

5 a **(+)** C'est très agréable.   **(–)** C'est drôle.   **(–)** C'est incroyable.   **(+)** C'est génial.   **(+)** Ça me fait très plaisir.   **(+)** C'est parfait.   *Consult CD.*

b *Consult CD.*

I   Interlude

1 1. Le temps ici me démoralise. / Je ne trouve pas de locaux.   2. La routine, ça me déprime. / On pourrait faire grève…   3. C'est de son âge ! / Il tient ca de toi, ton fils !   4. Je pourrais demander une mutation. / Tu prends une année sabbatique.   5. Il n'a pas encore répondu à ma dernière lettre. / Le prêt bancaire a été refusé.

2 *Suggested responses:* 1. Fiona dit à sa mère qu'elle n'a pas de nouvelles de Christian, que Mario et Claire n'ont pas le temps de l'aider, que le temps la démoralise, que le prêt bancaire n'est pas encore accordé et qu'elle n'a pas trouvé de locaux.   2. Claire explique à sa collègue qu'elle n'a pas la pêche habituelle, que la routine la déprime, qu'elle voudrait prendre une année sabbatique dans cinq ans.   3. Paul raconte à Mario que son fils vient de par-tir faire le tour du monde, que sa mère n'en dort plus, qu'il avait eu envie aussi de le faire mais que Claudine était enceinte et qu'ils se sont mariés.   4. Mario raconte à Claire qu'il a déjeuné avec Paul, qu'il avait toujours rêvé de voir le monde, qu'il a envie d'aller à La Réunion.   5. Mario et Claire disent à Fiona qu'elle devrait aller à La Réunion, qu'elle devrait prendre quelques jours de vacances et que Christian est un type bien, qu'il l'apprécie beaucoup.

3 3. Je me retirerais dans un couvent.   4. Je vivrais aux Etats-Unis.   5. Je deviendrais acrobate dans un cirque.   6. Je (re)ferais des études.   7. Je vivrais avec les aborigènes d'Australie.   8. J'aiderais l'ONU.   9. J'aiderais Greenpeace.   10. Je prendrais des cours de T'ai Chi.

4 a 1. NATO   2. AIDS   3. UNO   4. PLO

b *Consult CD.*

c 1. Société Nationale des Chemins de fer Français   2. Société Nationale des Chemins de fer Belges   3. Auberge de Jeunesse   4. Président-directeur Général   5. Train à grande vitesse   6. Jeux Olympiques   7. Boîte postale   8. Service d'aide médicale d'urgence   9. Office Franco-Allemand pour la Jeunesse   10. Régie Autonome des Transports Parisiens (métro)   11. Revenu Minimum d'Insertion

1 You know more than you realize! 1.: **c**   2.: **d**   3.: **b**   4.: **a**

2 1. 45 % des interrogés disent que c'est très difficile de suivre sa passion.   2. 42 % des interrogés ont répondu que c'est assez difficile.   3. 1 % ont dit qu'ils ne voulaient pas répondre.
Et vous ? *Suggested responses:* Moi, je trouve cela (très / assez) difficile comme 45 / 42 % des Français. Pourtant un jeune sur deux a dit qu'il était d'accord pour gagner moins d'argent mais avoir un travail plus intéressant.   Et vous ?   *Individual responses.*

Putting It All Together
1 *Suggested responses:* J'aimerais vivre à la campagne / seul(e) / avec des chiens / près d'une forêt / dans une ferme à rénover.   Pour moi, le mieux serait d'habiter avec beaucoup d'enfants / près d'une grande ville / sur un bateau.

2 *Suggested responses:* 1. Tu pourrais chercher un autre travail. / Tu devrais prendre des vacances. 2. Vous pourriez aller chez le médecin / faire une thalassothérapie / prendre une année sabbatique. 3. Tu devrais aller en France pendant un mois. / prendre des leçons particulières avec un professeur de français. 4. Tu devrais sortit en boîte. / aller dans un club de sport. *Consult CD.*

3 *Suggested responses:* 1. Quand j'irai en France, j'aimerais sortir en boîte. 2. Pour me reposer, j'aimerais faire une thalassothérapie. 3. Pour pratiquer mon français, j'aimerais aller en France pendant un mois. 4. Pour changer de vie, j'aimerais prendre des vacances. *Consult CD.*

4 *Individual responses.*

5 **1** c.: "Nous achèterons une maison en Provence, pour notre retraite." **2** a.: "Je suis désolé, mais il n'y a plus de chambres libres." **3** b.: "J'ai fait un stage en Allemagne, cet été, à Cologne."

6 1. Je ne me plains pas, j'ai tout ce que j'aime. 2. Nous avons craint une panne d'essence. 3. Ils ne craignent pas le chômage. 4. Il était fou amoureux et il craignait de la perdre. 5. Vous vous plaindrez à l'agence de voyage. 6. Si je pouvais, je me plaindrais à la compagnie aérienne.

7 1. Rien ne lui plaisait... 2. Personne ne lui a dit... 3. Personne ne sait pourquoi... 4. Rien ne m'intéresse.... 5. Personne ne vous a parlé de... 6. Rien ne manque...

8 1. Si vous alliez..., vous pourriez louer... . 2. Si nous achetions..., nous pourrions... . 3. Si tu étais déprimé..., je viendrais te voir. 4. Si vous acceptiez..., nous serions... .

(Taking Stock)

Communication Tasks: a 9, b 10, c 1, d 2, e 6, f 8, g 4, h 5, i 3, j 7

You have also learned: a 2, b 7, c 1, d 8, e 6, f 4, g 5, h 3

(36a Je ne te lâche plus !)

Dialogue, consult CD.

1 (...) j'avais du mal à le croire : je suis dans l'hémisphère sud, la tête en bas ! (...) c'est ça qui m'a surpris (...) Tu crois qu'on aura le temps de tout faire ?

2 b *Consult CD.*

3 b a. nous regardons – en regardant b. nous demandons – en demandant c. nous travaillons – en travaillant d. nous faisons – en faisant e. nous mangeons – en mangeant f. nous téléphonons – en téléphonant

ç 1. b. 2. d. 3. a. 4. c. 5. f. 6. e.

4 *Individual responses; consult CD.*

5 1. l'Inde / indien : Le sari est typiquement indien / hindou. 2. la Bretagne / breton : Les broderies sont typiquement bretonnes. 3. Madagascar / malgache : Les nappes sont typiquement malgaches. 4. l'Afrique / africain : Les sculptures sont typiquement africaines. 5. la Chine / chinois : Le riz est typiquement chinois. 6. l'Inde / indien : Le cari ou curry est typiquement indien. *Consult CD.*

(36b Partir en randonnée.)

1 *Consult CD.*

2 a Il est recommandé de... / Il est plus prudent de... / Il est conseillé de ...

b 1. à l'hôtel : 1., 3., 6. 2. en randonnée : 2., 4., 5. *Consult CD.*

3 a 1. des espadrilles / une gourde / un imperméable / des chaussures de marche / un pull-over / un couteau / une pharmacie de secours 2. une crème solaire / une gourde / un imperméable / des chaussures de marche / un pull-over / un chapeau / des lunettes de soleil / un short ou un bermuda / une lampe de poche / un couteau / une pharmacie de secours

b 1. S'il y a une plage, j'ai besoin d'un maillot de bain et d'une crème solaire. Et d'un chapeau. 2. S'il fait sombre, j'ai besoin d'une lampe de poche. 3. S'il fait trop chaud, j'ai besoin d'une gourde et d'un short ou d'un bermuda. 4. Si j'ai mal aux pieds, à la pause, j'ai besoin d'espadrilles. 5. Si j'ai soif, j'ai besoin d'une gourde. 6. Si quelqu'un est blessé, j'ai besoin d'une pharmacie de secours. 7. Si j'ai faim, pour manger ma baguette, j'ai besoin d'un couteau. 8. Si le soleil brille trop fort, j'ai besoin d'un chapeau et d'une crème solaire.

b Hier soir, après être revenu du travail, j'ai lu les journaux. Puis, après j'ai écouté les informations à la radio, j'ai fait la cuisine. Après avoir mangé les spaghettis, j'ai pris une douche. Et après m'être reposé quelques minutes sur le canapé, je suis allé au lit.

5 1. Avant de partir, donnez votre itinéraire.   2. Après avoir réservé une chambre en gîte, nous partons.   3. Après avoir fait les courses, vous prenez un apéritif dans un bar.   4. Avant de faire une randonnée, je cherche un guide de montagne.   5. Après avoir écouté les infos route à la radio, je prends l'autoroute.   6. Avant de visiter Saint-Denis, on cherche un hôtel.

7a Je te l'ai déjà dit.

Dialogue, consult CD.

1 pour : le panorama / être au chômage ailleurs / le soleil toute l'année / les racines / Fiona veut essayer de vivre à La Réunion.   **contre :** Christian pense qu'il n'a pas d'avenir à La Réunion.

2 a 1. de   2. de   3. de   4. de   *See grammar appendix.*

b *Individual responses; consult CD.*

3 a 1. Robert : le Languedoc   2. Aurélie : l'Europe   3. Stéphane : la Martinique   4. Valérie : la Normandie *Consult CD.*

b *Individual responses.*

4 b 1. Je ne dirai rien tant que je n'aurai pas reçu sa lettre.   2. Nous ne partirons pas tant que nous n'aurons pas trouvé de chambre d'hôtel.   3. Ils penseront que c'est impossible tant qu'ils n'auront pas essayé.   4. Tant que vous n'aurez pas téléphoné, nous ne pourrons rien faire.

7b Se mettre au vert.

1 1. (–)   2. (+)   3. (–)   4. (–)   5. (–)   6. (+)   *Consult CD.*

2 2. C'est peut-être une bonne idée, mais... → C'est bien gentil...   3. Je ne veux pas perdre le contact avec le monde. → Je ne veux pas m'enterrer dans un village.   4. Tu seras toujours considéré comme un étranger. → Tu seras toujours considéré comme un Parisien. Tu ne pourras pas t'intégrer.   5. Il y a trop de bruit. → C'est trop bruyant.   6. Une grande ville... → une grande agglomération...   7. On se sentirait moins seuls. → On se sentirait moins isolés.

3 1. les tracteurs / les voitures diesel / les coqs / les cloches   2. les tracteurs / les voitures / le train / le métro   3. être au chômage / ne pas pouvoir s'intégrer / faire 30 km pour aller au cinéma ou pour amener les enfants à l'école / c'est trop bruyant / se sentir isolés

4 a Argument 1: Text 1   **Argument 2:** Text 5   **Argument 3:** Text 4   **Argument 4:** Text 2

b *Answer using the arguments from Exercise 4A; consult CD.*

5 *Suggested responses:* la vache – le lait – le fromage – le beurre –le bœuf bourguignon – le steak   le coq et les poules – les œufs – le poulet à la vanille – le coq au vin   les moutons – la laine *(the wool)* – les côtes de mouton *(the lamb chops)*   le cochon – le jambon – le rôti de porc *(the pork roast)*   le lapin – les carottes – le rôti de lapin *(roast rabbit)*

8a Il faut que vous veniez.

Dialogue, consult CD.

1 *Suggested response:* Chers Claire et Mario, La Réunion est formidable ! Christian et moi, nous nous entendons très bien. Il faut que vous veniez, c'est un enchantement. Et puis il faut que nous parlions tous les quatre au sujet de l'école. J'attends de vos nouvelles. Fiona.
Salut ! Il faut que vous veniez visiter mon île. Aucun problème pour le logement, il y a de la place. Réservez votre vol assez vite pour avoir un prix intéressant ! On vous attend ! Christian.

2 b 1. Il faut que vous veniez   2. Il faut que nous parlions   3. Il désire que nous visitions   4. Il faut juste que nous réservions

4 *Consult CD.*

5 fermé le lundi : 3., 5. ouvert le dimanche : 3., 5. ouvert du lundi au samedi : 1., 2., 4., 6. de 8h à 20h : 4. de 8h à 12h : 1., 2., 5., de 14 à 18h : 1., 2., 5., de 14h à 19h30 : 3., 6. 24h sur 24 : 6. *(une pharmacie à Paris)*

38b C'est écrit en français ?

1 Words related to reading: la lecture / les livres / le lecteur / lire / les pages / relire / lire à haute voix

2 b 1. vous lisez 2. J'ai lu 3. Nous ne lisons pas 4. Demain, il lira 5. nous lisions 6. tu lis

3 *Suggested responses:* 1. Oui, j'ai déjà lu un roman de Pennac. / Non, je n'en ai pas encore lu un. 2. Je lis une lettre ou une recette à haute voix. 3. Je n'ai pas fini de lire un livre de Balzac. 4. Et j'aime relire Le Clézio. 5. Hier, j'ai lu le journal et le soir, j'ai lu un roman. Et aujourd'hui, j'ai lu un magazine. 6. Quand j'étais petit/e, je lisais Stevenson et Enid Blyton. *Consult CD.*

4 a 1. Illustration **2**, *Le Nouvel Observateur* 2. Illustration **1**, un roman 3. Illustration **4**, des BD et des magazines pour les jeunes 4. Illustration **3**, un journal

b *Individual responses.*

5 On dirait que c'est écrit... **1** en chinois **2** en turc **3** en grec **4** en russe **5** en français

39a Le rêve !

Dialogue, consult CD.

1 Fiona : démissionner à Strasbourg / s'installer avec Christian
Claire : demander une mutation pour la rentrée suivante

2 *Consult CD.*

3 b 1. que je sois qu'il soit que nous soyons 2. que je puisse qu'il puisse que nous puissions 3. que je cuisine qu'il cuisine que nous cuisinions 4. que j'aime qu'il aime que nous aimions 5. que j'aie qu'il ait que nous ayons

c *Consult CD.*

4 a 1. Un bon cuisinier. 2. Une carte de crédit. 3. Le premier cycliste du Tour de France le porte. 4. Document de propriété d'une voiture.

5 1. une mutation 2. une obligation 3. une métropole

39b C'est le bonheur !

2 a + b *Individual responses.*

3 b *Consult CD.*

4 1. René aimerait que l'architecte lui construise une maison ronde. 2. Mais l'architecte ne croit pas que cela soit possible. 3. Les plans de l'architecte ne plaisent pas à René qui préfère que la maison ait une terrasse et une tour, et qu'elle donne sur un jardin anglais. 4. Il aimerait bien que ses enfants puissent y planter des arbres. 5. René rêve que la maison ait vue sur la mer. 6. L'architecte ne pense pas que René soit très réaliste, alors il refuse de travailler pour lui.

5 *Suggested responses:* **Le bonheur, si c'était** 2. une ville, ce serait Honfleur. 3. une langue, ce serait l'espéranto. 4. un adjectif, ce serait "heureux". 5. un verbe, ce serait " aimer". 6. une peinture, ce serait un tableau de Boudin. 7. une couleur, ce serait rouge. 8. un prénom, ce serait Fiona. 9. une personne, ce serait un enfant. 10. un livre, ce serait un livre de Prévert. 11. une chanson, ce serait "la vie en rose". 12. un instrument, ce serait une clarinette. 13. un philosophe, ce serait Rousseau. 14. une boisson, ce serait le champagne. 15. un moyen de transport, ce serait un bateau. 16. un moyen de communication, ce serait une lettre.

40a On fera cours en créole.

Dialogue, consult CD.

1 a Je crois qu'il va nous falloir apprendre le créole.

b 1. Je crois qu'il va vous falloir rencontrer des gens et parler. 2. Je crois qu'il va lui falloir écrire des chansons en créole. 3. Je crois qu'il va lui falloir trouver de nouveaux professeurs. 4. Je crois qu'il va me falloir aller en France. 5. Je crois qu'il va te falloir apprendre les bases de la grammaire. 6. Je crois qu'il va lui falloir apprendre la pêche sous-marine.

2 Je vous souhaite un bon anniversaire.

3 *quel / quelle :* Quelle ambiance / Quel travail *Futur composé :* Qu'est-ce que tu vas faire comme instrument ? /

Je crois qu'il va nous falloir apprendre le créole. **Futur simple:** on fera cours en créole / on fera un grand orchestre / on jouera les chansons de Christian / Vous y arriverez **Comparative:** c'est mieux **Agreement of participe passé in the passé composé constructed with avoir:** C'est Christian qui les a choisis. **Pronoun y:** Vous y arriverez **Pronoun en:** j'en suis sûr

4 *Individual responses.*

5 *Consult CD.*

Ob Inscrivez-vous !

2 *Individual responses.*

3

     c   d   e   f   g   a   h   c

4 1. Music: photo 2   2. music: photo 4   3. music: photo 1   4. music: photo 3   Photo 3: le défilé du 14 juillet Photo 4: le Festival d'Orange   Photo 2: le Festival du Printemps de Bourges   Photo 1: la fête de la musique

5 **aigu / aiguë :** 2. une voix aiguë   1. une douleur aiguë   3. une intelligence aiguë   **grave :** 2. une voix grave 1. une maladie grave   3. un grave problème   **doux / douce :** 1. un prix doux   3. une voix douce   2. un vin doux   **dur/e :** 2. un enfant dur   3. un professeur dur   1. un exercice dur

111 Interlude

1 **1. Enthusiasm** Ça en vaut sûrement la peine. / Ton île est magnifique ! / Ton idée est géniale depuis le début. / Quel panorama ! / Je ne te lâche plus ! / Ça donne envie d'apprendre. / C'est une folie mais on en fait à tout âge. **2. Doubt** Tu crois que ça m'irait ? / Tu accepterais de vivre ici ? / Je vais avoir du mal à repartir. / Il n'y a pas d'avenir pour moi ici. / C'est un peu loin pour venir donner des cours. / Tu ne le sauras pas tant que tu n'auras pas essayé.

2 **Lesson 36** *Suggested responses:* ▶ Vous désirez ? ▶ Je voudrais un sari. ▶ Quelle est votre taille ? ▶ 40 - 42. ▶ Quelle couleur aimez-vous ? ▶ Le vert et le jaune. ▶ Vous voulez essayer celui-ci ? ▶ Oui, pourquoi pas ! Il te plaît, Christian ? ▶ Ça vous va bien ! ▶ Oui, il te va bien. ▶ C'est de la soie, vous savez ! ▶ Et il coûte combien ? ▶ Oh, il n'est pas cher ... ... euros. ▶ Nous le prenons, c'est un cadeau ! *(dit Christian).*

Lesson 37 *Suggested responses:* ▶ Allô, la centrale de réservation des gîtes ? Je voudrais réserver trois lits pour Salazie. ▶ Pour quand ? ▶ Pour samedi et dimanche prochains. ▶ Il n'y a plus de place. ▶ Alors dimanche et lundi. ▶ Oui, c'est possible. C'est à quel nom ? ▶ Christian Aribel. ▶ Très bien, c'est réservé. Vous paierez au gîte.

Lesson 38 *Suggested responses:* ▶ Bonjour, nous voudrions réserver un vol pour La Réunion, pour Noël. ▶ Oh, c'est un peu tard, je ne sais pas s'il y a encore des places de libre. Pour quelles dates ? ▶ A partir du 22 décembre. ▶ Oh, vous avez de la chance, il y a encore des places sur *Air France*, pas trop chères. ▶ Elles coûtent combien ? ▶ ... euros. ▶ Bon, c'est d'accord. ▶ Je réserve en fumeurs ou non-fumeurs ? ▶ Non-fumeurs. ▶ Vous revenez chercher les billets dans une semaine, je pense qu'ils seront là.

Lesson 39 *Préparation:* 1. Peler les bananes.   2. Les couper en rondelles très fines.   3. Les frire dans l'huile très chaude.   4. Les saler, poivrer et mettre le safran.   5. Pour l'apéritif, à déguster avec un bon rhum blanc !

Lesson 40 *Consult CD.*

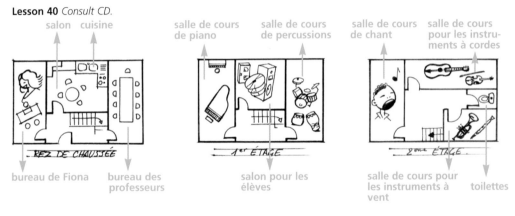

salon   cuisine   salle de cours de piano   salle de cours de percussions   salle de cours de chant   salle de cours pour les instruments à cordes

bureau de Fiona   bureau des professeurs   salon pour les élèves   salle de cours pour les instruments à vent   toilettes

3 1. Il faut qu'ils aillent à l'agence de voyage.   2. Il faut qu'ils réservent un vol.   3. Il faut qu'ils fassent les bagages.   4. Il faut qu'ils écrivent à Fiona.   5. Il faut qu'ils achètent un sac à dos et une gourde.

4 a **1** un journal   **2** une recette   **3** un roman   **4** un magazine   **5** une BD   **6** une publicité

b *Individual responses.*

2 Paintings: *Individual responses.*

Putting It All Together
Ma chère maman,
Ça y est ! L'école est ouverte !!! Nous avons déjà 34 élèves, ils veulent surtout apprendre les percussions
et la guitare, avec Christian bien sûr. Mais Mario est content aussi, il a déjà 12 élèves !
La vie ici est très agréable, mais il va me falloir mieux comprendre la mentalité des Réunionnais. Je
ne crois que ce soit si facile de s'intégrer. Enfin, Christian nous aide. Et puis j'ai lu des romans créoles,
je lis tous les jours les journaux, et il faut que je t'envoie un article sur notre école ! C'est assez positif
et on nous souhaite bonne chance.
Claire et Mario ont trouvé un appartement à Boucan-Canot, c'est touristique, car la plage y est belle.
Et puis Claire a été mutée à Saint-Denis, elle a eu de la chance ! Mais je ne pense pas qu'elle continue
à travailler dans notre école, car elle veut monter un orchestre et c'est beaucoup de répétitions.
Mario a pris des cours de pêche sous-marine avec Christian. Ces deux-là s'entendent vraiment bien !
Hier, ils étaient en randonnée au volcan, pour la quatrième fois ! Mario est passionné de volcanologie !
De mon côté, j'ai visité le musée de la canne à sucre dimanche, avec Claire. Nous avons appris beau-
coup de choses sur le passé de La Réunion !
Quand viens-tu ? Je préfère que tu prennes un vol direct, le soir, c'est plus reposant. J'aimerais bien
que tu viennes passer les fêtes de fin d'année avec nous. Mais je ne sais pas si tu supporteras la cha-
leur, tu me diras ce que tu as envie de faire à notre prochain coup de téléphone.
En attendant ta visite, je t'embrasse très fort ! J'espère que tout va bien pour toi. A bientôt !
Fiona

Taking Stock

Communication Tasks: a 2,   b 6,   c 1,   d 8,   e 3,   f 7,   g 5,   h 4

You have also learned: a 7,   b 3,   c 5,   d 6,   e 1,   f 4,   g 2

Culture Quiz
Suggested responses: 1. Jean-Marie Gustave Le Clézio / Daniel Pennac / Jules Supervielle   2. Paris / Lyon /
Marseille   3. industrie aéronautique   4. chez les brocanteurs   5. Laisse tomber !   6. *Le Monde* / *Le Figaro* / *La
Libération*   7. Belle-Ile / Ile d'Oléron / Ile de Ré / Ile d'Ousseant   8. Pays Basque   9. Eugène Boudin / Gustave
Courbet   10. *Individual response.*   11. 21 juin, *individual response.*

Lesson 1

1.1 The personal pronouns

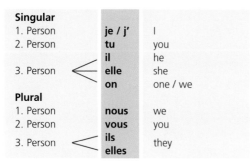

Singular		
1. Person	**je / j'**	I
2. Person	**tu**	you
	il	he
3. Person	**elle**	she
	on	one / we
Plural		
1. Person	**nous**	we
2. Person	**vous**	you
3. Person	**ils**	they
	elles	

Note:
Before vowels and mute **h**, **je** changes to **j'**.

The third person singular has no final **s**, as it often does in English.
In the spoken language, **on** is used to mean **we**.

1.2 The present tense of the verb *être*

	être		to be	
Je	**suis**	journaliste.	I **am** a journalist.	
Tu	**es**	clarinettiste.	You **are** a clarinetist.	
Il	**est**	dans l'orchestre.	He **is** in the orchestra.	
Elle	**est**	secrétaire.	She **is** a secretary.	
C'	**est**	chouette !	That **is** neat!	
C'	**est**	Fiona.	That **is** Fiona.	
Nous	**sommes**	là.	We **are** here.	
Vous	**êtes**	journaliste.	You **are** a journalist.	
Ils / Elles	**sont**	dans l'orchestre.	They **are** in the orchestra.	
Ce	**sont**	Mario et Claire.	They **are** Mario and Claire.	

Note:
To designate or introduce something, use **c'est** + an **adjective** or **c'est** + the name.

Vous êtes is spoken as if it were a single word: [vuzɛt]
To introduce two or more people, use **ce sont** + **the names.**

Mario est clarinettiste. → **Il** est clarinettiste. **Il** refers to a masculine noun.
Fiona est secrétaire. → **Elle** est secrétaire. **Elle** refers to a feminine noun.

Note: C'est **le** professeur. → C'est Mario. Il est‿professeur.

1.3 The definite article (1): singular

	masculine		feminine	
	before a consonant	before a vowel or a mute *h*	before a consonant	before a vowel or a mute *h*
Singular	**le** parfum	**l'**orchestre	**la** tomate	**l'**ambiance

Note:
The masculine singular form of the definite article is **le**; the feminine form is **la. Before vowels** and **a mute h** both **le** and **la** are shortened to **l'.** Masculine and feminine are the only two genders in French.

1.4 Nouns with a single form for both genders

1. Nouns in this group designate professions that formerly were occupied primarily by men. The feminine gender is deduced from context. If it's not clear, the word **femme** can be added.

le professeur	→	**le** prof / **la** prof *(colloq.)*		
le médecin	→	**la femme** médecin		

2. For public officials **Madame** is used before the woman's title:

l'ambassadeur → **Madame** l'Ambassadeur

3. With some of these professional designations the person's gender is indicated only through the article; the spelling and pronunciation remain the same.

le président	→	**la** présidente		le journaliste	→	**la** journaliste
l'avocat	→	**l'**avoca**te**		le ministre	→	**la** ministre

4. With some professional designations, context indicates if the person is male or female.

le peintre	→	*Context*		le diplomate	→	*Context*
l'architecte	→	*Context*		l'ingénieur	→	*Context*

sson 2

2.1 The present tense of -er verbs

In the infinitive, most French verbs end in **-er** (pronounced [e]).

					Note:
	chanter			[ʃɑ̃te]	The second person singular always ends in **-s.**
Singular	je	chant	**e**	[ʃɑ̃t]	
	tu	chant	**es**	[ʃɑ̃t]	
	il				
	elle ⟶ chant		**e**	[ʃɑ̃t]	
	on				
Plural	nous	chant	**ons**	[ʃɑ̃tɔ̃]	Only the endings **-ons** and **-ez** are pronounced.
	vous	chant	**ez**	[ʃɑ̃te]	
	ils ⟩ chant		**ent**	[ʃɑ̃t]	
	elles				

Pay attention to **liaison** when the verb begins with a **vowel** or a **mute h** and **je** changes to **j'**:

adorer		**habiter**	
j'adore	[ʒadɔʀ]	**j'h**abite	[ʒabit]
on **a**dore	[ɔ̃nadɔʀ]	on **h**abite	[ɔ̃nabit]
nou**s a**dorons	[nuzadɔʀɔ̃]	nou**s h**abitons	[nuzabitɔ̃]
vou**s a**dorez	[vuzadɔʀe]	vou**s h**abitez	[vuzabite]
il**s a**dorent	[ilzadɔʀ]	il**s h**abitent	[ilzabit]
elle**s a**dorent	[ɛlzadɔʀ]	elle**s h**abitent	[ɛlzabit]

2.2 The accentuating personal pronouns (1): *moi* and *toi*

In addition to the personal subject pronouns **(je, tu, il, elle, nous, vous, ils, elles)**, French uses accentuating personal pronouns; in the first and second persons singular, these are **moi** and **toi**, respectively. They are also used to introduce oneself or someone else.

J'adore le jazz. ❱ **Moi aussi. / Moi pas.**	**Moi, c'est** Fiona.
Tu es secrétaire, **toi aussi ? - Moi non.**	**Toi, c'est** Mario.

Note:
The accentuating personal pronouns are used in brief **sentences that contain no verb**.

Lesson 3

3.1 Yes- and no-questions

In French, questions that elicit a yes- or no-answer don't necessarily use a question word. There are three ways to ask a question:

1. By using **intonation**, a declarative sentence is transformed into a yes- or no-question.

Declarative Sentence

Il est clarinettiste .

Interrogative Sentence

Il est clarinettiste ? ▶ Oui.

In spoken language, intonation is the most commonly used means of asking a question.

2. **Est-ce que** can be placed **before a declarative sentence** to change it into a question. The word sequence and intonation remain the same as with a declarative sentence. Before a vowel **est-ce que** is shortened to **est-ce qu'**.

Est-ce que	Mario est clarinettiste	**?**
Est-ce qu'	il est clarinettiste	**?**

The interrogative form **est-ce que** can be used in the spoken as well as the written language.

3. **Inversion**, or interchanging the position of the subject and verb, is also used to turn a declarative sentence into a question. This form of questioning can be used when the subject is a pronoun. The subject pronoun is joined to the verb with a hyphen.

Il est	clarinettiste.		**declarative sentence**
Est-il	clarinettiste	?	**interrogative sentence formed by inversion**

Note:
In the third person singular a **-t-** is inserted between the subject and verb in order to facilitate pronunciation, when the verb ends with an **-e** or an **-a**.

Elle chante bien.	→	Chante-**t**-elle bien ?
Il a faim.	→	A-**t**-il faim ?

Questions formed by **inversion** correspond to a higher level of discourse and are used primarily in **written language.**

3.2 The verb *avoir* in the present tense

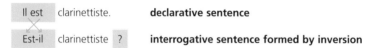

	avoir	[avwaʀ]		**to have**
J'	**ai**	[ʒe]	soif.	I **have** thirst (I am thirsty)
Tu	**as**	[tya]	un sandwich.	You **have** a sandwich
Il		[ila]	faim.	He **has** hunger (He is hungry)
Elle	**a**	[ɛla]	faim.	She **has** hunger (She is hungry)
On		[ɔ̃na]	faim.	We **have** hunger (We are hungry)
Nous	**avons**	[nuzavɔ̃]	un balcon.	We **have** a balcony.
Vous	**avez**	[vuzave]	un restaurant.	You **have** a restaurant.
Ils	**ont**	[ilzɔ̃]	un orchestre à Paris.	They **have** a band in Paris.
Elles		[ɛlzɔ̃]	un chouette prof.	They **have** a neat teacher.

Distinguish carefully between
ils **o**nt *(they have)* [ilzɔ̃]   ils **s**ont *(they are)* [ilsɔ̃]
↓   ↓
avoir   **être**

Note:
Elle **a** 10 ans.
She **is** ten years old.

3.3 The definite article (II): plural

	masculine		feminine	
	before consonant	before vowel or mute h	before consonant	before vowel or mute h
Plural	**les** parfum**s**	**les** orchestre**s** [lezɔRkɛstR]	**les** tomate**s**	**les** ambiance**s** [lezɑ̃bjɑ̃s]

The plural of the definite article is **les**.

3.4 The indefinite article singular and plural

	masculine		feminine	
	before consonant	before vowel or mute h	before consonant	before vowel or mute h
Singular	**un** digestif	**un** expresso [ɛ̃nɛkspRɛso]	**une** limonade	**une** infusion [ynɛ̃fysjɔ̃]
Plural	**des** digestifs	**des** expressos [dezɛkspRɛso]	**des** limonades	**des** infusions [dezɛ̃fysjɔ̃]

Note:
The **indefinite article** in the masculine singular form is **un**; in the feminine singular, it is **une**. French also uses **a plural form** of the indefinite article; for both masculine and feminine it is **des**.

3.5 Plural nouns

Normally in French, the plural of a noun is formed by adding a silent **-s** to the end of the word.

le chocolat	**les** chocolat**s**
la guitare	**les** guitare**s**

Some nouns take an irregular plural form; these include nouns that end in **-al** or **-eau.** They form the plural by adding a final **-x**, which is not pronounced.

un gât**eau**	**des** gâteau**x**
une **eau** (minérale)	**des** eau**x** (minérale**s**)
un che**val**	**des** chevau**x**
un journ**al**	**des** journau**x**

You should note a few peculiarities:
- Family names generally don't take a final **-s** in the plural: Les Peti**t**.
- un croque-monsieur → **des** croque-monsieu**r** *(invariable)*
- monsieur → **messieurs**
- madame → **mesdames**
- mademoiselle → **mesdemoiselles**

son 4

4.1 Negation (I): ne ... pas

In French, negation is done primarily by using **two elements: ne** comes before the verb, and **pas** after it. Before a vowel or a mute **h**, **ne** is shortened to **n'**.

▶ Tu es clarinettiste ?	▶ Non, je	**ne**	suis	**pas**	clarinettiste.
▶ Claire est secrétaire ?	▶ Non, elle	**n'**	est	**pas**	secrétaire.

▶ Mario habite à Trèves ?	▶ Non, il	**n'**	habite	**pas**	à Trèves.
▶ Fiona et Claire sont de Nice ?	▶ Non, elles	**ne**	sont	**pas**	de Nice.
▶ C'est un Allemand ?	▶ Non, ce	**n'**	est	**pas**	un Allemand.
▶ Vous habitez à Strasbourg ?	▶ Non, je	**n'**	habite	**pas**	à Strasbourg.
▶ Ça va bien ?	▶ Non, ça	**ne**	va	**pas**	bien.

Note:

In casual conversation, **ne** after **je, tu, nous,** and **vous** and before consonants is often pronounced as [n] or even left out altogether.

written:	**spoken:**
Je ne danse pas.	[ʒndɑ̃spa]

4.2 Names of countries, adjectives of nationality, and designations of nationality (I)

1. Country names generally use the **definite** article. There are masculine and feminine country names in French. Most countries are **feminine**.

La France	**l'**Allemagne **(f.)**	**le** Canada	**les** Etats-Unis **(m.,pl.)**

2. **Adjectives of nationality** are placed after the nouns they modify. An **-e** is added for the feminine form, and **-s** is added for the plural.

With adjectives of nationality that end in **-ien** in the masculine singular form, add **-ne** to form the feminine singular: **italien / italienne.**

With some adjectives of nationality there is no difference between the masculine and feminine forms: **belge / belge; corse / corse; russe / russe**, since they already end in **-e**.

Singular		Plural	
masculine	feminine	masculine	feminine
un vin français	**une** bière allemand**e**	**des** vins français	**des** bières allemand**es**
un chocolat belge	**une** chanson belge	**des** chocolats belg**es**	**des** chansons belg**es**

3. Designations of **nationality** are written with a capital letter; adjectives of nationality and the names of languages are written with a lower-case letter.

▶ Il est **I**talien, Mario ?	▶ Non, il est **A**llemand, et parle **f**rançais et **a**llemand.

Lesson 5

5. 1 The cardinal numbers from 0 to 20

written:		**pronounced:**	**written:**		**pronounced:**
0	zéro	[zeʁo]	11	onze	[ɔ̃z]
1	un	[ɛ̃]	12	douze	[duz]
2	deux	[dφ]	13	treize	[tʁɛz]
3	trois	[tʁwa]	14	quatorze	[katɔʁz]
4	quatre	[katʁ]	15	quinze	[kɛ̃z]
5	cinq	[sɛ̃k]	16	seize	[sɛz]
6	six	[si<u>s</u>]	17	dix-sept	[disɛt]
7	sept	[sɛt]	18	dix-huit	[dizɥit]
8	huit	[ɥit]	19	dix-neuf	[diznœf]
9	neuf	[nœf]	20	vingt	[vɛ̃]
10	dix	[di<u>s</u>]			

Note:

• **Six** and **dix** have a silent [s]; **onze** through **seize** have a voiced [z].

• The pronunciation changes once the numbers no longer stand alone, but accompany a noun:

1	un	[ɛ̃]	→	un **o**rchestre	[ɛ̃<u>n</u>ɔʁkɛstʁ]
2	deux	[dφ]	→	deu**x** apéritifs	[dφ<u>z</u>apeʁitif]

3	trois	[tʀwa]	→	trois **i**nfusions	[tʀwaz$\tilde{\epsilon}$fysjɔ̃]
6	six	[sis]	→	six **a**nnées	[si̱zane]
10	dix	[dis]	→	dix **I**rlandais	[di̱ziʀlɑ̃dɛ]

• The pronunciation of **cinq, six, huit,** and **dix** changes when the following word begins with a consonant:

6	six	[sis]	→	six **b**ananes	[si̱banan]
8	huit	[ɥit]	→	huit **c**afés	[ɥikafe]
10	dix	[dis]	→	dix **m**inistres	[di̱ministʀ]

5.2 Questions formed with *est-ce que* that solicit information (I)

1. Many questions cannot be answered with yes or no. Such questions always involve an interrogative word. They may also be constructed using **est-ce que.** The interrogative word is placed at the beginning of the sentence, followed by **est-ce que** or **est-ce qu'** and the normal word sequence for declarative sentences.

Interrogative words	English meaning
Que / Qu'... ?	What…?
Quand... ?	When…?
A quelle heure... ?	At what time…?
Où... ?	Where…?
Pourquoi... ?	Why…?
Avec qui... ?	With whom…?

Qu'	**est-ce que**	vous fêtez ?
Quand	**est-ce que**	Fiona chante dans l'orchestre ?
Où	**est-ce qu'**	il habite ?

2. With very short questions **est-ce que** can be left out, and the question can be formed simply by inverting subject and verb.

| **Que fête Fiona ?** | → | What is Fiona celebrating? |
| **Où habite Mario ?** | → | Where does Mario live? |

3. The interrogative word **Qui...?** *(Who…?)* **can always be used without est-ce que**, except when it is accompanied by a preposition, such as in **Avec qui...?** or **A qui...?**

Qui habite à Strasbourg ?	→	Who lives in Strasburg?
Avec qui est-ce que Fiona fête ? ⎫	→	With whom is Fiona celebrating?
Avec qui Fiona fête-t-elle ? ⎭		

5.3 Adjectives and adverbs (I)

1. The adjective **bon / bonne** *(good)* and its corresponding adverb **bien** *(well)* are used very frequently in the spoken language. Therefore it is important that you be able to distinguish between the adverb and the adjective forms.
C'est bon is used for sense perceptions; **c'est bien** is used to evaluate or judge something.

▌ Le champagne, c'est bon ?   →   Parler français et italien, **c'est bien** !

2. Adverbs clarify verbs.

Monsieur Leclerc **danse bien** le tango et Madame Leclerc **chante bien**.

5.4 Use of prepositions with names of countries and cities (II)

1. When you specify a city or a country as a **destination** or a **place of residence**, you must observe a few details:

Elle est... *(She is in...)*
Il habite... *(He lives in...)*

City	Country (f.)	Country (m.)	Country (pl.)
(à) Strasbourg	en France	au Canada	aux Etats-Unis
(à) Paris	en Allemagne	au Maroc	aux Pays-Bas
(à) Trèves	en Israël *(m.)*	au Portugal	aux Caraïbes

| Names of cities in combination with *habiter* can be used without à. | With **feminine** country names *en* is used with no article; the same applies to **masculine** country names that start with a **vowel.** | With **masculine** country names, **à + article** is used (à + le = au; see Lesson 13). | With **plural** country names à + article is used in the plural (à + *les* = *aux*; see Lesson 13) |

2. Likewise, there are some details that must be observed when you speak of a country as a place of origin:

Elle vient... *(She comes from...)*

City	Country (f.)	Country (m.)	Country (pl.)
de Strasbourg	de France	du Canada	des Etats-Unis
de Paris	d'Allemagne	du Maroc	des Pays-Bas

| | With **feminine** country names use *de / d'* **without article** | With **masculine** country names use *de + article* (*de + le = du*; see Lesson 13). | With **plural** country names use *de + article in plural (de + les = des*; see Lesson 13). |

5.5 Signs for grammatical gender

The ending of a noun is an indication of its gender

Pronunciation	feminine	Ending	Some exceptions
mute -e	la tomate, la lampe, la culture	-e	le stade *(stadium)*
[-te]	la liberté, la santé	-té	le côté, le comité
[-sjɔ̃]	la situation, la nation, la révision	-tion / -(s)ion	un avion, le million
[-ɛt]	la trompette, la baguette, la bicyclette	-ette	
[-œʀ]	la peur, la fleur	-eur	le bonheur, le malheur

Pronunciation	masculine	Ending	
[-mɑ̃]	le gouvernement, le logement	-ment	la jument *(mare)*
[-aʒ]	le garage, le voyage	-age	la page
[-o]	le bureau, le gâteau	-eau	l'eau *(f.)*, la peau
[-ɛ̃]	le vin, le dessin	-in	la fin *(end)*

Note:

masculine		feminine	
languages	le français, **le** russe	**disciplines**	la géographie, **la** biologie
seasons	le printemps, **l'**été	**however: le** droit	
days of the week	le lundi, **le** mardi	**automobile brands**	une Mercedes, **une** Renault

6.1 Days of the month and years in combination with prepositions

1. Months are used in combination with **en** or with **au mois de**
Fiona veut ouvrir une école de musique **en octobre**.
(Fiona wants to open a music school in October.)
Fiona veut ouvrir une école de musique **au mois d'octobre**.
(Fiona wants to open a music school in the month of October.)

2. Years are used with the preposition **en.**
Fiona veut ouvrir une école de musique **en l'an 2001**.
(Fiona wants to open a music school in the year 2001.)

The months:

janvier	février	mars	avril	mai	juin
juillet	août	septembre	octobre	novembre	décembre

6.2 The cardinal numbers from 21 through 31

written:	pronounced:	written:	pronounced:
		26 vingt-six	[vɛ̃tsis]
21 vingt _et_ un	[vɛ̃teɛ̃]	27 vingt-sept	[vɛ̃tsɛt]
22 vingt-deux	[vɛ̃tdφ]	28 vingt-huit	[vɛ̃tɥit]
23 vingt-trois	[vɛ̃ttRwa]	29 vingt-neuf	[vɛ̃tnœf]
24 vingt-quatre	[vɛ̃tkatR]	30 trente	[tRɑ̃t]
25 vingt-cinq	[vɛ̃tsɛ̃k]	31 trente _et_ un	[tRɑ̃teɛ̃]

Note:
- With **21, 31, 41, 51,** and **61** the **1** is connected by the word **et**, **without a hyphen.**
- The numbers **2 through 9**, on the other hand, are connected by using a **hyphen but no et.**

6.3 The present tense of the verb *vouloir*

Vouloir (to want) is an irregular verb. Pay particular attention to the singular forms and the third person plural.

	written:	pronounced:
je	**veux**	[ʒəvφ]
tu	veu**x**	[tyvφ]
il / elle	veu**t**	[ilvφ] / [ɛlvφ]
nous	vou**lons**	[nuvulɔ̃]
vous	vou**lez**	[vuvule]
ils / elles	veu**lent**	[ilvœl] / [ɛlvœl]

Note:
Pouvoir (to be able) is conjugated according to the same pattern.
The question, *"Je peux?"* is the equivalent of the English "May I?"
(See Lesson 12A)

Note:
- The verb that follows **vouloir** is in the infinitive form:
  Claire veut fêter son anniversaire.
- When the verb is negated, the infinitive is not enclosed by the negating elements:
  Claire ne veut pas fêter son anniversaire.
- If you want (to order) something, it's more polite to say **je voudrais** than **je veux**.
  Je voudrais is the conditional form of **vouloir**. (see § 31.2, Conditional 1)
- **Je veux bien** is used for "agreed."

6.4 Adjectives
1. Placement
In contrast to English, in French there are adjectives that can be placed either **before** or **after** the nouns they modify.
As in English, adjectives are connected to the nouns they modify by a verb (usually **être**).

C'est un projet **intéressant**.

↓

(after the noun)

Le projet **est intéressant**.

↓

*(connected by a form of **être**)*

Adjectives that precede the nouns they modify include

grand,e	joli,e
petit,e	bon, bonne
gros, grosse	mauvais,e
jeune	court,e *(short)*

Note:
When **grand** is placed **before** the noun, it means *great*; when it's placed **after** the noun, it means *big* or *tall*.

2. Masculine, feminine, and plural forms of adjectives

Adjectives agree in **gender** and **number** with the **nouns** and **pronouns** that they modify (see adjectives of nationality); therefore, they can take four forms:

	masculine:			feminine	
Singular	Il est	grand. [gʀɑ̃]		Elle est	grande. [gʀɑ̃d]
Plural	Ils sont	grands. [gʀɑ̃]		Elles sont	grandes. [gʀɑ̃d]

Observe:
• If the adjective refers to several nouns of mixed gender, the adjective takes the **masculine plural** form:
  Plural an: *Mario, Claire et Fiona ne sont pas très grands.*
• Adjectives that already end in **-e** in the masculine singular form have no separate feminine form:
  jeune / jeune (see adjectives of nationality).
• In the plural, the indefinite article ***des*** is shortened to ***de*** in the case of adjectives that precede the noun they modify:
  Elles ont des projets en mars.   →   ***Elles ont de grands projets en mars.***

Lesson 7

7.1 The present tense of the verb *faire*

Faire *(to make or do)* is an irregular verb.

	written:	pronounced:
je	**fais**	[ʒəfɛ]
tu	**fais**	[tyfɛ]
il / elle	**fait**	[ilfɛ] / [ɛlfɛ]
nous	**faisons**	[nufəzɔ̃]
vous	**faites**	[vufɛt]
ils / elles	**font**	[ilfɔ̃] / [ɛlfɔ̃]

Note:
Carefully memorize the forms of the second and third persons plural.

7.2 The cardinal numbers from 32 through 100

written:	pronounced:	written:	pronounced:
32 trente-deux	[tʀɑ̃tdφ]	**41 quarante et un**	[kaʀɑ̃teɛ̃]
33 trente-trois	[tʀɑ̃ttʀwa]	**42 quarante-deux**	[kaʀɑ̃tdφ]
34 trente-quatre	[tʀɑ̃tkatʀ]]	**50 cinquante**	[sɛ̃kɑ̃t]
35 trente-cinq	[tʀɑ̃ʀsɛ̃k]	**51 cinquante et un**	[sɛ̃kɑ̃teɛ̃]
36 trente-six	[tʀɑ̃tsis]	**52 cinquante-deux**	[sɛ̃kɑ̃tdφ]
37 trente-sept	[tʀɑ̃tsɛt]	**60 soixante**	[swasɑ̃t]
38 trente-huit	[tʀɑ̃tɥit]	**61 soixante et un**	[swasɑ̃teɛ̃]
39 trente-neuf	[tʀɑ̃tnœf]	**62 soixante-deux**	[swasɑ̃tdφ]
40 quarante	[kaʀɑ̃t]	**69 soixante-neuf**	[swasɑ̃tnœf]

The numbers from **17** up are constructed using tens + a hyphen + units:
dix-sept, vingt-neuf... The same is true for the numbers up to **69**.

7.3 The cardinal numbers from 70 through 100

70 soixante-dix	80 quatre-vingts [katRəvɛ̃]	90 quatre-vingt-dix
71 soixante et onze	81 quatre-vingt-un [katRəvɛ̃ɛ̃]	91 quatre-vingt-onze
72 soixante-douze	82 quatre-vingt-deux	92 quatre-vingt-douze
73 soixante-treize	83 quatre-vingt-trois	93 quatre-vingt-treize
74 soixante-quatorze	84 quatre-vingt-quatre	94 quatre-vingt-quatorze
75 soixante-quinze	85 quatre-vingt-cinq	95 quatre-vingt-quinze
76 soixante-seize	86 quatre-vingt-six	96 quatre-vingt-seize
77 soixante-dix-sept	87 quatre-vingt-sept	97 quatre-vingt-dix-sept
78 soixante-dix-huit	88 quatre-vingt-huit	98 quatre-vingt-dix-huit
79 soixante-dix-neuf	89 quatre-vingt-neuf	99 quatre-vingt-dix-neuf
		100 cent [sɑ̃]

Note:
- From **70 through 79** you add up numbers; **80** is based on multiplication; thereafter, you multiply and add.
- *Quatre-vingts* loses the *-s* when another number follows, but **not** when a noun follows:
  vingt-douze → *quatre-vingts euros.*
- In the French-speaking part of Switzerland and in Belgium, the numbers **70** and **90** are called *septante and nonante*, respectively. In Switzerland, **80 = huitante**; in Belgium it is **ocatante.**

7.4 Cardinal numbers over 100

101 cent un	200 deux cents	1000 mille
102 cent deux	201 deux cent un	1001 mille un
180 cent quatre-vingts	280 deux cent quatre-vingts	2000 deux mille

Note:
- Starting with **200** the **complete hundreds** take a plural **-s.** The **-s** is retained even when a noun follows: *deux cents euros.* But the plural **-s** is eliminated if another number follows: *deux cent cinquante euros.*
- *Mille is invariable* and has no plural form with **-s:** *deux mille euros.*

sson 8

8.1 The present tense of the verb *aller*

Aller (to go) is yet another irregular verb.

	written:	pronounced
je	vais	[ʒəvɛ]
tu	vas	[tyva]
il / elle	va	[ilva] / [ɛlva]
nous	allons	[nuẓalɔ̃]
vous	allez	[vuẓale]
ils / elles	vont	[ilvɔ̃] / [ɛlvɔ̃]

Note:
Carefully memorize the singular and the third person plural forms.

Pay close attention to the prepositions used after *aller:*
- **for places:** *en, à,* and *au(x).* On va en France. Tu vas à Paris ? Je vais aux Etats-Unis.
- **with means of transportation:** *à.* Elle va à bicyclette à l'école.
But: • **with people:** *chez.* Mario et Claire vont chez Fiona.

8.2 Questions that solicit information (II)
Most questions that solicit information use an interrogative word at the beginning. With very short questions, however, the interrogative word can come at the end, as with the words *où* and *comment.*

Claire, tu vas **où ?**
(Claire, where are you going?)

Tu t'appelles **comment ?**
(What's your name?)

Intonation rises when these questions are asked.

8.3 Expressing preferences and and dislikes *(aimer, préférer, adorer, détester)*
The **definite article** is used after these verbs. English frequently uses no article.
(*préférer:* see Lesson 20)

J'aime	**le**	vin italien.	I like	⬚	Italian wine.
Je préfère	**la**	bière.	I prefer	⬚	beer.
J'adore	**les**	gâteaux.	I love	⬚	cake.
Je déteste	**le**	tabac.	I despise	⬚	tobacco.

Note:
• A verb that follows one of these verbs is in the **infinitive** form: *J'aime faire un gâteau. Je préfère aller au cinéma. J'adore prendre l'avion. Je déteste faire la cuisine.*
• After *avoir envie* and *avoir horreur*, *de + an infinitive* follow: *J'ai envie de chanter dans l'orchestre. Ils ont horreur de faire la vaisselle.*

8.4 The present tense of the verb *prendre*
Prendre is one of the verbs that end in *-dre,* such as *répondre* and *attendre.*

	written:	pronounced:
je	**prends**	[ʒəpʀɑ̃]
tu	**prends**	[typʀɑ̃]
il / elle	**prend**	[ilpʀɑ̃] / [ɛlpʀɑ̃]
nous	**prenons**	[nupʀənɔ̃]
vous	**prenez**	[vupʀəne]
ils / elles	**prennent**	[ilpʀɛn] / [ɛlpʀɛn]

Note:
The verbs **comprendre** (to understand) and **apprendre** *(to learn)* are conjugated according to the same pattern.

Lesson 9

9.1 The present tense of verbs that end in *-dre*
A second category of regular verbs are the ones that end in **-dre.** They include:

attendre qn	to wait for someone	**répondre à qn**	to answer someone
rendre qc à qn	to return something to someone	**perdre qc**	to lose something

	written:		pronounced:
j'	**attend**	**s**	[ʒatɑ̃]
tu	**attend**	**s**	[tyatɑ̃]
il / elle	**attend**		[ilatɑ̃] / [ɛlatɑ̃]
nous	**attend**	**ons**	[nuzatɑ̃dɔ̃]
vous	**attend**	**ez**	[vuzatɑ̃de]
ils / elles	**attend**	**ent**	[ilzatɑ̃d] / [ɛlzatɑ̃d]

Note:
The plural endings are the only ones that are pronounced.

9.2 The present tense of the verb *venir*

	written:	pronounced:
je	**viens**	[ʒəvjɛ̃]
tu	**viens**	[tyvjɛ̃]
il / elle	**vient**	[ilvjɛ̃] / [ɛlvjɛ̃]
nous	**venons**	[nuvənɔ̃]
vous	**venez**	[vuvəne]
ils / elles	**viennent**	[ilvjɛn] / [ɛlvjɛn]

Note:
The only regular forms are the first and second persons plural.

• *Tenir (to hold)* is conjugated according to the same pattern.

9.3 Telling time (I)

In response to "When?"	à … h, à midi, à minuit	▸ Tu viens **quand / à quelle heure** ? ▸ Je viens **à** 20h.
	demain, (demain soir, demain matin…)	▸ Vous allez au cinéma **quand / à quelle heure** ? ▸ On va au cinéma **demain soir**.
	lundi (mardi, mercredi, jeudi, vendredi, samedi, dimanche) matin, soir…	▸ Tu viens au café **quand / à quelle heure** ? ▸ Je viens au café **lundi matin**.
	dans une heure, (dans … heures,…)	▸ On a rendez-vous **quand / à quelle heure** ? ▸ On a rendez-vous **dans une heure**.
In response to "Since when?"	**depuis (deux heures, midi, hier…)**	▸ Tu es là **depuis quand** ? ▸ Je suis là **depuis deux heures !**

9.4 Use of the definite article with time of day and days of the week
The time of day and the days of the week are used with **the definite article** when referring to something **regular or customary** that takes places at those times.

▸ Qu'est-ce que vous faites **le matin** ? 　　　　What do you do **in the morning?**
▸ **Le matin**, je fais toujours de la gymnastique. 　I always exercise **in the morning.**
▸ Qu'est-ce que vous faites **le dimanche** ? 　　　What do you do **on Sundays**?
▸ **Le dimanche**, je vais toujours au concert. 　　**On Sundays** I always go to concerts.

sson 10

10.1 Ordinal numbers
Ordinal numbers are formed by adding the ending **-ième** to the cardinal numbers. With cardinal numbers that end in **-e**, the **-e** is eliminated before adding the **-ième** ending. Ordinal numbers are used in shortened form.

1er	le **premier** [pʀəmje]	11^e	**le / la** onzième
1ère	la **première** [pʀəmjɛʀ]	20^e	le / la vingtième
2^e	le / la deuxième [dϕzjɛm]	21^e	le / la vingt et **unième** [vɛ̃teynjɛm]
	le **second**, la **seconde**	30^e	le / la trentième
	[s(ə)gɔ̃, s(ə)gɔ̃d]	31^e	le / la trente et **unième**
3^e	le / la trois**ième**	70^e	le / la soixante-dixième
4^e	le / la quatr**ième**	71^e	le / la soixante et **onzième**
5^e	le / la cin**quième**	80^e	le / la quatre-vingtième
6^e	le / la sixième [sizjɛm]	81^e	le / la quatre-vingt-unième
7^e	le / la septième	94^e	le / la quatre-vingt-quartor**zième**
8^e	**le / la** huitième	99^e	le / la quatre-vingt-dix-neu**vième**
9^e	le / la neu**vième** [nœvjɛm]	100^e	le / la centième
10^e	le / la dixième [dizjɛm]	1000^e	le / la mill**ième**

Note:
• *Premier* and *second* are the only ones that have a masculine and a feminine form.
• The article is **never** written with an apostrophe before vowels and mute **h:** *le huitième, la onzième.*

10.2 Third person singular and plural direct object pronouns (I)
1. Forms
Direct object pronouns replace most **nouns**. In the third person they are *le, la,* and *les.* Before vowels, *le* and *la* are shortened to *l'.*

le stands for a *masculine* singular noun
la stands for a feminine singular noun
les stands for a masculine or feminine plural noun

2. Placement

The object pronouns are placed **before** the verb with which they are associated.
Ne...pas surrounds the object pronouns and the verb.
With verbs that are accompanied by an infinitive, the object pronouns are placed **before** the infinitive.

▶ Vous prenez **le bus** ?

▶ Oui, je **le** prends.
▶ Non, je ne **le** prends pas.

▶ Vous comprenez **la dame** ?

▶ Oui, je **la** comprends.
▶ Non, je ne **la** comprends pas.

▶ Vous aimez **la bière allemande** ?

▶ Oui, je **l'**aime.
▶ Non, je ne **l'**aime pas.

▶ Tu attends **Mario et Claire** ?

▶ Oui, je **les** attends.
▶ Non, je ne **les** attends pas.

▶ Tu **vas chercher les clefs** ?

▶ Oui, je vais **les chercher**.
▶ Non, je ne vais pas **les chercher**.

10.3 *Il y a* and *il n'y a pas de*

Il y a means *there is* or *there are*. **Il y a** is used when you want to say what or who is at a certain place. The accompanying place designation can be at the beginning or the end of the sentence.

Dans la chambre, il y a **une** armoire. → Il n'y a **pas d'**armoire **dans la chambre**.

The negation **ne...pas de** expresses the idea *none*. **Il n'y a pas de..** means *there is no...*

Dans la chambre, il y a **des** serviettes de bain. → Il n'y a **pas de** serviettes de bain **dans la chambre**.

The same applies to **ne pas avoir de.**

Vous **n'avez pas de** serviettes de bain dans la chambre ?

10.4 Peculiarities of *-er* verbs in the present tense

	written:	**pronounced:**	
	acheter	[aʃte]	**Note:**
j'	achète	[ʒaʃɛt]	Some **-er** verbs have forms that accentuate
tu	achètes	[tyaʃɛt]	the stem (first through third persons singular
il / elle	achète	[ilaʃɛt] / [ɛlaʃɛt]	and first person plural) and forms that
nous	achetons	[nuzaʃtɔ̃]	accentuate the endings (first and second
vous	achetez	[vuzaʃte]	persons plural).
ils / elles	achètent	[ilzaʃɛt] / [ɛlzaʃɛt]	

The verbs **appeler** (to call, to telephone) and **s'appeler** (to be named) stress the ending in the first and second persons plural and exhibit variations from the normal conjugation of **-er** verbs.

	written:	**pronounced:**	
	appeler	[aple]	**Note:**
j'	appelle	[ʒapɛl]	For **s'appeler,** see reflexive verbs
tu	appelles	[tyapɛl]	in § 13.21.
il / elle	appelle	[ilapɛl] / [ɛlapɛl]	
nous	appelons	[nuzaplɔ̃]	
vous	appelez	[vuzaple]	
ils / elles	appellent	[ilzapɛl] / [ɛlzapɛl]	

With the verbs **manger** and **commencer** this peculiarity affects only the first person plural.

manger			commencer	
je **mange**	[ʒəmãʒ]		je **commence**	[kɔmãs]
nous **mangeons**	[numãʒɔ̃]		nous **commençons**	[nukɔmãsɔ̃]
ils **mangent**	[ilmãʒ]		ils **commencent**	[ilkɔmãs]

In order to preserve the [ʒ] pronunciation an **e** is inserted.

In order to preserve the [s] pronunciation the **c** is written with a **cédille (ç)**.

Note:
• The verb **payer** *(to pay)* can be written in two ways. That also changes the pronunciation:

je paie   [ʒəpɛ]   and   **je paye**   [ʒəpej]   (see **payer** in Lesson 12A)

11.1 The present tense of the verb *écrire*
The verbs **écrire** (to write), **lire** (to read), and **dire** (to say) are irregular. All three verbs use the endings **-s, -s, -t** in the singular.

	écrire			lire			dire	
j'	**écris**	[ʒekʁi]	je	**lis**	[ʒəli]	je	**dis**	[ʒədi]
tu	**écris**	[tyecʁi]	tu	**lis**	[tyli]	tu	**dis**	[tydi]
il	**écrit**	[ilekʁi]	elle	**lit**	[ɛlli]	il	**dit**	[ildi]
nous	**écrivons**	[nuzekʁivɔ̃]	nous	**lisons**	[nulizɔ̃]	nous	**disons**	[nudizɔ̃]
vous	**écrivez**	[vuzekʁive]	vous	**lisez**	[vulize]	vous	**dites**	[vudit]
ils	**écrivent**	[ilzekʁiv]	elles	**lisent**	[ɛlliz]	ils	**disent**	[ildiz]

Note:
The second person plural of **dire** → **vous dites** has a form that corresponds to those of **être** → **vous êtes** and **faire** → **vous faites**.

11.2 The *passé composé* of *-er* verbs (I) conjugated with *avoir*
The **passé composé** is used to express events in past time. It consists of two elements:

The present form of **avoir** + the past participle (**participe passé**) of the appropriate verb.

The **-er** verbs form the **participe passé** in **-é**.

Nous **avons** dans**é** le tango.

The elements used in negation surround the form of **avoir**.

Nous **n'**avons **pas** dansé le tango.

The **participes passés** of the verbs **faire** and **écrire** are irregular:

faire	fait	Mario et Claire ont **fait** la vaisselle.
écrire	écrit	Fiona a **écrit** une carte postale.

11.3 First and second person singular and plural object pronouns (II)
1. Forms
The object pronouns of the first and second persons are **me** or **m'** and **te** or **t'** for the singular and **nous** and **vous** for the **plural**. They can be either direct or indirect objects.

	me	rappelle demain.	Fiona will call **me** again tomorrow.
Fiona	**te**	rappelle demain.	Fiona will call **you** again tomorrow.
	nous	rappelle demain.	Fiona will call **us** again tomorrow.
	vous	rappelle demain.	Fiona will call **you** again tomorrow.

Tu	**m'**	écoutes ?	Are you listening **to me?**
Elle	**t'**	écoute ?	Is she listening **to you?**
Tu	**nous**	écoutes ?	Are you listening **to us?**
Elle	**vous**	écoute ?	Is she listening **to you?**

Note:
In French the word that represents both *me* and *for me / to me* is the same.

2. Position
The position of the object pronouns **me, te, nous,** and **vous** is the same as for the object pronouns **le, la,** and **les.**

Lesson 12

12.1 Telling time
1. Telling time on the hour, half-hour, and quarter-hour

Il est deux heures.   Il est deux heures **et quart.**   Il est deux heures **et demie.**   Il est **trois** heures **moins le quart.**

2. telling time in colloquial speech

15:15	Il est trois heures et quart.	It's quarter past three.
17:30	Il est cinq heures et demie.	It's five-thirty.
20:45	Il est neuf heures moins le quart.	It's quarter to nine.

3. telling time officially

13:25	Il est treize heures vingt-cinq.	It's thirteen twenty-five.
20:30	Il est vingt heures trente.	It's twenty thirty.
23:45	Il est vingt-trois heures quarante-cinq.	It's twenty-three forty-five.

12.2 The interrogative word *quel*
Quel agrees in **gender and number** with the **noun** to which it refers.
In English the equivalent is *which* or *what*.

Quel	sandwich	est-ce que vous prenez ?	Which sandwich…
Quelle	profession	est-ce que vous avez ?	What profession…?
Quels	gâteaux	est-ce que vous aimez ?	Which cakes…
Quelles	tomates	est-ce que vous voulez ?	Which tomatoes…

12.3 The present tense of the verb *partir*
Another group of regular verbs consists of verbs that end in *-ir*. They include:

| partir | to depart, leave, go away | mentir | to lie |
| dormir | to sleep | sortir | to go out |

	written:		pronounced:	Note:
je	par	s	[ʒəpaʀ]	The *-ir* verbs form their *participe*
tu	par	s	[typaʀ]	*passé* in *-i*.
il / elle	par	t	[ilpaʀ] / [ɛlpaʀ]	
nous	par	tons	[nupaʀtɔ̃]	
vous	par	tez	[vupaʀte]	
ils / elles	par	tent	[ilpaʀt] / [ɛlpaʀt]	

12.4 Stem expansion in the present tense of -ir verbs
A second group of regular **-ir** verbs exhibit a so-called stem expansion by adding **-iss** in the first through third persons plural. These include such verbs as

finir qc	to finish, end, stop		réagir	to react
choisir qc	to choose, select		atterrir	to land

	written:			pronounced:	Note:
je	**fini**	**s**		[ʒəfini]	Stem-expanding **-ir** verbs
tu	**fini**	**s**		[tyfini]	still form their **participe**
il / elle	**fini**	**t**		[ilfini] / [ɛlfini]	**passé** in **-i.**
nous	**fin**	**iss**	ons	[nufinisɔ̃]	
vous	**fin**	**iss**	ez	[vufinise]	
ils / elles	**fin**	**iss**	ent	[ilfinis] / [ɛlfinis]	

sson 13

13.1 The present tense of reflexive verbs (I)
With reflexive verbs the pronouns refer to the subject. As object pronouns they are placed **before** the verb.

Singular	me / m'	... me	**Plural**	nous	... us
	te / t'	... you		vous	... you
	se / s'	... himself, herself, itself, oneself		se / s'	... themselves

13.2 The possessive adjective (I): *mon, ma, mes*
The possessive adjectives express **ownership** or **belonging**.
The first person singular is translated in English as *my*.

Singular	masculine	feminine	masculine or feminine plural
1. Person	**mon** père	**ma** mère	**mes** ami(e)s

Note:
Before **feminine** nouns that start with a vowel or a mute **h**, the masculine form of the possessive adjective is always used for reasons of *liaison*: *mon amie, mon armoire.*

13.3 Peculiarities of the adjectives *beau, nouveau,* and *vieux*
These three adjectives have, in addition to their feminine form, another **singular** form that is used **before masculine nouns** that start with a vowel or a mute **h**.
Singular

	beau *(beautiful, handsome)*		**nouveau** *(new)*		**vieux** *(old)*	
un	**beau**	vélo	**nouveau**	vélo	**vieux**	vélo
un	**bel**	appartement	**nouvel**	appartement	**vieil**	appartement
un	**bel**	hôtel	**nouvel**	hôtel	**vieil**	hôtel
une	**belle**	voiture	**nouvelle**	voiture	**vieille**	voiture
Plural						
de	**beaux**	vélos	**nouveaux**	vélos	**vieux**	vélos
de	**beaux**	appartements	**nouveaux**	appartements	**vieux**	appartements
de	**beaux**	hôtels	**nouveaux**	hôtels	**vieux**	hôtels
de	**belles**	voitures	**nouvelles**	voitures	**vieilles**	voitures

13.4 The most important prepositions designating location

à côté de	*beside*	derrière	*behind*
à gauche de	*to the left of*	devant	*before, in front of*
à droite de	*to the right of*	près de	*near, close to*
après	*after*	sur	*on*
autour de	*around*	sous	*under*
dans	*in, into*	vers	*toward*

13.5 The prepositions *à* and *de* in combination with the definite article

When the prepositions *à* and *de* are followed by the definite article *le* or *les,* they form a combination:

à + le	→	au	de + le	→	du
à + les	→	aux	de + les	→	des

On va	~~à le~~	**au** cinéma ?	**but:**	Tu vas **à la** cantine ?
Vous allez	~~à les~~	**aux** Champs-Elysées ?		Je vais **à l'**opéra.

Elle habite près	~~de le~~	**du** café Saint-Jean.		Elle habite à côté **de la** cathédrale.
Il habite à côté	~~de les~~	**des** musées.		Il habite près **de l'**église.

13.6 The imperative of *-er* verbs

The imperative expresses a command; in the negative, a prohibition. Imperatives can be directed to one person, several people, and to a group to which the speaker belongs. If an imperative is directed to one person, you have to decide to address the person in familiar or formal terms.

	familiar		**formal**	
first person	Chante... .	Sing...!	Chante**z**... .	Sing...!
several people	Chante**z**... .	Sing...!	Chante**z**... .	Sing...!
a group to which the speaker belongs			Chant**ons**... .	Let's sing...!

Lesson 14

14.1 Negation (II): *ne...plus, ne...rien,* and *ne...jamais*

These negations surround the verb in the same manner as *ne...pas.*

Il **ne** chante **plus**.	He **no longer** sings.
Il **ne** va **jamais** au concert.	He **never** goes to the concert.
Elle **ne** prend **rien** comme dessert.	She has **nothing** for dessert.

In § 10.3 you learned that the quantity *none* is translated by *ne...pas de* in French. The following negatives also express the concept of *none*.

Elle **n'**a **plus** d'appartement.	She **no longer** has an apartment.
Elle **ne** boit **jamais** d'alcool.	She **never** drinks alcohol.
Il **n'**y a **rien de** nouveau.	There is **nothing** new.

14.2 The partitive article

The partitive article *(du, de la, de l')* in French refers to an unspecified quantity and is used with things that can't be counted (such as tea, coffee, and water).

Fiona achète	**du** fromage.	Fiona buys	⊔	cheese.
	de la limonade.		⊔	lemonade.
	de l'eau minérale.		⊔	mineral water.

Note:
- English commonly uses no partitive article.
- The partitive article or the indefinite article is used in the plural after *avec;* after *sans* in the plural, there is neither partitive nor indefinite article:

Mario prend un whisky avec de l'eau. Fiona prend un café avec du sucre.
Mario prend un whisky sans eau. Fiona prend un café sans sucre.

14.3 Third-person indirect object pronouns: *lui* and *leur*

1. Forms

Indirect object pronouns stand for people; in the third person they are **lui** and **leur.**
Lui is used for either **males or females.** ***Leur*** stands for either **several males or several females.**

Fiona écrit une carte **à Claire**.	→	Elle **lui** écrit une carte.	...her... .
Fiona écrit une carte **à Mario**.	→	Elle **lui** écrit une carte.	...him....
Fiona écrit une carte **à Claire et à Mario**.	→	Elle **leur** écrit une carte.	...them..... .
Mario écrit une carte **à Claire et Fiona**.	→	Il **leur** écrit une carte.	...them... .

2. Position

The indirect object pronouns are placed the same as the direct object pronouns **le, la,** and **les.** The placement of the negation ***ne...pas*** is the same for indirect object pronouns as it is for direct object pronouns.

3. Combinations of object pronouns

	direct		indirect	
me / m'	Elle **m'**aime.	She loves **me.**	Elle **m'**écrit.	She writes (to) **me.**
te / t'	Elle **t'**aime.	She loves **you.**	Elle **t'**écrit.	She writes (to) **you.**
lui			Elle **lui** écrit.	She writes (to) **him / her**.
nous	Elle **nous** aime.	She loves **us.**	Elle **nous** écrit.	She writes **us.**
vous	Elle **vous** aime.	She loves **you.**	Elle **vous** écrit.	She writes (to) **you.**
leur			Elle **leur** écrit.	She writes (to) **them.**

Note:

Don't confuse the object pronoun **leur** with the possessive adjective **leur(s).**
Il leur donne leur(s) clef(s) pour leur(s) chambre(s). *(He gives them their keys to their rooms.)* (See Lesson 17, Possessive Adjectives)

14.4 Quantities followed by *de*

Quantities can be expressed in two ways: 1) through terms that express quantity; and 2) with adverbs of quantity.

1. Terms that express quantity

un kilo de...	a kilo of...	**une livre de...**	a pound of...
un paquet de...	a packet of...	**un carton de...**	a carton of...
une bouteille de...	a bottle of...	**100 grammes de...**	100 grams of...

2. Adverbs of quantity

beaucoup de...	many...	**peu de...**	few...
combien de...	how many...	**trop de...**	too many...
assez de...	enough...	**pas de...**	no...

Quantities	+ de / d'	+ noun with no article

15.1 The present tense of the irregular verbs *croire and voir*

	written:	pronounced:	written:	pronounced:
je	**crois**	[ʒəkʀwa]	**vois**	[ʒəvwa]
tu	**crois**	[tykʀwa]	**vois**	[tyvwa]
il / elle	**croit**	[ilkʀwa] / [ɛlkʀwa]	**voit**	[ilvwa] / [ɛlvwa]
nous	**croyons**	[nukʀwajɔ̃]	**voyons**	[nuvwajɔ̃]
vous	**croyez**	[vukʀwaje]	**voyez**	[vuvwaje]
ils / elles	**croient**	[ilkʀwa] / [ɛlkʀwa]	**voient**	[ilvwa] / [ɛlvwa]

Note:
Both verbs are conjugated and form their *participe passé* in the same way
Claire a cru à l'astrologie. → *Mario et Claire ont vu la tour Eiffel.*

Lesson 16

16.1 The demonstrative adjectives *ce, cet, cette, ces*

The demonstrative adjectives are always used with a noun. In the singular they denote the gender of the noun and mark the number of the noun that they precede

			Note:
ce	magasin	this shop	before a **masculine singular** noun beginning with a **consonant**
cet	**a**péritif	this aperitif	before a **masculine singular** noun beginning with a **vowel**
cet	**h**ôtel	this hotel	or a mute **h**
cette	dame	this lady	before **feminine singular** nouns
ces	magasins	these shops	before **masculine or feminine plural** nouns
ces	dames	these ladies	

16.2 The *futur composé*

The **futur composé** is used when a future action is perceived as imminent and therefore is closely connected to the present. This tense also expresses a preference or a view. The **futur composé** consists of two elements:

A present-tense form of *aller* + **the infinitive of the second verb**

near future	**aller**	**infinitive**	
Ce soir,	**je vais**	**regarder**	la télé.
Demain,	**tu vas**	**visiter**	*le Louvre ?*
Dimanche,	**on va**	**partir**	en vacances.

16.3 Adjectives of color

Adjectives of color behave like other adjectives: they agree in gender and number with the noun that they modify.

Adjectives that already end in a final **-e**, the feminine form is the same (*rouge, jaune*). *Marron* and *orange* are invariable.

	masculine	**feminine**
Singular	un pantalon bleu	une robe bleu**e**
	un pantalon roug**e**	une robe roug**e**
	un pantalon orang**e**	une robe orang**e**
Plural	des pantalons bleu**s**	des robes bleu**es**
	des pantalons roug**es**	des robes roug**es**
	des pantalons orang**e**	des pantalons orang**e**

16.4 The interrogative word *lequel*

The interrogative word **lequel**, like **quel**, agrees in gender and number with the noun that it modifies. The interrogative word **lequel** asks about specific persons or things from a group.

Dans ce magasin, il y a **de beaux costumes.**	▶ **Lesquels ?**		Which (suits)?
	▶ **Lequel**	ne te plaît pas ?	Which (suit)?
Il y a aussi **de jolies robes.**	▶ **Lesquelles**	par exemple ?	Which (dresses)?
	▶ **Laquelle**	veux-tu essayer ?	Which (dress)?

16.5 Demonstrative pronouns

The demonstrative pronouns are often followed by the clarifiers *-ci* and *-là*.
Demonstrative pronouns agree in gender and number with the nouns to which they refer.

	masculine	feminine	clarifier
Singular	celui	celle	
			+ -ci / là
Plural	ceux	celles	

son 17

17.1 The verbs *jouer à...*, *jouer de...*, *faire de...* and the definite article

The verbs *jouer à...* and *faire* are followed by the prepositions *à* or *de* when they are used in conjunction with sports, games, and musical instruments. They mix with the following definite article *le* or *les* to form *au* or *aux* and *du* and *des,* as illustrated by the following:

Sports

| jouer | au | foot, tennis, volley-ball... |
| faire | du | foot, tennis, volley-ball... |

Games

| jouer | aux | boules, cartes, échecs... |

Musical instruments

jouer	du	piano, violon...
	de l'	harmonica, accordéon...
	de la	flûte, guitare, clarinette...

17.2 Possessive adjectives (II): second and third persons singular and first through third persons plural

The second-person singular corresponds to the English *your*; the third person singular corresponds to *his / her.*
• With **son, sa, ses** (*his / her, their*), French makes no distinction between masculine and feminine possessors:
Fiona et son père, Mario et sa mère.

When **more than one owner** is meant, the plural forms **notre, votre,** and **leur** are used; they correspond to *our, your* (formal or plural), and *their,* respectively.

When **several items** are possessed, the plural forms **nos, vos,** and **leurs** are used; they correspond to *our, your* (formal or plural), and *their,* respectively.

Singular	masculine	feminine	masc. or fem. plural nouns
2. Person	ton père	ta mère	tes amis / tes amies
3. Person	son père	sa mère	ses amis / ses amies

Plural	masc. or fem. *singular* nouns	masc. or fem. *plural* nouns
1. Person	**notre** maison / **notre** appartement	**nos** maisons / **nos** appartements
2. Person	**votre** maison / **votre** appartement	**vos** maisons / **vos** appartements
3. Person	**leur** maison / **leur** appartement	**leurs** maisons / **leurs** appartements

son 18

18.1 The accentuating personal pronouns (II): *lui, elle, nous, vous, eux, elles*

1. Forms

From § 2.2 you are already familiar with **moi** and **toi.** Here is an overview of all the forms:

moi	nous
toi	vous
lui	eux [φ]
elle	elles

2. Position

• **in shortened sentences with no verb:**

▶ Fiona, tu viens au concert ?   ▶ **Moi** ? Bien sûr.

• **after prepositions:**

▶ Mario vient aussi au concert.

▶ Mais Claire ne peut pas venir.

▶ Christian, alors, on va au concert **sans toi** ?

▶ Et tes cousines, elles viennent aussi ?

▶ Super, c'est toujours chouette **avec lui** !

▶ Dommage ! C'est triste, **sans elle**.

▶ Oui, mes cousins arrivent ce soir. Je veux rester **avec eux**.

▶ Oui, et je préfère jouer **avec elles**.

• **for emphasis in contrasts**

Moi, je fais les courses. **Mario et Claire, eux,** vont faire la cuisine. Christian, **toi, tu** vas faire un gâteau pour le dessert.

• **to emphasize individual parts of a sentence**

C'est moi qui **ai** fait la cuisine.
C'est toi qui **as** fait le dessert.
Ce sont eux qui **ont** fait la cuisine.
C'est nous qui **avons** fait la cuisine.
C'est vous qui **avez** fait la cuisine ?   ▶ Oui, Mario **et moi.**

Lesson 19

19.1 The *passé composé* with *être* as a helping verb

Only a few verbs form the ***passé composé*** using ***être*** as the helping verb. These are verbs of motion. You can memorize them easily as pairs of opposites:

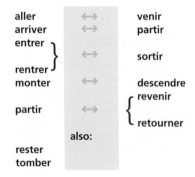

aller	↔	venir
arriver	↔	partir
entrer }	↔	sortir
rentrer		
monter	↔	descendre
partir	↔	revenir
		retourner
	also:	
rester		
tomber		

With verbs that form the ***passé composé*** with ***être***, the ***participe passé*** agrees in **gender** and **number** with the **subject** of the sentence.

Mario est allé au concert.
Fiona est allé**e** au concert aussi.
Claire n'est pas allé**e** au concert.
Christian et Claire ne sont pas allé**s** au concert.
Les cousins de Christian sont arrivé**s**.
Les cousines de Christian sont ven**ues** aussi.

Note:
When the **subject** of a sentence is a **pronoun,** you have to pay attention to the person(s) referred to:

Nous sommes allé**s** au concert **(Mario et Claire)**
Nous sommes arrivé**es** ce soir. **(les cousines de Christian)**
On est resté**s** à la maison. **(Claire et Christian)**
Vous êtes arrivé**s** ce soir ? **(les cousins de Christian)**

19.2 The *passé composé* of some irregular verbs with *avoir* and *être*

avoir	j'ai eu	[y]	I **have** had
être	j'ai été	[ete]	I **have** been
écrire	j'ai écrit		I **have** written
dire	j'ai dit		I **have** said
pouvoir	j'ai pu		I **have** been able
ouvrir	j'ai ouvert [uvɛʀ]		I **have** opened
tenir	j'ai tenu		I **have** held
venir	je suis venu(e)		I **have** come
aller	je suis allé(e)		I **have** gone

Note:
The verbs *avoir* and *être* form the *passé composé* using *avoir*

19.3 The relative pronouns *qui, que, où, dont, ce qui,* and *ce que*

1. *qui*
As the **subject** of a **relative clause,** *qui* can refer to people or things in the singular or plural.

Fiona est **la secrétaire**	qui	chante bien.	… the secretary **who**…
Mario est **l'Allemand**	qui	habite à Strasbourg.	… the German fellow **who**…
Mario et Claire sont **des amis**	qui	s'aiment beaucoup.	… the friends **who**…
C'est **une ville**	qui	ne me plaît pas.	… a city **that**…

2. *que*
As the **direct object** of a **relative clause,** *que* can refer to persons and things in the singular or plural. Before vowels and mute **h,** *que* is shortened to *qu'.*

Claire est **la femme**	que	Mario aime beaucoup.	… the woman **whom**…
Mario est **l'homme**	que	Claire aime beaucoup.	… the man **whom**…
Mario et Claire sont **des amis**	que	j'aime beaucoup.	… friends **whom**…
Ils ont apporté **du vin**	qu'	ils ont acheté en Alsace.	… wine **that**…

3. *où*
The relative pronoun *où* corresponds to the English *where* (or *to where*).

La Réunion est **une île**	où	Fiona veut aller.	… an island **where / to which**…
Paris est **la ville**	où	Claire et Mario vont rencontrer Christian.	… the city **where**…
Strasbourg est **la ville**	où	les trois amis travaillent.	… the city **in which / where**…

4. *dont*
As a **complement** of *de* in a **relative clause,** *dont* refers to persons and things in the singular or plural. The complements can be connected to a noun, a verb, or an adjective.

A Honfleur, Mario achète un portrait cubiste de Claire. Elle a horreur **de ce portrait.**
Mario achète un portrait de Claire **dont** elle a horreur. … **that** she…

Claire et Mario ont visité le musée Boudin. On parle **de ce musée** dans les brochures.
C'est un musée **dont** on parle dans les brochures. … **about which**…

Christian a écrit une nouvelle chanson. Ses amis sont très contents **de cette chanson.**
Christian a écrit une chanson **dont** ses amis sont très contents. … **about which**…

Note:
When **dont** refers to a noun, the noun is used with the definite article.

C'est Mario	**dont**	**les**	**parents** habitent à Trèves.		...**whose** parents...	
C'est Claire	**dont**		Mario a acheté	**le**	portrait.	... **whose** portrait...

(See the relative pronoun **dont** in Lesson 27.)

5. Ce *qui* and *ce que*

The relative pronouns **ce qui** and **ce que** correspond to the English relative pronoun *what* and are often used in **indirect questions** about **things. Ce qui** is used as a **subject; ce que** is a **direct object**.

Ce qui	m'intéresse, c'est la nature.	**What** interests me...
Ce que	Fiona aime à Strasbourg, c'est la Petite France.	**What** Fiona likes in Strasburg...

Fiona ne sait pas toujours	**ce qu'**	elle veut.	Fiona doesn't always know **what** she wants.

Lesson 20

20.1 The verb *plaire*

	written:	pronounced:	
	plaire	[plɛʀ]	
je	**plais**	[ʒəplɛ]	
tu	**plais**	[typlɛ]	**Note:**
il / elle	**plaît**	[ilplɛ] / [ɛlplɛ]	In the third person singular
nous	**plaisons**	[nuplɛzɔ̃]	the **-î** has a circumflex over it.
vous	**plaisez**	[vuplɛze]	
ils / elles	**plaisent**	[ilplɛz] / [ɛlplɛz]	

20.2 Adverbs
1. Regular formation

Most adverbs are formed by adding the ending **-ment** to the feminine form of an adjective. Adverbs are formed in this way from adjectives that end in **-e.**

Adjective		Adverb
masculine	**feminine**	
parfait	parfaite	parfaite**ment**
complet	complète	complète**ment**
long	longue	longue**ment**
silencieux	silencieuse	silencieuse**ment**
difficile	difficile	difficile**ment**
tendre	tendre	tendre**ment**

With adjectives whose feminine form is pronounced with a final vowel form, the adverb is derived from the **masculine** form.

vrai	vraie	vr**aiment**
joli	jolie	jol**iment**
	Exception:	
gai	gaie	ga**iement**

2. Special forms

gentil	gentille	**gentiment** *(nice)*
bref	brève	**brièvement** *(briefly)*
bon	bonne	**bien**
mauvais	mauvaise	**mal**
meilleur	meilleure	**mieux**
rapide	rapide	**rapidement / vite**

Most adjectives that end in [-ɑ̃] form the adverb with the ending [-amɑ̃]

élég**ant**	élég**amment** [elegamɑ̃]
bruy**ant**	bruy**amment** [bʀyjamɑ̃]
évid**ent**	évid**emment** [evidamɑ̃]
prud**ent**	prud**emment** [pʀydamɑ̃]

Exception:

l**ent**	lente**ment** [lɑ̃tmɑ̃]

3. Placement
Many adverbs of **place** and of **specified time** come at the **beginning** of a sentence; others come at the **end.**

Hier, ils ont fait une visite guidée à Honfleur.
Là-bas, ils ont visité la cathédrale Sainte-Catherine.
Il fait beau, **ici.**

Adverbs of **unspecified time**, of **means**, and of **quantity** usually are placed after the **conjugated verb.**

Après la visite guidée, Mario et Claire *ont* **vite** cherché un café.
Mais ils *ont* **difficilement** trouvé un café ouvert.
Mario *a* **beaucoup** mangé ce soir.

Adverbs that refer to the **entire sentence** usually are placed at the start of the sentence.

Heureusement, la mère de Fiona leur a donné de l'argent.
Alors, ils ont acheté une marine.

20.3 Verbs that end in *-indre* in the present tense
Verbs that end in **-indre** such as *peindre* and *atteindre (to attain, reach)*, *craindre (to fear)*, and *se plaindre (to complain)* are all conjugated according to the same pattern.

	written:	pronounced:	
	atteindre	[atɛ̃dʀ]	
j'	atteins	[ʒatɛ̃]	
tu	atteins	[tyatɛ̃]	
il / elle	atteint	[ilatɛ̃] / [ɛlatɛ̃]	**Note:**
nous	atteignons	[nuzatɛɲɔ̃]	A **g** is inserted into the
vous	atteignez	[vuzatɛɲe]	plural forms.
ils / elles	atteignent	[ilzatɛɲ] / [ɛlzatɛɲ]	

(See Lesson 34 for the verbs *craindre* and *se plaindre.*)

Lesson 21

21.1 The *imparfait* (I): the verbs *avoir* and *être*

1. Formation

	avoir			être	
j'	av	-ais	j'	ét	-ais
tu	av	-ais	tu	ét	-ais
il / elle	av	-ait	il / elle	ét	-ait
nous	av	-ions	nous	ét	-ions
vous	av	-iez	vous	ét	-iez
ils / elles	av	-aient	ils / elles	ét	-aient

2. Function

The ***imparfait*** is used to designate **conditions, moods,** and **customary actions** in past time. Certain phrases can trigger the use of the ***imparfait.***

A présent, on ne sort plus beaucoup, mais **à cette époque-là,** on **était** souvent encore au centre-ville à minuit.
Quand j'**avais** encore du travail, j'**étais** souvent à l'hôtel.
Maintenant je travaille chez un pompiste, mais **avant,** j'**étais** mécanicien chez *Airbus*.

Lesson 22

22.1 *Il faut*

Il faut is an impersonal expression that means "one must / it is necessary."
If the impersonal expression is accompanied by an object pronoun *(me, te, lui, nous, vous, leur)*, the expression ***il faut*** can refer to a specific person: I must / need to, you must / need to…"

1. *il faut* + a noun

Pour frire de la viande il faut du buerre ou de l'huile.	You need butter or oil to fry meat.

2. *il me / lui / … faut* + noun

Pour mes vacances, il **me** faut encore une planche. à voile	**I need** a sail board for my vacation.
Madame Bouvier est malade. Il **lui** faut du repos.	Mrs. Bouvier is ill. **She** needs some rest.
Paul et Cyril ont faim. Il **leur** faut un sandwich.	Paul and Cyril are hungry. **They** need a sandwich.

3. *il faut* + an infinitive

When ***il faut*** is followed by an infinitive, that corresponds to the English "to have to do something." The negative form means "must not / may not."

Sur l'autoroute,	**il faut**	**faire** attention.	… **one must / you have to** pay attention.
Pour ouvrir une école de musique,	**il faut** d'abord	**trouver** des bureaux.	… **it's** first **necessary to** …
Après 22h du soir,	**il ne faut pas**	**jouer** du piano.	… **one mustn't** …
Dans l'avion,	**il ne faut pas**	**avoir** peur.	… **one / you needn't** …

22.2 Questions using *qui est-ce qui, qui est-ce que, qu'est-ce qui,* and *qu'est-ce que*

1. ***Qui est-ce qui*** is used to ask about **persons** who are **grammatical subjects.** ***Qui est-ce que*** is used to ask about **persons** who are **direct objects.**

Subject	**Qui**	est-ce	**qui**	achète un billet de train ?	**Who...?**
Direct Object	**Qui**	est-ce	**que**	Claire et Mario ont invité à Paris ?	**Whom...?**

2. *Qu'est-ce qui* is used to ask about **things** that are **grammatical subjects**. *Qu'est-ce que* is used to ask about **things** that are **direct objects**.

Subject	**Qu'**	est-ce	**qui**	manque dans ce rapport?	**What...?**
Direct Object	**Qu'**	est-ce	**que**	vous prenez comme apéritif ?	**What...?**

22.3 *Que* after verbs that express thought and opinion

The **conjunction *que*** (that) is used after verbs that express thought and opinion. These include:

croire que	to believe that	**s'imaginer que**	to imagine that
penser que	to think that	**trouver que**	to find / feel that
espérer que	to hope that	**se souvenir que**	to remember that

Note:
After these verbs in an affirmative clause, the **indicative mode** is used; see Lesson 38 for implications of negative clauses.

22.4 The *imparfait* and *passé composé* in sentence structure

1. Use

Situations of unspecified duration and **customary or regular actions** are expressed using the **imparfait.** Events of **specified duration** with a beginning and an end, and **events that occurred one time** are expressed using the **passé composé.**

2. Two ways of narrating in past time

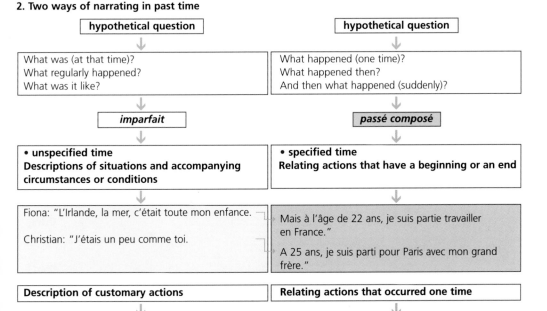

hypothetical question	hypothetical question
What was (at that time)? What regularly happened? What was it like?	What happened (one time)? What happened then? And then what happened (suddenly)?
↓ *imparfait*	↓ *passé composé*
• unspecified time **Descriptions of situations and accompanying circumstances or conditions**	• specified time **Relating actions that have a beginning or an end**
Fiona: "L'Irlande, la mer, c'était toute mon enfance. Christian: "J'étais un peu comme toi.	Mais à l'âge de 22 ans, je suis partie travailler en France." A 25 ans, je suis parti pour Paris avec mon grand frère."
Description of customary actions	**Relating actions that occurred one time**
Fiona: "Depuis des années, j'étais secrétaire. Christian: "J'avais du travail dans un café et dans une boulangerie, mais ce n'était pas ça.	Mais un jour, j'ai rencontré un groupe de musiciens dans la rue. Ils m'ont proposé de chanter dans leur groupe." Et un jour, j'ai commencé à donner des cours de guitare."

(See Lesson 29B for *imparfait* and *passé composé* in sentence structure.)

Lesson 23

23.1 The *imparfait* (II)

Nearly all regular and irregular verbs form the *imparfait* in the same way.

Add the endings **-ais, -ais, -ait, -ions, -iez,** and **-aient** to the **stem of the first person plural.**

regular

chanter	**arriver**	**faire**
nous **chant**ons	nous **arriv**ons	nous **fais**ons
je **chant**ais	j'**arriv**ais	je **fais**ais

prendre	**venir**	**écrire**
nous **pren**ons	nous **ven**ons	nous **écriv**ons
je **pren**ais	je **ven**ais	j'**écriv**ais

irregular

manger	With verbs that end in **-ger** an **-e** is added before **-a** and **-o**.	**commencer**
nous man**ge**ons		nous commen**ç**ons
je man**ge**ais		je commen**ç**ais
but:	With verbs that end in **-cer** the **-c** is written with a **cédille (ç)** before **-a** and **-o**.	**but:**
nous man**g**ions		nous commen**c**ions

23.2 The most commonly used prepositions of time

à	at, in	**en**	in (month or year)
au cours de	in the course of, during	**entre... et...**	between... and...
après	after	**il y a**	ago
avant	before	**jusque**	until
dans	in, within	**pendant**	during
depuis	since	**pour**	for (the duration of)

Lesson 24

24.1 The pronoun *y*
1. Function

• The pronoun **y** replaces **designations of place** introduced by the prepositions **à, en, dans, sur,** and **sous.** The English *there* is an acceptable translation.

Mario habite	**à Strasbourg,**		
Il	**y**	travaille aussi.	**there**

Il joue	**dans un orchestre,**		
Il	**y**	est clarinettiste.	**there**

Il va souvent	**en Allemagne,**		
Il	**y**	va parce que ses parents habitent à Trèves.	**there**

• The pronoun **y** also replaces phrases introduced by the preposition **à** when **things** are referred to.

Tu crois	**à l'astrologie ?**		
Oui, j'	**y**	crois.	
Non, je n'	**y**	crois pas.	**in it**

Tu as pensé	à la baguette ?		
Oui, j'	**y**	ai pensé.	
Non, je n'	**y**	ai pas pensé.	**about it**

Tu as pensé	à acheter des timbres ?		
Oui, j'	**y**	ai pensé.	
Non, je n'	**y**	ai pas pensé.	**about it**

2. Placement
The pronoun **y** is subject to the **same placement rules** as **object pronouns: y** is always placed before the verb.

Il **y va** souvent.	• before the conjugated verb
Il va **y aller** en novembre.	• before the infinitive to which it refers
Il n'**y est** pas allé depuis Noël.	• the negation surrounds the pronoun + the verb

sson 25
25.1 Comparative of Adjectives
1. The comparative
The **comparative** is constructed by using ***plus*** *(more)* or ***moins*** *(less)* before the adjective.
Aussi is used **before** the adjective to express **comparisons of equality.**
In both cases, ***que*** is placed after the adjective; it corresponds to the English *than* or *as.*

Fiona est	**plus**	grande	**que**	sa mère.
La mère de Fiona est	**moins**	grande	**que**	son père.
Fiona est	**aussi**	grande	**que**	sa sœur Cindy.

2. The superlative
The **superlative** is formed by placing the **definite article** before the **comparative.**

Paris est	**la**	**plus importante**	ville de France.
Le *Louvre* est	**le**	**plus important**	musée de Paris.

Adjectives that follow the nouns they modify likewise follow them in the superlative.

Quel est	**le**	moyen de transport	**le moins**	**cher ?**
Quelle est	**la**	région	**la moins**	**touristique** de France ?

Adjectives that precede the nouns they modify also usually precede them in the superlative.

Quelle est	**la plus grande**	ville de France ?
Quel est	**le plus grand**	musée de Paris ?

3. Special forms of the comparative and superlative

positive	**bon, bonne**	good	C'est un **bon** vin blanc.
comparative	**meilleur(e)**	better	Il est **meilleur que** le vin rouge.
superlative	**le (la) meilleur(e)**	best	C'est **le meilleur** vin blanc de la région.

positive	**mauvais(e)**	bad	C'est un **mauvais** rhume.
comparative	**pire**	worse	Une grippe est **pire qu'**un rhume.
superlative	**le (la) pire**	worst	Etre malade, c'est **la pire** des choses.

Note:
Mauvais can also be intensified in the normal fashion.

Lesson 26

26.1 The pronoun *en*

1. Function
• The pronoun **en** replaces phrases introduced by the preposition **de**, including the partitive article and the plural indefinite article. It can be translated by the English words *some* in the affirmative and *any* in the negative.

Claire, tu veux aussi	**du**	vin ?		
Oui, j'	**en**		veux aussi.	**some**
Et	**de la**	salade ?		
Non, je n'	**en**		veux pas.	**any**
Tu prends encore	**des**	fruits de mer ?		
Oui, j'	**en**		prends encore.	**some**

• The pronoun **en** is also used with phrases that express **quantity**, such as **beaucoup de, assez de,** and **peu de**, and with **numbers**. The expression of quantity or the number is repeated in the follow-up sentence.
• **En** is used to stand for phrases that conclude with the preposition **de**, such as **parler de, venir de,** and **revenir de**. In such cases it is translated by such English phrases as **of it / them, about it / them,** and **from it / there**.

Mario, tu bois	**beaucoup**	de vin !		
Oui, j'		**en**	bois	**beaucoup !**
Non, j'		**en**	bois seulement	**deux verres !**
Vous achetez	**deux**	nouvelles voitures ?		
Oui, j'		**en**	achète	**deux.**
Non, j'		**en**	achète	**une.**
Fiona parle		**de l'école de musique.**		
Elle		**en**	parle toujours.	**of it/them**
Christian vient		**de La Réunion.**		
Il		**en**	vient.	**about it/them**
Mario et Claire reviennent		**du restaurant.**		
Ils		**en**	reviennent.	**about it/them**

2. Placement
En is subject to the same **placement rules** that apply to other pronouns.

J'**en** ai très peu parlé.	• before the conjugated verb
Je **vais en** parler plus souvent.	• before the infinitive
Je n'**en ai** pas parlé beaucoup.	• the negative surrounds the pronoun + the verb

▶ Il y a encore du fromage ?
▷ Oui, il **y en** a encore. • In combination with **il y a, y** is placed before **en**.
▷ Non, il n'**y en** a plus.

26.2 Combinations of two object pronouns in one sentence

- Two object pronouns can be used together only if **one of them** is a **direct** object pronoun (*le, la,* or *les*).
- The **indirect** object pronouns *me, te, se, nous* and *vous* are placed before *le, la,* and *les.*
- The **indirect** object pronouns *lui* and *leur* are placed after *le, la,* and *les.*

Mario, tu	**me**	donnes	**le vin** ?	Bien sûr, je	**te le**	donne.
Je	**te**	donne aussi	**la salade** ?	Oui, tu	**me la**	donnes aussi.
Je	**vous**	ai montré	**les bureaux** ?	Oui, vous	**nous les**	avez montré**s**.
Tu	**lui**	as montré	**la chambre** ?	Oui, je	**la lui**	ai montr**ée**.
Tu	**leur**	as donné	**les clefs** ?	Oui, je	**les leur**	ai donné**es**.

- The pronouns *y* and *en* are known as *adverbial pronouns*. They are always placed **after** the object pronouns.

Elle	**vous**	a parlé	**de son projet** ?	Oui, elle	**m'en**	a parlé hier. /
				Oui, elle	**nous en**	a parlé hier.

- The **indirect object** can be replaced by *à + disjunctive personal pronoun* and placed **after** the verb.

Fiona **nous** présente **à sa mère**.	→	Elle **nous** présente **à elle**.
Le président **se** présente **aux ministres**.	→	Il **se** présente **à eux**.

sson **27**

27.1 Adjectives with irregular plural forms

Most adjectives that end in **-al, e** [-al] form the **masculine plural** by changing the ending to **-aux** [-o]. Some adjectives that end in **-al, e** form the **feminine plural** by adding **-s.** The pronunciation is the same for these as in the feminine singular.

masculine plural form		feminine plural form	
amical, **-aux**	moral, **-aux**	amicale, **-s**	morale, **-s**
brutal, **-aux**	national, **-aux**	brutale, **-s**	nationale, **-s**
génial, **-aux**	original, **-aux**	géniale, **-s**	originale, **-s**

However:

masculine plural form	feminine plural form
banal, **-s**	banale, **-s**
fatal, **-s**	fatale, **-s**
final, **-s**	finale, **-s**

27.2 The verb *faire* + an infinitive complement

An infinitive that follows *faire* uses no preposition.

Il fait écrire **une lettre**.	• *faire* + an infinitive **cannot** be separated by an object
Elle fait écrire une lettre **par la secrétaire**.	• the person is designated by using the preposition *par*
Elle fait écrire une lettre **aux clients**.	• the personal object is always an **indirect** object.

sson **28**

28.1 The irregular verb *mettre* and its compounds

The verb *mettre* and all its compounds, such as *remettre (to replace, put back, postpone)*, *promettre (to promise)*, *compromettre (to compromise)*, *permettre (to permit)*, *admettre (to admit)*, and *omettre (to omit)* are all conjugated on the same patterns. In the **plural** forms, they all have a double **-t**.

28.2 The present tense of the irregular verb *envoyer*

	written:	pronounced:
	envoyer	[ãvwaje]
j'	envoie	[ʒãvwa]
tu	envoies	[tyãvwa]
il / elle	envoie	[ilãvwa] / [ɛlãvwa]
nous	envoyons	[nuzãvwajɔ̃]
vous	envoyez	[vuzãvwaje]
ils / elles	envoient	[ilzãvwa] / [ɛlzãvwa]

Note:
The **-y** is retained in the first and second persons plural.

28.3 The formation of the *futur simple*
1. Verbs ending in *-er*
The ***futur simple*** of **-er** verbs is formed by adding the endings **-rai, -ras, -ra, -rons, -rez,** and **-ront** to the **first person singular** of the present tense.

	aimer						
j'	aime	**rai**	[-ʀɛ]	nous	aime	**rons**	[-ʀɔ̃]
tu	aime	**ras**	[-ʀa]	vous	aime	**rez**	[-ʀe]
il	aime	**ra**	[-ʀa]	elles	aime	**ront**	[-ʀɔ̃]

2. Verbs ending in *-re* and *-ir*
The ***futur simple*** of verbs that end in **-re** and **-ir** is formed by adding the future endings to the **infinitive stem**.

	dire				partir	
je	di	**rai**		je	parti	**rai**
tu	di	**ras**		tu	parti	**ras**
il / elle	di	**ra**		il / elle	parti	**ra**
nous	di	**rons**		nous	parti	**rons**
vous	di	**rez**		vous	parti	**rez**
ils / elles	di	**ront**		ils / elles	parti	**ront**

Note:
The ending of the first person singular in the **futur simple** tense is always pronounced [-ʀɛ]

3. Special forms

with one *r*			with double *r*			with added *d*		
	avoir			**savoir**			**voir**	**venir**
j'	**aur**ai		je	**saur**ai		je	**ver**rai	je	vien**d**rai
	être			**faire**			**pouvoir**	**falloir**
je	**ser**ai		je	fe**rai**		je	pou**rr**ai	il	fau**d**ra	etc.
	aller							**envoyer**
j'	**ir**ai	etc.				j'	en**ver**rai	etc.

Lesson 29

29.1 *venir de faire qc* and *être en train de faire qc*

The expression ***venir de faire qc*** conveys **the immediate past**.

▶ Je voudrais parler à Mme Duroc, s.v.p.
▷ Je suis désolé, elle **vient de sortir**.

▶ On peut manger les spaghettis ?
▷ Oui, je **viens de les préparer**.

▶ Vous attendez depuis longtemps ?
▷ Non, je **viens d'arriver**.

▶ On va boire une bière ?
▷ Non, merci, je **viens d'en boire** une.

The expression **être en train de faire qc** refers to the **present** and conveys that something is **in the process of happening**.

▶ Fiona **est en train de faire** les courses.
▶ Et Christian ?
▶ Il **est en train de prendre une douche**.

Note:
In both of these expressions the object pronouns **y** and **en** are placed before the infinitive.

29.2 Reflexive Verbs (II): passé composé

Reflexive verbs form the **passé composé** using forms of **être** as the auxiliary verb.
• The **participe passé** agrees in number and gender when the reflexive pronoun functions as a **direct object.**

A Paris, Fiona et Christian   **se**   sont rencontr**és**.   rencontrer **qn** = direct object

• When a **direct object** follows the reflexive verb, the **participe passé** does not agree, for the reflexive pronoun then functions as an **indirect object**.

A Paris, Fiona   **s'**   est achet**é**   des chaussures.   acheter qc **à qn** = indirect object

29.3 Accentuating with c'est / ce sont... qui / que

1. **C'est / ce sont... qui** can be used to accentuate the subject of the sentence.

▶ **C'est** toi, Mario,   **qui** va chercher de l'essence ?
▶ Non, **c'est** Christian   **qui** va la chercher.

▶ **Ce sont** Christian et Mario   **qui** ont fait des folies ?   **Note:**
▶ Non, ce ne sont pas } eux   **qui** ont fait des folies.   **C'est** is used in the spoken
         ce n' est pas   language.

2. **C'est / ce sont...** can be used to acentuate **objects** and **adverbial modifiers**.

▶ Christian, tu penses **à La Réunion ?**   ▶ Non, **c'est**   à notre groupe   **que** je pense.
▶ Mario, tu cherches **ta clarinette ?**   ▶ Non, **ce sont** } mes lunettes   **que** je cherche.
                                             c'est

▶ Marc, tu rentres dimanche ?   ▶ Non, **c'est**   lundi   **que** je rentre.

Note:
In addition to these means of accentuating, there are some others that are used in specific instances:
Voilà les parents de Christian **qui** viennent d'arriver.
Ça fait cinq ans **que** Claire et Mario sont ensemble.
Il y a cinq ans **qu'**il est parti pour Paris.

---

sson 30

30.1 Peculiarities of the irregular verb devoir

• The verb **devoir** is conjugated irregularly (see Lesson 30A). Note that the **participe passé** has an **accent circonflexe (dû)** to distinguish it from the partititive article **(du)**.
• **devoir + infinitive** can be used instead of **il faut + infinitive**.
• **devoir** is also used in the sense of owing someone something.

Christian **a dû** chercher sa guitare à l'aéroport.   Christian had to look for his guitar at the airport.

Il faut préparer le dîner avant 20h.   One must…
On **doit préparer** le dîner avant 20h.   One must / should …

Le pompiste a réparé la voiture.
❱ Qu'est-ce que **je vous dois**, monsieur ?   … What do I owe you?

30.2 Agreement of the *participe passé* in the *passé composé* using *avoir* as an auxiliary verb
The ***participe passé*** used in conjunction with ***avoir*** sometimes changes form.
When a **direct object** precedes the ***participe passé***, agreement in gender and number is required.
The direct object may be

1. a direct object pronoun **(*le*, *la*,** or ***les*)**; or
2. the relative pronoun ***que***

Sébastien, vous avez acheté	**ce livre** ?	
Oui, je	**l'** (= le)	ai ache**té**.
Voilà **le livre**	**que**	j'ai ache**té**.

Tu as cherché	**ta guitare** ?	
Oui, je	**l'** (= la)	ai cher**chée**.
Voilà **la guitare**	**que**	j'ai cher**chée**.

Mais tu as trouvé	**tes bagages** ?	
Oui, je	**les**	ai trou**vés**.
Voilà **les bagages**	**que**	j'ai trou**vés**.

Christian, tu as écrit	**deux nouvelles chansons**?	
Oui, je	**les**	ai écri**tes**.
Voilà les **deux nouvelles chansons**	**que**	j'ai écri**tes**.

3. In the case of the object pronouns ***me*, *te*, *nous*,** and ***vous*** it must be decided if they function as **direct** (whom?) or **indirect** (to / for whom?) objects.

Fiona dit : "Christian **m'**a regard**ée**,	mais il ne **m'**a pas parl**é**."
regarder **qn**	parler **à qn**

La mère de Fiona **nous** a invit**és**,	mais elle ne **nous** a pas téléphon**é**.
inviter **qn**	téléphoner **à qn**

Lesson 31

31.1 The most important French prefixes
Prefixes have no effect on grammatical classification.

a- (af-, al-, at-)	amener, affaiblir, allonger, atterrir	
archi-, extra-, hyper-, ultra-	archiduc, extra-fin, hypermarché, ultramoderne	expresses highest degree
dé- (dés)	débloquer, déshonorer	expresses opposite
en- (em-)	encadrer, emporter	
pré-	la préhistoire	expresses "before"
re- (r-, ré-, res-)	reprendre, rentrer, résigner, ressortir	expresses repetition

31.2 The Conditional I tense
1. Construction
The **conditional I tense** is formed by adding the endings of the *imparfait* (**-rais, -rais, -rait, -rions, -riez, -raient**) to the stem of the ***futur simple.***

danser

je	danse	**rais**	[-Rɛ]	nous	danse	**rions**	[-Riɔ̃]
tu	danse	**rais**	[-Rɛ]	vous	danse	**·riez**	[-Rje]
il	danse	**rait**	[-Rɛ]	elles	danse	**raient**	[-Rɛ]

2. Use

The **conditional I** is used to express an **assumption, advice,** a **possibility,** a **desire,** or a **request**.

J'**aimerais** chanter dans une chorale.	**I would like** to sing…
Tu **pourrais** faire la cuisine ce soir.	**You could** cook…
Pourriez-vous m'envoyer les prix par fax ?	**Could you** send me…

3. Special forms

with one *r*				with double *r*		with added *d* or *v*			
avoir		**faire**		**voir**		**venir**		**devoir**	
j'	**aur**ais	je	fe**rais**	je	ver**r**ais	je	vien**d**rais	je	de**v**rais
être		**aller**		**pouvoir**		**vouloir**			
je	**ser**ais	j'	i**rais**	je	pou**r**rais	je	vou**d**rais		
			etc.						
savoir				**envoyer**		**falloir**			
je	**saur**ais			j'	enver**r**ais	il	fau**d**rait		

32.1 The *Plus-que-parfait*
1. Formation

The ***plus-que-parfait*** is formed using the ***imparfait*** of ***avoir*** or ***être*** + the ***participe passé*** of the verb. It corresponds to the English pluperfect (past perfect).

Il **était monté** dans le métro.	…had gotten onto…
Il **s'était trouvé** à côté d'un monsieur…	…had found himself…
Il **avait eu** peur quand…	…had been afraid when…

2. Use

The ***plus-que-parfait*** is used to designate something that **concluded before** another event in past time.

past *passé composé* or *imparfait*	pluperfect *plus-que-parfait*
Quand Fiona **a téléphoné** à sa mère,	elle **n'avait** pas encore **trouvé** des locaux.
Elle **était** déprimée	parce qu'elle n'**avait** pas **revu** Mario et Claire depuis un mois.

33.1 Conditional clauses (*Si-clauses*)

The introductory subordinate clause expresses the **condition;** the main clause expresses the **result**. *Si* is the French equivalent of the English *if.*

1. Realistic conditional clause

The fulfillment of the condition is considered to be **possible** or **probable**.

Condition	Result	Verb Tense
Si tu **viens** ce soir,	on **peut** faire la cuisine ensemble.	If you **come, we can...**
Si tu **viens** ce soir,	on **pourra** faire la cuisine ensemble.	If you **come, we will...**
↓	↓	
The **present tense** is used in the **si**-clause.	The **present or the _futur simple_** is used in the main clause.	

2. Unrealistic conditional clause

The fulfillment of the condition is considered to be **impossible** or **improbable**.

Condition	Result	Verb Tense
Si j'**étais** millionnaire,	je m'**achèterais** un château.	If I **were... I would...**
Si j'en **avais** la possibilité,	je **ferais** le tour du monde.	If I **had... I would...**
↓	↓	
The **_imparfait_** is used in the _si_-clause.	The **Conditional I** is used in the main clause.	

Note:

If _when_ can be replaced by **as soon as** or **whenever**, use **quand** in French.

Quand tu **viendras** ce soir,	on **fera** la cuisine ensemble.	**As soon as** you come…
Quand je **serai** millionnaire,	je m'**achèterai** un château.	**When** I'm a …
Quand je le **peux**,	je **fais** un grand voyage.	**Whenever I** can…

Putting It All Together

when = **if**	**si + present tense**
when = **as soon as**	**quand + futur simple**
when = **whenever**	**quand + present**

Lesson 34

34.1 Indirect discourse

If the verb that expresses **direct discourse** is in the **present** tense, the **indirect discourse** verb is likewise in the **present**.

If the verb that expresses **direct discourse** is in a **past tense**, the **indirect discourse** verb is likewise in a **past tense**.

direct discourse	indirect discourse
Mario **dit** : "La musique, c'**est ma** passion."	Mario **dit** que la musique **est sa** passion.
Mario et Christian **disent** : "La musique, c'**est notre** passion."	Mario et Christian **disent** que la musique **est leur** passion.
Mario **a dit** : "La musique, c'**est ma** passion."	Mario **a dit** que la musique **était sa** passion.
Mario et Christian **ont dit** : "La musique, c'**est notre** passion."	Mario et Christian **ont dit** que la musique **était leur** passion.

If the verb that expresses **direct discourse** is in the _passé composé_, the **indirect discourse** verb is in the **Conditional I** tense.

direct discourse	indirect discourse
Claire **a dit** : « Je **demanderai** une mutation. »	Claire **a dit** qu'elle **demanderait** une mutation.

Note:

When the clause that introduces the discourse is already in a past tense *(passé composé, imparfait,* or *plus-que-parfait)* the tense adjustment **does not** take place in the indirect discourse.

past tense	direct discourse	indirect discourse
Claire **a dit** :	1. "Je **donnais** des cours."	Claire a dit qu'elle **donnait** des cours.
	2. "J'**avais donné** des cours."	Claire a dit qu'elle **avait donné** des cours.
	3. "Je **donnerais** des cours."	Claire a dit qu'elle **donnerait** des cours.

1. *imparfait*	remains	*imparfait*
2. *plus-que-parfait*	remains	*plus-que-parfait*
3. conditional I	remains	conditional I

sson 35

35.1 Negation (III): *ne...personne*

1. The negation *ne...personne* (no one) surrounds the verb just as the other negation forms do.

Je **ne** vois **personne**.	I see **no one**.	**Note:**
Je **n'**ai vu **personne**.	I saw **no one**.	**Personne** is the only negating word that is
Je **ne** veux voir **personne**.	I wish to see **no one**.	placed **after** a *participe passé* or an **infinitive.**

2. The double negatives *Rien ne...* and *Personne ne...* can function as **subjects.** They are placed right before the verb and its complements.

Rien ne m'intéresse.	**Nothing** interests me.
Personne n'est venu.	**No one** came.

35.2 The Passive Voice

In French the passive voice is formed by placing the *participe passé* of the appropriate verb after a conjugated form of *être*.

1. When no agent is specified

present	Christian **est présenté** à Fiona.	Christian **is introduced**...
imparfait	Christian **était présenté** à Fiona.	Christian **was introduced**...
passé composé	Christian **a été présenté** à Fiona.	Christian **was / has been introduced**...
plus-que-parfait	Christian **avait été présenté** à Fiona.	Christian **had been introduced**...
futur simple	Christian **sera présenté** à Fiona.	Christian **will be introduced**...
passive conditional	Sans Claire et Mario, il n'**aurait** pas **été présenté** à Fiona.	Without Claire and Mario, Christian **would not have been introduced**...

2. When the agent is specified

Christian est présenté à Fiona **par Mario et Claire**.	Christian is introduced... **by Mario and Claire**.

• The passive is formed the same way in all tenses regardless of whether or not the agent is specified.

3. Construction using the impersonal pronoun *on*

In the **spoken language** an **active construction** is often used with the impersonal pronoun *on* when the agent remains unspecified.

Au Pérou, **on parle** espagnol.	Spanish **is spoken** in Peru.
On a ouvert une école de musique.	A music school **has been opened**.

35.3 The imperative in conjunction with pronouns
1. with a single pronoun
In the **affirmative imperative**, the pronouns are placed **after** the verb and joined to it with a **hyphen**.
the accentuating pronouns *moi* and *toi* are used instead of *me* and *te*.
In the **negative imperative**, the pronouns are placed **before** the conjugated verb.

Regarde-**moi**.	**Ne me** regarde **pas**.
Dépêche-**toi**.	**Ne te** dépêche **pas**.
Demande-**lui**.	**Ne lui** demande **pas**.
Dis-**le**.	**Ne le** dis **pas**.
Installons-**nous**.	**Ne nous** installons **pas**.
Installez-**vous**.	**Ne vous** installez **pas**.
Allez-**y**.	**N'y** allez **pas**.

2. with two object pronouns
In the **affirmative imperative** the direct object pronouns *le, la*, and *les* are placed **before** the indirect object pronouns *moi*, *toi*, *lui*, *nous*, *vous*, and *leur*. *En* always comes **after** the object pronouns.
In the **negative imperative** the object pronouns and the pronouns *y* and *en* are placed in the same order as in a declarative sentence.

Tu connais la chanteuse du groupe ?	Non, mais **présente-la-moi**.
Je la présente à Mario ?	Oui, **présente-la-lui**.
Je la présente aussi à Christian et Claire ?	Bien sûr, **présente-la-leur**.
Je leur parle du nouveau répertoire ?	Oui, **parle-leur-en**.
Je leur parle aussi du concert ?	Non, ne **leur en** parle pas.

(**Lesson 36**)

36.1 The *gérondif*
1. Function
The ***gérondif*** specifies condition. It is **temporally neutral** and can be used in conjunction with verbs in all tenses.

En arrivant à Paris,	Fiona **a cherché** la rue Mouffetard.	When she arrived in Paris, Fiona looked for…
	elle **voudrait** d'abord se reposer.	When she arrives in Paris, she would first like to get some rest.
En partant tôt,	Claire et Mario **arriveront** à Paris avant le soir.	By leaving early, they will arrive…
	j'**ai** une chance d'éviter les bouchons.	If I leave early, I may…

2. Use
The ***gérondif*** can be used **temporally**; it can designate **type and means** and serve the function of a ***si*-clause**.

En faisant la cuisine,	elle regardait la télé.	**While...**
En lisant les annonces,	il a trouvé un travail.	**By...**
En lisant régulièrement les annonces,	il aurait trouvé du travail.	**If** he had regularly… he would have…

3. Special forms

être : en étant   avoir : en ayant   savoir : en sachant

36.2 Infinitive clauses with *avant* and *après*
Two sentences that have the same subject can be joined together using these expressions. They tell **when** something happens.

avant + **de** + **infinitive**

Avant de partir pour La Réunion, Fiona achète une valise.

Before Fiona leaves for La Réunion, she buys…

après + { **être** / **avoir** } + **participe passé**
(= past infinitive)

Note:
After **après être** the **participe passé** is made to agree with the subject of the main clause; after **après avoir**, it agrees with a preceding **direct object pronoun.**

Après être arrivé**s**, **ils** sont allés manger dans un bar. Fiona cherche les boutiques indiennes.

After they arrived…

Après les avoir trouvé**es**, elle achète un sari.

After she finds them, she buys a sari.

Pronouns can also be used after these expressions.

Avant d'y aller, Fiona cherche un hôtel à Saint-Denis.

Before going there, she looks for…

Après y être arrivé**s**, **ils** sont allés manger dans un bar.

After they arrived **there**,…

sson **37**

37.1 Conjunctions of Time in the Indicative

tant que	Fiona restera chez Christian **tant que** cela lui plaira.	as long as
pendant que	Ce soir, Claire a regardé la télé **pendant que** Mario faisait la cuisine.	while
quand **lorsque** }	**Quand/Lorsque** Fiona est arrivée à l'aéroport, Christian l'attendait déjà.	when
dès que **aussitôt que** }	Ils s'occupent de leur projet **dès qu'/aussitôt qu'**ils rentrent du travail.	as soon as
depuis que	**Depuis qu'**ils ont ce projet, ils sont complètement stressés.	since

37.2 The *futur antérieur*
- The **futur antérieur** is formed using the **futur simple** of **avoir** or **être** + the **participe passé** of the appropriate verb. The **participe passé** changes form just as it does in the **passé composé.**
- The **futur antérieur** is used to designate an event that **will be completed before** some other event or point in future time. Often the perfect tense is used in equivalent English sentences.
- The **futur antérieur** often expresses a **supposition** or **an assumption**.

A 8 heures, Christian **sera** sûrement **parti** pour l'aéroport.

Christian surely **left** by… (must have left by…)

Quand Fiona **sera arrivée** à La Réunion, elle **fera** des projets avec Christian.

When Fiona **has arrived**… (will have arrived…)

Fiona n'est pas arrivée, elle **aura raté** l'avion.

Fiona hasn't arrived; she **must have missed** her flight.

sson **38**

38.1 The *Présent du Subjonctif*
The **subjonctif** is used in subordinate clauses introduced by the conjunction **que**.

1. Formation
The **subjonctif** endings **-e, -es, -e, -ions, -iez**, and **-ent** are added to the **stem of the third person plural of the present indicative**. The endings for the **first and second persons plural** correspond to the endings of the **imparfait.**

• **verbs ending in -*er* and -*re***

indicative		chanter			indicative		attendre		
3rd pers. pl.	**ils**	**chant**	ent		**3rd pers. pl.**	**ils**	**attend**	ent	
Subjonctif					*Subjonctif*				
il faut que	je	chant	**e**		il faut que	j'	attend	**e**	
il faut que	tu	chant	**es**		il faut que	tu	attend	**es**	
il faut qu'	elle	chant	**e**		il faut qu'	il	attend	**e**	
il faut que	nous	chant	**ions**		il faut que	nous	attend	**ions**	
il faut que	vous	chant	**iez**		il faut que	vous	attend	**iez**	
il faut qu'	elles	chant	**ent**		il faut qu'	ils	attend	**ent**	

• **verbs ending in -*ir* with and without expanding stem**

indicative		partir			indicative		choisir		
3rd pers. pl.	**ils**	**part**	ent		**3rd pers. pl.**	**ils**	**choisiss**	ent	
Subjonctif					*Subjonctif*				
il faut que	je	part	**e**		il faut que	je	choisiss	**e**	
il faut que	tu	part	**es**		il faut que	tu	choisiss	**es**	
il faut qu'	elle	part	**e**		il faut qu'	il	choisiss	**e**	
il faut que	nous	part	**ions**		il faut que	nous	choisiss	**ions**	
il faut que	vous	part	**iez**		il faut que	vous	choisiss	**iez**	
il faut qu'	elles	part	**ent**		il faut qu'	ils	choisiss	**ent**	

• **irregular verbs that likewise form their *subjonctif* based on the third person plural of the present indicative include**

indicative		lire			ouvrir			mettre		
3rd pers. pl.	**ils**	**lis**	ent	**ils**	**ouvr**	ent	**ils**	**mett**	ent	
Subjonctif										
il faut que	je	**lis**	**e**	j'	**ouvr**	**e**	je	**mett**	**e**	
il faut que	nous	**lis**	**ions**	nous	**ouvr**	**ions**	nous	**mett**	**ions**	

• **irregular verbs that have a different stem in the *subjonctif* and the first and second persons plural include**

3rd pers. pl.		**venir**			**voir**		
indicative	ils	viennent			ils	voient	
Subjonctif							
il faut que	je	vienne			je	voie	
il faut que	nous	**ven**	**ions**		nous	**voy**	**ions**
il faut que	vous	**ven**	**iez**		vous	**voy**	**iez**
il faut qu'	ils	viennent			ils	voient	

3rd pers. pl.		**devoir**			**acheter**		
indicative	ils	doivent			ils	achètent	
Subjonctif							
il faut que	je	doive			j'	achète	
il faut que	nous	**dev**	**ions**		nous	**achet**	**ions**
il faut que	vous	**dev**	**iez**		vous	**achet**	**iez**
il faut qu'	ils	doivent			ils	achètent	

• **Special forms of the *subjonctif* that are not derived from the indicative stem:**

		avoir		être		faire
il faut que	j'	aie	je	sois	je	fasse
il faut que	tu	aies	tu	sois	tu	fasses
il faut que	il / elle	ait	il / elle	soit	il / elle	fasse
il faut que	nous	ayons	nous	soyons	nous	fassions
il faut que	vous	ayez	vous	soyez	vous	fassiez
il faut que	ils / elles	aient	ils / elles	soient	ils / elles	fassent

		aller			pouvoir			savoir			vouloir
il faut que	j'	**aille**	je	**puisse**	je	**sache**	je	**veuille**
il faut que	tu	**ailles**	tu	**puisses**	tu	**saches**	tu	**veuilles**
il faut que	il / elle	**aille**	il / elle	**puisse**	il / elle	**sache**	il / elle	**veuille**
il faut que	nous	**allions**	nous	**puissions**	nous	**sachions**	nous	**voulions**
il faut que	vous	**alliez**	vous	**puissiez**	vous	**sachiez**	vous	**vouliez**
il faut que	ils / elles	**aillent**	ils / elles	**puissent**	ils / elles	**sachent**	ils / elles	**veuillent**

2. Use of the *subjonctif*

The *subjonctif* is used after certain verbs and expressions that act as triggers. They express **desire**, a **subjective reaction**, or a **judgment**.

- Verbs of **wishing or wanting** include:

vouloir que	Christian **veut que** Fiona **vienne**.	to want, wish
aimer que	J'**aimerais que** tu me **fasses** la cuisine.	to like
aimer mieux que	J'**aimerais mieux que** vous me **fassiez** un gâteau.	to like better, prefer
attendre que	Christian **attend que** Fiona **revienne**.	to expect
désirer que	Claire **désire qu'**ils **aillent** bientôt à La Réunion.	to desire
préférer que	Il **préfère qu'**elle **mette** une robe.	to prefer
proposer que	Fiona **propose qu'**ils **jouent** à Honfleur et au Havre.	to suggest, propose
permettre que	Vous **permettez que** je vous **écrive** de temps en temps ?	to permit, allow

- Verbs and expressions of **subjective reaction and judgment** include:

adorer que	J'**adore que** tu me **fasses** souvent des cadeaux.	to love, adore
regretter que	Je **regrette que** vous **partiez** déjà.	to regret
craindre que	Je **crains qu'**il ne **fasse** pas beau aujourd'hui.	to fear
avoir peur que	Elle a **peur qu'**il ne **revienne** plus.	to be afraid, fear

| **trouver** { | **bizarre que** | Je **trouve bizarre qu'**il ne le **sache** pas. | comical } to find it |
| | **important que** | Je **trouve important qu'**on **aille** chez le médecin de temps en temps. | important } |

- **Impersonal subject** as trigger for the *subjonctif*, e.g.:

Il est {	**bon/mauvais que**	good/bad
	bizarre que	funny/strange
	important que	important
	normal que	normal
	(im)possible que	(im)possible
	faux que	false/untrue
	juste que	right
	temps que	(high) time

cela/ça {	**me plaît que**	I like it
	m'énerve que	It irritates me
	m'amuse que	It's amusing to me
	m'inquiète que	It's unsettling

sson **39**

39.1 Negated verbs of thinking and believing as triggers for the *subjonctif*

Je **crois** que tu **peux** venir.	**affirmative**	belief
Je **ne crois pas que** tu **puisses** venir.	**negative**	
Je **pense qu'**il **sait** beaucoup de choses.	**affirmative**	belief
Je **ne pense pas qu'**il **sache** beaucoup de choses.	**negative**	
Il **prétend qu'**on lui **a volé** son sac à dos.	**affirmative**	claim, pretense
Il **ne prétend pas qu'**on lui **ait volé** son sac à dos.	**negative**	

3 1. la nature   2. la bière   3. la première   4. le balcon   5. le parfum   6. le ski   7. la cassette   8. la girafe
9. la musique   10. le judo   11. la guitare   12. la lampe   13. le concert   14. la technique   15. le chocolat
16. le transport   17. le manuscrit   18. la qualité   19. le thé   20. la pantomime   21. le calendrier

(**1a**   Quelle ambiance !)

Check dialogue.

3 b 1. Bonjour Fiona, tu es secrétaire ?   2. Oui, je suis secrétaire.   3. Ils sont dans l'orchestre.   4. Mario est
clarinettiste.   5. Nous sommes là.   6. Elles sont où ?   7. Vous êtes journaliste ?   8. C'est chouette !

(**1b**   Et vous ?)

1 Voilà Fiona Petit, elle est secrétaire, et voilà Claire Dubois, elle est professeur de musique. Là, c'est Mario Miller,
il est musicien. Et vous ?

4 1. l'ingénieur   2. le président   3. le coiffeur   4. le journaliste   5. le mécanicien   6. le photographe

(**2a**   Vous chantez ?)

Check dialogue.

(**2b**   Ça va ?)

4 Comment allez-vous ?   *See Exercise 3.*

(**3a**   On va au café Saint-Jean ?)

Check dialogue.

2 1. Il est prof ?   2. C'est Marie-Claire.   3. Vous avez faim ?   4. Vous êtes musicien, Monsieur Dupuis ?
5. Elle chante aussi.   6. Ils ont des croque-monsieur ?

(**3b**   Vous désirez ?)

1 a. un sandwich au beurre et au jambon   b. un sandwich au pâté de campagne   c. un sandwich au thon et au
maïs   d. un sandwich au jambon de pays

6 1. ▶ Maman, j'ai faim, je voudrais un hamburger.   2. ▶ Vous avez soif ? Un café, un thé ? ▶ Oh, un thé, bonne
idée.   3. ▶ Est-ce que vous avez des croque-monsieur ? ▶ Pardon ??!!   4. ▶ Vous désirez messieurs-dames ?
▶ Un expresso, un thé, et un chocolat chaud.

(**4a**   Je suis de Trèves.)

Check dialogue.

2 1. ▶ Ah, mais c'est Jacques. Salut Jacques !   ▶ Salut !   ▶ Jacques, c'est Helmut, il est de Mayence.
2. ▶ Janine, vous êtes de Montréal ?   ▶ Non, je suis de Québec. Pourquoi ?   ▶ Oh, l'accent...
3. ▶ Marc, tu es de Bruxelles ?   ▶ Oui, bien sûr.   ▶ Ah, j'adore Bruxelles !
4. ▶ Catherine, tu es d'où ?   ▶ Je suis de Nice.   ▶ Oh, c'est une chouette ville.

7 1. ▶ Monsieur, votre passeport, s'il vous plaît. Ah, vous êtes Allemand !   2. ▶ Pardon, mademoiselle, vous êtes
Française ?   3. ▶ J'ai faim, on va dans un restaurant italien ?   4. ▶ J'adore la musique irlandaise ! ▶ Moi pas.

(**4b**   Les boissons internationales.)

4 Québec   Maroc   Belgique   Suisse   Afrique de l'ouest : Je voudrais un chocolat chaud, s'il vous plaît.

(**5a**   Qu'est-ce qu'on fête ?)

Check dialogue.

2 1. ▶ Janine, votre adresse, s'il vous plaît. ▶ 14, rue des Carmes. 19012 Brive.   2. ▶ Monsieur Leclerc, votre
numéro de téléphone, s'il vous plaît. ◀ C'est le 05. 12. 20. 20. 10. ▶ Merci.   3. ▶ Vous avez un numéro de fax ?
▶ Oui, c'est le 01.14.02.15.16.

7 1. ▶ Un apéritif ? ▶ Euh, non merci.   2. ▶ Une bière ? ▶ Oui, avec plaisir. j'ai soif.   3. ▶ Qu'est-ce que vous désirez ? un café ? ▶ Non, un thé, s'il vous plaît.   4. ▶ Un croissant ? ▶ Ah, volontiers !   5. ▶ Un croque-monsieur, un hamburger ? ▶ Non, désolé, je n'ai pas faim.

Félicitations !

1 *Check dialogue.*

Interlude

Exercise 2

Leçon 2: **Claire** : Salut Fiona ! (...) Fiona, c'est Mario.   **Mario** : Bonjour Fiona ! Comment ça va ?   **Fiona** : Bien, merci. (...)
Leçon 3: **Serveur** : Bonjour messieurs-dames, vous désirez ?   **Mario** : (...) Un croque-monsieur et une bière pression, s'il vous plaît.   **Fiona** : Un jus d'orange, s'il vous plaît.
Leçon 4: **Fiona** : Mais toi, Mario, tu es Italien ?   **Mario** : Non, (...) Je suis de Trèves.
Leçon 5: **Mario** : Elle habite où, Fiona ?   **Fiona** : Rue de la République.

Exercise 6

Voici Toulouse. Paul habite Toulouse, la ville rose. Paul et Marianne, une Américaine, visitent Toulouse. Paul parle français, mais il parle trop vite. Marianne parle mal français. Marianne aime beaucoup Toulouse, elle adore la basilique Saint-Sernin. Paul a soif. Il invite Marianne dans un café Place du Capitole. Marianne commande un chocolat et Paul commande un café. Paul parle beaucoup, politique, mais Marianne est très fatiguée, elle n'aime pas les hommes bavards. Paul invite Marianne à une fête.

Le grand projet.

Check dialogue.

5 1. Ils ont un café en Bretagne. (...)   → *Ils veulent avoir un café en Bretagne.*
2. Je suis clarinettiste. (...)   → *Je veux être clarinettiste.*
3. Tu chantes à l'Olympia ? (...)   → *Tu veux chanter à l'Olympia ?*
4. Nous habitons aux Etats-Unis. (...)   → *Nous voulons habiter aux Etats-Unis.*
5. Vous dansez à l'opéra ? (...)   → *Vous voulez danser à l'opéra ?*
6. Elle fête son anniversaire à Tahiti. (...)   → *Elle veut fêter son anniversaire à Tahiti.*

Les jours fériés.

4 1. ▶ Et la fête nationale en France, c'est quand ? ▶ Mais c'est le 14 juillet, voyons ! 2. ▶ Mon anniversaire, cette année, c'est le jour de Pâques ! ▶ Et c'est quand ? ▶ Le 12 avril. 3. ▶ La Saint-Michel, c'est quand ? ▶ Le 29 septembre, pourquoi 4. ▶ On va à Mayence pour le carnaval ? ▶ Si tu veux, c'est quand ? ▶ Le 16 février.

Le gâteau Forêt-Noire.

Check dialogue.

1 le baba au rhum 1,25 euros / la baguette 0,60 euros (60 cents) / le croissant 0,75 euros (75 cents)
200g de chocolats belges 4,50 euros / le gâteau au citron 18 euros

4 c 1. Ils font la vaisselle. 2. Ils font le ménage. 3. Ils font la cuisine. 4. Ils font le plein. 5. Ils font les courses.

Les magasins.

3 a   70   34   86   104   75   65   56   68   99   1999   2000

4 **A la boulangerie :** ▶ Bonjour, vous désirez ? ▶ (...) *Une baguette, s'il vous plaît.* ▶ Et avec ça ? ▶ (...) *Des biscottes.* ▶ C'est tout ? ▶ (...) *Oui.* ▶ Une baguette 60 cents et des biscottes 1 euro 50, en tout 2 euros 10.
A la maison de la presse : ▶ Bonjour, vous désirez ? ▶ (...) *Une carte postale, s'il vous plaît.* ▶ Et avec ça ?
▶ (....) *Un journal, la Libération.* ▶ Une carte postale, 30 cents et un journal 90 cents, ça fait 1euro 20.
A la boucherie-charcuterie : ▶ Bonjour, vous désirez ? ▶ (....) *Un bifteck, s'il vous plaît.* ▶ Et avec ça ? ▶ (.....) *Et deux saucisses.* ▶ Un bifteck et deux saucisses, 2 euros plus 1 euro 50 plus 1 euro 50, ça fait 5 euros.

Mais où on va ?

Check dialogue.

2 Bordeaux, c'est assez loin. Oh, c'est très loin. Mais c'est bien trop loin ! C'est loin ? Non, ce n'est pas trop loin. Ah qu'est-ce que c'est loin ! Oui, c'est trop loin.

4 1. Tu fêtes Noël à Berlin ? (...) → *Vous fêtez Noël à Berlin ?*
2. Est-ce que tu habites loin ? (...) → *Est-ce que vous habitez loin ?*
3. Est-ce que tu fais les courses au hypermarché ? (...) → *Est-ce que vous faites les courses au hypermarché ?*
4. Tu vas à l'école de musique rue de la République ? (...) → *Vous allez à l'école de musique rue de la République ?*
5. Est-ce que tu as faim ? (...) → *Est-ce que vous avez faim ?*
6. Tu cherches la boulangerie ? (...) → *Est-ce que vous cherchez la boulangerie ?*
7. Tu aimes le whisky irlandais ? (...) → *Est-ce que vous aimez le whisky irlandais ?*

8b   Vous prenez le métro ?

1 *Check dialogue.*

5 1. Tu fais la vaisselle ? (...) → *Non, je n'ai pas envie de faire la vaisselle.*
2. Vous allez au centre-ville ? (...) → *Oui, j'adore aller au centre-ville.*
3. Il fait un gâteau ? (...) → *Non, il a horreur de faire un gâteau.*
4. Tu prends le bus ? (...) → *Non, je déteste prendre le bus.*
5. Vous faites le plein ? (...) → *Non, je déteste faire le plein.*
6. Elle prend l'avion ? (...) → *Oui, elle aime prendre l'avion.*

9a   Allô, c'est Fiona.

Check dialogue.

5 1. ❙ Vous venez quand ? (...) ❙ *Moi, je viens lundi matin à 9 heures.* 2. ❙ Madame Palézis vient quand ? (...) ❙ *Madame Palézis vient mercredi à 18 h.* 3. ❙ M. et Mme Gilet, ils viennent dimanche, à quelle heure ? (...) ❙ *M. et Mme Gilet viennent dimanche à midi.* 4. ❙ Vous venez quand ? (...) ❙ *Nous venons demain à 19h.*

6 1. ❙ Ma chérie, rendez-vous au restaurant des Lilas. ❙ A quelle heure ? ❙ A 19h. D'accord ? ❙ D'accord.
2. ❙ Sophie, tu viens boire un café avec moi ? ❙ Quand ? ❙ Demain, à 10h. ❙ Et où ? ❙ Au bar des Copains. ❙ D'accord. 3. ❙ Julie, tu viens au cinéma avec moi ce soir ? ❙ Bon, oui, à quelle heure ? ❙ A 20h, il y a *Titanic*. ❙ D'accord Hamed ! 4. ❙ Susanne, vous venez au centre-ville faire les courses ? ❙ Quand ? ❙ A quatre heures, dans une heure ? ❙ Je ne sais pas...

9b   Rendez-vous.

1 **Dimanche**, Mario joue de la clarinette avec un pianiste de jazz, pour le petit-déjeuner, à 9h du matin au Café Saint-Jean. Bon, alors, **lundi** vous allez au cinéma avec Fiona, à 20h voir le *Titanic*. **Mardi**, vous allez au restaurant avec Claire à midi. **Mercredi**, vous êtes à la maison. **Jeudi**, c'est l'anniversaire de votre collègue François, à 5h de l'après-midi, à la cafétéria. **Vendredi** soir, vous allez à Colmar pour le mariage de Luc et Sophie, le mariage est à 11h le **samedi** matin. Bonne semaine !

2 1. A quelle heure est-ce que vous allez au cinéma avec Fiona ? (...) → *Je vais au cinéma avec Fiona à 20h.*
2. Quand allez-vous au cinéma avec Fiona ? (...) → *Je vais au cinéma lundi.*
3. Qu'est-ce que fait Mario dimanche ? (...) → *Dimanche, Mario joue de la clarinette.*
4. Il est où ? (...) → *Il est au café Saint-Jean.*
5. Qu'est-ce que vous faites avec Claire mardi ? (...) → *Je vais au restaurant.*
6. A quelle heure ? (...) → *A midi.*
7. Qu'est-ce que fait votre collègue François jeudi ? (...) → *Il fête son anniversaire.*
8. A quelle heure allez-vous à la cafétéria ? (...) → *A cinq heures.*
9. Où allez-vous vendredi et samedi ? (...) → *A Colmar.*
10. Quand est le mariage de Luc et Sophie ? (...) → *Samedi, à 11 heures.*

10a   La 14 ou la 23 ?

Check dialogue.

3 Bienvenue à l'hôtel des Arts, la chambre 12 est au premier étage, les chambres 142 et 145 sont au troisième étage, la salle du petit déjeuner est au deuxième étage, la réception est au rez-de-chaussée, le parking est au sous-sol et la terrasse et le restaurant sont au quatrième étage.

5 b Answer the questions from Exercise 5a.   1. Tu as les clefs ? *(individual response)*   2. Tu attends le bus ? *(individual response)*   3. Tu comprends le français ? *(individual response)*   4. Vous prenez l'ascenseur ? *(individual response)*   5. Vous aimez les croissants français ? *(individual response)*

6 1. Vous prenez la chambre 14 ? (...)   → *Oui, je la prends.*
2. Vous prenez le petit-déjeuner ? (...)   → *Oui, je le prends.*
3. Elle aime les roses ? (...)   → *Oui, elle les aime.*
4. Vous prenez l'ascenseur ? (...)   → *Oui, je le prends.*
5. Vous avez les clefs ? (...)   → *Oui, je les ai.*
6. Il cherche la réception ? (...)   → *Oui, il la cherche.*

0b A la réception.

1 1. ▶ La réception, Jean-Claude à l'appareil. ▶ C'est Monsieur Tournier, de la chambre 4, je n'ai pas d'oreiller... ▶ Il doit être dans l'armoire monsieur. ▶ Ah, merci.   2. ▶ La réception, Jean-Claude à l'appareil. ▶ Ici la chambre 18, il n'y a pas de cintres dans l'armoire ! ▶ Oh, excusez-nous, la femme de chambre les apporte tout de suite. 3. ▶ La réception, Jean-Claude à l'appareil. ▶ Est-ce qu'il y a du chauffage dans l'hôtel ? ▶ Mais bien sûr monsieur... ▶ Il fait froid. ▶ Vous êtes monsieur ? ▶ Monsieur Dupuis, chambre 5. ▶ Nous venons voir tout de suite monsieur. Nous apportons des couvertures.   4. ▶ La réception, Jean Claude à l'appareil. ▶ Pardon, je suis dans la chambre 12, les clefs, je les laisse à la réception ? ▶ Oui, s'il vous plaît.   5. ▶ La réception, Jean Claude à l'appareil...

3 1. Vous avez un lit français ? (...)   → *Non, je n'ai pas de lit français.*
2. Vous avez une couverture ? (...)   → *Non, je n'ai pas de couverture.*
3. Est-ce que les Français ont des couettes ? (...)   → *Non, les Français n'ont pas de couettes.*
4. Est-ce que les Allemands ont des traversins ? (...)   → *Non, les Allemands n'ont pas de traversins.*
5. Est-ce que nous avons des serviettes ? (...)   → *Non, nous n'avons pas de serviettes.*

5 b 1. A 6 heures, Monsieur Dupuis a faim. (...)   → *Le petit déjeuner est à quelle heure ?*
2. Mademoiselle Canivenc va au cinéma. (...)   → *Est-ce que l'hôtel est ouvert toute la nuit ?*
3. Monsieur Fitou a une carte Visa. (...)   → *Est-ce que vous acceptez les cartes de crédit ?*
4. Monsieur et Madame Mercier cherchent la salle du petit déjeuner. (...)   → *Où est la salle du petit-déjeuner ?*
5. Madame Juliette va faire les courses dans Paris. (...)   → *Je laisse les clefs à la réception ?*

Interlude

Exercise 1

1. **Fiona :** (...) : je veux ouvrir une école de musique à Strasbourg.   **Mario :** Quand ?   **Fiona :** En octobre. 2. **Vendeuse :** Oh ! Vous ne voulez pas plutôt deux babas au rhum ?   **Mario :** Non, non, je voudrais un gâteau, celui-là !   3. **Mario :** Je n'aime pas les surprises. Où sommes-nous ?   Claire: Sur l'autoroute.   **Mario :** Et où allons-nous ?   **Claire :** Dans une ville.   4. **Fiona :** C'est encore moi. Rendez-vous demain à 10 heures au café Saint-Jean. (...)   **Fiona :** Mais qu'est-ce que tu fais ? La visite est dans une heure, tu viens, oui ou non ? 5. **Hôtelier :** Vous désirez rester combien de temps ?   **Claire :** Oh, une semaine...   **Mario :** Hein ? euh, Claire, c'est vrai ? une semaine ?

Exercise 5

a 1. Où est-ce que vous allez? (....)   → *Je vais à Paris.*
2. Où est-ce que Jean et Nicole vont ? (....)   → *Ils vont au Portugal.*
3. Où est-ce que tu vas l'année prochaine ? (....)   → *Je vais en Floride.*
4. Où est-ce que Mario est ? (....)   → *Il est en France, à Strasbourg.*
5. Où est-ce que nous allons ? (....)   → *Nous allons aux Etats-Unis.*
6. Où est-ce que tu vas ? (....)   → *Je vais au centre-ville.*

a Qu'est-ce que j'écris ?

Check dialogue.

3 1. A qui est-ce que Claire écrit ? (...)   → *Elle écrit à Fiona.*
2. A qui est-ce que vous écrivez ? (...)   → *Nous écrivons au professeur.*
3. A qui est-ce que Mario et Claire écrivent ? (...)   → *Mario et Claire écrivent à Christian.*
4. A qui est-ce que M. et Mme Raoul écrivent ? (...)   → *M. et Mme Raoul écrivent à un journaliste.*
5. A qui est-ce que tu écris ? (...)   → *J'écris à la secrétaire.*
6. A qui est-ce que Fiona et Claire écrivent ? (...)   → *Fiona et Claire écrivent au directeur.*

5 1. Il apporte des fleurs.(...)   → *Hier, il a apporté des fleurs.*
2. Nous aimons le gâteau Forêt-Noire. (...)   → *Nous avons aimé le gâteau Forêt-Noire.*
3. Tu chantes dans un orchestre. (...)   → *Tu as chanté dans un orchestre.*
4. Ils laissent un message à la secrétaire. (...)   → *Ils ont laissé un message à la secrétaire*
5. Il danse le rock. (...)   → *Il a dansé le rock.*
6. Elles téléphonent. (...)   → *Elles ont téléphoné.*
7. Elle achète une baguette. (...)   → *Elle a acheté une baguette.*
8. On visite le musée *Picasso*. (...)   → *On a visité le musée Picasso.*

7 1. J'ai rencontré Christian hier. Veux-tu le rencontrer aussi ? (...)   → *Oui, je veux bien le rencontrer.*
2. J'ai acheté le guide de la région. Veux-tu l'acheter aussi,? (...)   → *Oui, je veux bien l'acheter aussi.*
3. J'ai visité le Louvre. Veux-tu le visiter aussi ? (...)   → *Oui, je veux bien le visiter aussi.*
4. Nous vous avons rencontrés hier. Voulez-vous nous voir demain ? (...) → *Oui, nous voulons bien vous doir demain.*
5. J'ai laissé la voiture au parking. Veux-tu la laisser aussi ? (...)   → *Oui, je veux bien la laisser aussi.*
6. J'ai laissé les clefs à la réception, veux-tu les laisser aussi ? (...)   → *Oui, je veux les laisser aussi.*

11b   Il fait beau !

3 1. Qu'est-ce que vous avez fait hier M. Dupuis ? (...)   → *J'ai fait les courses.*
2. Et vous, Mme Loubière ? (...)   → *J'ai fait un gâteau.*
3. Nadine et Sylvie, qu'est-ce que vous avez fait ? (...)   → *Nous avons fait une promenade à vélo.*
4. Qu'est-ce que tu as fait, Jean-Louis ? (...)   → *J'ai fait des photos de la région.*
5. Qu'est-ce Sophie et Luc ont fait hier ? (...)   → *Ils ont fait le ménage.*

6 Le temps pour demain, le 12 juillet : il fait beau sur toute la France, avec des températures élevées sur les côtes : Paris : 22°, Strasbourg : 21°, Lille : 18°, Lyon : 28°, Nice : 32°, Perpignan : 30°.

12a   Compartiment non-fumeurs.

Check dialogue.

1 02:10   13:12   18:07   07:30   22:08   17:25

3 1. huit heures trente (...)   → *huit heures et demie*
2. trois heures quinze (...)   → *trois heures et quart*
3. deux heures quarante-cinq (...)   → *trois heures moins le quart*
4. neuf heures trente (...)   → *neuf heures et demie*
5. cinq heures quarante-cinq (...)   → *six heures moins le quart*
6. dix heures quarante-cinq (...)   → *onze heures moins le quart*
7. quatre heures quinze (...)   → *quatre heures et quart*

7 1. Je veux avoir un billet aller simple. (...)   → *Je peux avoir un billet aller simple ?*
2. Il veut prendre le train demain. (...)   → *Il peut prendre le train demain ?*
3. Elles veulent payer par chèque. (...)   → *Elles peuvent payer par chèque ?*
4. Nous voulons aller au Japon à Pâques. (...)   → *Nous pouvons aller au Japon à Pâques ?*
5. Tu ne veux pas partir. (...)   → *Tu ne peux pas partir ?*
6. Elle veut avoir une place non-fumeur. (...)   → *Elle peut avoir une place non-fumeur ?*
7. Je veux prendre rendez-vous avec M. Dupont. (...) → *Je peux prendre rendez-vous avec M. Dupont ?*
8. Vous voulez payer demain. (...)   → *Vous pouvez payer demain ?*

12b   La Réunion.

2 ▶ Messieurs-dames, vous désirez un renseignement ? ▶ Oui, pour La Réunion... Je voudrais savoir, combien de temps dure le vol ? ▶ Onze heures, sans escale. ▶ Oh ! C'est loin ! il y a un décalage horaire ? ▶ Seulement deux heures en été et trois en hiver. ▶ On a besoin d'un visa ? ▶ Non, une carte d'identité ou un passeport, c'est l'Europe ! ▶ Et ils parlent français là-bas ? ▶ Oui, français, et créole. ▶ Et quel type d'avion va à La Réunion ? ▶ Un Boeing 747 en général.

3 b 1. Je voudrais un renseignement. (...)   → *Vous pouvez me renseigner ?*
2. Quand est l'arrivée ? (...)   → *Nous arrivons quand ?*
3. Quand est le départ ?` (...)   → *Nous partons quand ?*
4. Je voudrais faire une réservation. (...)   → *Je voudrais réserver.*
5. Pour le paiement, vous acceptez les chèques ? (...) → *Je peux payer par chèque ?*
6. Quelle est la durée du vol ? (...)   → *Le vol dure combien de temps ?*
7. Le vol dure deux heures. (...)   → *Nous volons deux heures.*

Check dialogue.

1 Mesdames et messieurs, bienvenue à Honfleur, petit port sur la Seine. Nous commençons notre visite Quai Sainte-Catherine, face au vieux Bassin. Admirez les maisons à colombages. Prenons maintenant les vieilles rues, la rue du Dauphin pour arriver Place Sainte-Catherine, devant l'Église Sainte-Catherine. Remarquez le clocher : il est à côté de l'église ! Si vous voulez, vous pouvez aller rue de l'Homme de bois, dans le musée Eugène Boudin, le grand peintre de Honfleur, le maître de Claude Monet. Nous continuons notre visite rue des Logettes, pour suivre le Quai de la Quarantaine. Nous tournons ensuite à droite et suivons le quai Saint-Etienne. Dans l'Eglise Saint-Etienne se trouve le musée du Vieux Honfleur. Vous pouvez maintenant visiter le musée et je vous remercie pour votre attention. Et comme on dit à Honfleur : Boujou !

4 1. Où sont M. et Mme Villeroy ? (…)   → *Ils sont à côté du clocher.*
2. Où sont Anita et Pedro ? (…)   → *Ils sont au milieu de la rue.*
3. Où est M. Ducourt ? (…)   → *Il est derrière la voiture.*
4. Et M. Amblard, où est-ce qu'il est ? (…)   → *Il est devant le café.*

6 1. Prends la voiture. (…)   → *Tu peux prendre la voiture, si tu veux.*
2. Prends le métro. (…)   → *Tu peux prendre le métro, si tu veux.*
3. Visitez le musée. (…)   → *Vous pouvez visiter le musée, si vous voulez.*
4. Regardez le film ! (…)   → *Vous pouvez regarder le film, si vous voulez.*
5. Prenez des photos ! (…)   → *Vous pouvez prendre des photos, si vous voulez.*
6. Achète le guide de la région. (…)   → *Tu peux acheter le guide de la région, si tu veux.*

Check dialogue.

3 a 1. ❱ Vous avez choisi ? ❱ Oui, deux menus *Dégustation*. Pour moi, du boudin. ❱ Et pour moi du poulet. ❱ Avec du riz ou du fruit à pain ? ❱ Du riz. ❱ Et comme dessert ? ❱ Deux gâteaux au chocolat.
2. ❱ Mesdames, vous avez choisi ? ❱ Du crabe farci, avec du riz et comme dessert, de la glace à l'ananas. ❱ Et pour moi, du boudin créole avec du fruit à pain et du gâteau au chocolat-coco.

5 1. Il propose du vin à Christian. (…)   → *Il lui propose du vin.*
2. Le serveur recommande un Sylvaner à Christian. (…)   → *Le serveur lui recommande un Sylvaner.*
3. Christian propose le menu à Fiona. (…)   → *Christian lui propose le menu.*
4. Fiona téléphone à Claire et Mario. (…)   → *Fiona leur téléphone.*
5. Mario téléphone au directeur. (…)   → *Mario lui téléphone.*
6. L'employée propose une place non-fumeur à Fiona. (…)   → *L'employée lui propose une place non- fumeur.*
7. Comme dessert, Christian propose de l'ananas à Claire. (…) → *Comme dessert, Christian lui propose de l'ananas.*
8. Le serveur recommande un punch maison à Fiona. (…)   → *Le serveur lui recommande un punch maison.*

3 **A la boucherie :** ❱ Bonjour, vous désirez ? ❱ (…) *4 escalopes de dinde, s'il vous plaît.*
A l'épicerie : ❱ Bonjour, vous voulez des oignons ? combien ? ❱ (…) *Deux.* ❱ Et avec ca ? ❱ (…) *Un pot de crème fraîche, du rhum, des œufs, du beurre, et 2 gousses de vanille. C'est tout.*

6 1. ❱ Monsieur, est-ce que vous aimez la cuisine créole ? ❱ Ah non, pas du tout, c'est trop épicé.
2. ❱ Madame, vous aimez la cuisine italienne ? ❱ Ah oui, les pizzas, les spaghettis alla carbonara, et un bon expresso ! C'est excellent !   3. ❱ Jean-Louis, la cuisine allemande, c'est bon ? ❱ C'est un peu lourd, mais oui, c'est très bon !   4. ❱ Alors, la cuisine française, vous aimez ? ❱ Oui, c'est raffiné, mais c'est difficile de trouver un bon restaurant à Paris.

Check dialogue.

4 b 1. Vous habitez à Rennes depuis longtemps ? (…)   → *J'habite à Rennes depuis trois ans.*
2. Quand est-ce que Jacques va au Portugal ? (…)   → *Il va au Portugal dans une semaine.*
3. Quand partez-vous à Paris ? (…)   → *Nous partons à Paris dans un mois.*
4. Tu m'attends depuis longtemps ? (…)   → *Je t'attends depuis deux heures.*

1 *Check dialogue.*

2 b La ratatouille, ce n'est vraiment pas bon !   La ratatouille, c'est mangeable.   La ratatouille, ce n'est pas mal.   La ratatouille, c'est bon.   La ratatouille, c'est délicieux.

6 1. Est-ce que vous croyez à l'astrologie ? *(individual response)*   2. Est-ce que vous croyez à l'homéopathie ? *(individual response)*   3. Est-ce que vous croyez à la méthode coué ? *(individual response)*   4. Est-ce que vous croyez à l'acupuncture ? *(individual response)*   5. Est-ce que vous croyez encore au Père Noël ? *(individual response)*

III   Interlude

Exercise 3

1. Mario et Claire écrivent à Fiona. Où sont-ils ? (...) → *Mario et Claire sont à Paris.*
2. Quand est le rendez-vous à Paris ? où et à quelle heure ? (...) → *Le rendez-vous à Paris est samedi, dans un restaurant créole à huit heures du soir.*
3. Dans quelle gare de Paris est-ce que Fiona arrive ? (...) → *Fiona arrive gare de l'Est.*
4. Est-ce que Fiona paye son billet de train par chèque ? (...) → *Elle paye son billet par carte bancaire.*
5. Comment s'appelle la rue où se trouve le restaurant *Saveurs créoles* ? (...) → *Le restaurant Saveurs créoles se trouve rue Mouffetard.*
6. Qu'est-ce qu'il y a dans le menu *Dégustation* ? (...) → *Dans le menu Dégustation, il y a du boudin et du crabe farci.*
7. Qu'est-ce que Mario commande ? (...) → *Mario commande un crabe farci.*
8. Qu'est-ce qu'ils commandent comme boisson ? et comme apéritif ? (...) → *Ils commandent un vin blanc, un Sylvaner, et comme apéritif un punch maison.*
9. Qu'est-ce qui manque à Christian à Paris ? (...) → *A Paris, ce qui manque à Christian, c'est le soleil.*

Exercise 4

1. Vous êtes devant le Panthéon. Et vous prenez la **rue d'Ulm**, c'est la rue en face de vous. Vous allez tout droit, et vous arrivez à **l'École Normale Supérieure**.   2. Vous êtes *rue Mouffetard*. Vous tournez à droite dans la **rue Daubenton**. Au carrefour, vous tournez à gauche, vous passez devant **la mosquée**. Vous continez tout droit et **rue Cuvier** vous tournez à droite. Vous prenez la première rue à gauche, c'est la **rue Jussieu**. Vous êtes à **l'Université Paris VI et VII**.

Exercise 2 Tourist Information

1. Combien d'habitants a Toulouse ? (...) → *Toulouse a 650.000 habitants.*
2. Comment est le climat ? (...) → *Le climat est méridional.*
3. Quelles activités sportives est-ce qu'on peut faire en Midi-Pyrénées ? (...) → *On peut faire du ski, des randonnées et de la natation.*
4. Combien est-ce qu'il y a de stations de ski ? et combien de kilomètres de pistes de ski ? (...) → *Il y a 22 stations de ski. Il y a mille kilomètres de pistes.*
5. Quelle est la spécialité de Toulouse en gastronomie ? (...) → *La spécialité de Toulouse, c'est le cassoulet, et aussi le foie gras.*
6. Et comme digestif, qu'est-ce qu'il y a ? (...) → *Comme digestif, la spécialité de la région c'est l'armagnac.*
7. Si vous allez à Toulouse, vous prenez le train, la voiture ou l'avion ? (...) →   *(individual response)*

Exercise 3 Putting It All Together

1. Madame Bruniquet prend le train de Paris à Toulouse à 7h 22.   2. Elle arrive à Toulouse à 13h12.   3. Le directeur de *l'Aérospatiale* vient l'attendre à la gare. Ils vont au restaurant à 13h 30 et vont ensuite au bureau à Blagnac.   4. Ils ont rendez-vous à 15h.   5. La réunion dure jusqu'à 19h.   6. Madame Bruniquet veut prendre le train pour Paris à 19h 22.   7. Mais elle arrive trop tard à la gare : il est 20h. Elle décide de rester à l'hôtel à Toulouse.

Exercise 6

1. Qu'est-ce qu'il y a dans la crêpe classique ? (...) → *Dans la crêpe classique il y a du jambon et du fromage.*
2. Et dans la crêpe forestière ? (...) → *Dans la crêpe forestière, il y a du jambon, des champignons et de la béchamel.*
3. Est-ce qu'il y a du fromage dans la crêpe provençale ? (...) → *Non, il n'y a pas de fromage.*
4. Qu'est-ce qu'il y a dans la crêpe auvergnate ? (...) → *Dans la crêpe auvergnate, il y a du fromage de chèvre, et des lardons.*
5. La crêpe provençale, qu'est-ce qu'il y a dedans ? (...) → *Dans la crêpe provençale, il y a des tomates, du thon, des olives et des câpres.*

Exercise 8

Table n° 11 : Monsieur, il me manque une cuillère à soupe et un verre, s'il vous plaît.

Table n° 14 : Excusez-moi, je n'ai pas de petite cuillère.

Table n° 23 : Pardon, mais il manque la salière et le moulin à poivre sur la table.

a On n'est pas tous les jours à Paris !

Check dialogue.

1 1. Qu'est-ce que font Fiona et Claire à Paris ? (…) → *Elles font les courses.*

2. De qui parlent-elles ? (…) → *Elles parlent de Christian.*

3. Qu'est-ce que Claire veut acheter ? (…) → *Claire veut acheter des chaussures et une robe.*

4. Qu'est-ce que Claire fait dans le magasin ? (…) → *Claire essaye des sandales.*

5. Comment sont les sandales ? (…) → *Les sandales sont chères et le talon est un peu haut.*

6. Est-ce que Claire achète les sandales ? (…) → *Oui, Claire achète les sandales.*

3 1. Comment sont les chaussures ? *(individual response)*   2. Comment est la robe ? *(individual response)*

3. Comment trouvez-vous ce costume ? *(individual response)*   4. Et cette cravate ? comment est-elle ? *(individual response)*

5 1. J'achète des sandales.(…) → *Je vais acheter des sandales.*

2. Tu fais des folies. (…) → *Tu vas faire des folies.*

3. Nous mangeons des frites dans un bar. (…) → *Nous allons manger des frites dans un bar.*

4. Vous visitez l'exposition *Renoir*. (…) → *Vous allez visiter l'exposition Renoir.*

5. Je prends cette robe ! (…) → *Je vais prendre cette robe !*

6. Il essaye le costume bleu. (…) → *Il va essayer le costume bleu.*

b C'est la nouvelle mode, ça ?

4 1. ▶ Tu aimes ce manteau ? (…) ▶ *Lequel ?* ▶ *Celui dans la vitrine.*

2. ▶ Et cette robe, elle est jolie, non ? (…) ▶ *Laquelle ?* ▶ *Celle de la vendeuse.*

3. ▶ J'adore ces chaussures. (…) ▶ *Lesquelles ?* ▶ *Celles avec les talons.*

4. ▶ Tu prends ces pull-overs? (…) ▶ *Lesquels ?* ▶ *Ceux de ton père.*

a En route pour la Normandie !

Check dialogue.

2 1. De quoi est-ce que tu joues ? (…) → *Je joue de l'accordéon.*

2. De quoi est-ce que Claire joue ? (…) → *Claire joue de la batterie.*

3. Les Labèque, de quoi est-ce qu'elles jouent ? (…) → *Elles jouent du piano.*

4. De quoi est-ce que vous jouez ? (…) → *Nous jouons de la clarinette.*

5. Stéphane Grappelli, de quel instrument il joue ? (…) → *Il joue du violon.*

6. Et Maurice Baquet, de quoi est-ce qu'il joue ? (…) → *Il joue du violoncelle.*

3 b 1. Nous montons un orchestre. Nous montons dans un train.   2. Nous donnons le bonjour. Nous donnons un concert.   3. Je gagne le match de tennis. Je gagne beaucoup d'argent.   4. Je répète les dialogues. Je répète les chansons.

b Qu'est-ce que vous faites pendant votre temps libre ?

1 *Check dialogue.*

3 1. Qu'est-ce que vous faites lundi avec Antoine, Jean-Jacques et Denise ? A quelle heure ? (…) → *Lundi, je joue au bridge, avec Antoine, Jean-Jacques et Denise, à 18 heures.*

2. Qu'est-ce que vous faites tous les matins à 8 heures ? (…) → *Je fais du jogging.*

3. Qu'est-ce que vous faites le dimanche ? (…) → *Le dimanche, je joue au foot./je fais du foot.*

4. Le samedi après-midi, vous faites du foot aussi ? (…) → *Non, le samedi après-midi, je joue au golf.*

5. Qu'est-ce que vous faites le soir ? mardi soir ? (…) → *Je vais à un cours de guitare, je joue de la guitare.*

6. Mercredi soir ? (…) → *Je fais du squash et je vais au sauna avec Anne.*

7. Et jeudi soir ? (…) → *Jeudi soir, je ne fais rien.*

8. Où allez-vous manger vendredi ? (…) → *Vendredi soir, je vais manger dans une pizzeria.*

9. Et avant, où est-ce que vous allez ? (…) → *Avant, je vais au cinéma.*

18a Comment va la famille?

Check dialogue.

3 1. Est-ce que vous avez des frères et sœurs ? *(individual response)* 2. Comment s'appellent vos parents ? *(individual response)* 3. Est-ce que vous avez un oncle à l'étranger ? *(individual response)* 4. Si oui, où est-il ? *(individual response)* 5. Vous avez des enfants ? *(individual response)* 6. Vous avez des cousins ? Combien ? *(individual response)* 7. Vous avez un neveu ou une nièce ? *(individual response)* 8. Quel âge ont-ils ? *(individual response)*

6 1. Je ne vais pas très bien, je ne suis pas en forme.   2. Ton grand-père vieillit, il ne va pas bien.   3. La forme, ça va, toujours pareil.   4. Je ne suis plus malade, je vais vraiment mieux.

18b Chez le médecin.

1 *Check dialogue.*

3 1. Christian a le mal du pays. Et Mario ? (...)   → *Mario, lui, il n'a pas le mal du pays.*
2. Mario joue de la clarinette. Et Christian ? (...)   → *Christian, lui, il joue de la guitare.*
3. Madame Cardinal est fatiguée. Et vous ? (...)   → *Moi, je ne suis pas fatiguée. /Moi aussi.*
4. Christian habite à Paris ? Et Claire et Fiona ? (...)   → *Claire et Fiona, elles, elles habitent à Strasbourg.*
5. Et la mère de Fiona, où est-ce qu'elle habite ? (...)   → *La mère de Fiona, elle, elle habite à Honfleur.*
6. J'ai mal à la tête, et toi ? (...)   → *Moi, je n'ai pas mal à la tête./ Moi aussi.*
7. Fiona prend le train pour aller à Paris. Et Mario et Claire ? (...)→ *Mario et Claire, eux, ils prennent la voiture.*

5 1. J'ai mal aux pieds, je prends le vélo.   2. J'ai mal à la tête, aie, aie, aie…   3. Je ne vais pas bien, j'ai mal au cœur.   4. Je joue trop au squash, j'ai mal aux jambes.

19a Je vais où le vent me pousse.

Check dialogue.

3 1. Qu'est-ce qui est bon ? (...)   → *Ce qui est bon, c'est la quiche lorraine, le chocolat suisse, le pain allemand, un bon petit déjeuner.*

2. Qu'est-ce qui est beau ? (...)   → *Ce qui est beau, c'est la tour Eiffel, un costume Dior, Versailles, la nature.*
3. Qu'est-ce qui est cher ? (...)   → *Ce qui est cher, c'est un costume Dior, le chocolat suisse.*
4. Qu'est-ce qui vous manque quand   → *Ce qui me manque, c'est une couette,*
vous êtes à l'hôtel ? (...)   *un bon petit déjeuner.*
5. Qu'est-ce qui vous manque quand   → *Ce qui me manque, c'est le pain allemand,*
vous êtes en France ? (...)   *un bon petit déjeuner, une couette.*

4 1. Moi, ce qui me manque à Paris, c'est la nature.   2. Ce qui nous manque en Allemagne, c'est un café bien fort.   3. Ce qui vous manque en France, c'est le pain et la charcuterie.   4. Ce qui lui manque à Stuttgart, c'est le Rhin.   5. Ce qui te manque à Strasbourg, c'est la mer.   6. Ce qui manque à Isabelle, c'est sa sœur Christine.

19b Chemins de vie.

1 *Check dialogue.*

4 1. Je suis malade. (...)   → *J'ai été malade.*
2. Il est pilote. (...)   → *Il a été pilote.*
3. Tu as mal à la tête ? (...)   → *Tu as eu mal à la tête ?*
4. Nous sommes fatigués. (...)   → *Nous avons été fatigués.*
5. Vous partez en Provence. (...)   → *Vous êtes partis en Provence.*
6. Elles viennent à Pâques. (...)   → *Elles sont venues à Pâques.*
7. Ils vont en vacances en Irlande. . (...)   → *Ils sont allés en vacances en Irlande.*
8. Nous avons une maison en Bretagne. (...)   → *Nous avons eu une maison en Bretagne.*
9. Tu viens à Strasbourg ? (...)   → *Tu es venu/e à Strasbourg ?*
10. Je reste à la maison ce week-end. (...)   → *Je suis resté à la maison ce week-end.*

6 1. Je me souviens de mon grand-père, j'ai passé toutes mes vacances dans sa maison, en Bretagne.   2. Je me souviens de mon premier boulot, dans un restaurant, j'ai fait la vaisselle toute la journée.   3. Je me souviens de mon groupe de théâtre à l'école, nous avons monté *Le malade imaginaire*, de Molière.   4. Je me souviens de mon enfance, en Normandie, nous sommes allés tous les étés à la plage.

20a Ça ne me plaît pas du tout.

Check dialogue.

2 1. Les tableaux impressionnistes, ça vous plaît ? *(individual response)*   2. Les tableaux de Boudin, ils vous plaisent ? *(individual response)*   3. Ça vous plaît, Honfleur ? *(individual response)*   4. Ça vous plaît, le vieux Bassin ? *(individual response)*   5. Ça vous plaît, les tableaux de Picasso ? *(individual response)*   6. Il vous plaît, le portrait de Claire ? *(individual response)*   7. Ça vous plaît, les marines ? *(individual response)*

6 1. ▌Tu viens ? ▌Evidemment !   2. ▌Vraiment ? ▌Oui, vraiment.   3. ▌C'est génial. ▌Oui, c'est absolument génial !   4. ▌Va doucement ! ▌Pourquoi, je ne vais pas vite.   5. ▌Tu es en colère ? ▌Parfaitement !

0b Eugène Boudin, peintre d'Honfleur.

1 *Check text.*

2 1. Dans quels pays Eugène Boudin a-t-il voyagé ? (...)   → *Il a voyagé en Belgique, en Hollande, et dans le nord de la France.*

2. Où est-ce qu'il a étudié la peinture ? (...)   → *Il a étudié la peinture à Paris.*

3. Comment s'appelle l'école fondée par Eugène Boudin ? (...)→ *C'est l'école de Saint-Siméon.*

4. Boudin a été le maître de quel autre impressioniste ? (...)   → *Il a été le maître de Claude Monet.*

5. Quand est-ce que Boudin a exposé à Paris ? (...)   → *Il a exposé à Paris en 1874, à la première exposition des impressionnistes.*

6. En quelle année est-ce qu'il est mort, et où ? (...)   → *Il est mort en 1898 à Deauville.*

7. Est-ce que les tableaux de Boudin vous plaisent ? (...)   → *(individual response)*

4 1. Où est-ce que Claude Monet a voyagé ? (...)   → *Il a voyagé à Honfleur, et à Londres.*

2. Et où est-ce qu'il a étudié ? (...)   → *Il a étudié au Havre, à Paris et en Provence.*

3. Avec qui ? (...)   → *Avec Boudin et Renoir.*

4. Quel est le tableau qui a donné le nom aux Impressionnistes, à l'exposition de 1874 ? (...)   → *C'est le tableau Impression soleil levant.*

5. Qu'est-ce que Claude Monet a peint comme séries ? (...)   → *Il a peint la série des Nymphéas et la série de la cathédrale de Rouen.*

6. Où est-ce qu'il est mort ? (...)   → *Il est mort à Giverny en 1926.*

7. Est-ce qu'on peut visiter sa maison ? (...)   → *Oui, on peut visiter sa maison à Giverny, c'est un musée.*

8. Où est-ce qu'on peut voir les tableaux de Monet ? (...)   → *Ses tableaux sont au musée d'Orsay à Paris.*

8 1. Je suis allée voir la maison de Giverny.   2. J'ai visité l'Irlande à Pâques.   3. Nous sommes très fatigués.
4. Nous sommes sortis de l'église à 11h.   5. Tu as acheté des fraises.   6. Tu as l'air en forme.

√ Interlude

Exercise 2

1. J'adore le spectacle, la musique et le sport. Vous n'avez pas une adresse pour être acrobate ?   2. Le soir, j'aime faire du sport, après le travail, et aller ensuite dans une pizzeria ou une crêperie, mais avec des amis.
3. Je fais beaucoup de randonnées en été, et en hiver j'ai besoin de faire du sport et d'être en contact avec la nature.   4. J'aime les jeux de carte, je joue souvent à la belote, mais je voudrais apprendre à jouer aux échecs.
5. Nous sommes un groupe d'amis, et nous aimons la nature, nous allons souvent dans le Vercors pour le week-end.

Exercise 1 Putting It All Together
b Où êtes-vous né/e ? *(individual response)*   Où habitez-vous ? *(individual response)*   Depuis combien de temps ? *(individual response)*   Est-ce que vous êtes parti/e dans une autre ville, un autre pays ? *(individual response)*   A quel âge ? *(individual response)*   Où avez-vous travaillé ? *(individual response)*   Et où travaillez-vous maintenant ? *(individual response)*   Depuis combien de temps ? *(individual response)*

Exercise 3
Regardez les bateaux.
Lequel est bleu ? (...)   → *Celui à gauche.*
Lequel est rouge ? (...)   → *Celui à droite.*
Le bateau rouge, il est devant ou derrière le bateau jaune ? (...) → *Il est devant le petit bateau jaune.*
Les maisons sont à gauche ou à droite ? (...)   → *Les maisons sont à gauche.*
Quel bateau est grand et jaune ? (...)   → *Celui à gauche.*
Et lequel est petit et jaune ? (...)   → *Celui à droite.*
Où sont les planches à voile dans le port ? (...)   → *Elles sont au milieu du port.*

21a Morne Rouge.

Check dialogue.

2 b 1. Il est snob, cet homme !   2. C'est un restaurant trop snob pour nous.   3. Janine est vraiment sympa.
4. C'est un café sympa, il y a une bonne ambiance.   5. C'est une ville très culturelle.   6. J'adore cette place au centre-ville, c'est très vivant.   7. Jean-Louis, il est toujours aussi vivant ?   8. C'est une femme très cultivée, elle a fait de longues études.   9. Ta mère est très agréable en société.   10. Le jardin public est agréable en été.

4 1. Je suis fatigué/e. (...) → *J'étais fatigué/e.*
2. C'est dimanche. (...) → *C'était dimanche.*
3. Nous avons faim. (...) → *Nous avions faim.*
4. Il y a beaucoup de monde. (...) → *Il y avait beaucoup de monde.*
5. Où es-tu ? (...) → *Où étais-tu ?*
6. Vous avez soif ? (...) → *Vous aviez soif ?*
7. C'est trop cher. (...) → *C'était trop cher.*
8. La ville est très culturelle. (...) → *La ville était très culturelle.*
9. Ils ont des amis sur la côte d'Azur. (...) → *Ils avaient des amis sur la côte d'Azur.*
10. Le café-concert de Deauville est trop snob. (...) → *Le café-concert de Deauville était trop snob.*

6 1. Autrefois, il y avait des tramways.   2. Maintenant, il y a des voitures partout.   3. A cette époque-là, ma grand-mère avait un petit magasin dans la grande rue.   4. Aujourd'hui, il y a un supermarché à la place.
5. Les femmes avaient de jolies robes longues.   6. Il y a de jolies terrasses de café.   7. Il y a des rues piétonnes.   8. Avant, c'était plus calme.   9. Maintenant, c'est très vivant, mais il y a beaucoup de bruit.

21b C'est pour une réservation.

1 ❱ Bonjour madame, c'est pour une réservation.   ❱ Oh je suis désolée monsieur, mais le guichet ouvre à trois heures.   ❱ Bonjour monsieur, c'est pour une réservation.   ❱ Pour quelle pièce ?   ❱ Pour *Le Malade imaginaire*, le 4 février, c'est encore possible ?   ❱ Il me reste des loges ou bien le poulailler.   ❱ Ça coûte combien ?
❱ 70 euros la loge.   ❱ Oh, euh... Il y a des réductions pour les personnes âgées ?   ❱ Non, mais vous avez un abonnement pour le spectacle ?   ❱ Non.   ❱ Alors vous prenez une loge ?   ❱ Oui, s'il vous plaît.   ❱ Vous réglez comment ?   ❱ Avec un chèque.   ❱ Merci, au revoir monsieur.

3 b ❱ Bonjour je voudrais réserver une table de billard.   ❱ Pour quand ?   ❱ Pour mardi soir.   ❱ Je suis désolé mais on ne travaille pas le mardi.   ❱ Alors mercredi ?   ❱ A quelle heure ?   ❱ A huit heures.   ❱ Bon, huit heures mercredi. Billard américain ou français ?   ❱ Pourquoi ?   ❱ Bon, monsieur, vous voulez réserver une table de billard ou une table de bridge ?

22a Panne d'essence.

Check dialogue.

3 Pour aller à la prochaine station-service, c'est un peu loin. Il faut traverser le pont car la station-service est de l'autre côté de la Seine. Ensuite, il faut tourner à droite dans le *Boulevard des Anglais* et continuer tout droit. Au deuxième feu, il faut tourner à gauche, la station-service est dans cette rue, juste à côté du supermarché *Leclerc*.

4 b 1. Je fais du tennis lundi. (...) → *Qu'est-ce que tu fais, lundi ?*
2. Il y a une raffinerie de pétrole de l'autre côté du pont.(...) → *Qu'est-ce qu'il y a de l'autre côté du pont ?*
3. Pour aller en France, nous prenons le train. (...) → *Qu'est-ce que vous prenez pour aller en France ?*
4. J'ai le vertige ! (...) → *Qu'est-ce que tu as ?*
5. Le concert est raté. (...) → *Qu'est-ce qui est raté ?*
6. Le jerrycan est vide. (...) → *Qu'est-ce qui est vide ?*
7. On va chercher de l'essence. (...) → *Qu'est-ce qu'on va chercher ?*
8. Il faut changer la roue. (...) → *Qu'est-ce qu'il faut changer ?*
9. La voiture est en panne. (...) → *Qu'est-ce qui est en panne ?*
10. Je propose un nom pour le groupe. (...) → *Qu'est-ce que tu proposes pour le groupe ?*

5 c 1. Tu crois que c'est vrai, le garage est fermé ? (...) → *Je crois que oui.*
2. Est-ce que le film est bien ? (...) → *Je crois qu'il est bien.*
3. Le restaurant sur le port, est-ce qu'il est cher ? (...) → *Je crois qu'il n'est pas cher.*
4. Qu'est-ce qui se passe ? (...) → *Je crois qu'il y a un problème.*
5. On peut encore aller à la mer ou il va pleuvoir ? (...) → *Je crois qu'il va pleuvoir.*
6. Pierre est rentré ? (...) → *Je crois que non. / oui.*
7. Sophie pense que c'est la batterie, tu crois qu'elle a raison ? (...) → *Je crois qu'elle a raison.*
8. Est-ce qu'on peut encore visiter le port ? (...) → *Je crois que c'est raté.*

1 *Check dialogue.*

4 **Dialogue 1** ▶ Allô ! ▶ Allô ! Ici la gendarmerie de Merville. ▶ Bonsoir, je suis en panne, le moteur chauffe. ▶ Vous êtes sur l'autoroute A4, c'est exact ? ▶ Oui, c'est exact. ▶ Nous vous envoyons un dépanneur. ▶ Il va arriver vite ? ▶ Je ne sais pas, vingt minutes environ...
Dialogue 2 ▶ Bonjour monsieur, je suis en panne. ▶ Oh, mais c'est que je vais fermer moi. Revenez lundi. ▶ Mais je dois être à Bordeaux ce soir... ▶ Mais je n'ai pas le temps de réparer votre voiture... ▶ S'il vous plaît... C'est peut-être seulement la batterie... ▶ Bon... je vais regarder...
Dialogue 3 ▶ On a volé notre voiture ! ▶ Bon, vos noms, prénoms, adresse ? ▶ Vous croyez qu'on va la retrouver ? ▶ Noms, prénoms, adresse ? ▶ Mais je suis à l'hôtel ! ma voiture était en face de l'hôtel ! ▶ L'adresse de l'hôtel ! ▶ Mais je ne sais pas !

Check dialogue.

4 b 1. Depuis mon mariage, j'habite au centre-ville. C'est très agréable, nous allons souvent au cinéma, et je peux faire les courses à pied. 2. Depuis la naissance de ma fille, nous n'allons plus au cinéma, mais nous cherchons maintenant une baby-sitter. 3. Depuis les vacances, je ne suis plus très motivé. Je n'ai pas envie d'aller travailler, et puis il pleut beaucoup, c'est l'hiver. J'attends les prochaines vacances ! 4. Depuis l'année dernière, je ne travaille plus. Mon mari est à la retraite alors j'ai arrêté de travailler aussi et nous partons vivre en Espagne dans un mois. Nous avons acheté une petite maison en Catalogne. 5. Depuis la mort de mon grand-père, ma grand-mère habite chez nous, et c'est très pratique car elle cuisine très bien et les enfants l'adorent. 6. Depuis mon baccalauréat, je fais mes études d'allemand à l'université de Nanterre. C'est une langue très difficile, et les professeurs ne sont pas très sympa.

3 Françoise Giroud est née à Genève, en Suisse, en 1916. Elle s'intéresse à tout, surtout à la politique, l'économie, la littérature et la mode. Elle a dirigé pendant sept ans la rédaction du magazine féminin *Elle* puis, elle a fondé en 1953 avec Jean-Jacques Servan-Schreiber (J.J.S.S.) le magazine économique et politique *L'Express*. Elle a été ministre des femmes de 1974 à 1976, puis ministre de la culture de 1976 à 1977. Elle a écrit des portraits, par exemple sur Marie Curie, le couturier *Dior* ou Alma Mahler... Aujourd'hui encore, elle a une chronique dans le magazine *Le Nouvel Observateur*, où elle critique la télévision.

6 1. Moi, ce qui m'intéresse dans un journal c'est la mode. *(individual response)* 2. Moi, ce qui m'intéresse à la télévision, ce sont les informations. *(individual response)* 3. Quand j'achète un journal, je regarde surtout les publicités. *(individual response)* 4. Je préfère les magazines politiques et les journaux sportifs. *(individual response)* 5. Moi, ce qui m'intéresse beaucoup, ce sont les magazines sur les voyages et les bateaux. *(individual response)* 6. Ce que je trouve intéressant dans un magazine, c'est la politique. *(individual response)*

Check dialogue.

3 1. Vous êtes déjà allé sur les îles anglo-normandes ? *(individual response)* 2. Vous connaissez Jersey et Guernesey ? *(individual response)* 3. Quand vous êtes en vacances, vous campez ? *(individual response)* 4. Ou vous préférez l'hôtel ? *(individual response)* 5. Quand vous étiez jeune, vous campiez ? *(individual response)* 6. Quand vous partiez en vacances avec vos parents, vous alliez en France ? *(individual response)* Ou dans quel autre pays ? *(individual response)* 7. Vous êtes déjà allé en chambre chez l'habitant ? *(individual response)* 8. Est-ce que vous avez déjà loué un gîte rural ? *(individual response)*

6 1. J'y vais ! *(Repeat)* 2. Nous allons y camper. *(Repeat)* 3. Tu y crois vraiment ? *(Repeat)* 4. On y monte cesoir. *(Repeat)* 5. Il y va demain. *(Repeat)* 6. Ils y sont depuis deux jours. *(Repeat)* 7. Il y a beaucoup de monde. *(Repeat)* 8. Nous y sommes ! *(Repeat)* 9. Voilà, ça y est, on a fini ! *(Repeat)*

1 *Check dialogue.*

4 1. Vous êtes déjà allé/e dans un gîte rural ? *(individual response)* 2. Vous êtes déjà allé/e sur les îles anglo-normandes ? *(individual response)* 3. Vous êtes déjà allé/e dans une auberge de jeunesse en France ? *(individual response)* 4. Quand vous étiez enfant, vous êtes allés en vacances à l'étranger ? *(individual response)* 5. Vous êtes déjà allé/e au Canada ? *(individual response)* 6. Vous êtes déjà allé/e dans un camping en Belgique ? *(individual response)*

25a C'est la haute saison.

Check dialogue.

3 b ▶ Bonjour, je peux vous aider ? ▶ (...) *Vous avez les horaires des bateaux pour Belle-Ile ?* ▶ Oui, voici les horaires au départ de Quiberon, toute l'année. ▶ (...) *Combien de temps dure la traversée ?* ▶ Environ 45 minutes. ▶ (...) *Et quels sont les tarifs en haute saison ?* ▶ Cela dépend. En bateau ce n'est pas très cher, mais en avion c'est très cher. Voici la brochure. ▶ (...) *Est-ce qu'il y a une escale dans un autre port ?* ▶ Non, la traversée est directe, de Quiberon à Belle-Ile. ▶ (...) *Quel logement pouvez-vous me conseiller pour un week-end ?* ▶ L'Hôtel Atlantique est très bien, la cuisine est très bonne, avec des fruits de mer.

5 1. C'est un magasin très cher. (...)   → *C'est le magasin le plus cher.*
2. C'est un voyage très économique. (...)   → *C'est le voyage le plus économique.*
3. C'est une randonnée très difficile. (...)   → *C'est la randonnée la plus difficile.*
4. C'est un bateau très rapide. (...)   → *C'est le bateau le plus rapide.*
5. C'est une chambre très confortable. (...)   → *C'est la chambre la plus confortable.*
6. C'est une région très touristique. (...)   → *C'est la région la plus touristique.*
7. C'est un restaurant très snob. (...)   → *C'est le restaurant le plus snob.*
8. C'est une escale très agréable. (...)   → *C'est l'escale la plus agréable.*
9. C'est un ordinateur très cher. (...)   → *C'est l'ordinateur le plus cher.*
10. C'est un pilote très prudent. (...)   → *C'est le pilote le plus prudent.*

25b Un séjour à la mer.

1 ▶ Qu'est-ce qu'on offre à mamie pour ses soixante ans ? ▶ J'ai eu une idée, si tout le monde participe au cadeau, on peut lui offrir un séjour à la mer. ▶ Pourquoi pas ? Et où ? ▶ Regarde, je suis allée chercher des brochures à l'agence, ce qui n'est pas mal, c'est un séjour de thalassothérapie à Biarritz ou bien une semaine à Nice. ▶ Quels sont les prix ? ▶ Nice est bien plus cher que Biarritz évidemment, mais à Nice l'hôtel est compris dans le forfait, c'est plus avantageux. ▶ Elle y va en train ? ▶ Oui, on ne peut pas payer l'avion, même si le train est plus fatigant. ▶ Si ta grand-mère part en mai, la Méditerranée c'est mieux que l'Atlantique en cette saison, l'eau y est plus chaude... ▶ Alors qu'est-ce que tu proposes ? ▶ Moi je penche pour Nice, c'est moins ennuyeux, la ville est plus grande, mais on va discuter de tout cela dimanche avec Paul et Véronique, ils viennent déjeuner. ▶ Bon, d'accord. On attend dimanche.

V   Interlude

Exercise 4 Putting It All Together
1. Le café de Deauville, c'est sympa ? (...)   → *Le café de Deauville, c'était sympa, les dernières années.*
2. Sur la plage, il y a beaucoup de touristes. (...)   → *Sur la plage, il y avait beaucoup de touristes, les dernières années.*
3. Il y a une bonne ambiance dans ce restaurant. (...) → *Il y avait une bonne ambiance dans ce restaurant, les dernières années.*
4. Je suis souvent au musée Boudin. (...)   → *J'étais souvent au musée Boudin, les dernières années.*
5. Ils sont toujours dans ce bar. (...)   → *Ils étaient toujours dans ce bar, les dernières années.*
6. Tu as une jolie voiture. (...)   → *Tu avais une jolie voiture les dernières années.*

5 c Cet été, je suis partie avec mes deux frères et leurs femmes en Bretagne. Nous avons pris un gîte rural près de Saint-Malo. C'était très confortable et très calme. Mais nous n'avons pas eu de chance avec le temps, il pleuvait tout le temps. Nous avons visité le Mont Saint-Michel mais c'était le quinze août, il y avait beaucoup de monde. Nous avons alors décidé de prendre le bateau pour Jersey pour y passer le week-end. Mais il n'y avait plus de place sur le bateau et l'avion était trop cher. Alors, nous sommes restés dans le gîte rural, nous avons tricoté, lu des bandes dessinées, joué aux cartes et c'étaient des vacances très reposantes. Maintenant, je suis en pleine forme !

26a Tu n'en veux plus ?

Check dialogue.

26b Situations de crise.

2 b Elle va lui envoyer des fleurs par Interflora. *(individual response)* Elle peut l'inviter au restaurant japonais. *(individual response)* Elle peut envoyer sa collègue parler avec lui. *(individual response)* Elle peut lui écrire un e-mail toutes les heures. *(individual response)* Elle va attendre une lettre de lui. *(individual response)* Elle peut lui offrir un week-end à Paris. *(individual response)*

Check dialogue.

3 1. Vous habitez dans une maison ou dans un appartement ? *(individual response)*   2. Votre cuisine, elle est grande ou elle est petite ? *(individual response)*   3. Elle est vieille ou moderne ? *(individual response)*
4. Comment est votre salle à manger ? De quelle couleur ? ensoleillée ou sombre ? *(individual response)*
5. Vous aimez les meubles originaux, vieux, modernes, de famille ? *(individual response)*   6. Est-ce que vous avez une belle vue de la fenêtre de votre chambre ? *(individual response)*   7. Votre chambre est spacieuse ou assez petite ? vous avez un grand lit ? *(individual response)*

1 Check dialogue.

3 1. On retape la toiture. (…)   → *On fait retaper la toiture.*
2. On aménage le grenier. (…)   → *On fait aménager le grenier.*
3. On nettoie le jardin et la terrasse. (…) → *On fait nettoyer le jardin et la terrasse.*
4. On creuse une piscine. (…)   → *On fait creuser une piscine.*
5. On refait les chambres. (…)   → *On fait refaire les chambres.*
6. On peint la cuisine en jaune. (…)   → *On fait repeindre la cuisine en jaune.*
7. On fait des photos de la maison. (…) → *On fait faire des photos de la maison.*

4 Dessinez la maison de Marie-Paule et Antoine. Un carré (square).
Devant vous, c'est l'entrée. Entrez dans la maison. A votre gauche, il y a le grand séjour, avec le coin cuisine à droite. Dans le séjour, les grandes portes donnent sur la terrasse, avec le jardin. Ensuite, à droite de l'entrée, il y a les chambres, la chambre de Marie-Paule et Antoine c'est la première, et la seconde c'est la chambre d'amis. Entre les deux chambres, il y a la salle de bains. Dans l'entrée, face à vous, il y a l'escalier, sous l'escalier il y a les toilettes. Cet escalier monte au grenier. La maison de Marie-Paule et Antoine est petite, mais très agréable et très ensoleillée. Elle est dans les Landes, à 5 kilomètres de l'océan Atlantique !

Check dialogue.

2 1. Je téléphone demain. (…)   → *Je promets de téléphoner demain.*
2. Nous venons samedi. (…)   → *Nous promettons de venir samedi.*
3. Vous nous envoyez une carte postale ? (…) → *Vous promettez de nous envoyer une carte postale ?*
4. Ils restent en contact avec la famille. (…) → *Ils promettent de rester en contact avec la famille.*
5. Julie organise un pique-nique pour le 14 juillet. (…) → *Julie promet d'organiser un pique-nique pour le 14 juillet.*
6. Antoine va à l'aéroport avec sa mère. (…) → *Antoine promet d'aller à l'aéroport avec sa mère.*

1 Check text.

2 1. Je pense qu'il y aura moins de guerres. *(individual response)*
2. Je crois que ça ne changera rien du tout. *(individual response)*
3. Ce sera une période plus harmonieuse. *(individual response)*
4. Vous verrez, l'homme retrouvera des capacités perdues : la télépathie, la voyance. *(individual response)*
5. Ce sera un grand siècle ! *(individual response)*

6 1. Nous sommes en Tunisie, nous   → *Quand nous serons en Tunisie,*
   avons plus de temps. (…)   *nous aurons plus de temps.*
2. C'est l'an 2000, j'ai 30 ans. (…)   → *Quand ce sera l'an 2000, j'aurais 30 ans.*
3. Il va en Provence cet été, il visite Marseille. (…) → *Quand il ira en Provence cet été, il visitera Marseille.*
4. Le ministre sort, il répond aux questions   → *Quand le ministre sortira, il répondra aux*
   des journalistes. (…)   *questions des journalistes.*
5. Ils sont en France, ils savent mieux parler. (…) → *Quand ils seront en France, ils sauront mieux parler.*
6. Elle a un enfant, elle a moins de temps libre. (…) → *Quand elle aura un enfant, elle aura moins de temps libre.*
7. Il y a une grève des transports,   → *Quand il y aura une grève des transports,*
   je ne vais pas travailler. (…)   *je n'irai pas travailler.*

7 a 1. Nous aurons 20 ans demain.   2. Après ce cours, vous saurez danser le tango.   3. Elle sera contente.
4. Ils auront du mal à partir.   5. Je saurai bientôt pourquoi.   6. Nous saurons arrêter cette guerre.

29a Nous nous écrivons depuis 12 ans.

Check dialogue.

1 1. Qu'est-ce que Sébastien Plumeau va
   faire à La Réunion ? (...)
   → *Il va y passer des vacances. Il va faire la
   connaissance de son correspondant.*
2. Qu'est-ce qu'il a fait avant de partir ? (...) → *Il a lu tous les romans créoles, il a acheté tous les guides.*
3. Qui est-ce qu'il va rencontrer à l'aéroport ? (...) → *Il va rencontrer son correspondant.*
4. Depuis combien de temps est-ce que Sébastien → *Depuis douze ans !*
   écrit à son correspondant ? (...)
5. Comment est le correspondant de Sébastien ? (...) → *Il est grand, mince, noir, et porte des
   chemises à fleurs et des lunettes de soleil.*
6. De quoi est-ce que Sébastien a peur ? (...) → *Sébastien a peur du volcan. Il a
   peur de ne pas reconnaître son correspondant.*

29b Qu'est-ce qu'il devient ?

1 *Check dialogue.*

4 1. Je n'ai pas de nouvelles depuis des années. (...) → *Cela fait des années que je n'ai pas de nouvelles.*
   Je viens à Paris pour la première fois. (...) → *C'est la première fois que je viens à Paris.*
2. Il rêve d'aller en Australie depuis un mois. (...) → *Cela fait un mois qu'il rêve d'aller en Australie.*
3. Je le rencontre pour la deuxième fois ! (...) → *C'est la deuxième fois que je le rencontre !*
4. Tu as envie de lui parler depuis une semaine. (...) → *Cela fait une semaine que tu as envie de lui parler.*
5. Il rêve de ce job depuis deux ans. (...) → *Cela fait deux ans qu'il rêve de ce job.*
6. Tu viens ici pour la dernière fois. (...) → *C'est la dernière fois que tu viens ici.*
7. J'achète des guides de voyage sur La → *Cela fait des mois que j'achète des
   Réunion depuis des mois. (...)   guides de voyage sur La Réunion.*
8. Nous voyageons en train depuis trois semaines. (...) → *Cela fait trois semaines que nous voyageons en train.*
9. Il prend l'avion pour la première fois. (...) → *C'est la première fois qu'il prend l'avion.*

5 ▶ Allô ? ▶ Allô, Anne-Laure ? ▶ Non, c'est sa sœur. ▶ Est-ce que Anne-Laure est ici, c'est Marc. ▶ Non,
Anne-Laure n'habite plus ici depuis trois ans. ▶ Oh. Et où est-ce qu'elle habite maintenant ? ▶ Vous ne savez
pas ? Mais elle est à Sydney, pour les Jeux Olympiques ! ▶ Ah bon... et dans quel sport ? ▶ Mais le volley-ball
évidemment ! Où est-ce que vous avez connu ma sœur ? ▶ Au lycée. Enfin je connais surtout un ami de Anne-
Laure, Fabrice. ▶ Ce n'est pas son ami, mais c'est son mari. J'ai mangé une pizza avec lui hier. Vous voulez son
numéro de téléphone ? ▶ Euh... je ne sais pas... Et vous, vous vous appelez... ▶ Véronique. ▶ Ah oui, et
qu'est-ce que vous faites ce soir, Véronique... ?

30a Quelle peur j'ai eue !

Check dialogue.

2 1. Il faut présenter son passeport à l'hôtesse. **(on)** (...) → *On doit présenter son passeport à l'hôtesse.*
2. Jean, n'oublie pas, il faut aller chercher le billet → *Tu dois aller chercher le billet
   à l'agence de voyage ! **(tu)** (...)   à l'agence de voyage.*
3. Il faut garder son sac dans l'avion. **(je)** (...) → *Je dois garder mon sac dans l'avion .*
4. Il faut aller aux réclamations. **(nous)** (...) → *Nous devons aller aux réclamations.*
5. A la Réunion, il faut boire un tipunch à l'apéritif. **(vous)** (...)→ *Vous devez boire un tipunch à l'apéritif.*
6. Il faut trouver les bagages. **(ils, pluriel)** (...) → *Ils doivent trouver les bagages.*
7. Il ne faut pas rater l'avion ! **(elle, singulier)** (...) → *Elle ne doit pas rater l'avion.*
8. Il faut attendre l'atterrissage. **(on)** (...) → *On doit attendre l'atterrissage.*

4 1. Le téléphone ? Je l'ai mis dans le bureau. *(Repeat)*
2. La cassette vidéo ? Je l'ai donnée à Jean-Louis. *(Repeat)*
3. Les clefs ? Je les ai mises dans mon sac. *(Repeat)*
4. Les passeports ? Tu les as oubliés ? Ce n'est pas vrai ! *(Repeat)*
5. Les billets de théâtre, je les ai offerts à Catherine. *(Repeat)*
6. La brioche, je l'ai offerte à ma mère. *(Repeat)*
7. Les chemises, je les ai mises dans l'armoire. *(Repeat)*

1 *Check dialogue.*

4 1. Nous faisons le maximum pour vous aider. (...) → *Nous ferons le maximum pour vous aider.*
2. Tu vas au guichet des réclamations. (...) → *Tu iras au guichet des réclamations.*
3. Vous allez chercher vos valises porte 8. (...) → *Vous irez chercher vos valises porte 8.*
4. Vous vous présentez à l'embarquement. (...) → *Vous vous présenterez à l'embarquement.*
5. Tu peux m'aider à porter ma valise ? (...) → *Tu pourras m'aider à porter ma valise ?*
6. Il fait le nécessaire pour arriver à l'aéroport → *Il fera le nécessaire pour arriver à l'aéroport*
avant midi. (...) *avant midi.*
7. Je commande un taxi à l'arrivée. (...) → *Je commanderai un taxi à l'arrivée.*
8. Nous allons à l'aéroport en bus. (...) → *Nous irons à l'aéroport en bus.*
9. Je fais des projets de vacances. (...) → *Je ferai des projets de vacances.*
10. Vous pouvez louer une voiture à l'arrivée. (...) → *Vous pourrez louer une voiture à l'arrivée.*

Interlude

Exercise 4
1. ❙ J'ai perdu ma valise ! ❙ Elle est comment ? ❙ C'est une grande valise rouge, avec des étiquettes dessus.
2. ❙ J'ai perdu mes clefs. ❙ Les clefs de la voiture ? ❙ Oui, les clefs de la voiture et les clefs de la maison, cela fait quatre clefs. 3. ❙ Je ne trouve plus ma voiture ! Mais elle était sur ce parking ! ❙ Elle est comment votre voiture ? de quelle marque ? ❙ C'est une Citroën grise. 4. ❙ Mais où sont mes chaussures ? ❙ Lesquelles ? ❙ Les noires, avec les talons hauts ! Je ne peux pas aller danser avec mes sandales !!

Exercise 5
1. Je dois repasser mon baccalauréat. *(individual response)* 2. Je ne comprends rien à la grammaire francaise. *(individual response)* 3. Jean-Jacques n'a pas téléphoné. *(individual response)* 4. Je ne me sens pas bien, je ne peux pas rentrer à la maison, à pied. *(individual response)* 5. L'ordinateur est en panne. *(individual response)* 6. Ma voiture est à la fourrière. *(individual response)* 7. Il pleut tout le temps, j'en ai marre. *(individual response)* 8. Il n'y a plus de café ! *(individual response)*

Exercise 1 Putting It All Together
b Qu'est-ce que vous allez faire demain ? *(individual response)* Qu'est-ce que vous faites en octobre ? *(individual response)* Qu'est-ce que vous allez faire ce soir ? *(individual response)* Vous faites quoi l'an prochain ? *(individual response)* Qu'est-ce que vous allez faire maintenant ? *(individual response)* Et dans un mois, vous faites quoi ? *(individual response)*

Exercise 3
1. Vous voulez encore du café ? (...) → *Oui, j'en veux encore. / Non, je n'en veux plus.*
2. Vous parlez souvent des nouveaux → *Oui, nous en parlons souvent. / Non, nous*
logiciels ? (...) *n'en parlons pas souvent.*
3. Vous avez un chien chez vous ? (...) → *Oui, nous en avons un. / Non, nous n'en avons pas.*
4. Vous portez des lunettes ? (...) → *Oui, j'en porte. / Non, je n'en porte pas.*
5. Vous parlez beaucoup de votre famille ? (...) → *Oui, j'en parle beaucoup. / Non, je n'en parle pas beaucoup.*

Check dialogue.

4 b 1. Ça serait bien d'avoir Christian ici. *(comparative)* 2. Ça serait bien de visiter le Louvre le soir. *(comparative)* 3. Ça serait bien de visiter La Réunion en décembre. *(comparative)* 4. Ça serait bien de partir en vacances en été. *(comparative)* 5. Ça serait bien de partir sur les îles bretonnes en juin. *(comparative)* 6. Ça serait bien de trouver du travail en France. *(comparative)* 7. Ça serait bien de recevoir un e-mail en français. *(comparative)* 8. Ça serait bien d'avoir des amis aux Etats-Unis. *(comparative)* 9. Ça serait bien de trouver des lettres de nos amis. *(comparative)*

1 *Check text.*

Check dialogue.

3 1. Quand elle est arrivée, je mangeais. (...)   → *Quand elle est arrivée, j'avais déjà mangé.*

2. Quand le patron a téléphoné, je partais. (...)   → *Quand le patron a téléphoné, j'étais déjà parti/e.*

3. Quand j'ai commandé une pizza, elle dormait. (...)   → *Quand j'ai commandé une pizza, elle avait déjà dormi.*

4. Quand nous sommes arrivés au musée, il fermait. (...) → *Quand nous sommes arrivés au musée, il était déjà fermé.*

5. Quand tu as écrit, ils déménageaient. (...)   → *Quand tu as écrit, ils avaient déjà déménagé.*

6. Quand elle est arrivée à l'aéroport, nous embarquions pour la Tunisie. (...)   → *Quand elle est arrivée à l'aéroport, nous avions déjà embarqué pour la Tunisie.*

7. Quand mon frère est venu me voir, je faisais mes valises. (...)   → *Quand mon frère est venu me voir, j'avais déjà fait mes valises.*

5 1. Moi, ce qui me déprime ce sont mes collègues, ils parlent des vacances, ils regardent des photos.... et vous, vos collègues vous dépriment aussi ? *(individual response)* 2. Moi, ce qui me déprime, c'est le temps, il fait froid, c'est désagréable. Et vous, le temps, il vous déprime aussi ? Pourquoi ? *(individual response)* 3. C'est extrêmement fatigant de reprendre le rythme du travail, la routine, ca me déprime, pas vous ? *(individual response)* 4. En France, la rentrée, c'est la période des grèves, les trains, les avions, les professeurs, les étudiants, les bus, tout le monde fait grève. C'est extrêmement désagréable. Aux États-Unis aussi ? *(individual response)*

32b Les prévisions de la rentrée.

1 *Check text.*

5 Jean-Paul : Profiter de la vie ? Oh, c'est simple, pour moi c'est voir les amis le plus souvent possible, manger ensemble le soir, jouer au foot le dimanche. Et puis j'ai des enfants, ils ont 3 et 5 ans, alors j'aime bien jouer avec eux, aller au zoo, au cirque, regarder des livres ensemble. Voilà, ce sont les amis, et la famille. *(individual response)* **Sophie :** Pour moi, profiter de la vie, c'est voyager, rencontrer des gens nouveaux, avoir un hobby (je fais du cheval), et puis discuter avec les amis dans des cafés-concerts, aller en boîte. Je déteste la routine, je vois très peu ma famille. Ils ne me comprennent pas. *(individual response)*

33a Il va faire le tour du monde.

Check dialogue.

2 b 1. ▷ Ma fille veut sortir le soir, elle a dix-sept ans, elle veut aller au cinéma avec ses amis, et après en boîte. (...)   ▶ *C'est de son âge !* 2. ▷ Mon fils veut faire une école d'ingénieurs et ensuite partir aux Etats-Unis dans une grande université. (...)   ▶ *Tu n'as pas eu ces idées-là, toi ? / Il a sûrement raison.* 3. ▷ Ma mère part vivre en Espagne, elle a acheté un appartement à Barcelone, elle veut du soleil. (...)   ▶ *Elle a sûrement raison. / C'est de son âge !* 4. ▷ Mon petit frère a 21 ans et il veut faire le tour du monde à vélo. Il est fou ! (...)   ▶ *C'est de son âge ! / Tu n'as pas eu ces idées-là, toi ?* 5. ▷ Mon fils s'intéresse comme moi au bouddhisme depuis notre dernier voyage en Inde. Mais le pire c'est qu'il veut aller vivre là-bas quelques mois !(...)   ▶ *Il tient ça de toi.*

4 b 1. Si vous aviez des vacances, où partiriez-vous ? *(individual response)* 2. Si vous preniez un apéritif, que prendriez-vous ? *(individual response)* 3. Si vous changiez de pays, où iriez-vous ? *(individual response)* 4. Si vous partiez en France, où dormiriez-vous ? à l'hôtel, dans un gîte, sous la tente ? *(individual response)* 5. Si vous vouliez améliorer votre cadre de vie, que feriez-vous ? des travaux, des peintures ? *(individual response)*

33b Celui qui n'avait jamais vu la mer.

1 *Check text.*

5 Daniel a voyagé en train, toute la nuit.   Il avait un sac de plage bleu marine.   Il est sûrement allé voir la mer Méditerranée, mais le texte ne le dit pas exactement.   Il a dormi à quelques mètres de la plage.

7 b Il est d'une autre race. (...)   → *C'était comme s'il était d'une autre race.*

Je vis sur une autre planète. (...)   → *C'était comme si j'étais sur une autre planète.*

Je n'entends rien. (...)   → *C'était comme si je n'entendais rien.*

Ça ne change rien. (...)   → *C'était comme si cela ne changeait rien.*

Il est dans la lune. (...)   → *C'était comme s'il était dans la lune.*

Il fait nuit. (...)   → *C'était comme s'il faisait nuit.*

Nous sommes en vacances. (...)   → *C'était comme si nous étions en vacances.*

34a Je prends une année sabbatique.

Check dialogue.

1 b ▶ **Solange**, vous avez changé de vie il y a cinq ans. Qu'est-ce qui a changé ? ▶ Oh c'est tout simple, je suis tombée amoureuse d'un Marocain, nous étions à Bordeaux à l'université et quand nos études étaient finies, nous avons décidé d'aller vivre à Casablanca. ▶ Vous habitez donc au Maroc. ▶ Oui, voilà, et nos enfants parlent français et arabe. ▶ **Caroline**, vous avez changé de vie, qu'est-ce qui s'est passé ? ▶ Et bien, je suis partie vivre sur un bateau, dans le pacifique. J'ai fait le tour du monde, et depuis, je ne peux plus vivre sur terre, je reviens à Paris une fois par an et puis je repars. ▶ Et vous vivez de quoi ? ▶ Je suis journaliste et photographe. ▶ **Marc**, votre vie a changé il y a dix ans. Qu'est-ce que vous avez fait ? ▶ C'est tout simple, je suis devenu moine tibétain en Ecosse. ▶ Comment cela s'est-il passé ? ▶ Je passais des vacances avec des amis en Ecosse, et nous avons trouvé un logement pour une nuit dans un monastère tibétain, et quand mes amis ont voulu repartir, moi je suis resté. J'avais trouvé ma place.

4b Faire de sa passion son métier.

Check text.

3 a ▶ Allô, Messagers rollers, bonjour. Belhadj à votre service. Qu'est-ce que je peux faire pour vous ? ▶ *(individual response)* ▶ A quelle heure voulez-vous votre document ? ▶ *(individual response)* ▶ Où est-ce que je dois aller le chercher ? ▶ *(individual response)* ▶ Dans quel bureau ? comment s'appelle la personne ? ▶ *(individual response)* ▶ Et vous êtes où ? votre adresse ? et votre numéro de téléphone ? ▶ *(individual response)* ▶ Bien, merci, à tout à l'heure, au revoir. ▶ *(individual response)*

b ▶ Bonjour, Mathieu Gobbi. Je peux vous aider ? ▶ *(individual response)* ▶ Vous voulez faire un vol en montgolfière ? ▶ *(individual response)* ▶ Quand ? ▶ *(individual response)* ▶ Avec combien de personnes ? ▶ *(individual response)* ▶ Qu'est-ce que vous voulez voir de Paris ? ▶ *(individual response)* ▶ D'accord. C'est bon. Le prix est de 6 euros par personne. ▶ *(individual response)* ▶ Vous payez par chèque ? ▶ *(individual response)* ▶ Merci et à bientôt ! ▶ *(individual response).*

5a Rien ne marche.

Check dialogue.

5b Différents milieux.

1 Dialogue A ▶ Ben, qu'est-ce que t'as? ▶ J'en ai ras-le-bol. J'ai plus de fric, j'ai pas payé mon loyer ce mois-ci, ma bourse s'arrête le mois prochain... ▶ Ouh la la, c'est la crise ! Viens, on va faire un flipper, je te prête dix balles. ▶ Tu crois que j'ai la tête à faire un flipper ? ▶ Ben pourquoi pas, hein ? ça te changera les idées ! allez, magne-toi ! **Dialogue B** ▶ Que se passe-t-il ? Vous n'avez pas l'air en forme... ▶ Je suis désespérée... J'ai des soucis d'argent, je ne suis pas en règle avec mes propriétaires, et mon prêt a été refusé. ▶ Je comprends, c'est très gênant. Voulez-vous venir avec moi, j'avais l'intention de manger une glace chez l'Italien. Je peux vous avancer un peu d'argent si vous voulez. ▶ Je ne sais pas si je peux accepter... ▶ Ne faites pas de manières, je vous offre cette glace, venez.

4 1. Je n'ai pas envie de téléphoner à Madame Jourdain. (...) → *Ne lui téléphone pas !*
2. Je n'ai pas envie de téléphoner à Jacques et Julie. (...) → *Ne leur téléphone pas !*
3. Je n'ai pas envie de boire une bière. (...) → *N'en bois pas !*
4. Je n'ai pas envie d'écrire à ma sœur. (...) → *Ne lui écris pas !*
5. Je n'ai pas envie de partir. (...) → *Ne pars pas !*
6. Je n'ai pas envie d'aller au théâtre. (...) → *N'y va pas !*

5 a + b C'est très agréable. C'est drôle. C'est incroyable. C'est génial. Ça me fait très plaisir. C'est parfait.

Interlude

Exercise 4
b 5. ADAC   6. ICE   7. BMW   8. HIV   9. EDV   10. ZDF

Exercise 2 Putting It All Together
1. J'ai beaucoup trop de travail, mon chef n'est jamais content, mes collègues ne sont pas sympathiques, mais j'ai besoin d'argent ! *(individual response)*
2. Je ne vais pas bien. J'ai mal à la tête et aux jambes, je n'ai pas le moral, et je n'aime pas mon travail. *(individual response)*
3. Je ne comprends rien à la grammaire française, je suis découragé, c'est trop difficile. *(individual response)*
4. J'habite à l'étranger, je ne connais personne, j'ai juste des amis sur Internet. *(individual response)*

Exercise 3   1. Qu'est-ce que vous aimeriez faire quand vous irez en France ? *(individual response)*
2. Qu'est-ce que vous voudriez faire pour vous reposer ? *(individual response)*
3. Qu'est-ce que vous aimeriez faire pour pratiquer votre français ? *(individual response)*
4. Qu'est-ce que vous voudriez faire pour changer de vie ? *(individual response)*

36a   Je ne te lâche plus !

Check dialogue.

2 b 1. On pourrait aller se promener. (...)   → *Je crois que ça serait sympa.*
2. Jean-Hugues veut venir dimanche. (...)   → *Je crois qu'il ne viendra pas.*
3. Tu veux faire une randonnée au volcan ? (...)   → *Tu crois que c'est possible ?*
4. J'ai rendez-vous avec mon chef lundi matin. (...)   → *Je crois qu'il ne viendra pas.*
5. Nicole et Jocelyne veulent venir quelques jours à la maison. (...) → *Je crois que ça serait sympa.*
6. On peut commander par téléphone. (...)   → *Tu crois que c'est possible ?*

4 1. Est-ce que vous chantez en faisant la vaisselle ? *(individual response)*   2. Est-ce que vous écoutez de la musique en mangeant ? *(individual response)*   3. Est-ce que vous regardez la télévision en mangeant ? *(individual response)*   4. Est-ce que vous écoutez la radio en tricotant ? *(individual response)*   5. Est-ce que vous mangez en téléphonant ? *(individual response)*   6. Est-ce que vous travaillez en écoutant de la musique ? *(individual response)*   7. Est-ce que vous faites vos courses en téléphonant ? *(individual response)*

5 ▶ Madame, regardez les jolies nappes, la nappe pour 12 personnes, avec les 12 serviettes, ce sont des nappes de Magadascar, regardez, elles sont superbes !   ▶ J'adore la culture indienne, tu crois qu'un sari m'irait ? ▶ Pourquoi pas, essaye !   ▶ Tiens, qu'est-ce que c'est ? le musée de la broderie ?   ▶ C'est la spécialité de Cilaos, des broderies françaises, ou plus exactement, bretonnes. Elles sont très chères, mais quel travail ! ▶ J'ai faim, qu'est-ce qu'il y a à manger ici ?   ▶ Des caris, comme d'habitude, c'est indien, ça te dit ? avec du riz chinois, c'est délicieux.   ▶ Tu as vu ces sculptures sur le marché de Saint-Pierre ?   ▶ Oui, elles ne sont pas d'ici, elles sont africaines, mais elles sont très originales, et pas trop chères.

36b   Partir en randonnée.

1 *Check text.*

2 b 1. Il est recommandé de ne pas faire de bruit après 10 heures du soir.   2. Il est plus prudent de rester en groupe.   3. Il est conseillé de donner sa clef à la réception.   4. Il est recommandé de suivre le guide.   5. Il est conseillé d'avoir une carte de la région.   6. Il est plus prudent de ne pas laisser le passeport dans la chambre.

37a   Je te l'ai déjà dit.

Check dialogue.

2 b Tu crois que ça vaut la peine de partir à La Réunion à Noël ? *(individual response)*   Est-ce que ça vaut la peine d'acheter un dictionnaire allemand-français ? *(individual response)*   Est-ce que ça vaut la peine d'aller à Paris pour deux jours ? *(individual response)*   Est-ce que ça vaut la peine d'aller en Australie pour une semaine ? *(individual response)*   Est-ce que ça vaut la peine de faire les courses en France ? *(individual response)*   Est-ce que ça vaut la peine d'acheter du vin français en Allemagne ? *(individual response)*   Est-ce que ça vaut la peine d'aller en Normandie en hiver ? *(individual response)*

3 a 1. **Robert :** Moi, mes racines, c'est ici, c'est la terre familiale. Je suis né dans le Languedoc, et je ne suis jamais parti d'ici, sauf pour le service militaire.   2. **Aurélie :** Mes racines ? je ne sais pas trop, ma mère est Bretonne, mon père Allemand, et je suis née à Paris. Alors je suis Européenne ! Oui, mes racines, c'est l'Europe. 3. **Stéphane :** J'ai des racines africaines, c'est sûr. Mais je ne connais pas l'Afrique. Alors moi, mes racines c'est l'île de la Martinique. Nous sommes là depuis quatre générations.   4. **Valérie :** Quand on me demande, tu viens d'où, je ne sais pas quoi répondre. Je suis née en Normandie, mais ma famille habite à Toulouse, dans le Sud-Ouest de la France depuis 20 ans... Je crois quand même que je suis Normande, une fille de la mer...

37b   Se mettre au vert.

1 *Check text.*

4 b 1. Est-ce que vous êtes d'accord, la campagne, cela veut dire être au chômage ? *(individual response)*
2. Qu'est-ce qui est le plus bruyant ? la télévision, les coqs et les cloches, les voisins ? *(individual response)*
3. Qu'est-ce qui est important pour vous ? pouvoir aller au cinéma trois fois par semaine, ou vous promener dans la nature, vivre au vert ? *(individual response)*   4. De quoi avez-vous besoin pour vivre heureux ? aimez-vous être seul, ou avez-vous besoin de sortir le soir ? *(individual response)*

Check dialogue.

4 1. Fêter Noël avec eux à La Réunion. (...) → *Ils désirent que Mario et Claire fêtent Noël avec eux à La Réunion.*
2. Visiter l'île en hélicoptère. (...) → *Ils désirent que Mario et Claire visitent l'île en hélicotère.*
3. Faire des randonnées au volcan. (...) → *Ils désirent que Mario et Claire fassent des randonnées au volcan.*
4. Venir les rejoindre à Saint-Denis. (...) → *Ils désirent que Mario et Claire viennent les rejoindre à Saint-Denis.*
5. Habiter chez Christian. (...) → *Ils désirent que Mario et Claire habitent chez Christian.*
6. Prendre l'avion très vite. (...) → *Ils désirent que Mario et Claire prennent l'avion très vite.*

3 1. Vous avez déjà lu un roman de Daniel Pennac ? *(individual response)* 2. Qu'est-ce que vous lisez à haute voix ? une lettre, un livre, une recette, le journal ? *(individual response)* 3. Trouvez un livre que vous n'avez pas fini de lire. *(individual response)* 4. Et un livre que vous aimez relire souvent. *(individual response)* 5. Qu'est-ce que vous avez lu hier ?`et aujourd'hui ? *(individual response)* 6. Qu'est-ce que vous lisiez quand vous étiez petit ? *(individual response)*

4 a 1. ❘ Pardon madame, vous lisez souvent dans le métro ? ❘ Oui, tous les matins et tous les soirs, je lis un magazine de télévision, ou bien *Le Nouvel Observateur*. 2. ❘ Vous lisez beaucoup ? ❘ Le soir, avant de dormir, je lis dans mon lit, c'est un vrai plaisir, un bon roman, au chaud sous la couette !! 3. ❘ Tu lis beaucoup, Daniel ? ❘ Non, pas beaucoup, des BD, des magazines pour les jeunes... ❘ Et toujours au café, ce n'est pas trop bruyant ? ❘ Non, pourquoi ? 4. ❘ Alors, la journée est finie ? ❘ Oui, et je peux enfin lire mon journal. ❘ Vous lisez souvent dans votre jardin ? ❘ En été, oui, c'est très reposant.

Check dialogue.

2 1. Je viens te voir à onze heures demain. (...) → *Je préfère que tu viennes à midi.*
2. Je vais partir. (...) → *Je préfère que tu restes.*
3. Nous mangeons à la cantine ce midi. (...) → *Je préfère que nous mangions à la maison ce midi.*
4. Nous partons en Bretagne cet été. (...) → *Je préfère que nous partions en Provence cet été.*
5. Je démissionne. (...) → *Je préfère que tu demandes une mutation.*
6. Nous buvons un verre de champagne. (...) → *Je préfère que nous fassions la fête.*

3 c 1. Je pense que c'est une folie. (...) → *Je ne pense pas que ce soit une folie.*
2. Je crois que nous pouvons venir à La Réunion. (...) → *Je ne crois pas que nous puissions venir à La Réunion.*
3. Je pense que Christian cuisine très bien. (...) → *Je ne pense pas que Christian cuisine très bien.*
4. Je crois que Mario aime le changement. (...) → *Je ne crois pas que Mario aime le changement.*
5. Fiona pense que la vie à La Réunion est très difficile. (...) → *Fiona ne pense pas que la vie à La Réunion soit très difficile.*
6. Claire pense qu'elle peut travailler partout. (...) → *Claire ne pense pas qu'elle puisse travailler partout.*

3 b 1. La maison de Tahar Ben Jelloun, est-ce qu'elle est grande ou petite ? (...) → *Elle est grande.*
2. Elle est vaste comme quoi ? (...) → *Elle est vaste comme le cœur, comme les mains.*
3. Est-ce qu'elle est toujours ouverte ou toujours fermée ? (...) → *Elle est toujours ouverte aux visites.*
4. Qui sont les invités ? (...) → *La famille, proche et lointaine.*
5. Vous pensez qu'elle est au bord de la mer ou en ville ? (...) → *Je pense qu'elle est au bord de la mer.*
6. Est-ce que vous aimeriez habiter dans cette maison ? (...) → *Oui, j'aimerais y habiter. / Non, je n'aimerais pas y habiter.*
7. Quelle langue est-ce qu'on y parle à votre avis ? (...) → *A mon avis, on y parle arabe et français. Ou anglais, avec les visiteurs.*

Check dialogue.

5 1. Je n'arrive pas à apprendre le vocabulaire. (...) → *Tu y arriveras, j'en suis sûr/e.*
   2. Nous n'arrivons pas à comprendre la télévision en français. (...) → *Vous y arriverez, j'en suis sûr/e.*
   3. Je n'arrive pas à jouer de la guitare. (...) → *Vous y arriverez, j'en suis sûr/e.*
   4. Il n'arrive pas à démissionner. (...) → *Il y arrivera, j'en suis sûr/e.*
   5. Elle n'arrive pas à trouver un local pour l'école. (...) → *Elle y arrivera, j'en suis sûr/e.*
   6. Ils n'arrivent pas à ouvrir l'école de musique à Saint-Denis. (...) → *Ils y arriveront, j'en suis sûr/e.*
   7. Fiona et Christian n'arrivent pas à trouver des profs. (...) → *Ils y arriveront, j'en suis sûr/e.*
   8. Claire et Fiona n'arrivent pas à chanter en créole. (...) → *Elles y arriveront, j'en suis sûr/e.*

VIII Interlude

Exercise 2

Lesson 40

Voici le plan de l'école de musique *Rythmes et ambiance.*

Au rez-de-chaussée, se trouve à droite le bureau des professeurs et à gauche le bureau de Fiona. La cuisine et le salon sont au milieu. Au premier étage, il y a les salles de cours, avec le piano à gauche et à droite la salle pour les cours de percussions. Au milieu il y a un autre salon pour les élèves, avec des CD et une médiathèque. Au deuxième étage, il y a trois salles de cours, pour le chant, les instruments à cordes et les instruments à vent. Et les toilettes !

à [a] *5b* – numerous meanings, such as *(spatial)*: at, in, toward *(plus destination)*; (time): at
abdiquer [abdike] *VI* – (here) to soften
un abonnement [ɛ̃nabɔnmã] *23b* – a subscription
absolu/e [apsɔly] *IV* – complete, absolute
un accent [ɛ̃naksã] *40a* – an accent
accepter qc [aksɛpte] *10b* – to accept something
acceptable [aksɛptabl] *IV* – acceptable
accompagné/e [akɔ̃paɲe] *29b* – accompanied / with someone
un accordéon [ɛ̃nakɔrdeɔ̃] *17a* – an accordeon
accorder qc [akɔrde] *31a* – (here) to grant something
accueillir qn [akœjir] *39b* – to receive / welcome someone
acheter qc [aʃte] *II* – to buy something
un acrobate [ɛ̃nakrɔbat] *IV* – an acrobat
un acteur / une actrice [ɛ̃naktœr / ynaktris] *21b* – an actor/actress
actif/active [aktif,-iv] *12b* – active
une activité [ynaktivite] *III* – an activity
actuel/le [aktɥɛl] *VI* – current, present
une addition [ynadisjɔ̃] *III* – a bill *(in a restaurant)*
adieu ! [adjø] *33a* – good-bye!
un adjectif [ɛ̃adʒɛktif] *39b* – an adjective
adjugé vendu [adʒyʒevãdy] *21a* – right on! *(coll.)*
admirer qn/qc [admire] *13b* – to admire someone / something
adolescent/e [adɔlɛsã,-t] *24a* – adolescent
adorer qc [adɔre] *2a* – to adore something
une adresse [ynadrɛs] *9a* – an address
une adresse Internet [ynadrɛsɛ̃tɛrnɛt] *I* – an Internet address
un adulte [ɛ̃nadylt] *IV* – an adult
un aéroport [ɛ̃naerɔpɔr] *II* – an airport
l'âge *(m.)* [laʒ] the age
à l'âge de [alaʒdə] *19a* – at the age of
à tout âge [atutaʒ] *39a* – at any age
âgé/e [ɑʒe] *34b* – old
une agence de publicité [ynaʒãsdəpyblisite] *29b* – an advertising agency
une agence de voyage [ynaʒãsdəvwajaʒ] *V* – a travel bureau
une agglomération [ynaglɔmerasjɔ̃] *37b* – a center
il s'agit de [ilsaʒi] *VI* – it deals with / is about
agréable [agreabl] *21a* – pleasant
agréer qc [agree] *II* – to accept
aigu/aiguë [egy/egy] *40b* – sharp
ailleurs [ajœr] *37a* – elsewhere
aimable [ɛmabl] *23b* – friendly
aimer qn/qc [ɛme] *4b* – to like someone / something
s'aimer [sɛme] *II* – to like one another / oneself
aimer mieux qc [ɛmemjø] *16b* – to prefer something
l'Ain *(m.)* [lɛ̃] *5a* – Ain *(department)*
l'air *(m.)* [lɛr] – the air
avoir l'air de [avwarlɛr] *40a* – to look like, to appear
Airbus I [ɛrbys] – Airbus (Jet airplane produced by a European consortium; corporate headquarters in Toulouse)
une aire de jeux [ynɛrdə(ə)ʒø] *31b* – a play area / playground
une aire de repos [ynɛrdərə(ə)po] *22b* – a rest area
Aix-la-Chapelle [ɛkslaʃapɛl] *I* – Aix-la-Chappelle *(French city)*
Ajaccio [aʒaksjo] *5a* – Ajaccio *(city in Corsica)*
ajouter qc [aʒute] *14b* – to add something
un/e Algérien/ne [ɛ̃nalʒerjɛ̃/ynalʒerjɛn] *I* – an Algerian man / woman
l'Allemagne (f.) [lalmaɲ] *4b* – Germany
allemand/e [almã,-d] *4a* – German
en allemand [ãnalmã] *4a* – in German
l'allemand [lalmã] *IV* – German *(school subject)*
un/e Allemand/e [ɛ̃nalmã/ynalmãd] *4a* – a German man / woman
aller [ale] *8a* – to go
aller chercher [aleʃɛrʃe] *22a* – to get
aller faire qc [alefɛr] *16a* – to be going to do something
ça va [sava] *2a* – OK
on va [ɔ̃va] *3a* – one goes/we go
un aller-simple [ɛ̃nalesɛ̃pl] *12a* – one way
allergique [alɛrʒik] *15a* – allergic
allô [alo] *9a* – hello! *(on the telephone)*
alors [alɔr] *3a* – then, now, so

les Alpes-Maritimes *(f,.pl.)* [lezalpmaritim] *5a* – Alpes-Maritimes *(department)*
alsacien/ne [alzasjɛ̃,-ɛn] *IV* – Alsatian
une ambiance [ynãbjãs] *1a* – an atmosphere
améliorer [ameljɔre] *31b* – to improve
aménager [amenaʒe] *27b* – to furnish
une amende [ynamãd] *22b* – a fine
amener qn à [amne] *37b* – to bring someone to
américain/e [amerikɛ̃,-ɛn] *21b* – American
un/e ami/e [ɛ̃nami/ynami] *II* – a friend *(m. or f.)*
l'amitié *(f.)* [lamitje] *11b* – the friendship
Amitiés de... [amitjedə] *11b* – Greetings from…
l'amour *(m.)* [lamur] *I* – the love
un amuse-gueule [ɛ̃namyzgœl] *5b* – an appetizer
un an [ɛ̃nã] *15a* – a year
l'anglais [lãglɛ] *IV* – English *(school subject)*
une année [ynane] *5b* – a year
Bonne Année ! [bɔnane] *5b* – Happy New Year!
une année sabbatique [ynanesabatik] *32a* – a sabbatical year
un anniversaire [ɛ̃nanivɛrsɛr] *5a* – a birthday
Bon anniversaire ! [bɔnanivɛrsɛr] *5b* – Happy Birthday!
annuel/le [anɥɛl] *21b* – annual
annulé/e [anyle] *23a* – canceled
août *(m.)* [ut] *6a* – August
s'apercevoir (de qc) [sapɛrsəvwar] *33b* – to notice something
un apéritif [ɛ̃naperitif] *5a* – an aperitif
un appareil [ɛ̃naparɛj] *9b* – a device, appliance
un appartement [ɛ̃napartəmã] *17a* – an apartment
s'appeler [saple] *III* – to be named
l'appétit *(m.)* [lapeti] *7a* – the appetite
Bon appétit ! [bɔnapeti] *7a* – Enjoy your meal!
apporter qc à qn [apɔrte] *10b* – to bring something to someone
apprécier qn / qc [apresje] *35a* – to appreciate someone
apprendre qc [aprãdr] *8b* – to learn something
un apprentissage [ɛ̃naprãtisaʒ] *29b* – a training, apprenticeship
un après-midi [ɛ̃napremidi] *9b* – an afternoon
l'aquarelle *(f.)* [lakwarɛl] *20a* – the watercolor
un arbre [ɛ̃narbr] *14a* – a tree
un arbre généalogique [ɛ̃narbrʒenealɔʒik] *18a* – a family tree
l'architecture *(f.)* [larʃitɛktyr] *20a* – the architecture
l'Ardèche *(f.)* [lardɛʃ] *IV* – the Ardèche *(department)*
ardent/e [ardã,-t] *23b* – fervent
l'argent *(m.)* [larʒã] *17a* – the money
un armagnac [ɛ̃narmaɲak] *III* – an armagnac *(brandy)*
une armoire [ynarmwar] *27b* – a cupboard
s'arranger [sarãʒe] *30b* – to get along
s'arrêter [sarɛte] *35b* – to stop
les arrhes *(f,.pl.)* [lezar] *24b* – the deposit
l'arrivée *(f.)* [larive] *12b* – the arrival
arriver [arive] *II* – to arrive
y arriver [iarive/jarive] *40a* – to manage
l'art *(m.)* **plastique** [larplastik] *IV* – fine arts
les arts et spectacles [lezarɛspɛktakl] *23b* – art and cultural events
un article [ɛ̃nartikl] *VIII* – a (newspaper) article
un/e artiste [ɛ̃/ynartist] *20a* – an artist
un ascenseur [ɛ̃nasãsœr] *10a* – an elevator
une aspirine [ynaspirin] *15a* – an aspirin *(tablet)*
s'asseoir [saswar] *III* – to sit down
assez (de) [ase] *15a* – enough, sufficient, adequate
une assiette [ynasjɛt] *15a* – a plate
une assistance [ynasistãs] *V* – (here) help, aid, assistance
une association [ynasɔsjasjɔ̃] *17b* – (here) an association
une assurance [ynasyrãs] *V* – insurance
assuré/e [asyre] *30b* – insured
l'asthme *(m.)* [lasm] *15a* – the asthma
l'astrologie *(f.)* [lastrɔlɔʒi] *15b* – the astrology
l'Atlantique *(f.)* [latlãtik] *25b* – the Atlantic
attablé/e [atable] *VIII* – sitting at the table
attendre qn [atãdr] *9a* – to wait for someone
attendre un bébé [atãdrɛ̃bebe] *18a* – to be expecting a baby

attendri/e [atãdʀi] *23b* – fond, tender
attention ! [atãsjõ] *14a* – Watch out!
atterrir [atɛʀiʀ] *12b* – to land
un atterrissage [ɛ̃natɛʀisaʒ] *12b* – a landing
attiré/e [atiʀe] *31b* – attracted
une auberge de jeunesse (AJ) [ynobɛʀʒəʒœnɛs] *24b* – a youth hostel
aucun/e [okɛ̃,-kyn] *26a* – no/not one
augmenter [ɔgmãte] *32a* – (here) to become more expensive
aujourd'hui [oʒuʀdɥi] *18b* – today
auprès de [opʀɛ] *36b* – near
Au revoir ! [oʀəvwaʀ] *3b* – good-bye!
ausculter qn [ɔskylte] *18b* – to examine someone
aussi [osi] *2a* – also
l'Australie (f.) [lɔstʀali] *5b* – Australia
l'automne (m.) [lotɔn] *6b* – the fall, autumn
une autoroute [ynotoʀut] *8a* – a highway
l'autoroute du soleil [lotoʀutdysɔlɛj] *III* – highway to southern France
un/e autre [ɛ̃notʀ/ynotʀ] *20b* – another
autrefois [otʀəfwa] *37b* – formerly
un auvent [ɛ̃novã] *24b* – an awning, canopy
auvergnat/e [ovɛʀɲa,-t] *III* – from Auvergne
un avancé [ɛ̃navãse] *40b* – an advanced student
avancer [avãse] *35b* – to advance (money)
avant [avã] *38b* – before, previously (time)
D'avance [davãs] *II* – in advance
avec [avɛk] *5a* – with
avec plaisir [avɛkpleziʀ] *5a* – gladly
l'avenir (m.) [lavniʀ] *37a* – the future
un avion [ɛ̃navjõ] *8a* – an airplane
un avis [ɛ̃navi] *31b* – an opinion
avoir [avwaʀ] *3a* – to have
avoir envie (f.) de faire qc [avwaʀãvi] *8a* – to feel like doing something
avoir faim (f.) [avwaʀfɛ̃] *3a* – to be hungry
avoir horreur (f.) de [avwaʀɔʀœʀ] *8a* – to hate, abhor
avoir mal (m.) [avwaʀmal] *18b* – to have pain
avoir le mal du pays [avwaʀləmaldypei] *15a* – to be homesick
avoir le mal de mer [avwaʀləmaldəmɛʀ] *18b* – to be seasick
avoir du mal à [avwaʀdymal] *36a* – to scarcely be able to
avoir (qc) sur soi [avwaʀsyʀswa] *29a* – to have something on oneself
avoir soif (f.) [avwaʀswaf] *3a* – to be thirsty
avril (m.) [avʀil] *6a* – April

(B)

un baba au rhum [ɛ̃babaoʀɔm] *7a* – a cake containing rum
un bac à sable [ɛ̃bakasabl] *31b* – a sandbox
le baccalauréat [ləbakalɔʀea] *19b* – high school diploma
le bac (fam.) [ləbak] *33a* – the diploma (coll.)
le badminton [ləbadmintɔn] *IV* – badminton
les bagages (m.,pl.) [lebagaʒ] *30a* – the baggage, suitcases
une bagnole (fam.) [ynbaɲɔl] *19a* – a car (coll.)
une baguette [ynbagɛt] *7a* – a baguette
un bain [ɛ̃bɛ̃] *10a* – a bath
un baiser [ɛ̃beze] *11a* – a kiss
la Balance [labalãs] *23b* – Libra (Zodiac)
un balcon [ɛ̃balkõ] *P* – a balcony
Bâle [bɑl] *I* – Basel
les Baléares (f.,pl,) [lebalearɛ] *II* – the Balearic Islands
dix **balles** (fam.) [dibal] *35b* –ten francs / Euros (coll.)
un ballon [ɛ̃balõ] *34b* – a (hot air) balloon
une banane [ynbanan] *P* – a banana
une banlieue [ynbãljø] *8b* – a suburb
une BD (bande dessinée) / des BD [ynbãddesine / ynbede] *IV* – a comic strip
une banque de données [ynbãkdədɔne] *26b* – a data bank
un bar [ɛ̃baʀ] *3b* – a bar
une barbe [ynbaʀb] *29a* – a beard
en **bas** [ãba] *27b* – downstairs
les bases (f. pl.) [lebaz] *40a* – the basic knowledge
un bassin [ɛ̃basɛ̃] *13b* – a harbor

un bateau [ɛ̃bato] *24a* – a boat
un bâtiment [ɛ̃batimã] *31b* – a building
bâtir [batiʀ] *39b* – to build
une batterie [ynbatʀi] *6a* – a drum set
une batterie de voiture [ynbatʀidəvwatyʀ] *22a* – a car battery
bavard/e [bavaʀ,-d] *I* – talkative
beau/belle/bel [bo/bɛl/bɛl] *11b* – beautiful, handsome
beaucoup [boku] *8a* – much, a lot
une béchamel [ynbeʃamɛl] *III* – a béchamel sauce
belge/belge [bɛlʒ] *4a* – Belgian
la Belgique [labɛlʒik] *4b* – Belgium
le Bélier [ləbelje] *32b* – Aries (Zodiac)
la belote [labəlɔt] *17b* – French card game
ben (fam.) (from bien) [bɛ̃] *35b* – well (coll.)
Berlin [bɛʀlɛ̃] *8a* – Berlin
le beurre [ləbœʀ] *3b* – the butter
une bibliothèque [ynbibliɔtɛk] *I* – a library
une bicyclette [ynbisiklɛt] *8b* – a bicycle
bien [bjɛ̃] *2a* – well (adverb)
Eh bien, ... [ebjɛ̃] *6a* – Well,...
c'est bien pour ça que... [sɛbjɛ̃puʀsakə] *39a* – that's why
bien entendu [bjɛ̃nãtãdy] *25a* – of course, naturally
bien sûr ! [bjɛ̃syʀ] *3a* – of course!
bientôt [bjɛ̃to] *5b* – soon
Bienvenue (f.) [bjɛ̃v(ə)ny] *13b* – Welcome
une bière [ynbjɛʀ] *P* – a beer
une bière pression [ynbjɛʀpʀɛsjõ] *3a* – a beer on tap
un bifteck [ɛ̃biftɛk] *7b* – a steak
une bille [ynbij] *17b* – (here) a marble
un billet [ɛ̃bijɛ] *12a* – a ticket
un billet d'avion [ɛ̃bijɛdavjõ] *30b* – a plane ticket
la biologie [labiɔlɔʒi] *IV* – Biology (school subject)
un biologiste [ɛ̃biɔlɔʒist] *VI* – a biologist
une biscotte [ynbiskɔt] *7b* – a biscuit
un biscuit [ɛ̃biskɥi] *7b* – a cookie
une bise (fam.) [ynbiz] *11a* – a kiss (coll.)
bizarre [bizaʀ] *27a* – odd, strange
blanc/blanche [blã/blãʃ] *16b* – white
un/e blessé/e [ɛ̃blɛse/ynblɛse] *36b* – an injured person
bleu/e [blø] *12b* – blue
blondir [blõdiʀ] *14b* – to brown (cooking)
le bœuf / les bœufs [ləbœf/lebø] *15b* – (here) the beef/steer; the steers
boire qc [bwaʀ] *I* – to drink something
les bois (m. pl.) [lebwa] *VI* – the woods
une boisson [ynbwasõ] *4b* – a drink
une boîte (fam.) [ynbwat] *29b* – (here) a company (coll.)
une boîte [ynbwat] *30a* – a box, (here) a guitar case
boiteux/-euse [bwatø,-øz] *VIII* – (here) wobbly
un bol [ɛ̃bɔl] *15b* – a bowl
bon/ne [bõ/bɔn] *5b* – good
Bonne année ! [bɔnane] *5b* – Happy New Year!
Bon appétit ! [bɔnapeti] *7a* – Eat well!
Bonne nuit ! [bɔn(ə)nɥi] *2b* – Good night!
Bonsoir ! [bõswaʀ] *2b* – Good evening!
le bonheur [ləbɔnœʀ] *39b* – the happiness
Bonjour ! [bõʒuʀ] *P* – Hello!/Good day!
donner le bonjour à qn [dɔneləbõʒuʀ] *17a* – to greet someone
Bordeaux [bɔʀdo] *5b* – Bordeaux (city in southwestern France)
une borne d'appel d'urgence [ynbɔʀndapɛldyʀʒãs] *22b* – an emergency phone
une bouche [ynbuʃ] *20a* – a mouth
une boucherie [ynbuʃʀi] *7b* – a butcher shop
un bouchon [ɛ̃buʃõ] *22b* – (here) a traffic jam
une boucle d'oreille [ynbuklədɔʀɛj] *29a* – an earring
un boudin [ɛ̃budɛ̃] *14a* – a blood sausage
bouillir [bujiʀ] *14b* – to boil
une boulangerie [ynbulãʒʀi] *7b* – a bakery
les boules (f.,pl.) [lebul] *IV* – (here) French ball game similar to bocce
un boulot (fam.) [ɛ̃bulo] *19a* – a job (coll.)
une bourse [ynbuʀs] *35b* – a scholarship
le bout [ləbu] *33a* – the end
au bout du monde [obudymõd] *33a* – to the end of the world

une **bouteille** [ynbutɛj] *14a* – a bottle
une **boutique** [ynbutik] *II* – a shop
un **bras** [ɛ̃bʀa] *39b* – an arm
Brême [bʀɛm] *4a* – Bremen
la **Bretagne** [labʀətaɲ] *5b* – Brittany
  en Bretagne [ɑ̃bʀətaɲ] *5b* – in Brittany
breton/ne [bʀətɔ̃,-ɔn] *36a* – breton
le **bricolage** [ləbʀikɔlaʒ] *23a* – tinkering, do-it-yourself
briller [bʀije] *11b* – to shine
une **brioche** [ynbʀiɔʃ] *II* – a type of small roll
un **brocanteur** [ɛ̃bʀɔkɑ̃tœʀ] *27b* – second-hand dealer
une **broderie** [ynbʀɔdʀi] *36a* – embroidery
brunir [bʀyniʀ] *18a* – to brown
une **brochure** [ynbʀɔʃyʀ] *25a* – a brochure
Bruxelles [bʀysɛl] *4a* – Brussels
bruyant/e [bʀ̩ijɑ̃,-t] *37b* – loud, noisy
un **buffet** [ɛ̃byfɛ] *27b* – a sideboard
un **bureau/des bureaux** [ɛ̃byʀo/debyʀo] *9a* – (here) an office/offices
un **bus** [ɛ̃bys] *8b* – a bus

ça [sa] *1a* – that
Ça fait... [safɛ] *7a* – That comes to...
  Ça va ? [sava] *2a* – How goes it?
  Et avec ça ? [eavɛksa] *7a* – Anything else?
un **cadeau/des cadeaux** [ɛ̃kado/dekado] *5b* – a gift/gifts
le **cadre de vie** [ləkadʀədəvi] *13b* – the quality of life
le **café** [ləkafe] *2a* – the coffee
  un café au lait [ɛ̃kafeolɛ] *3b* – a coffee with milk
un **café** [ɛ̃kafe] *3a* – a café
  un café-concert [ɛ̃kafekɔ̃sɛʀ] *21a* – a café with live entertainment
Cahors [kaɔʀ] *I* – Cahors (city in southwestern France)
un **calendrier** [ɛ̃kalɑ̃dʀije] *P* – a calendar
la **campagne** [lakɑ̃paɲ] *37b* – the country *(in contrast to city)*
le **Canada** [ləkanada] *4b* – Canada
un **canapé** [ɛ̃kanape] *5b* – (here) an appetizer
un **canapé** [ɛ̃kanape] *27b* – (here) a sofa, couch
le **cancer** [ləkɑ̃sɛʀ] *32b* – Cancer *(Zodiac)*
une **cantine** [ynkɑ̃tin] *IV* – a cafeteria
le **canyoning** [ləkanjɔniŋ] *IV* – white water rafting
une **capitale** [ynkapital] *III* – a capital
une **câpre** [ynkɑpʀ] *III* – a caper
le **Capricorne** [ləkapʀikɔʀn] *32b* – Capricorn *(Zodiac)*
car [kaʀ] *P* – for
une **caravane** [ynkaʀavan] *24b* – a trailer, camper
le **cari/curry** [ləkaʀi/kyʀi] *36a* – creole dish with curry/curry
le **carnaval** [ləkaʀnaval] *6b* – carnival, Mardi Gras
un **carnet** [ɛ̃kaʀnɛ] *8b* – a notebook
une **carotte** [ynkaʀɔt] *7b* – a carrot
carré/e [kaʀe] *20a* – square
à **carreaux** [akaʀo] *VI* – tiled
un **carrefour** [ɛ̃kaʀfuʀ] *13a* – an intersection, crossroad
une **carrière** [ynkaʀjɛʀ] *20a* – a career
  faire carrière [fɛʀkaʀjɛʀ] *33a* – to have a career
une **carte** [ynkaʀt] *I* – a map
  une carte d'accès à bord [ynkaʀt(ə)daksɛabɔʀ] *30B* – a boarding pass
  une carte bancaire [ynkaʀt(ə)bɑ̃kɛʀ] *12a* – a credit card
  une carte bleue [ynkaʀt(ə)blø] *39a* – a credit card
  une carte de crédit [ynkaʀt(ə)dəkʀedi] *10b* – a credit card
  une carte grise [ynkaʀt(ə)gʀiz] *39a* – a driver's license
  une carte d'identité [ynkaʀt(ə)didɑ̃tite] *1b* – an ID card
  une carte postale [ynkaʀt(ə)pɔstal] *7b* – a postcard
  une carte touristique [ynkaʀt(ə)tuʀistik] *I* – a hiking map, trail map
  à la carte [alakaʀt] *40b* – à la carte
les **cartes** *(f.,pl.)* [lekaʀt] *17b* – the cards / playing cards
un **cas** [ɛ̃ka] *39a* – a case
Casablanca [kazablɑ̃ka] *34a* – Casablanca *(city in Morocco)*
c'est casse-pieds *(fam.)* [sɛkaspje] *26b* – It's so irritating! *(coll.)*
une **cassette** [ynkasɛt] *P* – a cassette
le **cassoulet** [ləkasulɛ] *III* – bean dish popular in southwestern France

le **Causse** [ləkos] *III* – arid, chalky plateau in central and southern France
ce/c' [sə/s] *1a* – that (e.g.. in "c'est..." = that is ...)
ce/cet/cette/ces [sə]/[sɛt]/[sɛt]/[se] *16a* – this/these *(demonstrative adj.)*
une **ceinture** [ynsɛ̃tyʀ] *16b* – a belt
  une ceinture de sécurité [ynsɛ̃tyʀdəsekyʀite] *30b* – a seat belt
cela [s(ə)la] *25a* – that
célèbre [selɛbʀ] *V* – famous
ce que [səkə] *II* – what, that which (neutral relative pronoun, direct object)
ce qui [səki] *19a* – what, that which (neutral relative pronoun, subject)
celui/celle/ceux/celles [səlɥi]/[sɛl]/[sø]/[sɛl] *7a* – the one(s) *(demonstrative pron.)*
celui-là ! [səlɥila] *7a* – that one!
un **cendrier** [ɛ̃sɑ̃dʀije] *II* – an ashtray
une **centrale de réservation** [ynsɑ̃tʀaldəʀesɛʀvasjɔ̃] *24b* – a reservation office
un **centre-ville** [ɛ̃sɑ̃tʀəvil] *II* – a center *(of city)*
un **certain...** [ɛ̃sɛʀtɛ̃] *30a* – a certain...
une **chaise** [ynʃɛz] *27b* – a chair
la **chaleur** [laʃalœʀ] *30a* – the heat
une **chambre** [ynʃɑ̃bʀ] *10a* – a bedroom
  une femme de chambre [ynfamdəʃɑ̃bʀ] *10b* – a cleaning lady, chambermaid
  une chambre d'hôte [ynʃɑ̃bʀ(ə)dot] *24b* – a guest room
le **champagne** [ləʃɑ̃paɲ] *4b* – the champagne
un **champignon** [ɛ̃ʃɑ̃piɲɔ̃] *III* – a mushroom
un **champion** [ɛ̃ʃɑ̃pjɔ̃] *IV* – a champion
les **champs** *(m. pl.)* [leʃɑ̃] *V* – the fields
les **Champs-Elysées** *(f.,pl.)* [leʃɑ̃zelize] *II* – grand boulevard in Paris
un **chandail** [ɛ̃ʃɑ̃daj] *VIII* – a sweater
un **changement** [ɛ̃ʃɑ̃ʒmɑ̃] *32b* – a change
changer qc [ʃɑ̃ʒe] *22a* – to change
une **chanson** [ynʃɑ̃sɔ̃] *1b* – a song
le **chant** [ləʃɑ̃] *40b* – the song
chanter [ʃɑ̃te] *2a* – to sing
une **chanteuse** [ynʃɑ̃tøz] *I* – a singer *(f.)*
un **chantier** [ɛ̃ʃɑ̃tje] *19b* – a work site
une **charcuterie** [ynʃaʀkytʀi] *7b* – a pork butcher's
les **charges** *(m.,pl.)* [leʃaʀʒ] *32a* – (here) the additional costs
une **charlotte au chocolat** [ynʃaʀlɔtoʃɔkɔla] *14b* – a chocolate charlotte cake
charmant/e [ʃaʀmɑ̃,-t] *18a* – charming
chaque [ʃak] *21b* – each
un **château/des châteaux** [ɛ̃ʃato/deʃato] *27a* – a castle/castles
chaud/e [ʃo,-d] *3b* – warm, hot
  elle a chaud [ɛlaʃo] *I* – she is hot, warm
un **chauffage** [ɛ̃ʃofaʒ] *10b* – a heater
un **chauffeur de bus** [ɛ̃ʃofœʀdəbys] *II* – a bus driver
une **chaussure** [ynʃosyʀ] *16a* – a shoe
  une chaussure de marche [ynʃosyʀdəmaʀʃ] *36b* – a hiking shoe
un **chemin** [ɛ̃ʃ(ə)mɛ̃] *19b* – a road
  un chemin de vie [ɛ̃ʃ(ə)mɛ̃dəvi] *19b* – a path in life
une **chemise (à fleur)** [ynʃəmizaflœʀ] *29a* – a (flowered) shirt
un **chèque** [ɛ̃ʃɛk] *12a* – a check
  par chèque [paʀʃɛk] *12a* – by check
cher/chère [ʃɛʀ/ʃɛʀ] *8b* – expensive
  11a – dear
chercher qc [ʃɛʀʃe] *6a* – to look for/search for something
  aller chercher [aleʃɛʀʃe] *22a* – to get
chéri/chérie [ʃeʀi] *9a* – dear
un **cheval/des chevaux** [ɛ̃ʃ(ə)val/deʃ(ə)vo] *IV* – a horse/horses
un **cheveu/des cheveux** [ɛ̃ʃ(ə)vø/deʃ(ə)vø] *20a* – a hair/hairs
chez [ʃe] *9a* – at the house of
un **chien** [ɛ̃ʃjɛ̃] *24b* – a dog
la **Chine** [laʃin] *33a* – China
chinois/e [ʃinwa,-z] *36a* – Chinese
le **chocolat** [ləʃɔkɔla] *P* – the chocolate
  un chocolat chaud [ɛ̃ʃɔkɔlaʃo] *3b* – a hot chocolate

choisir qc [ʃwaziʀ] *14a* – to choose something
le chômage [ləʃomaʒ] *29b* – the unemployment
   être au chômage [ɛtʀoʃomaʒ] *29b* – to be out of work
une chorale [ynkɔʀal] *2a* – a choir / chorus
une chose [ynʃoz] *33b* – a thing
   pas grand-chose [pagʀɑ̃ʃoz] *31b* – nothing special
la choucroute [laʃukʀut] *14b* – sauerkraut
chouette *(fam.)* [ʃwɛt] *1a* – neat / cool *(coll.)*
chut, chut ! [ʃ(y)t] *27a* – shhh!
le ciel [lasjɛl] *20b* – the sky
Cilaos [silaɔs] *12b* – plateau on La Réunion
le cinéma [ləsinema] *II* – the movies
   le cinoche *(fam.)* [ləsinɔʃ] *19a* – the flick / movie *(coll.)*
les cinquièmes [lesɛ̃kjɛm] *32a* – school grade corresponding
   to the seventh year
un cintre [ɛ̃sɛ̃tʀ] *10b* – a coathanger
circuler [siʀkyle] *12a* – to circulate
le cirque [ləsiʀk] *IV* – the circus
un cirque [ɛ̃siʀk] *36a* – a cirque / basin-shaped valley
claire [klɛʀ] *20b* – light
une clarinette [ynklaʀinɛt] *P* – a clarinet
un/une clarinettiste [ɛ̃/ynklaʀinɛtist] *1a* – a clarinettist
une classe [ynklas] *32a* – a class *(in school)*
classique [klasik] *III* – classical
un clavier [ɛ̃klavje] *26b* – a keyboard
une clef / clé [ynkle] *10a* – a key
un client [ɛ̃klijɑ̃] *III* – (here) a guest
le climat [ləklima] *III* – the climate
une cloche [ynklɔʃ] *37b* – a bell
un clocher [ɛ̃klɔʃe] *13b* – a bell tower
un clown [ɛ̃klun] *IV* – a clown
un coca(-cola) [ɛ̃kɔka(kɔla)] *3b* – a Coca-Cola
un cochon [ɛ̃kɔʃɔ̃] *37b* – a pig
un cocon [ɛ̃kɔkɔ̃] *23b* – a cocoon
le cœur [ləkœʀ] *18b* – the heart
   avoir mal au cœur [avwaʀmalokœʀ] *18b* – to feel sick
un coffre [ɛ̃kɔfʀ] *22a* – (here) a car trunk
un cognac [ɛ̃kɔɲak] *3b* – a cognac
coiffer [kwafe] *31a* – (here) to do one's hair
un/e coiffeur/euse [ɛ̃/ynkwafœʀ/-øz] *1b* – a hairdresser *(m. or f.)*
un coin [ɛ̃kwɛ̃] *27b* – a corner
   un coin cuisine [ɛ̃kwɛ̃kɥizin] *27b* – a corner kitchen
la colère [lakɔlɛʀ] *20b* – the anger
un collège [ɛ̃kɔlɛʒ] *19b* – secondary school for all 11-15-year-
   old students
une colline [ynkɔlin] *III* – a hill
Cologne [kɔlɔɲ] *I* – Cologne, Germany
combien [kɔ̃bjɛ̃] *7a* – how much / many
   combien de temps [kɔ̃bjɛ̃dətɑ̃] *10a* – how long
une comédie [ynkɔmedi] *21b* – a play / comedy
commander qc [kɔmɑ̃de] *I* – (here) to order something
comme [kɔm] *14a* – as
comme [kɔm] *III* – like
commencer qc [kɔmɑ̃se] *II* – to begin / start something
comment [kɔmɑ̃] *2a* – how
   Comment allez-vous ? [kɔmɑ̃talevu] *2b* – How are you?
   Comment ça va ? [kɔmɑ̃sava] *2a* – How's it going?
une commode [ynkɔmɔd] *27b* – a chest of drawers
une communication [ynkɔmynikasjɔ̃] *9b* – a communication
une compagnie (aérienne) [ynkɔ̃paɲiaeʀjɛn] *30b* – an airline
un compartiment [ɛ̃kɔ̃paʀtimɑ̃] *12a* – a compartment
   un compartiment non-fumeurs [ɛ̃kɔ̃paʀtimɑ̃nɔ̃fymœʀ] *12a* –
   a non-smoking compartment
complet/-ète [kɔ̃plɛ,-ɛt] *22b* – full
complètement [kɔ̃plɛtmɑ̃] *20b* – completely
comprendre qc [kɔ̃pʀɑ̃dʀ] *8b* – to understand something
compris/e [kɔ̃pʀi,-z] *10a* – (here) including
   non compris/e [nɔ̃kɔ̃pʀi,-z] *10a* – not included
un concert [ɛ̃kɔ̃sɛʀ] *P* – a concert
un concours [ɛ̃kɔ̃kuʀ] *25b* – a competition
   faire **confiance à qn** [fɛʀkɔ̃fjɑ̃s] *25a* – to trust someone
confirmer qc [kɔ̃fiʀme] *II* – to confirm something
confortable [kɔ̃fɔʀtabl] *16b* comfortable

une conjugaison [ynkɔ̃ʒygɛzɔ̃] *17a* – a conjugation
une connaissance [ynkɔnɛsɑ̃s] – an acquaintance
   faire la connaissance de qn [fɛʀlakɔnɛsɑ̃s] *11b* – to meet
   someone
connaître qn [kɔnɛtʀ] *23b* – to know someone
se consacrer à qc [səkɔ̃sakʀe] *19b* – to devote oneself to
   something
la conscience [lakɔ̃sjɑ̃s] *34a* – the conscience
conseiller qc à qn [kɔ̃seje] *18b* – to advise someone of something
considérer comme [kɔ̃sideʀe] *V* – to consider as
une consigne de sécurité [ynkɔ̃siɲdəsekyʀite] *30b* – a safety
   instruction / regulation
construire [kɔ̃stʀɥiʀ] *35a* – to construct
une consultation [ynkɔ̃syltasjɔ̃] *18b* – an examination *(at the doctor's)*
contacter qn [kɔ̃takte] *34a* – to contact someone
content/e [kɔ̃tɑ̃,-t] *9b* – happy, pleased
continuer [kɔ̃tinɥe] *13b* – to continue
un contraste [ɛ̃kɔ̃tʀast] *12b* – a contrast
contrôler qc [kɔ̃tʀole] *II* – to check something
une conversation [ynkɔ̃vɛʀsasjɔ̃] *33b* – a conversation
un copain *(fam.)* [ɛ̃kɔpɛ̃] *17b* – a buddy / pal *(coll.)*
un coq [ɛ̃kɔk] *37b* – a rooster
   le coq au vin [ləkɔkovɛ̃] *14b* – chicken in cooked in red wine
cordialement [kɔʀdjalmɑ̃] *11b* – sincerely *(closing of letter)*
un cordon-bleu *(fam.)* [ɛ̃kɔʀdɔ̃blø] *39a* – a good cook *(coll.)*
une correspondance [ynkɔʀɛspɔ̃dɑ̃s] *30b* – a connection
un/e correspondant/e [ɛ̃/ynkɔʀɛspɔ̃dɑ̃,-t] *29a* – a pen pal
   (m. or f.)
corse/corse [kɔʀs] *4a* – Corsican
un costume [ɛ̃kɔstym] *16b* – a suit
une côte [ynkot] *19b* – a coast
à côté de [akote] *13b* – beside, next to
   de l'autre côté de [dəlotʀ(ə)kote] *22a* – on the other side of
le cou [ləku] *18b* – the neck
se coucher [səkuʃe] *VIII* – (here) to go down (sun) / to go to bed
une couette [ynkwɛt] *10b* – a quilt / comforter
une couleur [ynkulœʀ] *20a* – a color
un coup de soleil [ɛ̃kudəsɔlɛj] *33b* – sunstroke
un coup de téléphone [ɛ̃kudatelefɔn] *VIII* a phone call
couper qc [kupe] *VIII* – to cut something
coupé/e [kupe] *14b* – cut
un coupon [ɛ̃kupɔ̃] *III* – a coupon
un cours [ɛ̃kuʀ] *19a* – a course
   un cours de guitare [ɛ̃kuʀdəgitaʀ] *17b* – a guitar lesson
les courses *(f.,pl.)* [lekuʀs] *7a* – the errands
   faire les courses [fɛʀlekuʀs] *7a* – to go shopping
un coursier à roulettes [ɛ̃kuʀsjearulɛt] *34b* – a roller skate
   courier
court/e [kuʀ,-t] *VI* – short
un couscous [ɛ̃kuskus] *4b* – (a) couscous (north African
   national dish made with semolina)
un cousin [ɛ̃kuzɛ̃] *18a* – a cousin (m.)
une cousine [ynkuzin] *18a* – a cousin (f)
un couteau/des couteaux [ɛ̃kuto/dekuto] *15a* – a knife/knives
coûter [kute] *7a* – to cost
un couvent [ɛ̃kuvɑ̃] *VII* – a convent
une couverture [ynkuvɛʀtyʀ] *10b* – a blanket
un crabe [ɛ̃kʀab] *14a* – a crab
craindre [kʀɛ̃dʀ] *34b* – to fear, be afraid of
une crèche [ynkʀɛʃ] *31b* – a crib
une crème fraîche [ynkʀɛmfʀɛʃ] *14b* – sour cream
une crème solaire [ynkʀɛmsɔlɛʀ] *36b* – sun lotion
créole/créole [kʀeɔl] *11a* – creole
une crêpe [ynkʀɛp] *6b* – a crêpe *(thin pancake)*
une crêperie [ynkʀɛpʀi] *11b* – a crêperie (a restaurant that
   serves primarily crepes)
crevé/e *(fam.)* [kʀəve] *13a* – beat, dead tired *(coll.)*
une crise [ynkʀiz] *26b* – a crisis
croire [kʀwaʀ] *15b* – to believe
un croissant [ɛ̃kʀwasɑ̃] *7b* – a croissant
un croque-madame *(inv.)* [ɛ̃kʀɔkmadam] *3a* – a grilled sandwich made with cheese, ham, and egg

un croque-monsieur *(inv.)* [ɛ̃kʀɔkməsjø] *3a* – a grilled sandwich made with cheese and ham
cubiste [kybist] *20a* – cubist
cueillir [kœjiʀ] *VIII* – to gather; (here) to find
une cuillère [ynkɥijɛʀ] *14b* – a spoon
 une cuillère à café [ynkɥijɛʀakafe] *14b* – a coffee spoon
 une petite cuillère [ynpətitkɥijɛʀ] *III* – a teaspoon
 une cuillère à soupe [ynkɥijɛʀasup] *14b* – a soup spoon
cuire [kɥiʀ] *14b* – to cook
une cuisine [ynkɥizin] *7a* – a kitchen
cuisiner [kɥizine] *39a* – to cook
cuit/e [kɥi,-t] *15b* – cooked
 bien cuit [bjɛ̃kɥi] *15b* – well done
cultivé/e [kyltive] *21a* – cultivated
cultiver [kyltive] *32b* – (here) to take care of
la culture [lakyltyʀ] *I* – culture
culturel/le [kyltyʀɛl] *21a* – cultural
curieux/-se [kyʀjø,-øz] *29a* – curious

d'abord [dabɔʀ] *15a* – first, at first
d'accord [dakɔʀ] *9a* – agreed, OK
d'ailleurs [dajœʀ] *20b* – besides
dans [dɑ̃] *1a* – in, into
danser [dɑ̃se] *2a* – to dance
une date [yndat] *1b* – a date *(in time)*
 une date de naissance [yndatdənɛsɑ̃s] *1b* – a date of birth
de/d' [də/d] *1b* – principal meaning: of, from
 un professeur de musique [ɛ̃pʀɔfɛsœʀdəmyzik] *1b* – a music teacher *(m. and f.)*
 une école de musique [ynekɔldəmyzik] *6a* – a music school
 je suis de Trèves [ʒəsɥidətʀɛv] *4a* – I am from Trier
Deauville [dovil] *21a* – Deauville (seaside resort on the Normandy coast)
débordé/e [debɔʀde] *31a* – overloaded, overwhelmed
debout [dəbu] *27a* – standing
un début [ɛ̃deby] *39a* – a start, beginning
 au début (de qc) [odeby] *33b* – at the start *(of something)*
un/e débutant/e [ɛ̃/yndebytɑ̃,-t] *17b* – a beginner *(m. and f.)*
débuter [debyte] *23b* – to begin/start
un décalage horaire [ɛ̃dekalaʒɔʀɛʀ] *12b* – a time lag
décembre *(m.)* [desɑ̃bʀ] *6a* – December
décider de [deside] *34a* – to decide to
déclarer [deklaʀe] *22b* – to declare
un décollage [ɛ̃dekɔlaʒ] *30b* – a takeoff/beginning
un décor [ɛ̃dekɔʀ] *27a* – a decor
découvrir qc [dekuvʀiʀ] *11b* – to discover something
déçu/e [desy] *26a* – disappointed
un défilé [ɛ̃defile] *6b* – (here) a military parade
une dégustation [yndegystasjɔ̃] *12b* – a taste of wine
déguster [degyste] *12b* – to taste, sample
un déjeuner [ɛ̃deʒœne] *15a* – a lunch
déjeuner [deʒœne] *25b* – to have lunch
délicieux/-se [delisjø,-øz] *15a* – delicious
un deltaplane [ɛ̃deltaplan] *IV* – a hang glider
demain [dəmɛ̃] *9a* – tomorrow
une demande d'emploi [yndəmɑ̃ddɑ̃plwa] *29b* – an application for work
un démarrage [ɛ̃demaʀaʒ] *23b* – (here) a start
déménager [demenaʒe] *29b* – to move *(change residence)*
une demi-pension [yndəmipɑ̃sjɔ̃] *II* – half-board
démissionner [demisjɔne] *32a* – to resign
démoraliser [demɔʀalize] *31a* – (here) to depress
un dépanneur [ɛ̃depanœʀ] *22a* – an auto mechanic
un départ [ɛ̃depaʀ] *12b* – a departure
 au départ de [odepaʀ] *III* – starting at/with
un département [ɛ̃depaʀtəmɑ̃] *5a* – a department
dépendre [depɑ̃dʀ] – to depend
 Ça dépend. [sadepɑ̃] *7a* – That depends.
en déplacement [ɑ̃deplasmɑ̃] *9b* – away (e.g., on business)
être déprimé/e [ɛtʀdepʀime] *32a* – to be depressed
depuis [dəpɥi] *9a* – since, for
déraciné/e [deʀasine] *VIII* – uprooted
dernier/-ière [dɛʀnje,-ɛʀ] *19b* – last
désagréable [dezagʀeabl] *32a* – unpleasant, disagreeable

descendre [desɑ̃dʀ] *19a* – to go out, down
un descriptif [ɛ̃dɛskʀiptif] *24b* – a description
désespéré/e [dezɛspeʀe] *35b* – desperate
désirer qc [deziʀe] *3a* – to desire something
désolé/e [dezɔle] *9b* – very sorry
 je suis désolé/e [ʒəsɥidezɔle] *9b* – I'm terribly sorry
un dessert [ɛ̃desɛʀ] *14a* – a dessert
le dessin [lədesɛ̃] *20a* – the drawing
un dessinateur [ɛ̃desinatœʀ] *20b* – an illustrator
dessiner [desine] *IV* – to draw
à destination de [adɛstinasjɔ̃] *30b* – toward, headed for
détester qc [detɛste] *8b* – to despise/be unable to stand something
la détresse [ladetʀɛs] *36b* – the distress
 un signal de détresse [ɛ̃siɲaldədetʀɛs] *36b* – a distress signal
le/la deuxième [lə/ladøzjɛm] *10a* – the second
devant [dəvɑ̃] *13b* – before *(spatial)*
devenir [dəvniʀ] *29b* – to become
devoir [dəvwaʀ] *26b* – to have to /must
un dialogue [ɛ̃dialɔg] *40a* – a dialogue
un dictionnaire [ɛ̃diksjɔnɛʀ] *13a* – a dictionary
Dieu *(m.)* [djø] *15b* – God
différent/e [difeʀɑ̃,-t] *35b* – different
difficile [difisil] *17a* – difficult
un digestif [ɛ̃diʒɛstif] *3b* – an after-dinner drink
dimanche *(m.)* [dimɑ̃ʃ] *6b* – Sunday
un dîner [ɛ̃dine] *15a* – a dinner
un directeur [ɛ̃diʀɛktœʀ] *11a* – a director
une discothèque [yndiskɔtɛk] *21b* – a discotheque
une discussion [yndiskysjɔ̃] *38a* – a discussion
discuter [diskyte] *I* – to converse/discuss
une disquette [yndiskɛt] *26b* – a diskette
la diversité [ladivɛʀsite] *12b* – the diversity
le divorce [lədivɔʀs] *19a* – the divorce
une dizaine de [yndizɛn] *29b* – (around) ten
dommage ! [dɔmaʒ] *8a* – too bad!
donner qc à qn [dɔne] *II* – to give someone something
 donner le bonjour à qn [dɔneləbɔ̃ʒuʀ] *17a* – to greet someone
dont [dɔ̃] *27a* – whose *(relative pron.)*
doré/e [dɔʀe] *VI* – gilded, golden
dorer [dɔʀe] *14b* – to brown
dormir [dɔʀmiʀ] *32a* – sleep
le dos [lədo] *18b* – the back
le Doubs [lədu] *IV* – department and river in eastern France
une douche [ynduʃ] *10a* – a shower
doux/douce [du,-s] *32b* – (here) gratifying
doux/douce [du,-s] *40b* – sweet
le droit [lədʀwa] *38b* – the right
la droite [ladʀwat] *3a* – the right side
 sur la droite [syʀladʀwat] *13a* – on the right
drôle [dʀol] *34a* – hier: (here) comical
Dunkerque [dɛ̃kɛʀk] *I* – Dunkirk (city in northern France)
dur/e [dyʀ] *37b* – hard
la durée [ladyʀe] *12b* – the duration
durer [dyʀe] *12b* – to last

E
l'eau *(f.)* [lo] *25b* – the water
 l'eau minérale [lomineʀal] *3b* – the mineral water
 l'eau minérale gazeuse [lomineʀalgazøz] *III* – the carbonated mineral water
s'écarter de [sekaʀte] *36b* – to distance oneself from
en échange (de) [ɑ̃neʃɑ̃ʒ] *39a* – in exchange for
les échecs *(m.,pl.)* [lezeʃɛk] *17b* – chess
une éclipse de soleil [yneklipsdəsɔlɛj] *VII* – a solar eclipse
une école [ynekɔl] *6a* – a school
 une école de musique [ynekɔldəmyzik] *6a* – a music school
 l'école maternelle [lekɔlmatɛʀnɛl] *19b* – the Kindergarten
 l'école primaire [lekɔlpʀimɛʀ] *19b* – the elementary school
 Ecole Nationale d'Administration (ENA) [ekɔlnasjɔnaldadministʀasjɔ̃] *19b* – National Administration School
un/e écologiste [ɛn/ynekɔlɔʒist] *8b* – an ecologist *(m. and f.)*
l'économie *(f.)* [lekɔnɔmi] *23b* – the economy

l'Ecosse (f.) [lekɔs] 34a – Scotland
écouter qc/qn [ekute] VI – to listen to someone or something
un écran [ɛ̃nekrã] 26b – a screen
écrire à qn [ekrir] 11a – to write to someone
une église [ynegliz] 13b – a church
élégant/e [elegã,-t] 16a – elegant
un/e élève [ɛ̃/ynelɛv] 32a – a pupil (m. and f.)
un embarquement [ɛ̃nãbarkəmã] 30b – a boarding (onto a plane)
embrasser qn [ãbrase] VIII – to hug / kiss someone
emmener qn 22b – to take
empêcher qn de faire qc [ãpeʃe] 35a – to keep someone from doing something
un emplacement [ɛ̃nãplasmã] 24b – a site
un/e employé/e [ɛ̃n/ynãplwaje] 12a – an employee (m. and f.)
employé/e [ãplwaje] 29b – employed
emprunter qc [ãprɛ̃te] 31b – to borrow
en [ã] 4a – various meanings: as preposition:
  en allemand [ãnalmã] 4a – in German
  en banlieue (f.) [ãbãljø] 8b – in the suburbs
  en Bretagne [ãbrətaɲ] 5b – in Brittany
  en octobre [ãnɔktɔbr] 6a – in October
  En route pour... [ãrutpur] 17a – enroute to…
  en train [ãtrɛ̃] 8b – by train
en [ã] II – as pronoun:
  je vous en remercie [ʒəvuzãrəmɛrsi] II – Thank you for that
enceinte [ãsɛ̃t] 33a – pregnant
Enchanté/e ! [ãʃãte] P – Glad to meet you
un enchantement [ɛ̃nãʃãtmã] 38a – a delight
encore [ãkɔr] 9a – still
  C'est encore moi. [sɛtãkɔrmwa] 9a – It's me again
encourager qn [ãkuraʒe] 31a – to encourage someone
l'énergie (f.) [lenɛrʒi] 31a – the energy
l'enfance (f.) [lãfãs] 19a – the childhood
un enfant [ɛ̃nãfã] 18a – a child
enfiler qc [ãfile] 38a – to put something on
enfin [ãfɛ̃] III – finally
s'ennuyer [sãnɥije] 33b – to be bored
ennuyeux/-se [ãnɥijø,-øz] 25b – boring
ensoleillé/e [ãsɔleje] 27a – sunny
ensuite [ãsɥit] 13b – then, next
entendre qc [ãtãdr] 33b – to hear something
  entendu [ãtãdy] 14a – (here) agreed
enterrée [ãtere] V – buried
s'enterrer [sãtere] 37b – to be buried
une entrée [ynãtre] 14b – an appetizer
une entreprise [ynãtrəpriz] 34b – an enterprise
entrer [ãtre] 19a – to enter
un entretien d'embauche [ɛ̃nãtrətjɛ̃dãboʃ] 29b – a job interview
envahir [ãvair] 39b – to invade
avoir envie (f.) de faire qc [avwarãvi] 8a – to feel like doing something
envoyer [ãvwaje] 24b – to send
environ [ãvirɔ̃] 14b – around
épicé/e [epise] 12b – spicy
une épicerie [ynepisri] 7b – a food store
une époque [ynepɔk] 20b – an epoch
  à cette époque-là [asɛtepɔkla] 21a – at that time
  d'époque [depɔk] 27a – from that time
l'équitation (f.) [lekitasjɔ̃] IV – riding (horse)
une erreur [ynɛrœr] 35a – a mistake
faire escale (f.) à [fɛreskal] 25a – to have a stopover
un escalier [ɛ̃nɛskalje] 27a – a staircase
une escalope de dinde [ynɛskalɔpdədɛ̃d] 14b – turkey escalope
l'espace (m.) [lɛspas] 15a – the space area
des espadrilles (f.) [dezɛspadrij] 36b – espadrilles
espérer [ɛspere] 22a – to hope
l'espoir (m.) [lɛspwar] 28b – the hope
essayer qc [eseje] 16a – to try something
l'essence (f.) [lesãs] 22a – the gasoline
est-ce que [ɛskə] 3a – question formula
estival/e [ɛstival] 25b – summer (adj.)

et [e] 2a – and
un étage [ɛ̃netaʒ] 10a – a floor, story
une étape [ynetap] 33a – a stage
les Etats-Unis (f.,pl.) [lezetazuni] 4b – The United States
l'été (m.) [lete] 6b – the summer
l'étranger (m.) [letrãʒe] 24a – overseas
être [ɛtr] 1a – to be
  c'est [sɛ] 1a – that is
l'étude (f.) [letyd] IV – study hall
les études (f.,pl.) [lezetyd] 9b – the studies
étudier [etydje] 20b – to study
euh... [ø] 10a – uhh…(expression of hesitation)
l'Europe (f.) [lørɔp] 19a – Europe
un e-mail [ɛ̃nimel] 26b – an E-mail
l'éveil (m.) musical [levɛjmyzikal] 40b – early musical instruction
évidemment [evidamã] 20a – of course, obviously
évident [evidã] 11a – evident
exactement [ɛgzaktəmã] 22b – exactly
exagéré/e [ɛgzaʒere] 28b – exaggerated
un examen [ɛ̃gzamɛ̃] 26b – an exam
excellent/e [ɛksɛlã,-t] 14a – excellent
exceptionel/le [ɛksɛpsjɔnɛl] 32b – exceptional
par exemple (m.) [parɛgzãpl] 24a – for example
un exercice [ɛ̃nɛgzɛrsis] 17b – an exercise
en exil (m.) [ãnɛgzil] 27a – in exile
expliquer [ɛksplike] 24b – to explain something
exposer [ɛkspoze] 20b – to exhibit
une exposition [ynɛkspozisjɔ̃] III – an exhibition
un expresso [ɛ̃nɛkspreso] 3b – an expresso
extrêmement [ɛkstrɛməmã] 23b – extremely

(F)

fabriquer [fabrike] 23b – to make
face à [fas] 13b – facing
  en face de [ãfas] 13b – across from
une facture [ynfaktyr] III – a bill
avoir faim (f.) [avwarfɛ̃] 3a – to be hungry
faire [fɛr] 7a – to make, do
  Ça fait combien ? [safɛkɔ̃bjɛ̃] 7a – How much is that?
  faire les courses [fɛrlekurs] 7a – to go shopping
  faire la cuisine [fɛrlakɥizin] 7a – to cook
  faire un gâteau [fɛrɛ̃gato] 7a – to bake a cake
  faire le ménage [fɛrləmenaʒ] 7a – to do the housework
  faire le plein [fɛrləplɛ̃] 7a – to fill the gas tank
  faire le tour du monde [fɛrləturdymɔ̃d] 33a – to travel around the world
  faire la vaisselle [fɛrlavɛsɛl] 7a – to wash the dishes
  faire les valises [fɛrlevaliz] 22a – to pack the bags
  il fait beau [ilfɛbo] 11b – It's nice out.
  il fait chaud [ilfɛʃo] 11b – It's warm / hot out.
  il fait froid [ilfɛfrwa] 10b – It's cold out.
  Vous faites du combien ? [vufɛtdykɔ̃bjɛ̃] 16a – What size shoe do you wear?
  Ne t'en fais pas. [nətãfɛpa] 26b – Don't worry.
une falaise [ynfalɛz] IV – a cliff
une famille [ynfamij] 5b – a family
farci/e [farsi] 14a – stuffed
fatigable [fatigabl] 23b – fatigable
fatigant/e [fatigã,-t] 19b – tiring
la fatigue [lafatig] VIII – the fatigue
fatigué/e [fatige] I – tired
la faune [lafon] IV – the fauna
faux/fausse [fo/fos] 20a – false
un fauteuil [ɛ̃fotœj] 27b – an armchair
les félicitations (f.,pl.) [lefelisitasjɔ̃] 5b – the congratulations
une femme [ynfam] 2b – a woman
  une femme de chambre [ynfamdəʃãbr] 10b – a cleaning lady
fendu/e [fãdy] 14b – cut up
une ferme [ynfɛrm] 25a – a farm
la fermeture [lafɛrmətyr] 38a – the closing
fermé/e [fɛrme] 38a – closed
une fête [ynfɛt] 6b – ea celebration
  la fête des mères [lafɛtdemɛr] 6b – Mother's Day
  la fête de la musique [lafɛtdəlamyzik] 1b – the music festival
  la fête nationale [lafɛtnasjɔnal] 6b – the national holiday

la fête du travail [lafɛtdytʀavaj] 6b – May Day
fêter qc [fɛte] 5a – to celebrate something
un feu [ɛ̃fø] 6b – a fire
à **feu doux** [afødu] 14b – on low heat
une feuille de soins [ynfœjdəswɛ̃] 18b – a health form (at doctor's)
février (m.) [fevʀije] 6a – February
une fiche [ynfiʃ] 24b – a sheet (paper)
fier/fière [fjɛʀ] 39b – proud
la fièvre [lafjɛvʀ] 18b – the fever
une fille [ynfij] 18a – a daughter/girl
un film [ɛ̃film] III – a film
un film fantastique [ɛ̃filmfãtastik] III – a horror movie
un fils [ɛ̃fis] 33a – a son
la fin [lafɛ̃] 23a – the end
finalement [finalmã] 33a – (here) finally
les finances (f.,pl.) [lefinãs] 17a – the finances
finir qc [finiʀ] 12b – to stop / finish something
flamber [flãbe] 14b – to flame
une fleur [ynflœʀ] III – a flower
fleuri/e [fløʀi] VI – flowered
un fleuriste [ɛ̃flœʀist] 38a – a florist
la flore [laflɔʀ] IV – the flora
la Floride [laflɔʀid] II – Florida
une flûte traversière [ynflyttʀavɛʀsjɛʀ] 40b – a transverse flute
le foie gras [ləfwagʀa] III – liver pâté
une foire à la brocante [ynfwaʀalabʀɔkãt] 27b – a second-hand market
une fois [ynfwa] 24a – once
à chaque fois [aʃakfwa] 21a – every time
une folie [ynfɔli] 16a – an act of folly
fonctionner [fõksjɔne] 22a – to function, work
un fondateur [ɛ̃fõdatœʀ] 23b – a founder
fonder [fõde] 20b – to found
une fondue [ynfõdy] 4b – a fondue (Swiss specialty)
le foot(ball) [ləfut(bol)] 17b – soccer
une forêt [ynfɔʀɛ] VI – a forest
une forêt vierge [ynfɔʀɛvjɛʀʒ] 12b – a virgin forest
forestier/-ière [fɔʀɛstje,-ɛʀ] III – forest (adj.)
un forfait [ɛ̃fɔʀfɛ] 25b – a fixed rate, estimated price
la formalité [lafɔʀmalite] 12b – the formality
une formation [ynfɔʀmasjõ] 19b – a training course
formidable [fɔʀmidabl] 27a – great
en pleine **forme** [ãplɛnfɔʀm] 18a – in great shape
une formule [ynfɔʀmyl] 24b – a kind
fort/e [fɔʀ,-t] 19a – strong
fou/folle [fu/fɔl] 20a – crazy
une fourchette [ynfuʀʃɛt] 15a – a fork
en **fourrière** [ãfuʀjɛʀ] 22b – towed away
une fraise [ynfʀɛz] 15a – a strawberry
un/e Français/e [ɛ̃fʀãsɛ/ynfʀãsɛz] 4a – a French man / woman
français/e [fʀãsɛ,-z] 4a – French
le français [ləfʀãsɛ] IV – French (school subject)
la France [lafʀãs] 4b – France
franco-irlandais/e [fʀãkoiʀlãdɛ,-ɛz] 4a – French-Irish
francophone [fʀãkofɔn] V – French speaking
un frangin (fam.) [ɛ̃fʀãʒɛ̃] 18a – a brother (coll.)
une frangine (fam.) [ynfʀãʒin] 18a – a sister (coll.)
une frangipane [ynfʀãʒipan] 6b – frangipancake (for the Three Kings)
un frein à main [ɛ̃fʀɛ̃amɛ̃] V – a handbrake
un frère [ɛ̃fʀɛʀ] 18a – a brother
les frères et sœurs [lesfʀɛʀesœʀ] 19a – the brothers and sisters
le fric (fam.) [ləfʀik] 19a – the money (coll.)
frire [fʀiʀ] VIII – to fry (in butter or oil)
les frites (f.,pl.) [lefʀit] 14b – the French fries
froid/e [fʀwa,-d] III – cold
avoir froid [avwaʀfʀwa] I – to be cold
Vous avez froid ? [vuzavefʀwa] I – Are you cold?
le froid [ləfʀwa] 20b – the cold
le fromage [ləfʀɔmaʒ] 15a – the cheese
le fromage de chèvre [ləfʀɔmaʒdəʃɛvʀ] III – the goat cheese

un fruit [ɛ̃fʀɥi] 14a – a fruit
un fruit de l'arbre à pain [ɛ̃fʀɥidəlaʀbʀapɛ̃] 14a – a bread-fruit
les fruits de mers [lefʀɥidəmɛʀ] 10b – the seafood

(G)
gagner qc [gaɲe] 8a – to win something
gagner au loto [gaɲeolɔto] 17b – to win the lottery
gagner qc [gaɲe] 17a – to earn something
gai/e [ge/gɛ] 23b – happy
les galeries (f.,pl.) **Lafayette** [legalʀilafajɛt] 13a – famous department store in Paris
un garage [ɛ̃gaʀaʒ] I – a garage / repair shop
un garçon [ɛ̃gaʀsõ] 3b – a boy / a waiter
garder qc [gaʀde] 30a – to keep something
une gare [yngaʀ] II – a train station
la gare de l'Est [lagaʀdəlɛst] 12a – a Paris train station
garer [gaʀe] 22b – to park
la gastronomie [lagastʀɔnɔmi] III – the gastronomy
un gâteau/des gâteaux [ɛ̃gato/degato] 3b – a cake / cakes
un gâteau au citron [ɛ̃gatoositʀõ] 7a – a lemon cake
un gâteau Forêt-Noire [ɛ̃gatofɔʀɛnwaʀ] 7a – a Black Forest cake
sur **la gauche** [syʀlagoʃ] 13a – on the left
à **gauche** [agoʃ] 13a – left
géant/e [ʒeã,-t] 34b – gigantic, giant
les Gémeaux (m.,pl.) [leʒemo] 32b – Gemini (Zodiac)
gênant/e [ʒenã,-t] 35b – unpleasant
gêner [ʒene] III – to bother / annoy
une génération [ynʒeneʀasjõ] 31b – a generation
Genève [ʒənɛv] 4a – Geneva
la gendarmerie [laʒãdaʀməʀi] 22b – the police
un gendre [ɛ̃ʒãdʀ] 18a – a son-in-law
pas mon **genre** [pamõʒãʀ] 29b – not my type
les gens (m.,pl.) [leʒã] 24b – the people
une girafe [ynʒiʀaf] P – a giraffe
un gîte rural [ɛ̃ʒitʀyʀal] 24b – a vacation house
Giverny [ʒivɛʀny] 20b – place between Paris and Rouen (Claude Monet Museum)
une glace [ynglas] 14a – an ice cream
le golf [ləgɔlf] 17b – golf
la gorge [lagɔʀʒ] 18b – the throat
une gourde [ynguʀd] 36b – a canteen
gourmand/e [guʀmã,-d] 26a – gourmand
un gourmet [ɛ̃guʀmɛ] 26a – a gourmet
une gousse de vanille [yngusdəvanij] 14b – a pod of vanilla
le goût [ləgu] 15b – the taste
goûter qc [gute] 15b – to taste something
le gouvernement [ləguvɛʀnəmã] I – the government
une grammaire [yngʀamɛʀ] 40a – a grammar book
grand/e [gʀã,-d] 6a – big, large
grandir [gʀãdiʀ] 18a – to grow/become big
une grand-mère [yngʀãmɛʀ] 18a – a grandmother
les grands-parents (m.,pl.) [legʀãpaʀã] 18a – the grandparents
un grand-père [ɛ̃gʀãpɛʀ] 18a – a grandfather
grappiller [gʀapije] 38b – (here): to scrape together
grave [gʀav] V – serious
la Grèce [lagʀɛs] 33a – Greece
un grenier [ɛ̃gʀənje] 27b – an attic
une grève [yngʀɛv] 22b – a strike
faire grève [fɛʀgʀɛv] 32a – to strike
la grippe [lagʀip] 18b – the grippe
gris/e [gʀi,-z] 16b – gray
gros/se [gʀo,-s] 6a – fat
grossir [gʀosiʀ] 18a – to become fat(ter)
une guerre [yngɛʀ] 28b – a war
un guichet [ɛ̃giʃɛ] 21b – (here) theater ticket window
un guichet [ɛ̃giʃɛ] 30b – a ticket window
un guide [ɛ̃gid] I – a travel guide (also a book)
guidé/e [gide] 13b – (here) guided
une guitare [yngitaʀ] P – a guitar

(H)
habiller [abije] 31a – to dress
un habitant [ɛ̃nabitã] III – an inhabitant
habiter [abite] 5a – to live

comme d'**habitude** [kɔmdabityd] *11b* – as usual
habituel/le [abityɛl] *32a* – habitual, accustomed
un hamburger [ɛ̃nãburgɛr] *3b* – a hamburger
Hanovre [anɔvr] / Hanover
l'harmonie *(f.)* [larmɔni] *VIII* – the harmony
haut/e [o/ot] *16a* – high
Le Havre [lǝavr] *21a* – Le Havre (large port city at the mouth of the Seine)
un hébergement [ɛ̃nebɛrʒǝmã] *24b* – an accommodation/lodging
un hebdomadaire [ǝnɛbdɔmadɛr] *23b* – a weekly newspaper
..., hein ? *(fam.)* [(h)ɛ̃] *10a* – ..., huh? yeah? *(coll.)*
l'hémisphère *(m.)* [lemisfɛr] *36a* – the hemisphere
une heure [ynœr] *9a* – an hour
    A quelle heure ? [akɛlœr] *9a* – At what time?
    Il est quelle heure ? [ilɛkɛlœr] *9a* – What time / How late is it?
    à huit heures du soir [aɥitœrdyswar] *11a* – at eight o'clock in the evening
hier [(i)jɛr] *11a* – yesterday
l'histoire *(f.)* [listwar] *IV* – history *(school subject)*
    l'histoire-géo *(fam.)* [listwarʒeo] *IV* – history and geography *(school subject; coll.)*
l'hiver *(m.)* [livɛr] *6b* – the winter
hivernal [ivɛrnal] *25b* – winter *(adj.)*
l'homéopathie *(f.)* [lɔmeɔpati] *15b* – homeopathy
un homme [ɛ̃nɔm] *28b* – a man/person
Honfleur [ɔ̃flœr] *13b* – Honfleur *(port city in Normandy)*
un hôpital/des hôpitaux [ɛ̃nɔpital/dezɔpito] *18a* – a hospital/hospitals
un horaire [ɛ̃nɔrɛr] *25a* – a timetable
avoir horreur *(f.)* **de** [avwarɔrœr] *8b* – to despise
horrible [ɔribl] *16a* – horrible
une hôtesse de l'air [ynotɛsdǝlɛr] *30a* – a stewardess
l'huile *(f.)* [lɥil] *VIII* – the oil
un hypermarché [ɛ̃nipɛrmarʃe] *7b* – a large supermarket

ici [isi] *5a* here
    par ici [parisi] *13a* – over here
une idée [ynide] *3a* – an idea
idiot/e [idjo,-ɔt] *32a* – idiotic
une île [ynil] *24a* – an island
    les îles anglo-normandes [lezilãglonɔrmãd] *24a* – the channel islands
illimité/e [ilimite] *V* – unlimited
immédiat/e [imedja,-t] *30b* – immediate
un immeuble [ɛ̃nimœbl] *27a* – a building
imperméable [ɛ̃pɛrmeabl] *36b* – waterproof
impossible [ɛ̃pɔsibl] *IV* – impossible
important/e [ɛ̃pɔrtã,-t] *9a* – important
n'importe où [nɛ̃pɔrtu] *38b* – anywhere
n'importe quoi [nɛ̃pɔrtǝkwa] *28b* – anything
une impression [ynɛ̃prɛsjɔ̃] *36a* – an impression
une imprimante [ynɛ̃primãt] *26b* – a printer
incroyable [ɛ̃krwajabl] *22b* – unbelievable
l'Inde *(f.)* [lɛ̃d] *33a* – India
indien/ne [ɛ̃djɛ̃,-ɛn] *36a* – Indian
les informations *(f.,pl.)* [lezɛ̃fɔrmasjɔ̃] *23b* – the news
une infusion [ynɛ̃fyzjɔ̃] *3b* – an herbal tea
un/e ingénieur [ɛ̃n/ynɛ̃ʒenjœr] *1b* – an engineer *(m. and f.)*
l'initiation *(f.)* [linisjasjɔ̃] *17b* – the introduction
s'initier à [sinisje] *IV* – to become familiar with
s'installer [sɛ̃stale] *26a* – sto sit down, settle
    Installez-vous ! [ɛ̃stalevu] *35a* – (here) have a seat!
un instant [ɛ̃nɛ̃stã] *25a* – an instant/moment
Institut universitaire de technologie (I.U.T)
    [ɛ̃stityyniversitɛrdǝtɛknɔlɔʒi] *19b* – technological institute
un instrument [ɛ̃nɛ̃strymã] *39b* – an instrument
    un instrument à cordes [ɛ̃nɛ̃strymãakɔrd] *40b* – a stringed instrument
    un instrument à vent [ɛ̃nɛ̃strymãavã] *40b* – a wind instrument
un/e insulaire [ɛ̃n/ynɛ̃sylɛr] *37a* – an island inhabitant *(m. and f.)*
s'intégrer [sɛ̃tegre] *37b* – to integrate oneself

avoir l'intention *(f.)* **de faire qc** [avwalɛ̃tãsjɔ̃] *II* – to intend to do something
interdire [ɛ̃tɛrdir] *31b* – to prohibit
international/e [ɛ̃tɛrnasjɔnal] *4b* – international
s'intéresser à [sɛ̃terɛse] *VI* – to be interested in
un/e internaute [ɛ̃n/ynɛ̃tɛrnot] *26b* – an Internet surfer
les interrogé(e)s *(m., f., pl.)* [lezɛ̃terɔʒe] *VII* – the people questioned
inviter qn [ɛ̃vite] *I* – to invite someone
irlandais/e [irlãdɛ,-z] *4a* – Irish
un/e Irlandais/e [ɛ̃n/ynirlãdɛ,-z] *4a* – an Irish person *(m. or f.)*
l'Irlande *(f.)* [lirlãd] *4b* – Ireland
isolé/e [izɔle] *37b* – isolated
italien/ne [italjɛ̃,-ɛn] *4a* – Italian
un/e Italien/ne [ɛ̃n/ynitaljɛ̃,-ɛn] *4a* – an Italian *(m. or f.)*
l'Italie *(f.)* [litali] *5b* – Italy
un itinéraire [ɛ̃nitinerɛr] *36b* – an itinerary

une jambe [ynʒãb] *18b* – a leg
un jambon [ɛ̃ʒãbɔ̃] *3b* – a ham
    un jambon du pays [ɛ̃ʒãbɔ̃dypei] *3b* – a cured ham
janvier *(m.)* [ʒãvje] *6a* – January
un jardin [ɛ̃ʒardɛ̃] *12b* – a garden
jaune [ʒon] *16b* – yellow
    un jaune d'œuf [ɛ̃ʒondœf] *14b* – an egg yolk
le jazz [lǝdʒaz] *2a* – jazz
un jerrycan [ɛ̃ʒɛrikan] *22a* – a gas can
un jeu/des jeux [ɛ̃ʒø/deʒø] *17b* – a game/games
    les jeux de cartes [leʒødǝkart] *17b* – card games
    les jeux de société [leʒødǝsɔsjete] *17b* – party games/parlor games
jeudi *(m.)* [ʒødi] *6b* – Thursday
jeune/jeune [ʒœn] *6a* – young
le jogging [lǝ(d)ʒɔgiŋ] *17b* – jogging
la joie [laʒwa] *32b* – the joy
joli/e [ʒɔli] *6a* – pretty
un jongleur [ɛ̃ʒɔ̃glœr] *IV* – a juggler/magician
jouer [ʒwe] *17a* – to play
    jouer au foot [ʒweofut] *17b* – to play soccer
    jouer aux cartes [ʒweokart] *17b* – to play cards
    jouer de la clarinette [ʒwedǝlaklarinɛt] *17a* – to play clarinet
    jouer de la flûte [ʒwedǝlaflyt] *17b* – to play flute
    jouer du piano [ʒwedypjano] *17a* – to play piano
    jouer du violon [ʒwedyvjɔlɔ̃] *17b* – to play violin
un jour [ɛ̃ʒur] *6b* – one day
un jour férié [ɛ̃ʒurferje] *6b* – a holiday
un journal [ɛ̃ʒurnal] *7b* – a newspaper
un/e journaliste [ɛ/ynʒurnalist] *1b* – a journalist *(m. and f.)*
une journée [ynʒurne] *9b* – a day *(duration)*
joyeux/-se [ʒwajø,-øz] *5b* – joyful
le judo [lǝʒydo] *P* – judo
juillet *(m.)* [ʒɥijɛ] *6a* – July
juin *(m.)* [ʒɥɛ̃] *6a* – June
un jumelage [ɛ̃ʒymlaʒ] *31b* – a twin cities program
Jupiter [ʒypitɛr] *6b* – Jupiter *(planet)*
un jus [ɛ̃ʒy] *3a* – a juice
    un jus d'orange [ɛ̃ʒydɔrãʒ] *3a* – an orange juice
    un jus de pomme [ɛ̃ʒydǝpɔm] *3b* – an apple juice
jusque [ʒysk(ǝ)] *VI* – until
juste [ʒyst] *38a* – only

un kilomètre (km) [ɛ̃kilɔmɛtr] *8a* – a kilometer
le kilométrage [lǝkilɔmetraʒ] *V* – the kilometrage

là [la] *1a* – there
là-bas [laba] *13a* – over there
lâcher qn [laʃe] *36a* – to let go of someone
un lagon [ɛ̃lagɔ̃] *12b* – a lagoon
laisser [lɛse] *9a* – to leave
le lait [lǝlɛ] *15a* – the milk
une lampe [ynlãp] *P* – a lamp
une langue [ynlãg] *12b* – (here) a language
un lapin [ɛ̃lapɛ̃] *37b* – a rabbit

les lardons (m.,pl.) [lelaʀdɔ̃] III – the pieces of bacon
se lasser de [səlase] 27a – to tire of something
le latin [ləlatɛ̃] IV – Latin (school subject)
Lausanne [lozan] 5b – Lausanne (city in Switzerland)
une leçon [ynləsɔ̃] 23b – a lesson
un lecteur/une lectrice [ɛ̃lɛktœʀ/ynlɛktʀis] 38b – a reader (m. and f.)
la lecture [lalɛktyʀ] 38b – (here) the reading
un légume [ɛ̃legym] 15b – a vegetable
le lendemain [ləlɑ̃dmɛ̃] 34a – the next/following day
lequel/laquelle/lesquels/lesquelles [ləkɛl/lakɛl/lekɛl/lekɛl] 16b – which (one/ones) (interrogative pronoun)
se lever [sələve] VIII – (here) (sun) to come up
un levier de vitesse [ɛ̃ləvjedəvitɛs] V – a gear shift lever
une liaison [ynljɛzɔ̃] 25b – a connection
    une liaison maritime [ynljɛzɔ̃maʀitim] 25b – a connection to the sea
la liberté [lalibɛʀte] I – the liberty
libre [libʀ] 10a – free
une licence [ynlisɑ̃s] 26b – a university degree
un lieu de naissance [ɛ̃ljødənɛsɑ̃s] 1b – a place of birth
une ligne [ynliɲ] 35a – a line
une limonade [ynlimɔnad] 3b – a lemonade
le Lion [ləljɔ̃] 32b – Leo (Zodiac)
lire [liʀ] V – to read
un lit [ɛ̃li] 10b – a bedt
une livraison de bagages [ynlivʀɛzɔ̃dəbagaʒ] 30b – baggage delivery/handling
un livre [ɛ̃livʀ] 39b – a book
une livre [ynlivʀ] 14b – a pound
un local/des locaux [ɛ̃lɔkal/deloko] 31a – a place/room
une location [ynlɔkasjɔ̃] V – rented accommodation
une loge [ynlɔʒ] 21b – a box (in theater)
un logement [ɛ̃lɔʒmɑ̃] 25a – an accommodation
un logiciel [ɛ̃lɔʒisjɛl] 26b – (a) software
loin [lwɛ̃] 8a – far
lointain/e [lwɛ̃tɛ̃,-ɛn] 39b – distant
les loisirs (m.,pl.) [lelwaziʀ] 17b – leisure time activities
Londres [lɔ̃dʀ] I – London
long/longue [lɔ̃/lɔ̃g] VI – long
    le long de [ləlɔ̃] 25b – along
la longueur [lalɔ̃gœʀ] VI – the length
longtemps [lɔ̃tɑ̃] 15a – for a long time
lors de [lɔʀ] 34b – during
lourd/e [luʀ,-d] 14b – heavy; hard to digest
un loyer [ɛ̃lwaje] 24b – a rent
une luge [ynlyʒ] IV – a luge
la lumière [lalymjɛʀ] I – the light
lundi (m.) [lɛ̃di] 6b – Monday
la lune [lalyn] I – the Moon
les lunettes (f.,pl.) [lelynɛt] VI – the glasses
    les lunettes de soleil (f.,pl.) [lelynɛtdəsɔlɛj] 29a – the sunglasses
le luxe [ləlyks] 24b – the luxury

Madame ... [madam] 3b – Mrs. ...
Mademoiselle... [madmwazɛl] 3b – Miss ...
un magasin [ɛ̃magazɛ̃] 7b – a store, shop
la magie [lamaʒi] IV – the magic
se magner (fam.) [səmaɲe] 35b – to hurry, hustle (coll.)
magnifique [maɲifik] 36a – wonderful, magnificent
mai (m.) [mɛ] 6a – May
un maillot de bain [ɛ̃majodəbɛ̃] 36b – a bathing suit, swimsuit
la main [lamɛ̃] 18b – the hand
maintenant [mɛ̃tnɑ̃] 13a – now
une mairie [ynmɛʀi] 31b – a town hall
mais [mɛ] 1a – but
le maïs [ləmais] 3b – the corn
une maison [ynmɛzɔ̃] 13b – a house
    une maison à colombages [ynmɛzɔ̃akɔlɔ̃baʒ] 13b – a half-timbered house
    une maison de la presse [ynmɛzɔ̃dəlapʀɛs] 7b – a news store
un maître [ɛ̃mɛtʀ] 13b – a master / teacher
mal [mal] 2a – poorly (adverb)

avoir le mal du pays [avwaʀləmaldypei] 15a – to be homesick
avoir mal (m.) [avwaʀmal] 18b – to have a pain
avoir le mal de mer [avwaʀləmaldəmɛʀ] 18b – to be seasick
avoir du mal à [avwaʀdymal] 36a – to scarcely be able to
malgache [malgaʃ] 36a – Malagasy
le malheur [ləmalœʀ] 23b – the misfortune
maman [mamɑ̃] 5b – mom
mamie/mémé (fam.) [mami/meme] 18a – grandma (coll.)
mangeable [mɑ̃ʒabl] 15b – edible
manger qc [mɑ̃ʒe] II – to eat something
ne pas faire de manières (f.,pl.) [nəpafɛʀdəmanjɛʀ] 35b – not to be so formal / stand on ceremony
manquer [mɑ̃ke] 15a – to lack / be missing
un manteau [ɛ̃mɑ̃to] 16b – a coat
un manuscrit [ɛ̃manyskʀi] P – a manuscript
    manuscrit/e [manyskʀi,-t] 26b – handwritten
un marché [ɛ̃maʀʃe] III – a market
marcher [maʀʃe] 26a – to walk, to go well
mardi (m.) [maʀdi] 6b – Tuesday
un mariage [ɛ̃maʀjaʒ] 5b – a marriage
    marié/e [maʀje] 29b – married
    se marier [səmaʀje] 31b – to marry
un marin [ɛ̃maʀɛ̃] 33b – a seaman, sailor
une marine [ynmaʀin] 20a – (here) a seascape
maritime [maʀitim] 25b – maritime
le Maroc [ləmaʀɔk] 4b – Morocco
marocain/e [maʀɔkɛ̃,-ɛn] 4b – Moroccan
les Marquises (f., pl.) [lemaʀkiz] V – Islands in French Polynesia
marron (inv.) [maʀɔ̃] 16b – brown
mars (m.) [maʀs] 6a – March
Mars [maʀs] 6b – Mars (planet)
un match de tennis [ɛ̃matʃdetenis] 17a – a tennis match
un match de volley [ɛ̃matʃdəvɔlɛ] 29b – a volleyball match
les mathématiques (f.,pl.) [lematematik] IV – the mathematics
    (les) maths (fam.) [(le)mat] IV– math (coll.)
un matin [ɛ̃matɛ̃] 9a – a morning
    demain matin [dəmɛ̃matɛ̃] 9a – tomorrow morning
une matinée [ynmatine] 9b – the morning (duration)
mauvais/e [movɛ,-z] 6a – bad
le maximum [ləmaksimɔm] 30b – the maximum
Mayence [majɛ̃s] 4a – Mainz
un mécanicien [ɛ̃mekanisjɛ̃] 1b – a mechanic
un médecin [ɛ̃medsɛ̃] 1b – a doctor
la Méditerranée [lamediteʀane] 25b – The Mediterranean
meilleur/e [mɛjœʀ] 5b – better; (with le, la, les) best
se mêler [səmɛle] 33b – to get involved
même [mɛm] IV – even
    même si [mɛmsi] 25b – even if
le/la même [lə/la mɛm] 30a – the same (m. and f.)
un ménage [ɛ̃menaʒ] 7a – a household; housework
la mentalité [lamɑ̃talite] VIII – the mentality
un menu [ɛ̃məny] 5b – a menu
la mer [lamɛʀ] 19b – the ocean
merci [mɛʀsi] 2a – thanks
mercredi (m.) [mɛʀkʀədi] 6b – Wednesday
Mercure [mɛʀkyʀ] 6b – Mercury (planet)
une mère [ynmɛʀ] 6b – a mother
méridional/e [meʀidjɔnal] III – southern, southerly
merveilleux/-se [mɛʀvɛjø,-z] 9b – wonderful, marvelous
un message [ɛ̃mesaʒ] 9a – a message
la méthode [lametɔd] I – the method
un métier [ɛ̃metje] 34b – a trade
un mètre [ɛ̃mɛtʀ] 13a – a meter
la métropole [lametʀɔpɔl] 12b – the mother land (= France)
le métro(politain) [ləmetʀɔ(pɔlitɛ̃)] 8b – the Metro / the subway (in Paris)
mettre [mɛtʀ] 21a – to put, place, set
    Se mettre au vert. [səmɛtʀovɛʀ] 37b – to move to the country
les meubles (m., pl.) [lemœbl] 27a – the furniture
un microscope [ɛ̃mikʀɔskɔp] I – microscope
Midi-Pyrénées [midipiʀene] III – region in southwestern France

mieux [mjø] *16b* – better *(adv.)*
le milieu [ləmiljø] *35b* – the middle
  au milieu de [omiljø] *22a* – in the middle of something
mille *(inv.)* [mil] *7b* – a thousand
mince [mɛ̃s] *29a* – slender, thin
un ministère [ɛ̃ministɛʀ] *35a* – a ministry
un/e ministre [ɛ̃/ynministʀ] *1b* – a minister *(m. and f.)*
minuit [minɥi] *9b* – midnight
un mobilier [ɛ̃mɔbilje] *27a* – (a piece of) furniture
moche *(fam.)* [mɔʃ] *16a* – ugly *(coll.)*
la mode [lamɔd] *P* – the fashion
un modem [ɛ̃mɔdɛm] *37b* – a modem
moi [mwa] *1b* – me *(accentuated)*
un moine [ɛ̃mwan] *34a* – a monk
moins [mwɛ̃] *25a* – less
  au moins [omwɛ̃] *37a* – at least
un mois [ɛ̃mwa] *33b* – a month
la moitié [lamwatje] *24b* – the half
en ce **moment** *(m.)* [ɑ̃səmɔmɑ̃] *2b* – presently, at this time
un monastère [ɛ̃mɔnastɛʀ] *34a* – a monastery
le monde [ləmɔ̃d] *33a* – the world
mondial/e [mɔ̃djal] *28b* – worldwide
le monopoly [ləmɔnɔpɔli] *17b* – Monopoly *(board game)*
Monsieur ... [məsjø] *3b* – Mr. ...
  mesdames *(f.,pl.)* et messieurs *(m.,pl.)* =
  messieurs-dames [medamzemesjø=mesjødam] *3a* – ladies
  and gentlemen
une montagne [ynmɔ̃taɲ] *III* – a mountain
monter [mɔ̃te] *17a* – to climb; to found
une montgolfière [ynmɔ̃gɔlfjɛʀ] *34b* – a hot air balloon,
  named after its inventor
Montmartre [mɔ̃maʀtʀ] *II* – famous hill in Paris
Montréal [mɔ̃real] *4a* – Montreal *(city in Canada)*
montrer qc à qn [mɔ̃tʀe] *27b* – to show something to someone
les monts *(m. pl.)* [lemɔ̃] *VI* – the mountains
un morceau [ɛ̃mɔʀso] *14b* – a piece
la mort [lamɔʀ] *23a* – the death
mortel/le [mɔʀtɛl] *37b* – deadly *(boring)*; mortal
une mosaïque [ynmɔzaik] *27a* – a mosaic
Moscou [mɔsku] *I* – Moscow
motivé/e [mɔtive] *23a* – motivated
un moteur [ɛ̃mɔtœʀ] *V* – a motor
une moto *(fam.)* [ynmɔtɔ] *8b* – a motor bike -cycle *(coll.)*
un moulin à poivre [ɛ̃mulɛ̃apwavʀ] *III* – a pepper mill
mourir [muʀiʀ] *20b* – to die
  il est mort [ilɛmɔʀ] *20b* – he died
une moustache [ynmustaʃ] *29a* – a moustache
un mouton [ɛ̃mutɔ̃] *37b* – a sheep
un moyen de transport [ɛ̃mwajɛ̃dətʀɑ̃spɔʀ] *33b* – a means
  of transportation
un moyen de communication [ɛ̃mwajɛ̃dəkɔmynikasjɔ̃]
  39b – a means of communication
le muguet [ləmygɛ] *6b* – the lily of the valley
Munich [mynik] *I* – Munich
municipal/e [mynisipal] *31b* – municipal
un musée [ɛ̃myze] *II* a museum
  le musée d'Orsay [ləmyzedɔʀsɛ] *20b* – museum in Paris
  (with Impressionist paintings)
un/e musicien/-ne [ɛ̃/ynmyzisjɛ̃,-ɛn] *1b* – a musician *(m. and f.)*
la musique [lamyzik] *P* – the music
  la musique classique [lamyzikklasik] *2a* – the classical music
un/e musulman/e [ɛ̃/ynmysylmɑ̃,-an] *15a* – a Moslem *(m. and f.)*
une mutation [ynmytasjɔ̃] *34a* – a mutation
muter [myte] *VIII* – to mutate

N

la naissance [lanɛsɑ̃s] *19b* – the birth
la natation [lanatasjɔ̃] *IV* – swimming
nager [naʒe] *IV* – to swim
naître [nɛtʀ] *19a* – to be born
  je suis née [ʒəsɥine] *19a* – I was born *(f.)*
  tu es né [tyɛne] *19a* – you were born
une nappe [ynnap] *36a* – a tablecloth

une nationalité [ynnasjɔnalite] *I* – a nationality
la nature [lanatyʀ] *P* – the nature
ne... pas [nəpa] *4a* – not
  moi pas [mwapa] *2a* – not me *(accentuated)*
  n'est-ce pas ? [nɛspa] *4a* – right?
ne... jamais [nəʒamɛ] *14a* – never
ne... plus [nəply] *14a* – no longer, no more
ne... rien [nəʀjɛ̃] *14a* – nothing
ne... ni... ni... [nənini] *16b* – neither...nor
le nécessaire [lənesesɛʀ] *VIII* – what's necessary
  faire le nécessaire pour... [fɛʀlənesesɛʀ] *30b* – to do what's
  necessary to...
neuf/neuve [nøf/nøv] *V* – new
un neveu [ɛ̃nəvø] *18a* – a nephew
un nez [ɛ̃ne] *20a* – a nose
Nice [nis] *4a* – Nice *(city in southern France)*
une nièce [ynnjɛs] *18a* – a niece
un niveau [ɛ̃nivo] *40b* – a level
Noël *(m.)* [nɔɛl] *5b* – Christmas
noir/e [nwaʀ] *16b* – black
une noix de coco [ynnwadəkɔkɔ] *14a* – a coconut
un nom [ɛ̃nɔ̃] *1b* – a name
non [nɔ̃] *2a* – no
  ..., non ? [nɔ̃] *1a* – (here) right?
un non-fumeur [ɛ̃nɔ̃fymœʀ] *12a* – a non-smoking section
  un compartiment non-fumeurs [ɛ̃kɔ̃paʀtimɑ̃nɔ̃fymœʀ] *12a* –
  a non-smoking compartment
normand/e [nɔʀmɑ̃,-d] *20a* – Norman
la Normandie [lanɔʀmɑ̃di] *17a* – Normandy
une note [ynnɔt] *III* – a bill *(in hotel)*
nouveau/nouvelle/nouvel [nuvo/nuvɛl/nuvɛl] *13b* – new
une nouvelle [ynnuvɛl] *9a* – a bit of news
  avoir des nouvelles de qn [avwaʀdənuvɛl] *34a* – to hear
  from someone
novembre *(m.)* [nɔvɑ̃bʀ] *6a* – November
une nuit [ynnɥi] *9b* – a night
  bonne nuit ! [bɔnnɥi] *2b* – good night!
Nuremberg [nyʀɑ̃bɛʀ] *I* – Nuremberg
un numéro [ɛ̃nymeʀo] *5a* – a number
  un numéro de téléphone [ɛ̃nymeʀodətelefɔn] *5a* – a
  telephone number
  un numéro de fax [ɛ̃nymeʀodəfaks] *5a* – a fax number

O

une obligation [ynɔbligasjɔ̃] *39a* – an obligation
l'océan Indien *(m.)* [lɔseɑ̃ɛ̃djɛ̃] *12b* – The Indian Ocean
octobre *(m.)* [ɔktɔbʀ] *6a* – October
  en octobre [ɑ̃nɔktɔbʀ] *6a* – in October
un office de tourisme [ɛ̃nɔfisdətuʀism] *31b* – a tourist office
offrir [ɔfʀiʀ] *25b* – to offer
s'offrir [sɔfʀiʀ] *38b* – to afford
un oignon [ɛ̃nɔɲɔ̃] *14b* – an onion
  Ce ne sont pas nos oignons. *(fam.)* [sənəsɔ̃panozɔɲɔ̃]
  26a – That's none of our business. *(coll.)*
un olivier [ɛ̃nɔlivje] *VIII* – an olive tree
l'Olympia *(m.)* [lɔlɛ̃pja] *6a* – the Olympia *(music hall in Paris)*
l'ombre [lɔ̃bʀ] *24b* – the shade
un oncle [ɛ̃nɔ̃kl] *18a* – an uncle
l'opéra *(m.)* [lɔpeʀa] *6a* – the opera
optimiste [ɔptimist] *7a* – optimist
une orange [ynɔʀɑ̃ʒ] *6a* – an orange
orange *(inv.)* [ɔʀɑ̃ʒ] *16b* – orange
un orchestre [ɛ̃nɔʀkɛstʀ] *1a* – an orchestra
un ordinateur [ɛ̃nɔʀdinatœʀ] *25a* – a computer
une ordonnance [ynɔʀdɔnɑ̃s] *18b* – a prescription
une oreille [ynɔʀɛj] *20a* – an ear
un oreiller [ɛ̃nɔʀɛje] *10b* – a pillow
organiser [ɔʀganize] *25a* – (here) to put together
original/e [ɔʀiʒinal] *20a* – original, unique
originel/le [ɔʀiʒinɛl] *20a* – original
ou [u] *8b* – or
  ou bien [ubjɛ̃] *32a* – or else
où [u] *1a* – where
oublier qc [ublije] *29b* – to forget something
oui [wi] *1a* – yes

ouvrir qc [uvRiR] *6a* – to open something
ouvert/e [uvɛR,-t] *10b* – open

une page [ynpaʒ] *38b* – a page
un paiement [ɛ̃pɛmɑ̃] *12b* – a payment
un pain [ɛ̃pɛ̃] *14a* – a loaf of bread
une panne d'essence [ynpandesɑ̃s] *22a* – being out of gas
un panorama [ɛ̃panɔRama] *37a* – a view, panorama
un pantalon [ɛ̃pɑ̃talɔ̃] *16b* – a pair of pants
le Panthéon [ləpɑ̃teɔ̃] *14a* – the Pantheon (national monument and tomb for France's famous men)
une pantomime [ynpɑ̃tɔmim] *P* – a pantomime
papi/pépé *(fam.)* [papi/pepe] *18a* – grandpa *(coll.)*
Pâques *(f.,pl.)* [pak] *6b* – Easter
un paquet [ɛ̃pakɛ] *14b* – a packet, small package
par [paR] *13a* – principal meaning: through
par ici [paRisi] *13a* – in the direction of / over here
par jour [paRʒuR] *19b* – per day
un paradis [ɛ̃paRadi] *III* – a paradise
parce que [paRs(ə)kə] *20a* – because
un parcours de santé [ɛ̃paRkuRdəsɑ̃te] *17b* – a fitness trail
pareil/le [paRɛj] *18a* – same
un truc pareil *(fam.)* [ɛ̃tRykpaRɛj] *16b* – such a thing *(coll.)*
les parents *(m.,pl.)* [lepaRɑ̃] *4a* – the parents / relatives
parfait/e [paRfɛ,-t] *10a* – perfect
un parfum [ɛ̃paRfɛ̃] *P* – a flavor, perfume
parfumé/e [paRfyme] *12b* – seasoned
un pare-brise *(inv.)* [ɛ̃paRbRiz] *V* – a windshield
un parking [ɛ̃paRkiŋ] *10a* – a parking space, parking garage
parler à qn [paRle] *I* – to speak to/with someone
qui te parle de... [kitəpaRl] *37a* – who's talking about...
parfois [paRfwa] *27a* – sometimes
parmi [paRmi] *38b* – among
partager qc [paRtaʒe] *39b* – to share something
participer à qc [paRtisipe] *25b* – to take part in something
particulier/-ère [paRtikylje,-ɛR] *23b* – private, special
particulièrement [paRtikyljɛRmɑ̃] *20a* – especially
partir [paRtiR] *12a* – to leave, go away
à partir de [apaRtiR] *21b* – starting with
partout [paRtu] *24b* – everywhere
ne... pas [nəpa] *4a* – not
ne... pas du tout [nəpadytu] *4a* – not at all
un passeport [ɛ̃paspɔR] *1b* – a passport
passer [pase] *15a* – to pass
passer [pase] *19a* – (here) to spend
passer [pase] *37a* – (here) to give
se **passer** [səpase] *22a* – to happen, occur
ne pas pouvoir se passer de [nəpapuvwaRsəpase] *III* – not to be able to do without
une passion [ynpasjɔ̃] *19b* – a passion
passionné/e [pasjɔne] *VI* – (here) enthusiastic
passionnant/e [pasjɔnɑ̃,-t] *17b* – exciting
un pastelliste [ɛ̃pastɛlist] *20b* – a pastel painter
un pastis [ɛ̃pastis] *5b* – an anis liqueur
un pâté de campagne [ɛ̃patedəkɑ̃paɲ] *3b* – a homemade pâté
les pâtes *(f.,pl.)* [lepat] *7b* – pasta
le patinage [ləpatinaʒ] *IV* – the skating
la patinoire [lapatinwaR] *IV* – the skating rink
les patins *(m.)* **à glace** [lepatɛ̃aglas] *IV* – the ice skates
un patron [ɛ̃patRɔ̃] *21a* – a boss
une pause [ynpoz] *IV* – a pause
payer qc [peje] *12a* – to pay for something
un pays/des pays [ɛ̃pei/depei] *4b* – a country / countries
le Pays Basque [ləpeibask] *25b* – the Basque country (region in southwestern France)
un paysage [ɛ̃peisaʒ] *12b* – a landscape, countryside
la pêche [lapɛʃ] *32a* – fishing
ne pas avoir la pêche habituelle *(fam.)* [nəpazavwaRlapɛʃabityɛl] *32a* – not to be up to snuff *(coll.)*
la pêche sous-marine [lapɛʃsumaRin] *33b* – scuba fishing
la pédagogie [lapedagɔʒi] *P* – pedagogy, instruction
la peine [lapɛn] *37a* – (here) the trouble
à peine [apɛn] *33a* – scarcely

peindre [pɛ̃dR] *20b* – to paint
il a peint [ilapɛ̃] *20b* – he painted
un peintre [ɛ̃pɛ̃tR] *13b* – a painter
les peintures *(f., pl.)* [lepɛ̃tyR] *27b* – the paint
la peinture à l'huile [lapɛ̃tyRalɥil] *20a* – oil painting
peler [pəle] *VIII* – to peel
la pelote basque [lapəlɔtbask] *25b* – pelota *(basque ball game)*
pencher (pour) [pɑ̃ʃe(puR)] *25b* – to tend / lean toward
pendant [pɑ̃dɑ̃] *14b* – during
une péniche [ynpeniʃ] *21b* – a barge
penser [pɑ̃se] *22a* – to think
une pension complète [ynpɑ̃sjɔ̃kɔ̃plɛt] *II* – full board
en demi-pension [ɑ̃dəmipɑ̃sjɔ̃] *II* – half board
les percussions *(f., pl.)* [lepɛRkysjɔ̃] *40b* – the drums
perdre qn/qc [pɛRdR] *VII* – to lose someone/something
un père [ɛ̃pɛR] *6b* – a father
pessimiste [pɛsimist] *28b* – pessimistic
une personne [ynpɛRsɔn] *7a* – a person
une personne âgée [ynpɛRsɔnaʒe] *21b* – a retiree
petit/e [pəti,-t] *6a* – small
un petit déjeuner [ɛ̃pətideʒœne] *9a* – a breakfast
un peu (de) [ɛ̃pø(də)] *17a* – (here) a little
un peu [ɛ̃pø] *19a* – a little
à peu près [apøpRɛ] *25a* – about, around
la peur [lapœR] *20b* – the fear
peut-être [pøtɛtR] *4a* – perhaps
un phare [ɛ̃faR] *20b* – (here) a headlight
une pharmacie [ynfaRmasi] *7b* – a pharmacy
une pharmacie de secours [ynfaRmasidəsəkuR] *36b* – a first aid kit
un philosophe [ɛ̃filɔsɔf] *39b* – a philosopher
un/e photographe [ɛ̃/ynfɔtɔgRaf] *1b* – a photographer *(m. and f.)*
une photo(graphie) [ynfɔto(gRafi)] *11b* – a photo
la photographie [lafɔtɔgRafi] *20a* – the photograph
la physique [lafisik] *IV* – physics
un/e pianiste [ɛ̃/ynpjanist] *9b* – a pianist *(m. and f.)*
un piano [ɛ̃pjano] *17a* – the piano
une pièce [ynpjɛs] *10a* – a room
une pièce de théâtre [ynpjɛsdəteatR] *21b* – a play
un pichet [ɛ̃piʃɛ] *III* – a jug
un pied [ɛ̃pje] *8b* – a foot
à pied [apje] *8b* – on foot
un pilote [ɛ̃pilɔt] *19b* – a pilot
la pinacothèque [lapinakɔtɛk] *20b* – the Pinakothek (museum in Munich, Germany)
le ping-pong [ləpiŋpɔ̃g] *IV* – table tennis, ping-pong
une piscine [ynpisin] *IV* – a swimming pool
une piste [ynpist] *III* – a (ski) trail
une pizzeria [ynpizdeRja] *17b* – a pizzeria
à **la place de** [alaplasdə] *20a* – instead of
une plage [ynplaʒ] *20b* – a beach
se **plaindre** [səplɛ̃dR] *34b* – to complain
plaire à qn [plɛR] – to please someone
Ça ne me plaît pas. [sanəməplɛpa] *20a* – I don't like that.
un plaisir [ɛ̃pleziR] *38b* – a pleasure
avec plaisir [avɛkpleziR] *5a* – gladly
un plan [ɛ̃plɑ̃] *15b* – a plan, map
une planche à voile [ynplɑ̃ʃavwal] *IV* – a sail board
planter [plɑ̃te] *31b* – to plant
un plat principal [ɛ̃plapRɛ̃sipal] *14b* – a main dish
un plateau [ɛ̃plato] *26a* – a platter, tray
plein/e (de qc) [plɛ̃/plɛn] *36a* – full *(of something)*
en pleine forme [ɛ̃plɛnfɔRm] *18a* – in good shape
pleuvoir [pløvwaR] *11b* – to rain
il pleut [ilplø] *11b* – it's raining
la pluie [laplɥi] *32a* – the rain
la plupart [laplypaR] *33b* – the majority
plus [ply] *25a* – more
le plus simple [ləplysɛ̃pl] *25a* – the simplest *(thing)*
plutôt [plyto] *7a* – rather
pluvieux/-se [plyvjø,-z] *24a* – rainy
un pneu [ɛ̃pnø] *II* – a tire

une **poche** [ynpɔʃ] *33a* – a pocket
  en **poche** [ɑ̃pɔʃ] *33a* – in the pocket
à **point** [apwɛ̃] *15a* – medium *(steak)*
une **pointure** [ynpwɛ̃tyʀ] *16a* – a shoe size
les **Poissons** *(m.,pl.)* [lepwasɔ̃] *32b* – Pisces *(Zodiac)*
le **poivre** [ləpwavʀ] *14b* – the pepper
  un moulin à poivre [ɛ̃mulɛ̃apwavʀ] *III* – a pepper mill
poivrer [pwavʀe] *14b* – to pepper
la **Polynésie française** [lapɔlinezifʀɑ̃sɛz] *V* – French Polynesia
un **polytechnicien** [ɛ̃pɔlitɛknisjɛ̃] *34b* – a student at the poly-
  technical school
la **politique** [lapɔlitik] *VI* – politics
une **pomme** [ynpɔm] *14b* – an apple
  un jus de pomme [ɛ̃ʒydəpɔm] *3b* – an apple juice
  une pomme de terre [ynpɔmdətɛʀ] *7b* – a potato
un **pompiste** [ɛ̃pɔ̃pist] *II* – a service station attendant
un **poney** [ɛ̃pɔne] *IV* – a pony
un **pont** [ɛ̃pɔ̃] *22a* – a bridge
un **port** [ɛ̃pɔʀ] *13b* – a port, harbor
Portbail [pɔʀbaj] *24a* – Portbail (city on the coast of Normandy)
une **porte** [ynpɔʀt] *30b* – a door
  une porte d'embarquement [ynpɔʀtdɑ̃baʀkəmɑ̃] *30b* – a
  departure door
un **porte-bonheur** [ɛ̃pɔʀtbɔnœʀ] *6b* – a good luck charm
  porter bonheur [pɔʀtebɔnœʀ] *31a* – to bring good luck
un **porte-monnaie** [ɛ̃pɔʀtmɔnɛ] *32b* – a wallet
porter qc [pɔʀte] *16b* – to carry something
une **portière** [ynpɔʀtjɛʀ] *V* – (here) a car door
un **portrait** [ɛ̃pɔʀtʀɛ] *20a* – a portrait
le **Portugal** [ləpɔʀtygal] *5b* – Portugal
  au Portugal [opɔʀtygal] *5b* – in Portugal
possible [pɔsibl] *21b* – possible
une **possibilité** [ynpɔsibilite] *37b* – a possibility
un **poste** [ɛ̃pɔst] *19b* – a job
un **pot** [ɛ̃po] *14b* – a pot
le **pouce** [ləpus] *VIII* – the thumb
un **poulailler** [ɛ̃pulaje] *21b* – (here) the gallery *(in a theater)*
une **poule** [ynpul] *37b* – a hen
un **poulet** [ɛ̃pulɛ] *14a* – a chicken
pour [puʀ] *3a* – for
un **pourboire** [ɛ̃puʀbwaʀ] *III* – a tip
pourquoi [puʀkwa] *II* – why
pourtant [puʀtɑ̃] *23a* – however
pousser [puse] *19a* – (here) to push
pouvoir [puvwaʀ] *12a* – to be able
  vous pouvez [vupuve] *9a* – you can
un **praliné** [ɛ̃pʀaline] *4b* – a praline / nougat
un **précurseur** [ɛ̃pʀekyʀsœʀ] *20b* – a precursor
préférer qc [pʀefeʀe] *20a* – to prefer something
une **première** [ynpʀəmjɛʀ] *P* – a first showing / premiere
le **premier/la première** [ləpʀəmje/lapʀəmjɛʀ] *P* – the first
prendre qc [pʀɑ̃dʀ] *8b* – to take something
  prendre rendez-vous [pʀɑ̃dʀʀɑ̃devu] *11a* – to arrange a date
un **prénom** [ɛ̃pʀenɔ̃] *1b* – a first name
préparer qc [pʀepaʀe] *32a* – to prepare something
près de [pʀɛ] *22a* – near
la **présence** [lapʀezɑ̃s] *V* – (here) charisma
présenter qn à qn [pʀezɑ̃te] *I* – to introduce one person to
  another
présenter qc [pʀezɑ̃te] *30b* – (here) to have something ready
préservé/e [pʀezɛʀve] *12b* – (here) unspoiled
un/e **président/e** [ɛ̃/ynpʀezidɑ̃, -t] *a* – a president *(m. and f.)*
la **presse** [lapʀɛs] *23b* – the press; journalism
un **prêt bancaire** [ɛ̃pʀɛbɑ̃kɛʀ] *31a* – a bank loan
prêter qc à qn [pʀɛte] *35b* – to loan something to someone
une **prévision** [ynpʀevizjɔ̃] *a* – a prediction, forecast
prévoir [pʀevwaʀ] *26a* – to foresee
prier qn de qc [pʀije] *II* – to ask someone for something
  je vous prie [ʒəvupʀi] *II* – I beg you
le **printemps** [ləpʀɛ̃tɑ̃] *6b* – the Spring
un **prix** [ɛ̃pʀi] *25a* – a price
prochain/e [pʀɔʃɛ̃,-ɛn] *11a* – next
proche [pʀɔʃ] *39b* – near
un **professeur** [ɛ̃pʀɔfɛsœʀ] *1b* – a teacher *(m. or f.)*

un/une **prof** *(fam.)* [ɛ̃/ynpʀɔf] *1b* – a teacher *(m. or f.) (coll.)*
un **professeur de batterie** [ɛ̃pʀɔfɛsœʀdəbatʀi] *6a* – (here) a
  drum instructor
un **professeur de clarinette** [ɛ̃pʀɔfɛsœʀdəklaʀinɛt] *6a* – a
  clarinet instructor
un **prof de gym** *(fam.)* [ɛ̃pʀɔfdəʒim] *29b* – a phys. ed.
  teacher *(coll.)*
un **professeur de musique** [ɛ̃pʀɔfɛsœʀdəmyzik] *1b* – a music
  teacher
une **profession** [ynpʀɔfɛsjɔ̃] *1b* – a profession
profiter de [pʀɔfite] *32b* – to take advantage of
un **programme** [ɛ̃pʀɔgʀam] *26b* – a program
un **projet** [ɛ̃pʀɔʒɛ] *6a* – a project, plan
une **promenade** [ynpʀɔmnad] *11b* – a walk
promettre [pʀɔmɛtʀ] *28a* – to promise
proposer qc à qn [pʀɔpoze] *14a* – to recommend / suggest
  something to someone
propre [pʀɔpʀ] *VI* – clean
propre [pʀɔpʀ] *V* – (here) own
un/e **propriétaire** [ɛ̃/ynpʀɔpʀijetɛʀ] *35b* – an owner *(m. and f.)*
la **Provence** [lapʀɔvɑ̃s] *11b* – Provence (location in southern
  France)
provençal/e [pʀɔvɑ̃sal] *III* – from Provence
prudent [pʀydɑ̃, -t] *25a* – careful
public/publique [pyblik] *31b* – public
la **publicité** [lapyblisite] *23b* – the advertising
puis [pɥi] *11a* – then
un **pull-over** [ɛ̃pylɔvɛʀ] *III* – a sweater
un **punch** [ɛ̃pɔ̃ʃ] *14a* – a punch *(drink)*
pur/e [pyʀ] *12b* – pure
les **Pyrénées** *(m.,pl.)* [lepiʀene] *11b* – the Pyrenees (mountains in southern France)

Q

un **quai** [ɛ̃kɛ] *12a* – (here) a gate at the train station
qualifié/e [kalifje] *40a* – qualified / appropriate
la **qualité** [lakalite] *P* – the quality
  de qualité [dəkalite] *23a* – high quality
quand [kɑ̃] *6a* – when
  quand [kɑ̃] *15a* – when *(time)*
quand même [kɑ̃mɛm] *21a* – nevertheless
Que... ? [kə] *5a* – What? *(interrogative word)*
  Qu'est-ce que [kɛskə] *5a* – What...?
Québec [kebɛk] *4a* – Quebec (province and city in Canada)
quel(s)/quelle(s) [kɛl] *1a* – which *(interrogative adj.)*
Qui... ? [ki] *16b* – Who...? *(interrogative pron.)*
une **quiche lorraine** [ynkiʃlɔʀɛn] *19a* – a quiche lorraine
qu'importe [kɛ̃pɔʀt] *VI* – what does it matter
quitter qn [kite] *29b* – to leave someone
  ne pas quitter d'un pouce [nəpakitedɛ̃pus] *VIII* – not to
  move an inch
quoi [kwa] *6a* – what
quotidien/-ne [kɔtidjɛ̃,-ɛn] *23a* – daily

R

une **race** [ynʀas] *33b* – a race
les **racines** *(f., pl.)* [leʀasin] *37a* – the roots / origin
raconter [ʀakɔ̃te] *22b* – to tell
raffiné/e [ʀafine] *14b* – refined
une **raffinerie de pétrole** [ynʀafinʀidəpetʀɔl] *22a* – a
  petroleum refinery
avoir **raison** *(f.)* [avwaʀʀɛzɔ̃] *33a* – to be right
rajeunir [ʀaʒœniʀ] *18a* – to rejuvenate / make look younger
rajouter [ʀaʒute] *14b* – to add back
ramasser [ʀamase] *19b* – (here) to pick
une **randonnée** [ynʀɑ̃dɔne] *III* – a *(fairly long)* hike
le **rap** [ləʀap] *2a* – Rap *(music)*
rapide [ʀapid] *16b* – fast
rappeler qn [ʀaple] *9b* – to call someone again / back
une **ratatouille** [ynʀatatuj] *15b* – vegetable dish from
  Provence
raté *(fam.)* [ʀate] *22a* – messed up *(coll.)*
rater [ʀate] *22b* – to mess up, spoil
une **réception** [ynʀesɛpsjɔ̃] *10a* – a reception desk *(in hotel)*
un/e **réceptionniste** [ɛ̃/ynʀesɛpsjɔnist] *19b* – a receptionist
une **recette** [ynʀəsɛt] *14b* – a recipe

recevoir qn / qc [ʀəsəvwaʀ] *31a* – to receive someone
les réclamations *(f.,pl.)* [leʀeklamasjɔ̃] *30a* – (here) the complaint department
recommander qc à qn [ʀəkɔmɑ̃de] *14a* – to recommend something to someone
   il est recommandé de [ilεʀəkɔmɑ̃de] *36b* – it's recommended
reconnaître [ʀəkɔnεtʀ] *29a* – to recognize
récupérer [ʀekypeʀe] *22b* – to recover
une rédaction [ynʀedaksjɔ̃] *23b* – editing
une réduction [ynʀedyksjɔ̃] *21b* – a reduction
refaire [ʀəfεʀ] *27b* – (here) to renew
réfractaire à [ʀefʀaktεʀ] *38b* – resistant to
refuser qc [ʀəfyze] *35a* – to refuse something
se régaler [səʀegale] *26a* – to enjoy
regarder qc [ʀəgaʀde] *15b* – to look at / watch something
une région [ynʀeʒjɔ̃] *11b* – a region
régler [ʀegle] *25a* – to pay / settle
   ne pas être en règle [nəpazεtʀɑ̃ʀεgl] *35b* – to be at odds with
rejoindre qn [ʀəʒwɛ̃dʀ] *38a* – to meet someone again
remarquer qn [ʀəmaʀke] *27a* – to notice
remercier qn de, pour qc [ʀəmεʀsje] *II* – to thank someone for something
remettre [ʀəmεtʀ] *38b* – to put off, postpone
remonter [ʀəmɔ̃te] *30a* – (here) to cheer up
remplacer [ʀɑ̃plase] *VIII* – to replace
remplir qc [ʀɑ̃pliʀ] *III* – to fill something
remporter qc [ʀɑ̃pɔʀte] *34b* – (here) to win something
rencontrer qn [ʀɑ̃kɔ̃tʀe] *11a* – to meet someone
   se rencontrer [səʀɑ̃kɔ̃tʀe] *29a* – to meet
un rendez-vous [ɛ̃ʀɑ̃devu] *9a* – a meeting, a date
rendre [ʀɑ̃dʀ] *30a* – to return / give back
rénover [ʀenɔve] *19b* – to renovate
un renseignement [ɛ̃ʀɑ̃sεɲmɑ̃] *12a* – a piece of information
renseigner qn [ʀɑ̃seɲe] *12b* – to inform someone
la rentrée [laʀɑ̃tʀe] *26a* – the return to school in the fall
rentrer [ʀɑ̃tʀe] *IV* – to return home
repasser [ʀəpase] *25a* – to come again, to iron, to repeat
un répertoire [ɛ̃ʀepεʀtwaʀ] *21a* – a repertory
répéter qc [ʀepete] *17a* – to rehearse / repeat something
une répétition [ynʀepetisjɔ̃] *24a* – a rehearsal
répondre à qn [ʀepɔ̃dʀ] *26b* – to answer someone
le repos [ləʀəpo] *18b* – the rest
reposant/e [ʀəpozɑ̃,-t] *V* – restful
se reposer [səʀəpoze] *32b* – to rest
réserver [ʀezεʀve] *II* – to reserve
une réservation [ynʀezεʀvasjɔ̃] *II* – a reservation
un réservoir d'essence [ɛ̃ʀezεʀvwaʀdesɑ̃s] *V* – a gas tank
une résidence [ynʀezidɑ̃s] *27b* – a residence
   une résidence secondaire [ynʀezidɑ̃ss(ə)gɔ̃dεʀ] *27b* – a second home
résider [ʀezide] *27a* – to reside
un restaurant [ɛ̃ʀεstɔʀɑ̃] *9a* – a restaurant
rester [ʀεste] *10a* – to remain
retaper [ʀətape] *27b* – to repair, renovate
un retard [ɛ̃ʀətaʀ] *22b* – a delay
retéléphoner [ʀətelefɔne] *9a* – to call again
retirer qc [ʀətiʀe] *14b* – to take out
le retour [ləʀətuʀ] *25a* – the return
   être de retour [εtʀdəʀətuʀ] *30a* – to be back
retrousser [ʀətʀuse] *VIII* – (here) to blow around in the wind
les retrouvailles *(f., pl.)* [ləʀətʀuvaj] *39a* – meeting again
retrouver [ʀətʀuve] *17b* – to find again
un rétroviseur [ɛ̃ʀetʀɔvizœʀ] *V* – a rear view mirror
La Réunion [laʀeynjɔ̃] *12b* – French island in the Indian Ocean
un/e Réunionnais/e [ɛ̃/ynʀeynjɔnε,-z] *11a* – a person from La Réunion *(m. and f.)*
un rêve [ɛ̃ʀεv] *39a* – a dream
réveiller qn [ʀevεje] *37b* – to wake someone up
revenir [ʀəvniʀ] *18b* – to come back, return
le Rhin [ləʀɛ̃] *19a* – the Rhine *(River)*
un rhume [ɛ̃ʀym] *18b* – a cold
riche [ʀiʃ] *23b* – rich
la richesse [laʀiʃεs] *III* – the richess, richness
ne... rien [nəʀjɛ̃] *14a* – nothing

rien d'original [ʀjɛ̃dɔʀiʒinal] *20a* – nothing original
   Rien ne... [ʀjɛ̃nə] *31a* – Nothing
le riz [ləʀi] *14b* – rice
une robe [ynʀɔb] *16a* – a dress
le rock [ləʀɔk] *2a* – rock *(music)*
les rollers *(m.,pl.)* [leʀɔlεʀ] *34b* – the roller skates
Rome [ʀɔm] *5a* – Rome
en rondelles *(f.)* [ɑ̃ʀɔ̃dεl] *VIII* – in slices
rose [ʀoz] *16b* – pink
une rose [ynʀoz] *26a* – a rose
une roue [ynʀu] *22a* – a wheel
   une roue crevée [ynʀukʀəve] *22a* – a flat *(tire)*
rouge [ʀuʒ] *16b* – red
rougir [ʀuʒiʀ] *18a* – to redden
une route [ynʀut] *17a* – a road
   En route pour... [ɑ̃ʀutpuʀ] *17a* – en route to...
la routine [laʀutin] *32a* – the routine
une rue [ynʀy] *5a* – a street
russe / russe [ʀys] *4b* – Russian
un/e Russe [ɛ̃/ynʀys] *4b* – a Russian man/woman
la Russie [laʀysi] *4b* – Russia

Ⓢ

un sac [ɛ̃sak] *30a* – a bag, sack
   un sac à dos [ɛ̃sakado] *33b* – a back pack
   un sac en plastique [ɛ̃sakɑ̃plastik] *II* – a plastic bag
   un sac à matelot [ɛ̃sakamatlo] *VIII* – a duffle bag
le Sagittaire [ləsaʒitεʀ] *32b* – Sagittarius *(Zodiac)*
saignant/e [sεɲɑ̃,-t] *15b* – rare *(steak)*
la Saint *(+ first name)* [lasɛ̃] *6b* – the saint's day
Saint-Malo [sɛ̃malo] *5b* – Saint-Malo (city on a peninsula in Bretagne)
Saint-Pierre [sɛ̃pjεʀ] *36a* – city on La Réunion
Saint-Valéry [sɛ̃valeʀi] *24b* – vacation resort in Normandie
la haute saison [laotsεzɔ̃] *25a* – the busy season
une salade [ynsalad] *7b* – a salad
   une salade de chèvre chaud [ynsaladdəʃεvʀəʃo] *14b* – a salad with warm goat cheese
un salaire [ɛ̃salεʀ] *29b* – a salary
saler [sale] *14b* – to salt
   salé/e [sale] *III* – salted
une salière [ynsaljεʀ] *III* – a salt shaker
une salle [ynsal] *10a* – a room
   une salle à manger [ynsalamɑ̃ʒe] *27a* – a dining room
   une salle d'attente [ynsaldatɑ̃t] *39b* – a waiting room
Salut ! *(fam.)* [saly] *P* – Howdy! Ciao! *(coll.)*
salutations *(f.,pl.)* [salytasjɔ̃] *11b* – greetings...
   mes meilleures salutations [memejœʀsalytasjɔ̃] *II* – sincerely
samedi *(m.)* [samdi] *6b* – Saturday
une sandale [ynsɑ̃dal] *16a* – a sandal
un sandwich [ɛ̃sɑ̃dwitʃ] *3b* – a sandwich
sans [sɑ̃] *22b* – without
la santé [lasɑ̃te] *2b* – the health
   Santé ! [sɑ̃te] *5a* – To your health!
un sari [ɛ̃saʀi] *36a* – a sari
Saturne [satyʀn] *6b* – Saturn *(planet)*
une saucisse [ynsosis] *7b* – a sausage
sauf [sof] *33b* – except
un sauna [ɛ̃sona] *17b* – a sauna
sauter [sote] *38b* – to jump (over)
sauvage [sovaʒ] *III* – wild
savoir qc [savwaʀ] – to know / (how to do) something
   je sais [ʒəsε] *32a* – I know
   nous ne savons pas [nunəsavɔ̃pa] *II* – we don't know
un savon [ɛ̃savɔ̃] *7b* – a bar of soap
un saxophone [ɛ̃saksɔfɔn] *40b* – a saxophone
second/e [s(ə)gɔ̃,-d] *10a* – second
la scène [lasεn] *V* – the stage
Schaffhouse [ʃafuz] *I* – Schaffhausen
les sciences *(f.,pl.)* **politiques** [lesjɑ̃spɔlitik] *VI* – political science
le Scorpion [ləskɔʀpjɔ̃] *32b* – Skorpio *(Zodiac)*
la sculpture [laskyltyʀ] *20a* – sculpture
une sculpture [ynskyltyʀ] *36a* – a sculpture
les secours *(m.,pl.)* [ləsəkuʀ] *36b* – the rescue service

un/e secrétaire [ɛ̃/ynsəkʀetɛʀ] *1a* – a secretary *(m. and f.)*
la Seine [lasɛn] *13b* – the Seine *(river in France)*
un séjour [ɛ̃seʒuʀ] *25b* – a stay/a living room
le sel [ləsɛl] *14b* – the salt
selon [səlɔ̃] *III* – according to
une semaine [yns(ə)mɛn] *10b* – a week
sembler [sãble] *23a* – to seem
il me semble que [ilməsãbl] *23a* – it seems to me that
un sentier de GR (Grande Randonnée) [ɛ̃sãtjedəʒeɛʀ] *16b* – a hiking trail
sentir [sãtiʀ] *26b* – to feel
se sentir [səsãtiʀ] *18b* – to feel
septembre *(m.)* [sɛptãbʀ] *6a* – September
une série [ynseʀi] *20b* – a series
sérieux/-euse [seʀjø,-øz] *16b* – (here) serious
un/e serveur/-euse [ɛ̃sɛʀvœʀ/ynsɛʀvøz] *3a* – a waiter / waitress *(in restaurant)*
un service après-vente [ɛ̃sɛʀvisapʀəvãt] *16b* – customer service
le service d'aide médicale urgente (SAMU) [ləsamy] *18b* – emergency medical service
le service militaire [ləsɛʀvismilitɛʀ] *19b* – military service
une serviette [ynsɛʀvjɛt] *I* – a hand towel / napkin
une serviette de bain [ynsɛʀvjɛtdəbɛ̃] *10b* – a bath towel
une serviette de table [ynsɛʀvjɛtdətabl] *III* – a table napkin
servir qc à qn [sɛʀviʀ] *14b* – to serve something to someone
un seuil [ɛ̃sœj] *VIII* – the threshold
franchir un seuil [fʀãʃiʀɛ̃sœj] *VIII* – to go in
seulement [sœlmã] *17a* – (here) only
si [si] *6a* – if
si [si] *20a* – so
un siècle [ɛ̃sjɛkl] *25a* – a century
un signal de détresse [ɛ̃siɲaldədetʀɛs] *36b* – a distress signal
une signature [ynsiɲatyʀ] *II* – a signature
signer qc [siɲe] *11a* – to sign something
le silence [ləsilãs] *VIII* – the silence / peace
s'il vous plaît [silvuplɛ] *3a* – please (in addressing more than one person or in showing respect)
s'il te plaît [siltəplɛ] *20a* – please *(informal)*
simple [sɛ̃pl] *37a* – simple
tout simplement [tusɛ̃pləmã] *22b* – quite simply
sinon [sinɔ̃] *26a* – otherwise
un sirop d'érable [ɛ̃siʀodeʀabl] *4b* – maple syrup
la situation [lasityasjɔ̃] *I* – the situation
les sixièmes [lesizjɛm] *32a* – class grade, corresponding to the sixth year
un skateboard [ɛ̃skɛtbɔʀd] *IV* – a skateboard
un ski [ɛ̃ski] *P* – a ski
le ski alpin [ləskialpɛ̃] *IV* – alpine skiing
le ski de fond [ləskidəfɔ̃] *IV* – cross-country skiing
le slow [ləslo] *2a* – the slow dance
snob [snɔb] *21a* – snobbish
une sœur [ynsœʀ] *18a* – a sister
à soi [aswa] *39b* – for oneself
avoir (qc) sur soi [avwaʀsyʀswa] *29a* – to have something on oneself
la soie [laswa] *VIII* – the silk
avoir soif *(f.)* [avwaʀswaf] *3a* – to be thirsty
un soir [ɛ̃swaʀ] *9b* – an evening
Bonsoir ! [bɔ̃swaʀ] *2b* – Good evening!
ce soir [səswaʀ] *15a* – this evening
en un soir [ãɛ̃swaʀ] *38b* – in an evening
une soirée [ynswaʀe] *9b* – an evening *(duration)*
les soldes *(f.,pl.)* [lesɔld] *16a* – the sales / price reductions
le soleil [ləsɔlɛj] *I* – the sun
le solfège [ləsɔlfɛʒ] *40b* – music theory
un/e soliste [ɛ̃/ynsɔlist] *33a* – a soloist *(m. and f.)*
une solution [ynsɔlysjɔ̃] *26b* – a solution
sombre [sɔ̃bʀ] *10a* – dark
avoir sommeil *(m.)* [avwaʀsɔmɛj] *I* – to be sleepy
un sommelier [ɛ̃sɔməlje] *14b* – a wine steward
un sondage [ɛ̃sɔ̃daʒ] *23b* – an opinion poll
avoir des soucis *(m.,pl.)* [avwaʀdesusi] *35b* – to have worries / concerns

souhaiter qc [swete] *30b* – to wish something
sous [su] *24a* – under
se souvenir de qc [səsuvniʀ] *19b* – to remember something
souvent [suvã] *24a* – often
spacieux/-ieuse [spasjø,-z] *27a* – spacious
une spécialité [ynspesjalite] *III* – a specialty
un spectacle [ɛ̃spɛktakl] *IV* – (here) the performance *(in circus)*
la spéléologie [laspeleɔlɔʒi] *17b* – speleology / cave exploration
le sport [ləspɔʀ] *17b* – the sport
les sports *(m.,pl.)* [lespɔʀ] *17b* – the sports
le squash [ləskwaʃ] *17b* – squash
un stage [ɛ̃staʒ] *29b* – a training session
un stand [ɛ̃stãd] *22b* – a (market) stand
une station-service [ynstasjɔ̃sɛʀvis] *22a* – a gas station
une station de ski [ynstasjɔ̃dəski] *III* – a ski area / resort
une station thermale [ynstasjɔ̃tɛʀmal] *III* – a (hot-spring) spa
Strasbourg [stʀazbuʀ] *1b* – Strasbourg
un style de musique [ɛ̃stildəmyzik] *40b* – a type of music
un succès [ɛ̃syksɛ] *23a* – a success
le sucre [ləsykʀ] *I* – the sugar
la Suisse [lasɥis] *4b* – Switzerland
suisse/suisse [sɥis] *4b* – Swiss
suite à... [sɥit] *30b* – with reference to...
suivant/e [sɥivã,-t] *III* – following
suivre [sɥivʀ] *27a* – to follow
au sujet de [osyʒɛ] *38a* – about
supposer [sypoze] *29a* – to suppose
superbe [sypɛʀb] *25a* – superb
sur [syʀ] *8a* – on / about
sûr/e [syʀ] *21b* – sure
surprendre qn [syʀpʀãdʀ] *36a* – to surprise someone
une surprise [ynsyʀpʀiz] *2a* – a surprise
surtout [syʀtu] *20b* – especially
surveillé/e [syʀvɛje] *29a* – guarded
Sydney [sidnɛ] *5b* – Sydney
sympa(thique) [sɛ̃pa(tik)] *11b* – nice

une table [yntabl] *III* – a table
un tableau [ɛ̃tablo] *20a* – a painting
les taches *(f.,pl.)* de rousseur [letaʃdəʀusœʀ] *29a* – the freckles
Tahiti *(m.)* [taiti] *6a* – Tahiti (French overseas territory)
se taire [sətɛʀ] *38b* – to be quiet
un talon [ɛ̃talɔ̃] *16a* – a (shoe) heel
un tambour [ɛ̃tãbuʀ] *17a* – a drum
le tango [lətãgo] *2a* – the tango *(dance)*
tant pis [tãpi] *20a* – too bad
tant que [tãkə] *37a* – as long as
une tante [yntãt] *18a* – an aunt
un tapis roulant [ɛ̃tapiʀulã] *30a* – a moving walkway
le tarif [lətaʀif] *IV* – the price / price list
une tarte [yntaʀt] *14b* – a vegetable or fruit pie
une tarte aux pommes [yntaʀtopɔm] *14b* – an apple pie
une tartine [yntaʀtin] *15b* – bread and butter
le Taureau [lətoʀo] *23b* – Taurus *(Zodiac)*
un taxi [ɛ̃taksi] *II* – a Taxi
la technique [latɛknik] *P* – the technique
la techno [latɛkno] *2b* – techno *(type of music)*
la technologie [latɛknɔlɔʒi] *IV* – (here) technology *(school subject)*
la télé *(fam.)* [latele] *10b* – the TV *(coll.)*
un téléviseur [ɛ̃televizœʀ] *10b* – a television
la télévision [latelevizjɔ̃] *10b* – television
une télécommande [yntelekɔmãd] *10b* – a (TV) remote control)
un téléphone [ɛ̃telefɔn] *I* – a telephone
un téléphone portable [ɛ̃telefɔnpɔʀtabl] *13a* – a portable telephone
le temps [lətã] *15a* – the time / weather
tendre [tãdʀ] *15b* – tender
la tension [latãsjɔ̃] *18b* – the blood pressure
une tente [yntãt] *24b* – a tent
terminer qc [tɛʀmine] *19b* – to finish something

se terminer [sətɛʀmine] *23a* – to end / finish up
un **terrain de sport** [ɛ̃tɛʀɛ̃dəspɔʀ] *31b* – an athletic field
une **terrasse** [yntɛʀas] *10a* – a terrace
la **terre** [latɛʀ] *I* – the Earth
terrible [tɛʀibl] *9b* – terrible / horrible
un **terrien** [ɛ̃tɛʀjɛ̃] *33b* – a land owner
la **tête** [latɛt] *18b* – the head
avoir la tête à faire qc [avwaʀlatɛtafɛʀ] *35b* – to want to do something
un **TGV (un train à grande vitesse)** [ɛ̃teʒeve] *8b* – a TGV *(high-speed train)*
la **thalassothérapie** [latalasoteʀapi] *25b* – therapy using salt water and ocean climate
le **thé** [ləte] *P* – the tea
le **thon** [lətɔ̃] *3b* – tunafish
tibétain/e [tibetɛ̃,-ɛn] *34a* – Tibetan
un **ticket** [ɛ̃tikɛ] *8b* – a ticket
un **tigre** [ɛ̃tigʀ] *P* – a tiger
un **timbre** [ɛ̃tɛ̃bʀ] *I* – a stamp
un **tipunch** [ɛ̃tipɔ̃ʃ] *30a* – an aperitif with rum and lemon
toi [twa] *2a* – you *(fam., accentuated)*
une **toiture** [yntwatyʀ] *27b* – a roof
une **tomate** [yntɔmat] *P* – a tomato
une **tombe** [yntɔ̃b] *V* – a grave, tomb
tomber [tɔ̃be] – to fall
tomber dans les pommes [tɔ̃bedãlepɔm] *18b* – to faint, pass out
tomber amoureux/-se de qn [tɔ̃beamuʀø,-z] *34a* – to fall in love with someone
toujours [tuʒuʀ] *21a* – always / still
Toulouse [tuluz] *5b* – Toulouse (city in southwestern France)
la **tour Eiffel** [latuʀɛfɛl] *II* – the Eiffel Tower
le **tourisme** [latuʀism] *19b* – tourism
tourner [tuʀne] *13a* – to turn
la **Toussaint** [latusɛ̃] *6b* – All Saints' Day
tout/toute/tous/toutes *(als Begleiter)* [tu/tut/tu/tut] *10b* – completely / all *(plus noun)*
tous les jours [tuleʒuʀ] *I* – every day
tout [tu] *14b* – everything / all
pas du tout [padytu] *3a* – not at all
tous risques *(m.,pl.)* [tuʀisk] *V* – (here) comprehensive (insurance)
tout à fait [tutafɛ] *21a* – completely, entirely
tout de suite [tudəsɥit] *10b* – right away
tout droit [tudʀwa] *13a* – straight ahead
tout le monde [tuləmɔ̃d] *20a* – everyone
un **tracteur** [ɛ̃tʀaktœʀ] *37b* – a tractor
un **train** [ɛ̃tʀɛ̃] *II* – a train
être en train de [ɛtʀãtʀɛ̃] *29a* – to be in the process of doing something
transférer [tʀãsfeʀe] *30b* – to transfer
un **transfert** [ɛ̃tʀãsfɛʀ] *30b* – a transfer
un **transport** [ɛ̃tʀaspɔʀ] *P* – a transport
un **travail** [ɛ̃tʀavaj] *2b* – a job
travailler [tʀavaje] *I* – to work
de **travers** [dətʀavɛʀ] *20a* – askew; twisted
une **traversée** [yntʀavɛʀse] *25a* – a crossing
traverser qc [tʀavɛʀse] *13a* – to cross something
un **traversin** [ɛ̃tʀavɛʀsɛ̃] *10b* – a bolster
très [tʀɛ] *2a* – very
Trèves [tʀɛv] *4a* – Trier
tricoter [tʀikɔte] *23a* – to knit
les **tripes** *(f.,pl.)* [letʀip] *14b* – tripe
triste [tʀist] *20b* – sad
Trocadéro [tʀɔcadeʀo] *15b* – square / Metro station in Paris
une **trompette** [yntʀɔ̃pɛt] *I* – a trumpet
trop [tʀo] *8a* – too much
trop loin [tʀolwɛ̃] *8a* – too far
Pas trop [patʀo] *35a* – not too ...
trouver qc [tʀuve] *11a* – to find something
se trouver [sətʀuve] *13a* – to be located
un **truc** *(fam.)* [ɛ̃tʀyk] *16b* – a thing *(coll.)*
la **Tunisie** [latynizi] *31a* – Tunisia
la **Turquie** [latyʀki] *33a* – Turkey

U
un **type bien** [ɛ̃tipbjɛ̃] *35a* – a nice guy
un type d'avion [ɛ̃tipdavjɔ̃] *12b* – a type of plane

U
utile [ytil] *IV* – useful

V
les **vacances** *(f.,pl.)* [levakãs] *I* – the vacation
une **vache** [ynvaʃ] *37b* – a cow
une **vague** [ynvag] *IV* – a wave
une **vaisselle** [ynvɛsɛl] *7a* – dishes
une **valise** [ynvaliz] *30a* – a suitcase
valoir [valwaʀ] *37a* – to be worth
ça en vaut la peine [saãvolapɛn] *37a* – it's worth it
vaste [vast] *39b* – vast
un/e **végétarien/ne** [ɛ̃/ynveʒetaʀjɛ̃,-ɛn] *15a* – a vegetarian *(m. or f.)*
veiller [vɛje] *VI* – to watch (over)
un **vélo** [ɛ̃velo] *8b* – a bicycle
les **vendanges** *(f.,pl.)* [levãdãʒ] *19b* – the grape harvest
vendredi *(m.)* [vãdʀədi] *6b* – Friday
une **vendeuse** [ynvãdœz] *7a* – a sales lady
venir [vəniʀ] *9a* – to come
venir de faire qc [vəniʀdə] *29a* – to have just done something
le **vent** [ləvã] *19a* – the wind
une **vente** [ynvãt] *21b* – a sale
le **ventre** [ləvãtʀ] *18b* – the belly
Vénus [venys] *6b* – Venus *(planet)*
un **verbe** [ɛ̃vɛʀb] *39b* – a verb
le **Vercors** [ləvɛʀkɔʀ] *IV* – limestone mountains in northern France
un **verre** [ɛ̃vɛʀ] *III* – a glass
vers [vɛʀ] *20b* – toward
Versailles [vɛʀsaj] *19a* – Versailles (city and castle southeast of Paris)
le **Verseau** [ləvɛʀso] *32b* – Aquarius *(Zodiac)*
verser [vɛʀse] *24b* – to pour / to pay
vert/e [vɛʀ,-t] *16b* – green
Se mettre au vert. [səmɛtʀovɛʀ] *37b* – to move to the country.
avoir le **vertige** [avwaʀləvɛʀtiʒ] *22a* – to be dizzy
une **veste** [ynvɛst] *I* – a jacket
un **vêtement** [ɛ̃vɛtmã] *36b* – an article of clothing
vexé/e [vɛkse] *24a* – irritated
la **viande** [lavjãd] *15a* – the meat
vide [vid] *22a* – empty
la **vie** [lavi] *19b* – the life
la vie commune [lavikɔmyn] *31b* – communal life
vieillir [vjejiʀ] *18a* – to age, grow old
Vienne [vjɛn] *I* – Vienna
la **Vierge** [lavjɛʀʒ] *23b* – Virgo *(Zodiac)*
vieux/vieille/vieil [vjø/vjɛj/vjɛj] *13b* – old
mon vieux *(fam.)* [mɔ̃vjø] *33a* – old man *(coll.)*
un **village** [ɛ̃vilaʒ] *19b* – a village
une **ville** [ynvil] *4a* – a city
une ville universitaire [ynvilynivɛʀsitɛʀ] *III* – a university city
le **vin** [ləvɛ̃] *4b* – the wine
le **vin blanc** [ləvɛ̃blã] *4b* – the white wine
le **vin rouge** [ləvɛ̃ʀuʒ] *4b* – the red wine
une **vingtaine** [ynvɛ̃tɛn] *37b* – around twenty
violet/te [vjɔlɛ,-t] *16b* – purple
un **violon** [ɛ̃vjɔlɔ̃] *17a* – a violin
un **violoncelle** [ɛ̃vjɔlɔ̃sɛl] *17a* – a cello
un/e **violoncelliste** [ɛ̃/ynvjɔlɔ̃sɛlist] *34a* – a cellist *(m. and f.)*
un **visage** [ɛ̃visaʒ] *36a* – a face
une **visite** [ynvizit] *9a* – a visit
visiter qc [vizite] *I* – to visit something
un **visiteur** [ɛ̃vizitœʀ] *III* – a visitor
vite [vit] *I* – fast *(adverb)*
une **vitrine** [ynvitʀin] *16b* – a display window
vivant/e [vivã,-t] *21a* – lively
vivre [vivʀ] *19b* – to live
nous vivons [nuvivɔ̃] *II* – we live
je vis [ʒəvi] *19b* – I live
un **vocabulaire** [ɛ̃vɔkabylɛʀ] *29a* – a vocabulary
une **vodka** [ynvɔdka] *4b* – a vodka
un **vœu/des vœux** [ɛ̃vø/devø] *5b* – a wish, wishes

voici [vwasi] *15a* – here is / are
une voie [ynvwa] *12a* – a track, platform *(railroad station)*
voilà [vwala] *6a* – there is / are
un voilier [ε̃vwalje] *IV* – a sail boat
voir qn/qc [vwaʀ] *10a* – to see someone / something
un/e voisin/e [ε̃vwazε̃/ynvwazin] *29a* – a neighbor *(m. and f.)*
une voiture [ynvwatyʀ] *8b* – a car; a coach *(train)*
une voix [ynvwa] *31a* – a voice
   à haute voix [aotvwa] *38b* – aloud
un vol [ε̃vɔl] *12b* – a flight
un vol [ε̃vɔl] *22b* – a theft
un volant [ε̃vɔlɑ̃] *V* – a steering wheel
voler [vɔle] *12b* – to fly / to steal
volontiers [vɔlɔ̃tje] *5a* – gladly
un volcan [ε̃vɔlkɑ̃] *12b* – a volcano
vouloir qc [vulwaʀ] *6a* – to wish / want / desire something
   je veux [ʒəvø] *6a* – I want
   je voudrais... [ʒəvudʀε] *3a* – I would like ...*(conditional)*

   Si tu veux [sityvø] *6a* – if you wish
   Veuillez [vøje] *27a* – please
un voyage [ε̃vwajaʒ] *20b* – a trip
voyager [vwajaʒe] *20b* – to travel
un voyagiste [ε̃vwajaʒist] *34b* – a tour operator
vrai/e [vʀε] *8a* – true / right
vraiment [vʀεmɑ̃] *2a* – really *(adverb)*
une vue [ynvy] *27a* – a view

(W) **un whisky** [ε̃wiski] *4b* – a whisky

(Y)   y [i] *24a* – there
   il y a [ilja] *9a* – there is / are; ago (...years)
les yeux *(m.,pl.)* [lezjø] *20a* – the eyes

(Z) **une zone piétonne** [ynzɔnpjetɔn] *31b* – a pedestrian zone
un zoo [ε̃zo] *III* – a zoo